U0448115

**范恒山**，著名经济学家。经济学博士、高级经济师、教授、博士生导师。先后毕业于武汉大学、中国人民大学。曾任国务院体改办综合司司长，国家发展改革委综合改革司司长、地区经济司司长，国家促进中部崛起办公室副主任，国家发展改革委副秘书长。为多个省市政府经济顾问、多所著名大学兼职教授。著有大量的学术作品，一些作品获国家图书奖等重要奖项。多次参与中央全会文件、中央经济工作会议文件和国务院《政府工作报告》起草，主持了众多重要区域发展战略、发展改革政策文件的研究制定工作。学术思想为多部典籍介绍。

# 迈向共同富裕

范恒山 著

中国言实出版社

## 图书在版编目（CIP）数据

迈向共同富裕 / 范恒山著 . -- 北京：中国言实出版社，2023.9
ISBN 978-7-5171-4570-7

Ⅰ．①迈… Ⅱ．①范… Ⅲ．①共同富裕—研究—中国 Ⅳ．① F124.7

中国国家版本馆 CIP 数据核字（2023）第 160412 号

### 迈向共同富裕

责任编辑：郭江妮　邱　耿
责任校对：王蕙子

出版发行：中国言实出版社
　　地　　址：北京市朝阳区北苑路 180 号加利大厦 5 号楼 105 室
　　邮　　编：100101
　　编辑部：北京市海淀区花园路 6 号院 B 座 6 层
　　邮　　编：100088
　　电　　话：010-64924853（总编室）　010-64924716（发行部）
　　网　　址：www.zgyscbs.cn　电子邮箱：zgyscbs@263.net

| 经　销： | 新华书店 |
| --- | --- |
| 印　刷： | 北京温林源印刷有限公司 |
| 版　次： | 2024 年 1 月第 1 版　2024 年 1 月第 1 次印刷 |
| 规　格： | 710 毫米 ×1000 毫米　1/16　25.75 印张 |
| 字　数： | 385 千字 |
| 定　价： | 129.00 元 |
| 书　号： | ISBN 978-7-5171-4570-7 |

# 前 言

人类社会全部活动的目的都是为了满足自身的物质与精神需求，实现永续发展。而人类发展从根本上说就是体现人的本性要求的发展。人类共同的也是突出的本性集中体现为两个方面：一是反对压迫，追求公平正义；二是摆脱贫穷，探寻美好生活。这两者缺一不可，使共同富裕最终成为社会发展的理性选择和历史演进的基本方向。

推动和实现共同富裕是社会主义制度的逻辑必然和本质要求。随着社会主义制度在中国建立，实现共同富裕就成了党和政府带动广大人民群众艰苦奋斗的核心目标。在实践中，推动共同富裕是以消灭绝对贫困作为起点的。七十多年来，几代人接续努力、各阶段有机衔接，标准逐步提高、措施持续强化、效果也不断呈现。党的十八大后，脱贫攻坚战进入总攻阶段。在党中央的直接指挥与推动下，上下一心，左右联动，纵横并举，经过8年的持续努力，到2020年底，现行标准下9899万农村贫困人口全部脱贫，832个贫困县全部摘帽，12.8万个贫困村全部出列，完成消除绝对贫困的艰巨任务。由此，中华民族几千年期盼的全面小康社会得以圆满实现，在这个基础上，全面建设社会主义现代化国家的征程稳健开启，推动共同富裕也无法逆转的摆放到更加突出的位置上，成为现代化建设不可轻视的重要使命和不能懈怠的工作职责。习近平同志指出，现在已经到了扎实推动共同富裕的历史阶段，适应我国社会主要矛盾的变化，更好满足人民日益增长的美好生活需要，必须把促进全体人民共同富裕作为为人民谋幸福的着力点。中国式现代化是全体人民共同富裕的现代化，当我国成为富强民主文明和谐美丽的社会主义现代化强国时，全体人民的共同富裕也应基本实现。

  推动实现共同富裕，根本的是推动实现困难人群或收入长期处于低水平的人口的富裕问题。这部分人员与脱贫前的农村绝对贫困人口高度重合，但并不局限于此，既包括绝大部分居住在农村的农民，以及大部分进城务工的农民即所谓农民工，还包括一部分从事简单劳动的城市居民，这是一个庞大的数量。而从所处的地区看，绝大部分分布在农村特别是老、少、边地区，部分资源枯竭型地区、采煤沉陷区、独立工矿区，还有城中村，而这些地区大体上都属于特殊类型困难地区或发展较为落后的区域。所以，特殊困难人群或低收入人群实现共同富裕，在很大程度上与推动特殊类型困难地区的发展连在一起。党的二十大明确，高质量发展是全面建设社会主义现代化国家的首要任务，在这样的环境下，特殊类型困难地区不仅要实现快于一般地区的高速发展，而且要实现扎实贯彻创新、协调、绿色、开放、共享理念的转型发展。对于基础较为薄弱，支撑条件有限的特殊类型困难地区来说，这是极具挑战和十分艰难的，需要充分把握各种有益机会和有利条件，从实际出发，寻找一条科学而具有特色的发展道路。从我国一些地方脱贫致富、后发先行的生动实践看，这样的道路是存在的。

  笔者生长在农村，对贫穷有着深刻的印象、对富裕有着强烈的期盼，进而对脱贫致富的任何努力都有着特别的执着。47年前，笔者作为农村人民公社干部在生产队"蹲点"、与农民同吃同住同劳动时，就曾和同事们尽心竭力于推动当地经济快速发展。那个时期的工作是艰辛的，但也是充满快乐的，农村的每一项进步，都会让我们欢欣鼓舞和干劲倍增。从2006年起到2014年的近8年时间里，在新的工作岗位上，笔者有幸直接参与了国家扶贫开发进程和脱贫攻坚战，与同事们一道力求以尽可能扎实细致的工作，为实现摆脱贫困、实现共同富裕的美好前景做出贡献。我们年年召开工作会议或专题座谈会，高强度部署、大力度推进扶贫开发、对口支援等工作，同时通过主题调研、现场办公、随机走访等进行督促检查；我们积极开展易地扶贫搬迁脱贫，逐年将数以万计的生活在"一方水土养不好一方人"地区的贫困人口搬迁到合适区域安置，确保其稳得住、逐步能致富；在上级组织的领导和支持下，我们推动制订了国家支持五个民族自治区加快经济社会发展的指导性文件，并着眼于革命老区、原中央苏区的振兴发展量身研制了一系列的战略规划；我们推动扶贫机制创新，提出了把区域整体开发与精准扶贫紧密结合起来、依托区域协调发展促进脱贫致富的思路，研究制定了乌蒙山、秦巴山、燕山—太行山、大别山、罗霄山等十一个集中连片特困地区区域发展与扶贫攻坚规划，会同有关单位聚力推动"三区三州"深度贫困地区攻坚；我们按照中央的决策部署，直接组织并推动了对口支援西藏、新疆和青海等省藏区工作，为这些地区实现跨越发展协调解决了大量实际困难与问题；我们在制定区域发展重大战略规划时，不仅把支持贫困地区加快发展放到突出重要位置，还因地制宜提出切实可行的政策举措和发展路径。在创造性的从事这些工作时，我们秉持的不仅是高度的工作责任心，更满含着对贫困地区人民的真挚情感。在这个时期，笔者差不多跑遍了全国所有的重点贫困地区，对有些深度贫困地区还不止一次的跋山涉水做过实地调研。本书的大部分成果产生于笔者这一时期参与推动贫困地区与贫困人群脱贫攻坚、走向富裕的工作过程，因而它从一个侧面反映了我国以坚定不移、顽强不屈的信念与意志同贫困作长期斗争的波澜壮阔的历程，也一定程度的体现了笔者和同事们为这一伟大事业所付出的艰苦努力。笔者一直为能参与这个进程并取得了一些成绩感到自豪和骄傲，同时矢志以适当的形式为扎实推动共同富裕继续发挥积极能量。正是怀揣着这种愿望与执着，笔者直至今天都没有放弃相关的努力，书中许多论述共同富裕的思想观点和操作思路，就是在笔者离开工作岗位后形成的。

共同富裕是一个长期的历史过程，必须脚踏实地、久久为功，也需要科学谋划、高效运作。推动共同富裕的关键是着力提升低收入群体收入水平，而解决这一问题的关键又是要推动农村和特殊类型困难地区加快发展。要达此目的，必须有超常规的举措，走创新型道路，而这既来自于契合新形势的创造性探索，也来自于对已有成功经验的科学性承继。除了关于共同富裕的理论创新外，本书集中阐述了多种特殊类型困难地区摆脱贫困、追求富裕的思路和举措，有些是原则要求，有些是经验总结，有些是问题排解，有些是工作建议。许多早前提出的思想观点、政策思路和操作方法，今天看来仍不违时，具有价值。期待本书的出版能为理论研究者、政策制订者、实践工作者探寻农村和特殊类型困难地区加快实现共同富裕之路径、之策略、之方法提供有益帮助。

艰难困苦、玉汝于成。在中国共产党的坚强领导下，全体人民精诚团结、齐心协力，充分发挥社会主义制度的优越性和有效市场、有为政府的作用，中华民族共同富裕的梦想一定能够实现，也许，本书能够成为这一辉煌里程的一份微薄而特殊的证物。

2023 年 9 月

# 目 录

| 前　言 | 1 |
|---|---|
| **总　论** | 1 |
| 扶贫开发的使命、挑战与思路 | 2 |
| 新时期我国扶贫工作的基本思路与政策建议 | 23 |
| 更加深入扎实地推进扶贫开发工作 | 41 |
| 新阶段扶贫开发的形势、任务与要求 | 57 |
| 基于实施区域总体战略推动贫困地区加快发展 | 71 |
| 加快推动贫困地区脱贫发展 | 87 |
| 深入推进连片特困地区区域发展与扶贫攻坚 | 97 |
| 着力实行扶贫开发三个结合 | 117 |
| 确保如期完成脱贫攻坚任务 | 122 |
| 中国缓解与消除贫困的原则思路 | 126 |
| 扎实推动共同富裕 | 130 |
| 把推动共同富裕摆上更加重要的位置 | 132 |
| 科学认识与评估共同富裕问题 | 140 |
| 着力推进低收入人群加快实现共同富裕 | 147 |
| 把低收入者收入增长状况作为国家年度考核的重要经济指标 | 153 |
| **特殊类型地区振兴发展** | 157 |
| 赣南原苏区特殊地位与振兴发展思路 | 158 |

开辟赣南等原中央苏区跨越发展新纪元 ………………………… 169
　　大力推动赣闽粤原中央苏区振兴发展 …………………………… 185
　　推动对口支援赣南等原中央苏区工作高质量发展 ……………… 211
　　以超常思维和举措大力振兴原苏区经济 ………………………… 216
　　倾情编制好《大别山革命老区振兴发展规划》 ………………… 225
　　革命老区建设与《大别山革命老区振兴发展规划》…………… 234
　　加快推进革命老区开发建设与脱贫攻坚 ………………………… 259
　　加快少数民族和民族地区发展的基本形势与路径选择 ………… 263
　　奋力打赢民族地区脱贫攻坚战 …………………………………… 274
　　实现兴边富民面临的制约与促进的思路 ………………………… 297
　　关于实施宁夏中南部山区易地扶贫搬迁工程的意见 …………… 305
　　依托协调发展加快推动黄河流域走向共同富裕 ………………… 310

# 重点地区对口支援 …………………………………………………… 315

　　做好对口支援工作需要注重的几个问题 ………………………… 316
　　不断提升对口支援的质量和水平 ………………………………… 325
　　进一步加强和推进对口支援新疆工作的组织实施 ……………… 338
　　全力做好新时期对口支援新疆工作 ……………………………… 362
　　齐心协力推动新疆实现跨越式发展 ……………………………… 387
　　切实强化对毕节试验区建设的支持与推动 ……………………… 390
　　企业应自觉增强促进共同富裕的能动性 ………………………… 395

# 附　录 ………………………………………………………………… 399

　　1978—2020 年全国农村贫困人口及贫困标准 ………………… 400

# 总论

# 扶贫开发的使命、挑战与思路[*]

扶贫开发是在我国改革开放进程中，针对一部分地区特别是广大农村地区发展落后的实际，为缓解和消除贫困、最终实现共同富裕而采取的重大战略举措。这些年来，包括以工代赈、易地搬迁在内的各种形式的扶贫工作取得了积极的成效，贫困地区的面貌发生了显著改变，很大一部分人群解决了温饱，有的还走向了富裕。可以说，扶贫开发实现了贫困地区广大人民群众千百年来吃饱穿暖的愿望，为促进我国经济发展、民族团结、边疆巩固、社会稳定发挥了重要作用。但是，随着改革开放和社会主义现代化建设进程不断向纵深推进，扶贫工作环境发生了很大的变化，诸多因素对已有的扶贫方式提出了挑战。如果不正视形势和环境变化带来的挑战，仍然局限于老一套的工作理念和运作方式，扶贫的路子会越走越窄，效果会越来越差。去年在全国发展改革委系统地区经济工作会议上，我们提出要创造性地做好扶贫工作。今年以来，我们加大了这方面的工作力度，上半年组织开展了"做好扶贫开发工作，促进贫困地区加快发展"主题调研活动，这两天又把大家请来，就此主题召开座谈会。这个座谈会的任务，就是交流各地上半年开展主题调研的情况，分析新形势下我国扶贫工作面

---

[*] 2007年国家发展改革委组织开展了"做好扶贫开发工作，促进贫困地区加快发展"主题调研活动。各有关省、区、市发展改革委结合本地实际，从促进贫困地区发展、做好各项扶贫工作、推进以工代赈和易地扶贫搬迁试点工作等层面，调查研究贫困地区区情、贫困人口区域分布、贫困人口收入状况和生产生活情况，以及扶贫政策实施情况。本文作者于2007年8月23日在四川省成都市召开的"全国发展改革委系统扶贫主题座谈会"上的讲话，原题为《认清形势积极应对进一步开创扶贫工作新局面》。

临的新挑战、新情况、新问题，研究做好扶贫工作的新思路、新方式、新举措。这次会议不是就事论事，不仅研究我们所负责的以工代赈和易地搬迁工作，更是研究整个扶贫工作，并且是把扶贫工作放到国家经济社会发展的总要求、放到改革开放和现代化建设的大背景中来考虑，对很多问题做到超前思考、未雨绸缪。昨天，到会的各省、区、市及新疆生产建设兵团发展改革委的负责同志都发了言，提出了很多好的意见和建议，对我们启发很大。今天，我也作一个发言，主要不是布置工作，大部分观点也不是定论，而是提出一些问题、阐述一些观点与同志们一块探讨，供大家在研究和推进扶贫工作中参考。我主要讲三个方面的意见。

## 一、新形势下加强和改善扶贫工作的重要性与紧迫性

新中国成立以后，党中央、国务院一直高度重视缓解和消除社会贫困，特别是改革开放以后，扶贫工作的力度不断加大。20世纪80年代初，扶贫开发作为一项重要的战略方针正式纳入国家的工作重点，有计划、有组织、大规模的扶贫行动卓有成效地向前推进。20世纪90年代，实施了"八七扶贫攻坚计划"，基本解决了农村贫困人口的温饱问题。进入21世纪后，为实现全面建设惠及十几亿人口的小康社会的奋斗目标，加快社会主义现代化建设进程，适应新形势的需要，中央提出贯彻落实科学发展观、构建社会主义和谐社会，要求统筹城乡发展、统筹区域发展、统筹经济社会发展、统筹人与自然和谐发展、统筹国内发展和对外开放，这些重大战略思想和战略任务的提出，提升了扶贫工作的地位，丰富了扶贫工作的内涵，对扶贫工作提出了新的、更高的要求。新的形势下，加强和改善扶贫工作显得更加重要，也更为紧迫。

（一）加速现代化建设进程需要加强和改善扶贫工作

改革开放以来，经过近三十年的努力，我国国民经济实现了持续、快速、健康发展，各项事业蓬勃发展，社会主义现代化建设取得了显著成就。一是综合国力大大增强。我国国内生产总值（GDP）年均增长达到9.7%，总

量由1978年的0.36万亿元提高到2006年的21.09万亿元，在世界排名已经达到第四位；人均GDP由1978年的381元提高到2006年的15973元，在2002年超过1000美元之后，又在2006年突破2000美元大关。二是人民生活水平大大提高。农村居民人均纯收入由1978年的133.6元提高到2006年的3587元，城镇居民人均可支配收入由1978年的343.4元提高到2006年的11759元，体现人民群众基本生活内容的吃、穿、住、行、乐都发生了巨大的变化，人民群众物质文化需求的环境极大改善。三是国际地位大大提升。我国已经成为引领世界经济发展的重要火车头之一，中国经济的增长、产品和服务的供给、资本市场的变化等已经影响到世界经济的格局，中国的参与、合作与协调已经是解决许多重大国际政治经济与社会问题的前提条件和重要保障。但是，我们要清醒地认识到，我国现代化建设的迅猛发展并没有改变我们仍然不是世界强国的现实。在总体发展实力仍然处于比较落后状态的同时，各地区的发展也相当不平衡，贫困地区仍然十分落后，距离现代化的目标还有很长的路要走。从反映现代化程度的工业化、城镇化、市场化水平来看，我国三次产业结构比重总体上已经由1978年的27.9∶47.9∶24.2调整为2006年的11.8∶48.7∶39.5；城镇化水平已从1978年的17.9%提高到2006年的43.9%；从总体上已初步建立起社会主义市场经济体制，有关机构研究表明，2006年市场化率已超过70%。而592个国家扶贫重点县的状况则大大低于全国平均水平，三次产业结构比重为27.4∶40∶32.6，农业比重大大高于全国平均水平，第二、第三产业大大低于全国平均水平；城镇化水平仅为22.1%，仅相当于全国20世纪80年代初的水平；地理位置偏远封闭，市场化程度较低。沿海一些地区已基本实现了现代化，而592个国家扶贫重点县人均GDP和农民人均纯收入分别为5584元和1928元，仅分别相当于全国的35%和54%。没有贫困地区的现代化，就没有整个国家的现代化，推进国家现代化建设必须加快贫困地区的发展。一部分地区的人民群众仍然处于贫困状态，以及贫困地区与发达地区现代化水平差距拉大的事实，不仅表明扶贫工作十分重要，也表明扶贫方式需要不断改进和完善。

### （二）促进区域协调发展需要加强和改善扶贫工作

促进区域协调发展，是新中国成立以来党和国家始终不渝坚持的战略方针。这些年来，逐渐形成了推进西部大开发、振兴东北地区等老工业基地、促进中部地区崛起、鼓励东部地区率先发展的区域发展总体战略。经过努力，各个区域的特色与优势得到了有效发挥，区域经济发展速度全面加快且效益明显提升。但是，我们也应看到，由于自然、历史等方面的原因，区域发展不平衡问题日益突出。从人均 GDP 看，1978 年东部地区是中部的 1.7 倍、西部的 1.8 倍，2006 年分别扩大到 2.0 倍和 2.5 倍；从农民人均纯收入看，1978 年东部地区是中部地区、西部地区的 1.2 倍，2006 年分别扩大到 1.5 倍和 2.0 倍。欠发达省份与发达省份比较，2006 年贵州、西藏、宁夏三省区的人均 GDP 分别为上海市的 10%、18% 和 21%，农民人均纯收入分别为上海市的 22%、26% 和 30%。中西部地区是我国老、少、边、穷集中分布的地区，涵盖了全国 81% 的老区县、83% 的少数民族县、93% 的陆地边境县和 100% 的国家扶贫重点县。促进区域协调发展必须着力抓好"两头"，除了继续鼓励和推动发达地区率先发展，以迅速提高国家的财政实力，加强对贫困地区的支持外，关键是加大对革命老区、民族地区、边疆地区、贫困地区的支持力度，把区域经济发展中"最短的木板"做长。贫困地区的发展是实现区域协调发展的关键，扶持老、少、边、穷等贫困地区加快发展，有利于尽快缩小区域差距，形成协调发展的趋向。因此，促进区域协调发展，就必须大力促进贫困地区的发展，也就必须加强和改善扶贫工作。

### （三）构建社会主义和谐社会需要加强和改善扶贫工作

在我国经济社会发展过程中，社会事业发展一直相对滞后，与经济增长不相协调。在贫困地区，这一矛盾更加突出，社会发展"瘸腿"现象十分严重。根据 2006 年中国农村贫困监测数据，在教育方面，国家扶贫重点县劳动力文盲比例比全国高 5.8 个百分点，儿童入学率比全国低 4.6 个百分点。在医疗卫生方面，国家扶贫重点县每万人拥有医院床位数和医生数约为全国平均水平的60%左右，相当于改革开放初期的水平。在文化方面，大部分贫困地区文化娱乐贫乏，相当一部分行政村没有广播电视。在社会保障方面，除民政救济、救助外，农村低保制度正在建立还很不完善，养老保险仍处于起步阶段。目前，贫困地区上学难、就医难、养老难问题十分突出，碘缺乏、大骨节病、棘球蚴病等地方病在一些地区比较普遍，因灾返贫、因病返贫、因学返贫现象时常发生。贫困地区社会事业发展落后的这种状况，不仅影响到贫困群众均等地享受基本的公共服务，而且影响到社会和谐。在收入水平和社会公共服务等方面产生的两极分化，容易产生和激化贫富矛盾，带来一系列社会问题。事实上，贫富矛盾在一些地区已不同程度地显露出来，出现了富人对穷人的漠视、穷人对富人的敌视的现象。贫困问题不解决，区域间经济社会发展差距过大的状况不能得到扭转，构建社会主义和谐社会的目标就难以真正的、圆满的实现。解决贫富矛盾的关键是解决贫困问题。通过加强和改善扶贫工作，支持贫困地区发展，实现贫困群众均等地享受基本公共服务，有利于解决贫富矛盾，有利于构建社会主义和谐社会。

（四）统筹城乡协调发展需要加强和改善扶贫工作

我国农村一直处于落后状态。新中国成立后，为尽快改变国家千疮百孔、一穷二白的局面，尽快建立起独立、完整的工业体系和国民经济体系，国家采取了优先发展工业特别是重工业的战略，客观上也形成了重点发展城市的政策格局，农村和农民不仅不能够与城市享受均等的公共服务，在发挥自身的能动性、创造性方面受到诸多体制与政策限制，而且还以不平等的交易为城市的发展提供产品、资源等方面的支持。这种状况导致了农村和城市间差距的进一步拉大。改革开放以后，支持"三农"放到了突出重要的位置，适应市场化的进程，一些限制农民创业发展的政策措施也逐渐得到改革和改变，农村得到了很大的发展。但是投资、资源要素向城市集聚的局面并没有根本改变，限制农民创业发展的一些关键性体制制约并没有根本消除，农村对城市建立在不平等交易基础上的支持并没有根本解决。在市场化、工业化的形势下，农村向城市输送的不仅仅是廉价的产品与资源，而且进一步扩大到资金、土地和人才。有学者指出，城市如一台抽水机，主要从四个方面抽取农村的"资源"，即"抽人"，通过考学、参军、打工等形式，农村的优秀人才甚至是青壮年劳动力都转移到了城市；"抽地"，城市的扩张和所谓"经营城市"，导致了对大量农村土地的无偿或低偿的占用与征用；"抽物"，许多农产品和一些特殊的农村物资以低廉的价格供给城市；"抽钱"，农村和农民的积蓄通过商业银行贷放到了能获得高额收益的城市。因此，尽管这些年来"三农"获得了巨大的发展，但城乡差别仍在进一步拉大，贫困人口主要集中在农村。从整体发展状况看，截至2006年底，我国GDP总量已经达到21万亿元，国家财政收入已经接近4万亿元，但来自第一产业的GDP为2.5万亿元，占12%；税收1084亿元，仅占2.8%。从收入状况看，我国城乡居民人均收入比已从1978年的2.6∶1扩大到2006年的3.3∶1。2006年国家扶贫重点县的农民人均纯收入为1928元，仅为全国农村水平的54%，全国城镇水平的16%；生活消费支出为1680元，仅为全国农村水平的60%，全国城镇水平的20%。如果按人均财产占有量评估，城镇居民是农村居民的25倍左右，是国家扶贫重点县农民的40倍以上。过大的城乡差别不符合社会主义制度的本质要求，对区域协调发展和经济社会全面协调可持续发展形成制约，还会导致一系列的深层经济与社会矛盾，影响国家长治久安。经过这些年的发展，我国城镇化、工业化水平大幅提高，城市经济实力显著增强，我们已经具备了统筹城乡发展，实行以工促农、以城带乡，形成城乡经济社会发展一体化格局的条件。统筹城乡发展的关键是支持农村的发展，支持农村发展的关键是支持贫困地区的发展。加强和改善扶贫工作，加大对贫困地区的支持力度，有利于推进城乡统筹，缩小城乡差别。

（五）加快改变贫困面貌需要加强和改善扶贫工作

改革开放以后，随着我国综合国力的提高，扶贫工作不断深化，扶贫开发取得了举世瞩目的成就。农村贫困人口由1978年的2.5亿人减少到2006年的2148万人，贫困发生率由1978年的30.7%下降到2006年的2.3%，这是我国乃至人类发展史上的一个壮举。但是，我们要看到，扶贫工作仍很艰巨。从全国看，光农村就有贫困人口和低收入人口5700万人，这是一个不小的数字，相当于一个中等国家的人口规模。从地区情况看，京津地区属于发达地区，但是距离北京不超过150公里，就从南、西、北三面形成了一条"环京津贫困带"，分布着100多万贫困人口和低收入人口。2006年河南省、四川省、贵州省、云南省、陕西省、甘肃省六省的贫困人口和低收入人口都超过400万人，其中贵州省、云南省、甘肃省每省都有20%以上的农村人口生活在年均纯收入958元的低收入线以下。我国农村贫困人口主要分布在自然环境恶劣、地理位置偏远、基础设施薄弱的地区，脱贫致富的难度很大。而且，已经初步解决温饱的群众中，一部分生产生活条件仍然较差，稳定脱贫的能力较弱，返贫现象时常发生。同时，目前我国的贫困标准还比较低。据测算，按照世界银行人均一天1美元的标准，目前我国农村至少还有1.2亿贫困人口，大体相当于全国总人口的10%，规模仅次于印度列入世界第二位。这些情况表明，我们需要下更大的决心、花更大的气力、采取更有力的措施推进扶贫工作，既要继续保持必要的工作力度、推进实践证明行之有效的扶贫措施，又要根据新阶段、新形势的要求和扶贫工作中存在的薄弱环节，创新和完善扶贫工作方式，使扶贫工作成为消除贫困人口、改变贫困面貌的原动力并产生最直接、最突出的效应。

总之，加强和改善扶贫工作是国家发展大局的要求，也是扶贫工作自身的要求。

## 二、新形势下加强和改善扶贫工作面临的新挑战与新问题

随着改革开放和现代化建设进程的深入展开，随着经济全球化和市场一体化的深入推进，我国社会已进入了一个新的阶段，面临着一个新的环境。新的形势给加强和改善扶贫工作带来了新的机遇，同时也带来了新的

挑战。在新的形势下，加强和改善扶贫工作除了要着力解决贫困地区生产条件较差、经济基础薄弱、农民增收缓慢、社会事业落后、市场信息闭塞等老问题外，也需要认真思考和解决一些新问题。

（一）加强和改善扶贫工作需要应对的新挑战

新阶段新形势给加强和改善扶贫工作带来的挑战是多方面的，主要的有四个方面的挑战。

一是工业化、城镇化发展对扶贫工作带来挑战。推进现代化建设的过程，很大程度上是工业化、城镇化不断拓展的过程。而在一个农村农业农民占主体的国家，工业化、城镇化的过程无疑就是不断缩小农村农业农民规模的过程。因此，工业化、城镇化所涉及的基本关系是工农关系和城乡关系。工业化、城镇化的过程从实质上说是生产资料和生产要素向工业和城市集聚的过程。在这个过程中，农村资源向工业和城市的转移是必然的。从理论上说，这种转移应当建立在公平、公正的交易规则和价格的基础上，但实际上弱势的农村往往处于被动的位置。所以，工业化、城镇化的过程，直接地看往往是农村和农民利益被转移和被损害的过程。而这种状况在我国特殊的体制下容易演化到极致。事实上我们能看到，在现实生活中，许多地区的工业化和城镇化发展都是靠农村、农业和农民的牺牲作支撑的，这集中体现在对农村土地的无偿或低偿征用，对农村劳动力的廉价使用上，尤其是农村土地成了城市扩张、工业发展的"银行"和"财库"。某些地方的政府甚至提出了"吃饭靠财政、发展靠土地"的口号。这种工业化、城镇化的结果固然造就了宽广的马路、高大的楼房、雄伟的工厂和开阔的绿地，但却产生了一大批无地、无业、无保障的"三无"农民。有学者分析，目前我国因征地导致的"三无"农民有3000万人之多。国家统计局对全国2942个失地农户调查发现，生活水平不断下降的占46%，被迫赋闲在家的占20%，获得安置就业机会的仅占2.7%。如前所述，我国的贫困人口主要集中在农村，而一些地方以损害农村和农民利益推进工业化、城镇化又使一些人沦落到贫困的境地。固然，我们可以通过改革体制和完善法制一定程度约束一些地方对农业农村农民的直接损害和无偿剥夺，但很难从根本上改变由工业化、城市化进程本身造成的农村和农民处于弱势地位的状况。我国的工业化、城镇化正向纵深发展，并且将是一个长期的过程。这种形势给加强和改善扶贫工作带来了困难，如何既深入推进工业化、城镇化进程，又有效促进农村、农业和农民发展，消除贫困人口，是我们面对的重大挑战。

二是市场经济的推进对扶贫工作带来挑战。我国经济体制改革的基本目标是建立社会主义市场经济体制，核心是使市场机制在资源配置中发挥基础性作用。可以说，改革的过程也就是推进市场化的过程。从总体上说，市场经济是竞争经济，其内在系统中没有必然的贫困支持机制，相反强调的是效率第一，体现的是优胜劣汰。说直白一点，市场经济具有"嫌贫爱富"的特点，有助于"锦上添花"，不利于"雪中送炭"。改革开放以来，国家总体经济实力和人民的总体生活水平都得到了显著提高，但是我们也能看到，尽管国家采取了许多有力措施来支持欠发达地区和农村的发展，大力推进扶贫攻坚，但是地区之间、部分社会成员之间的收入差距却在不断扩大。换言之，也就是社会的贫富差距在拉大。从基尼系数看，1981年为0.29，到2006年已攀升到0.47，超过国际公认的0.4的警戒线水平。从城乡居民储蓄余额看，资料表明，2006年我国城乡居民储蓄余额达16.7万亿元，人均储蓄超过1.3万元，但10%的最高收入者占有储蓄余额的40%，10%的最低收入者仅占储蓄余额的3%，前者是后者的13倍。市场机制的单纯作用总体来说是推动贫富差别扩大的。我国市场化改革进程将在全球市场一体化的背景中进一步走向深入，从而给扶贫工作带来了严峻的挑战，如何运用有效措施弥补市场缺陷，缩小贫富差距，增进社会公平，是摆在我们面前的又一个重大课题。

三是区域发展的"马太效应"对扶贫工作带来挑战。由于自然禀赋、历史基础、文化背景、体制条件、管理水平等的制约，我国各地区的发展状况很不平衡。这些年来，这种不平衡的状况更加突出。区域间的这种差距在市场环境中体现出明显的"马太效应"：发达地区不仅自身具有良好的发展条件，而且也更能吸引外部的资源和要素进入，可谓好上加好；而欠发达地区不仅自我发展能力薄弱，而且外部资源和要素也难以流入，甚至自身的资源和要素还会流出，可谓差上加差。工业化、城镇化、市场化、国际化进程的加快，将进一步加剧"马太效应"，从而给扶贫工作带来了严峻的挑战。加快欠发达地区将别是贫困地区的发展是缩小两极差别、促进区域协调发展的关键。如何克服"马大效应"，加快推进贫困地区的发展，也是加强和改善扶贫工作值得认真研究的重大课题。

四是资源环境保护对扶贫工作带来挑战。改革开放以来，我国以世界上罕见的速度持续快速发展，经济总量大幅跃升。但是这种发展很大程度上是建立在耗费资源、损害环境基础上的粗放型发展，不节约资源、保护环境，不仅高速发展的态势难以为继，而且还会引发一系列社会问题；不仅会危及当代，而且会遗祸子孙。为此，中央提出要加快发展方式转变，建立资源节约型和环境友好型社会。同时，提出根据各地区资源环境承载能力和发展潜力，按照优化开发、重点开发、限制开发和禁止开发的不同要求，明确不同区域的功能定位，逐步形成各具特色的区域发展格局。从全局看，建立资源节约型、环境友好型社会战略和推动形成主体功能区思路的实施，将有利于经济社会的全面协调可持续发展和国家的长治久安，但对于促进贫困地区的发展带来了新的挑战，对加强和改善扶贫工作提出了新的要求。许多贫困地区是生态环境比较脆弱的地区，这些年的过度开发进一步使之变成了"穷山恶水"。一旦保护起来，生态得以修复，将会变成环境优美的地区，变成"青山绿水"。所以，这些地区应该划定为限制开发区或禁止开发区。但没有了开发，贫困地区怎么脱贫？怎么富裕？许多贫困地区往往也是资源比较丰富的地区，现在的发展主要是靠开发资源，一旦"限制开发"或"禁止开发"，资源也就保护起来了，不能开发利用了，怎么办？这些都是两难问题，直接影响到贫困地区的发展，需要认真对待，深入研究。

（二）加强和改善扶贫工作值得重视的新问题

这些年来，扶贫工作取得了很大的成绩，贫困人口持续减少，贫困地区基础设施和社会服务水平不断提高，但是实践中也提出了一些新的问题。这些问题也给加强和改善扶贫工作提出了迫切要求。

一是扶贫开发的范围问题。多年来，确立特定的区域范围予以集中投入、重点支持，是我国扶贫工作的一条基本经验，也取得了积极的成效。但是，近年来出现的一些新情况要求我们对原有划定的扶贫开发范围作新的思考。首先，从重点县的角度看，2001年确定了新一轮的592个国家扶贫重点县，经过五六年中央扶贫资金的集中扶持，重点县的总体贫困程度在降低，贫困人口的数量在减少。但没有划入扶持范围的一些非重点县的贫困问题却突出表现出来。截至2006年底，非重点县有贫困人口883万人、低收入人口1705万人，分别占全国的41.1%和48%，与重点县非重点县划定之时比较，分别提高了3.2个百分点和1个百分点。以基本数据衡量，某些非重点县比重点县还要贫穷，却难以纳入扶持范围。有的重点县经济总量已位居本省前列，个别县甚至已进入全国百强县，却仍然享受着"贫困县"待遇。重点县和非重点县的这种不平衡状况，值得重视。其次，从贫困标准的角度看，随着我国总体经济实力的增强，扶贫标准需要相应地提高。如果按照低收入人口标准或者人均一天1美元的国际标准，有很多人需要纳入我国的扶贫范围；如果把基本公共服务均等化纳入贫困标准，有更多的地区需要进入国家级或省级扶贫重点县范围；如果把城市人口享用的一些内容如安全饮水、适量喝奶等纳入扶贫标准，扶贫的范围就更大了。当然，扶贫标准不能盲目提高，不能理想化，但从国家现有的经济状况出发，从统筹城乡、统筹发达地区和贫困地区的要求出发，是值得研究的。其三，从致贫返贫的角度看，受台风、洪涝、干旱、地质灾害以及地方病的影响，每年都有一些地区和人口致贫或者重新返贫。对于这部分地区和人口，该不该纳入、如何纳入扶贫重点范围，需要研究。

二是扶贫开发的内容问题。从工作层面看，首先，是集中连片开发还是点、线、面结合推进？目前，我国农村贫困人口总体上呈现"点、线、面"并存的分布格局。这里的"点"，主要是指分散在广大农村的贫困乡村;"线",主要是指沿山脉、河流等带状地形以及边境线分布的贫困带;"面",是指以武陵山区、石漠化地区、秦巴山区、西海固地区为代表的、集中连片分布的贫困地区。我国大多数贫困人口分布在"面"上,但也有相当一部分分布在"点"和"线"上,是否需要把"点、线、面"结合起来统筹考虑、整体推进?其次,是集中一点还是多方兼顾?就以工代赈而言,我们当前扶持的内容主要是基本农田、乡村公路、农田水利、人畜饮水、小流域治理、草场改良六个方面的工程建设,随着国债规模的减小,以工代赈规模也在减少。因此,有的建议,继续这样做容易"撒胡椒面",以至于财力不足都无法做好,可以考虑把资金投向其中的一、两个方面。但也有的建议,以工代赈的效果很好,其扶助的范围还可以更宽泛一些,做到多方兼顾。其三,是立足于解决温饱还是着眼于缩小差距?通过这些年的持续扶贫有的地区不仅解决了温饱,而且实现了富裕。因此有的提出,应该把解决温饱、巩固温饱和缩小差距、实现富裕结合起来,体现扶贫的连续性。有的则认为,现阶段扶贫开发仍要立足于解决剩余贫困人口的温饱问题,否则,扶贫就失去了本来的含义。最后,是拾遗补阙还是垒墙奠基?有的认为,扶贫工作和相关资金应立足于雪中送炭,解决贫困人群的眼前之需和燃眉之急。有的则认为,扶贫工作的重点还是应着眼于培植贫困地区发展的产业基础和造血机制,这样才能够从根本上解决贫困问题。从政策层面看,现在围绕扶贫开发这一内容,有多个部门同时工作,资金相对分散,政策各式各样,如果加上支农惠农、建设社会主义新农村的内容,就更是如此。这样,既影响效率,又影响效益。从方向上看,无疑应该是增强政策的针对性和联动性,相应强化资金的统一运用。怎样做到以工代赈、易地搬迁、整村推进、产业化扶贫、劳动力转移培训等扶贫政策之间的衔接,怎样做到扶贫政策与农村最低生活保障、新农村建设、生态补偿、农民进城等支农涉农政策之间的衔接,如何整合资金集中发挥效益,需要认真研究。

三是扶贫开发的方式问题。我国扶贫开发经历了由直接给钱给物到实施以工代赈和通过支持发展实现脱贫的操作方式的重要转变。到目前，我们已经确立了着重发展生产力、提高贫困农户自我积累自我发展能力的开发式扶贫的正确方针。但适应生产力发展、扶贫标准和内容需要不断变化，市场化进程不断深入、市场机制逐渐在资源配置中起基础性作用这些新情况新要求，在坚持这个总体方针的前提下，需要深入研究扶贫开发的具体方式问题。首先是如何把解决应急之需与消除致贫之根结合起来。扶贫脱离不了救济的成分，因此要关注贫困群众当前生产生活中的实际困难和问题，但是纯粹救济的结果不仅会导致越救越穷的后果，还会助长等靠要的不良习气，社会也会背上沉重的包袱，这在方式上就有一个重要的选择，即必须立足于构建贫困人口脱贫致富和长远发展的基础。因此，要把救济式扶贫融入开发式扶贫之中、把给钱给物融入培育产业与改善发展环境之中，使"输血"成为"造血"的基础。其次是如何把扶贫政策与其他政策结合起来。"扶贫"工作有特殊性，也有连带性。就其特殊性而言，扶贫政策本身的作用是有限的，单靠扶贫政策难以真正实现贫困地区的脱贫致富和长远发展；就其连带性而言，扶贫政策具备同其他政策有机结合的条件。因此，扶贫政策的实施不能脱离于其他政策单打独斗，也不能不考虑其他政策实施对扶贫政策带来的影响。国务院决定，从今年起在全国农村建立最低生活保障制度。这是广大农民群众殷切期望的大好事，也是继全面取消农业税等重大支农惠农政策之后又一具有历史意义的重大决策。这一政策无疑有利于扶贫。但是在实施低保制度的情况下，扶贫工作原有的许多空间就可能不复存在，如何把这两者有机结合起来，充分发挥两者的积极效应，就值得认真探讨。最后是如何把政府推动和充分发挥市场机制的作用结合起来。扶贫是带有公益性质的事业，必须主要依靠政府的推动和政策的导引，但如果不是或者主要不是救济式扶贫，市场机制是大有可为的。推进扶贫工作要更多的重视发挥市场机制的作用，把市场的投融资同搞活贫困地区的要素、利用贫困地区的资源有机结合起来，同政府对贫困地区的项目安排、基础设施建设和产业扶植有机结合起来，通过这种结合集聚扶贫的财力、拓宽扶贫的领域、提高扶贫的效率。这次座谈会召开之前，我就成渝城乡统筹发展问题到四川省双流县①做了一些调研。双流县②引入市场机制，通过公司运营，采取返租倒包的方式与农民签订协议，流转土地经营权，在保障农民基本口粮和土地租金收入的基础上，实行土地规模经营和集中管理。通过突破土地经营权，把一家一户的小农田变成方方正正的大农田，组织农民发展现代特色农业，公司和农民的收入都明显增加，并保持了一定程度的稳定性。当然，对这个做法目前还有不同的看法，值得进一步研究，但我以为，对于我们开拓和完善扶贫开发的方式还是有启发的。

  四是扶贫开发的机制问题。机制决定公平，机制更决定效率。扶贫开发能不能达到应有的效果，关键就在于能否建立一个良好的机制。从目前看，这方面我们存在着不少的问题。首先是缺乏约束机制。由于有相当的扶持资金且其数量有时甚至超过被扶持地方的全年财政收入，由于争取扶持资金比引进开发某些项目获得收益容易得多，由于一旦进入扶贫范围就能在相当一个时期获得比较稳定的资金扶助，一些地方不论具体情况积极争取戴上贫困县的帽子，有的甚至把争取贫困县帽子当成了一项政绩。一些地方一旦争上或保住了贫困县的帽子，就开庆功会表彰会弹冠相庆。这不仅导致了"越穷越高兴"的怪现象的发生，也造成了实际工作中贫困县"越扶越贫"或"越扶越多"的情形。怎样促使扶贫对象在国家帮扶过程中树立自力更生光荣、脱贫致富光荣的思想理念，怎样建立起贫困地区积极解困脱贫、争相甩掉贫困帽子的约束机制，是当前完善扶贫开发机制的一个重要内容。其次是缺乏进退机制。这些年我国经济社会发展很快，各地区的状况也发生了很大变化。从扶贫开发的角度看，原定的贫困地区有的已脱贫致富，进入发达地区的行列，但仍然戴着贫困县的帽子，有一些地区发展水平明显低于某些贫困地区，但却没有纳入贫困县的范围，扶贫开发重点县存在着一次确定、相当一个时期难以根据情况变化及时调整的情况。缺乏规范的进退机制也是造成一些地区争先恐后争取贫困县帽子的一个重要原因。其三是缺乏联动机制。

---

  ①② 双流县现为双流区。

从事扶贫开发的机构较多，扶助贫困地区的资金较为分散，缺乏强有力的统筹协调，往往形不成联动和合力。其四是缺乏激励机制。目前对从事扶贫开发的管理部门、被扶持的贫困地区都没有建立一套规范的、与工作绩效密切联系的考评体系与奖惩机制，致使在开发方式、扶持内容上往往习惯于按部就班，不能适应环境的变化及时地作出改革；在资金分配、项目安排中往往习惯于既定思维定式，不能根据扶贫对象的状况进行相应的调整。党的十六届三中全会决定明确提出要"完善扶贫开发机制"，我们要适应新情况、新形势的要求，对此作出积极的努力。

五是扶贫开发的监管问题。首先是如何做到扶贫资金的合理安排。在扶贫资金安排上，有的缺乏适当的集中度，存在着"层层切块"、"化整为零"、"撒胡椒面"等现象；有的没有把重点放在最为贫困的地方，热衷于搞锦上添花或避难求易的"政绩工程"、"形象工程"、"面子工程"；有的不坚持应有的操作原则，在具体安排中重人情、讲关系。其次是怎样提高扶贫资金的使用效益。近年来，国家扶贫资金不断增加，由2001年的121亿元增加到2006年的154亿元。但是，扶贫资金的效益却在逐年递减，扶贫成本在不断上升。如以工代赈资金，与1997年相比，2006年以工代赈开展的基本农田、小型农田水利、乡村道路和小流域治理工程单位投资成本分别提高了3.1倍、2.3倍、1.5倍和3.7倍。扶贫资金的效益下降，除了工程造价和工程标准提高、剩余的扶贫对象大部分是扶贫难度很大的"硬骨头"等客观原因外，缺乏科学的制度制约和有效的监管也是重要原因。其三是如何使各层次的监管切实到位。目前国家和绝大部分省市都有专门的扶贫资金管理办法，有了基本的制度；各级负责这项工作的同志们也都能认识到扶贫资金是高压线碰不得，有了警觉的意识，但客观地说，真正使各级政府部门的责任到位，确保扶贫资金万无一失并富有效益仍有相当的难度。目前全国有592个国家扶贫重点县、478个省级扶贫重点县、14.8万个贫困村，每年安排150多亿元扶贫资金、几万个扶贫项目。在地方、资金、项目都相当分散的情况下，如何有效防止资金拨付不到位、挤占挪用、贪污受贿等问题发生，需要认真研究。这里涉及哪一级政府作为主要的监管主体，采取什么样的制度和手段来进行监管，怎样约束监管者本身实施有效监管等一系列问题。

在各地提供的"做好扶贫开发工作，促进贫困地区加快发展"主题调研报告中及这次座谈会上，大家还提出了一些其他的问题，如对某些气候特别的地区提前下达投资计划、取消省以下的配套资金的要求、扩大易地搬迁扶贫的实施范围、争取更大的资金规模等等，都需要认真研究。

### 三、新形势下加强和改善扶贫工作需要把握的基本思路与操作原则

新形势下，加强和改善扶贫工作更加重要，也更加艰难，需要我们下更大的力气、用更高的智慧、寻求更加富有创造性的方式。为此，需要我们进一步明确思路，把握正确的操作原则。

（一）加强和改善扶贫工作需要把握的基本思路

基于新形势对扶贫工作提出的新要求，基于应对和解决扶贫工作面临的新挑战和新问题，贯彻落实好中央的一系列战略部署，我以为加强和改善扶贫工作应当把握的基本思路是：紧扣主题、创新内容、完善机制、强化监管。紧扣主题，就是要紧紧扣住加快贫困地区发展这个主题，把加快发展作为解决贫困地区一切问题的立足点，要深入贯彻落实科学发展观，围绕促进区域协调发展这条主线，实现公共服务均等化，加大政策支持的力度，建立健全资源与生态补偿机制，加强发达地区的扶助，促进贫困地区加快发展。创新内容，就是要着眼于应对新形势提出的新课题以及扶贫难度增大、扶贫标准提高等新情况，在工作范围、工作领域、工作重点、工作着力点等方面进一步实现创新，加快实现贫困地区脱贫致富进而加快实现全面建设小康社会的宏伟目标。完善机制，就是要围绕统筹兼顾各类贫困地区扶贫开发、推进贫困地区积极解困脱贫，建立健全规范、灵敏、高效、顺畅的管理体制和运行机制。强化监管，就是要着眼于推动扶贫资金和项目的合理安排、维护扶贫资金的安全、提升扶贫开发的效率与效益，规范运作程序，健全监管体系。

### （二）加强和改善扶贫工作需要秉承的操作原则

面对挑战和问题，我们必须也有能力做好新形势下的扶贫工作。事实上，任何时候都存在着挑战和问题。回顾过去，我们正是在迎接挑战与解决问题的过程中走过来并不断取得扶贫开发工作的新成就的。关键的是面对挑战和问题我们要有高昂的斗志、务实的精神和扎实的行动。我以为，做好包括以工代赈、易地搬迁等在内的各项扶贫工作，需要秉承一些基本的操作原则，主要有这样六个方面。

一是以锲而不舍的精神积极履行扶贫工作使命。扶持贫困地区加快发展，帮助贫困群众脱贫致富，是社会主义的本质要求，是现代化建设的客观需要，是党和政府义不容辞的历史责任。我们从事的扶贫工作，直接关系到我国最困难群体的切身利益，关系到促进区域协调发展和建设社会主义新农村的进程，关系到构建和谐社会和全面建设小康社会目标的实现。我们应该清醒地认识到，扶贫开发是一项"雪中送炭"的工作，我们制定的每项政策、安排的每笔资金、实施的每个项目，事关一些群众能否填饱肚子、一些青年能否走出大山、一些孩子能否走进校门。所以，我们在工作中要树立高度的责任感、使命感和紧迫感，发扬奉献精神，增强服务意识，想贫困群众之所想，急贫困地区之所急，不折不扣地履行好各项工作职责，保质保量地完成好各项工作任务。帮助贫困地区脱贫致富是一项长期的使命，并且越往前走难度越大，但这也是一项光荣而神圣的使命。无论难度有多大，道路有多艰辛，我们都要锲而不舍、坚韧不拔地圆满履行职责。秉持这种精神，我们才能真正做到加强和改善扶贫工作，也才能使我们的工作取得积极的成效。

二是以综合配套的思维不断丰富扶贫工作思路。扶贫工作涉及经济、社会、生态等多个领域、多个行业，是一项复杂的系统工程。新形势下，加强和改善扶贫工作，既要立足于本身职能深化操作内容，又要超越职能局限拓展工作领域。要站在经济社会全面发展的高度，立足于加快贫困地区发展和全面建设小康社会，超越就扶贫论扶贫的传统思维模式，以综合配套的思维研究拓展扶贫工作的思路与举措。一要从综合配套的角度强化与其他政策和手段的配合。要把扶贫工作纳入地区国民经济和社会发展的规划，进而站在整体发展的角度推进扶贫工作，把扶贫政策与其他政策如支农惠农、促进劳动力转移、推进公共服务均等化、建立资源环境生态补偿机制等密切结合起来，实现联动。二要从综合配套的角度把握扶贫政策的实施基点和完善方向。无论是从范围还是从力度看，现有的扶贫政策与手段都有很大的局限性。因此，要注重依赖其他政策推进扶贫工作，使其他促进经济社会发展的政策同时成为扶贫政策。同时，也要实现扶贫政策内容的拓展，提升其一般性，使扶贫政策也成为促进经济社会发展的政策。三要从综合配套的角度寻找扶贫政策拓展的新领域。无论是直接从事扶贫工作的部门，还是推动经济社会发展的其他部门，受体制等方面的制约，往往都习惯于自我作战，在履行自身职能上面做文章。因此，推进扶贫工作，不仅有一个各部门间政策上相互对接、力量上相互配合的问题，还有一个从结合的角度开创新的政策空间的问题。着眼于"结合部"做文章，能够开辟扶贫政策的一片新天地，同时也能够带来意想不到的"一石多鸟"的效益。这方面的潜力是很大的，例如在以工代赈投资计划安排与体制建设的结合上做文章，在国家安排支持项目与对地方提出服务条件的结合上做文章，在易地搬迁扶贫和产业体系的重构、劳动力的有效转移、生态环境的恢复与保护上做文章等。以综合配套的思维研究推进扶贫工作，不仅是扶贫工作的一个重要创新，而且可以大大地提高扶贫工作的效果。

三是以与时俱进的态度努力拓展扶贫工作空间。时代在变迁，环境在改变。适应时代和环境的变化，各项工作的思路和措施也要相应地进行调整和改变，这就是与时俱进。变则顺势，能够适应形势发展的需要；变则路宽，能够保持工作的可持续性；变则通达，能够克服前进中的困难，实现"柳暗花明又一村"。扶贫工作也是如此。必须克服因循守旧、一劳永逸的思想，始终关注新情况、研究新问题，善于把握机遇，勇于迎接挑战，不断开拓创新，以与时俱进的态度拓展我们的工作空间。在扶贫的范围、内容、方式等方面都要与时俱进，适时调整。我在讲话开始时就谈到，这次会议就是要正视变化、研究变化和应对变化，以更好地做好我们如工作。当然，变化不是为变而变，变化也不能恣意妄为，变化要把握实际、把握规律。从总体上说，适应变化不断拓展扶贫工作的空间，要立足于三个方面的考虑：第一，要与整体的经济社会发展结合起来考虑。要在准确判断和正确把握整体经济社会发展现状和走势的基础上，调整扶贫工作的思路和政策措施。要把扶贫工作思路与措施融入国民经济和社会发展的总体规划，融入国家区域发展的总体战略。第二，要与其他扶贫政策措施结合起来考虑。要着眼于结合探寻扶贫政策体系中间存在的不足或需要完善的方向，从而拓展政策改进和延伸的空间，促使整个扶贫政策体系更加完整、更加科学、更加灵敏、更加有效。第三，要与创造性地做好当前的工作结合起来考虑。要把开拓创新作为我们工作的常态，从圆满履行和完善工作职责出发，着眼于当前经济社会发展和脱贫致富提出来的新情况、新问题，调整工作思路、完善工作举措、改进工作方式。

四是以一丝不苟的作风切实抓好扶贫工作重点。扶贫开发工作涉及面宽，系统性强，我们要注重统筹兼顾，做好每一个环节的工作，更要以一丝不苟、规范严谨的工作作风，认真扎实地做好重点环节的工作。第一，加强调查研究。只有"情况明"，才会"办法多"。要经常性地深入贫困地区，走访贫困农户，了解情况掌握第一手资料。对涉及贫困地区发展重要事项的决策、关键项目的安排等都应以充分扎实的调查研究为基础。这次主题调研各地组织严密，调研深入，提供了相当丰富和新鲜的材料，为我们继续做好调研工作提供了示范。第二，科学制定规划。要按照规划先行的思路，在统筹考虑需求与可能的基础上，制定好相关规划。扶贫规划要充分体现前瞻性、针对性和可操作性，突出重点，强化配套，体现体制机制的约束。第三，做好选报立项。坚持在规划中提出项目，严格按程序立项、论证、沟通、申报。第四，认真建设项目。要严格按照投资计划实施项目建设，充分发挥市场机制的作用做好项目建设单位的选择，建立一套行之有效的制度，确保工程进度、质量和效益。第五，严格监督管理。完善制度、严格程序、加强对相关环节的跟踪检查和审计监督，解决建设与管理脱节的问题，防止扶贫资产流失。

五是以科学合理的方式着力提升扶贫工作成效。好的方式方法，能够取得事半功倍的效果，能够帮助我们掌握工作的主动权。新形势下，扶贫开发的方式，包括以工代赈和易地搬迁扶贫的方式，都要根据实际情况的变化和发展的需要不断加以改进，以提高扶贫开发的成效。在方式的完善上有几点需要特别强调：要强化有的放矢，增强扶贫措施的针对性，真正做到因地制宜、因户制宜、因事制宜；要强化试点工作，根据形势的要求和探索的需要，选择合适的内容、合适的时机和合适的地区做好扶贫试点工作，并及时总结、推广试点经验；要强化集聚集成，在政策、资金、项目层面都要加强整合、突出重点、集中力量，以提高扶贫措施的协调性和有效性；要强化各方联动，加强各级主管部门间、同级政府各部门间的协调、协作与互动，真正形成合力，团结一起把工作干好；要强化市场机制，充分发挥市场机制在扶贫开发领域的积极作用，通过市场纽带动员各方力量、调配各种要素、整合各类资源；要强化群众参与，组织贫困地区群众以适当方式广泛参与规划制定、项目决策、工程实施、监督管理等工作，充分调动其自力更生、自建家园的积极性、主动性和创造性。

六是以规范严谨的制度有效克服扶贫工作偏差。扶贫资金是"救命钱"，是"高压线"，民众关注度高，社会影响大。管好用好扶贫资金，权力大，责任更大，必须严加监管，确保万无一失。要采取治标和治本相结合、重在治本的方式，克服扶贫工作上可能或已经出现的涉及决策、运作和资金运用方面的各种偏差，使我们管理的每笔资金都不偏向、不流失、不浪费，负责的每个项目都成为民心工程、示范工程、德政工程。一要严格按章办事。严格遵循国家有关文件和必要的程序规范操作，特别把好计划下达、工程标准、资金使用等重要关口。同时注重从实际出发不断完善制度，改进程序，以堵塞漏洞，提高效率。二要加强监督检查。要建立健全检查制度，针对计划执行、项目建设、资金使用等情况定期开展检查和稽查，积极配合审计、财政、监察等部门开展监督检查和审计工作，自觉主动地接受群众监督、舆论监督和社会监督。三要强化自身管理。加强党风廉政建设教育，切实提高管好用好资金项目的自觉性，充分认识决策失误和贪污浪费对国家和自身的危害性，做到警钟长鸣。要加强内部制度建设，通过制度规范程序、化解矛盾、避免失误、堵塞漏洞。

我们正处于推进国家现代化建设的关键时期，实现全面建设小康社会的奋斗目标，重点在农村，难点在贫困地区。做好新时期的扶贫开发工作，任务重，责任大，作为实施扶贫开发工作的重要部门之一，我们要更加努力，用辛勤的劳动和创造性的工作去开创扶贫工作的新局面，为消除贫困，促进国家经济社会全面协调可持续发展、构建社会主义和谐社会作出新的贡献。

# 新时期我国扶贫工作的基本思路与政策建议*

扶贫开发是在我国改革开放进程中，针对广大农村地区发展落后的实际，为缓解和消除贫困、最终实现共同富裕而采取的重大战略举措。这些年来，我国的扶贫工作取得了积极的成效，贫困地区的面貌发生了显著改变，广大人民群众实现了千百年来吃饱穿暖的愿望，为促进我国经济的发展、民族的团结、边疆的巩固、社会的稳定发挥了重要作用。随着改革开放和社会主义现代化建设进程不断向纵深推进，扶贫工作环境发生了很大变化，诸多因素对已有的扶贫方式提出了挑战，需要我们在总结经验的基础上，研究探索新形势下的扶贫工作思路和政策建议。

## 一、多年来我国扶贫开发取得的成就和经验

### （一）扶贫开发基本情况

改革开放以来，我国政府实施了大规模、持久的扶贫开发计划，经过30年不懈努力，扶贫开发取得了巨大成就，贫困地区的面貌发生了显著改变。农村贫困人口大幅度减少，贫困地区的基础设施、社会事业以及贫困农户的生产、生活条件得到显著改善。自20世纪80年代以来，中央共安排各类扶贫资金3700多亿元。其中，无偿投入的以工代赈资金、财政扶

---

\* 本文基于同名课题研究报告凝练提升而成，于2008年12月写就，作者为课题组组长和文章总撰稿。国家发展改革委地区经济司有关同志参加了调研和课题报告的起草工作。原载《地区经济工作》（内刊）第71期，2008年12月26日。

资金、易地扶贫搬迁资金约 2000 亿元，扶贫贴息贷款 1700 多亿元。2008 年中央安排的扶贫资金达到 334 亿元，其中财政扶贫资金 127 亿元，以工代赈 51 亿元（含国债资金 11 亿元），扶贫专项贷款 141 亿元，易地扶贫资金 15 亿元。

（二）扶贫开发取得的成效

贫困人口数量大幅度减少。农村贫困人口由 1978 年的 2.5 亿人减少到 2007 年的 1479 万人[①]，贫困发生率由 1978 年的 30.7% 下降到 2007 年的 1.6%，农村低收入人口也从 2000 年的 6213 万人减少到 2007 年的 2841 万人，占农村居民人口的比重从 6.7% 下降到 3%。我国的扶贫开发成功解决了 2 亿多农村贫困人口的温饱问题，贫困发生率已明显低于世界的平均水平，这一巨大成就得到国际社会的普遍认同和赞扬。

贫困地区基础设施条件明显改善。大量的扶贫投入促使贫困地区的生产生活条件和设施大为改观。据统计，到 2007 年底，国家扶贫开发工作重点县通公路、通电、通电话和能接受广播电视的自然村分别达到总数的 82.8%、96.5%、85.2% 和 92.2%，有卫生室行政村的比例达到 75.6%，有安全饮水户的比例达到 73.5%。在少数民族地区的重点县，通公路、电、电话和电视自然村的比重也分别达到 80.3%、94.5%、77.8% 和 89.1%。贫困地区累计建设和改造基本农田 1 亿多亩，解决 8 千多万人和 9 千多万头牲畜饮水问题，修建各类县乡村道路 50 多万公里，90% 以上的行政村通路通邮。

贫困地区经济发展水平明显提高。与"十五"初期比较，2007 年国家扶贫开发重点县第二产业比重提高了 26%，第三产业提高了 3%。同期，重点县农村居民人均纯收入中工资性收入所占比重提高 12%，家庭经营收入比重下降 10%；重点县农业从业人员比重从 76.2% 下降到 65%，外出务工劳力比重从 11.8% 增加到 21%，贫困地区经济结构、农民增收结构和劳动力就业结构进入快速调整期。

---

① 按当时扶贫标准。

贫困地区社会事业得到显著发展。在政府的开发扶贫战略的推动下，贫困地区的文化、教育和卫生等社会事业都得到了不同程度的发展和进步。到2007年底，592个重点县大部分实现普九教育和扫除青壮年文盲的目标。办学条件得到改善，职业教育和成人教育发展迅速，有效地提高了劳动者素质。大多数贫困地区乡镇卫生院得到改造或重新建设，缺医少药的状况得到缓解。贫困地区95%的行政村能够收听收看到广播电视节目，群众的文化生活得到改善，精神面貌发生了很大变化。

(三)扶贫工作的基本经验

中央高度重视扶贫开发工作。党中央、国务院把扶贫工作作为事关经济发展和社会稳定的大事，始终高度重视。中央分别于1994、1996、1999、2001年四次召开中央扶贫工作会议，进行动员部署。随着中央财力的逐步增强，不断加大对贫困地区的投入。进入新世纪以来，中央提出了全面建设小康社会的奋斗目标，作出了构建社会主义和谐社会的战略部署。实现这一目标和发展战略，重点在农村，难点在贫困地区。我国政府坚持以人为本和全面、协调、可持续的科学发展观，以更坚决的态度、更有力的措施，全面推进缓解和消除贫困的进程。

充分依靠发展与改革的巨大推动作用。坚持把发展作为执政兴国的第一要务，把改革作为发展的根本动力。以共同富裕为目标，按照效率优先、兼顾公平的原则，调整和规范收入分配关系，扩大中等收入者比重，提高低收入者收入水平。在农村长期稳定并不断完善以家庭承包经营为基础、统分结合的双层经营体制，实行最严格的耕地保护制度，依法保障农民对土地承包经营的各项权利，发挥土地对农民基本生活的保障作用。坚持把解决好"三农"问题作为工作的重中之重，巩固和加强农业在国民经济中的基础地位，调整农业结构，加快农村发展，力争实现农民收入较快增长，尽快减缓直至扭转城乡居民收入差距扩大的趋势。

坚定不移地实施开发式扶贫。采取有倾斜、有侧重的区域政策，推动区域协调发展，并不断加大对欠发达地区和困难地区的扶持，多渠道增加扶贫资金投入。组织各级政府机关定点扶贫，开展东部沿海发达省市与西部欠发达地区协作扶贫。积极发动和组织贫困人口参与扶贫开发，充分发挥贫困地区干部群众的积极性和创造性，依靠自身的力量，改善生存环境，增加收入，提高自我发展能力。在有条件的地区逐步建立农村最低生活保障制度，逐步建立和完善新型农村合作医疗制度，建立健全特困群体的医疗、住房、子女入学等救助制度，努力使贫困人口享受到与经济社会发展相适应的基本保障。对于生活在生态环境恶劣、"一方水土养不活一方人"地区的贫困群众，稳步推进易地扶贫搬迁。加快全国22个人口较少民族贫困地区的脱贫步伐，力争先于其他同类地区实现减贫目标。

高度重视与国际社会的交流与合作。多年来，世界银行、联合国开发计划署、欧盟、亚洲开发银行等国际组织积极支持中国的扶贫工作，为中国的扶贫开发作.出了突出贡献。世界银行是与中国合作最早的国际组织，目前在我国开展了西南、秦岭—大巴山、西部三期扶贫贷款项目，贷款总规模6亿多美元，覆盖9个省800万贫困人口。此外，联合国开发计划署、欧盟、亚洲开发银行、日本协力基金等也在我国开展了一些扶贫项目，并取得了很好的成效。同时，我国政府结合自身实际，努力支持其他国家开展的减贫行动。

## 二、新形势下加强和改善扶贫工作的重要性和紧迫性

进入21世纪后，中央提出贯彻落实科学发展观、构建社会主义和谐社会，要求做到"五个统筹"。这些重大战略思想和战略任务的提出，提升了扶贫工作的地位，丰富了扶贫工作的内涵，对扶贫工作提出了新的、更高的要求。

### （一）加速现代化建设进程需要加强和改善扶贫工作

改革开放以来，经过30年的努力，我国国民经济实现了持续、快速、健康发展，各项事业蓬勃发展，社会主义现代化建设取得了显著成就。一是综合国力大大增强。我国GDP年均增长达到9.8%，总量由1978年的

0.36万亿元提高到2007年的24.95万亿元，在世界排名已经达到第四位；人均GDP由1978年的381元提高到2007年的18934元。二是人民生活水平大大提高。农村居民人均纯收入由1978年的133.6元提高到2007年的4140元，城镇居民人均可支配收入由1978年的343.4元提高到2007年的13786元。三是国际地位大大提升。我国已经成为引领世界经济发展的重要火车头之一，中国经济的增长、产品和服务的供给、资本市场的变化等已经影响到世界经济的格局。但是，我国在总体发展实力仍然处于比较落后状态的同时，各地区的发展也相当不平衡，贫困地区仍然十分落后，距离现代化的目标还有很大差距。从反映现代化程度的工业化、城镇化、市场化水平来看，我国三次产业结构比重2007年达到11.3:48.6:40.1；城镇化水平达到44.9%，市场化率超过70%。而592个国家扶贫重点县的状况则大大低于全国平均水平，农业比重大大高于全国平均水平，第二、第三产业大大低于全国平均水平；城镇化水平仅相当于全国20世纪80年代初的水平。592个国家扶贫重点县农民人均纯收入为2278元，仅相当于全国的55‰。没有贫困地区的现代化，就没有整个国家的现代化，推进国家现代化建设必须加快贫困地区的发展。

### （二）促进区域协调发展需要加强和改善扶贫工作

促进区域协调发展，是新中国成立以来党和国家始终不渝坚持的战略方针。这些年来，逐渐形成了推进西部大开发、振兴东北地区等老工业基地、促进中部地区崛起、鼓励东部地区率先发展的区域发展总体战略。各个区域的特色与优势得到了有效发挥，区域经济发展速度全面加快且效益明显提升。但是，由于自然、历史等方面的原因，区域发展不平衡问题日益突出。从人均GDP看，1978年东部地区是中部的1.7倍、西部的1.8倍，2007年分别扩大到2.2倍和2.5倍；从农民人均纯收入看，1978年东部地区是中部地区、西部地区的1.2倍，2007年分别扩大到1.5倍和1.9倍。欠发达省份与发达省份比较，2007年贵州、西藏、宁夏三省区的人均GDP分别为上海市的10.5%、18.5%和21%，农民人均纯收入分别为上海市的22%、

26% 和 30%。中西部地区是我国老、少、边、穷集中分布的地区，涵盖了全国 81% 的老区县、83% 的少数民族县、93% 的陆地边境县和 100% 的国家扶贫重点县。促进区域协调发展除继续鼓励和推动发达地区率先发展，以迅速提高国家的财政实力、加强对贫困地区的支持外，关键是加大对革命老区、民族地区、边疆地区、贫困地区的支持力度，把区域经济发展中"最短的木板"做长。促进区域协调发展，必须大力促进贫困地区的发展，必须加强和改善扶贫工作。

（三）构建社会主义和谐社会需要加强和改善扶贫工作

在我国经济社会发展过程中，社会事业发展一直相对滞后，与经济增长不相协调。在贫困地区这一矛盾更加突出，社会发展"瘸腿"现象十分严重。根据 2006 年中国农村贫困监测数据，在教育方面，国家扶贫重点县劳动力文盲比例比全国高 5.8 个百分点，儿童入学率比全国低 4.6 个百分点。在医疗卫生方面，国家扶贫重点县每万人拥有医院床位数和医生数约为全国平均水平的 60% 左右，相当于改革开放初期的水平。在文化方面，大部分贫困地区文化娱乐贫乏，相当一部分行政村没有广播电视。在社会保障方面，除民政救济、救助外，农村低保制度还很不完善，养老保险仍处于起步阶段。目前，贫困地区上学难、就医难、养老难问题十分突出，碘缺乏、大骨节病、棘球蚴病等地方病在一些地区比较普遍，因灾返贫、因病返贫、因学返贫现象时常发生。贫困地区社会事业发展落后的状况，不仅影响到贫困群众均等地享受基本的公共服务，而且影响到社会和谐。在收入水平和社会公共服务等方面产生的两极分化，容易产生和激化贫富矛盾，带来一系列社会问题。贫困问题不解决，区域间经济社会发展差距过大的状况不能得到扭转，构建社会主义和谐社会的目标就难以实现。

（四）统筹城乡协调发展需要加强和改善扶贫工作

新中国成立后，为尽快改变国家千疮百孔、一穷二白的局面，尽快建立起独立、完整的工业体系和国民经济体系，国家采取了优先发展工业特别是重工业的战略，客观上也形成了重点发展城市的政策格局，农村和农民不仅不能够与城市享受均等的公共服务，在发挥自身的能动性、创造性方面受到诸多体制与政策限制，而且还以不平等的交易为城市的发展提供产品、资源等方面的支持。这种状况导致了农村和城市间差距的进一步拉大。改革开放以后，支持"三农"放到了突出重要的位置，适应市场化的进程，一些限制农民创业发展的政策措施也逐渐得到改革和改变，农村得到了很大的发展。但是投资、资源要素向城市集聚的局面并没有根本改变，限制农民创业发展的一些关键性体制制约并没有根本消除，农村对城市建立在不平等交易基础上的支持并没有根本解决。尽管这些年来"三农"获得了巨大的发展，但城乡差别仍在进一步拉大，贫困人口主要集中在农村。从整体发展状况看，2007年我国GDP总量已经接近25万亿元，国家财政收入已经超过5万亿元。从收入状况看，我国城乡居民人均收入比已从1978年的2.6∶1扩大到2007年的3.3∶1。2007年国家扶贫重点县的农民人均纯收入仅为全国农村水平的55%，全国城镇水平的16%。如果按人均财产占有量评估，城镇居民是农村居民的25倍左右，是国家扶贫重点县农民的40倍以上。过大的城乡差别不仅对区域协调发展和经济社会全面协调可持续发展形成制约，还会导致一系列的深层经济与社会矛盾，影响国家长治久安。经过这些年的发展，我们已经具备了统筹城乡发展，实行以工促农、以城带乡，形成城乡经济社会发展一体化格局的条件。统筹城乡发展的关键是支持农村的发展，支持农村发展的关键是支持贫困地区的发展。

（五）加快改变贫困面貌需要加强和改善扶贫工作

改革开放以后，随着我国综合国力的提高，扶贫工作不断深化，取得了举世瞩目的成就，这是我国乃至人类发展史上的一个壮举。但我们要看到，扶贫工作仍很艰巨。从全国看，仅农村贫困人口和低收入人口就超过4300万，这是一个不小的数字，相当于一个中等国家的人口规模。从地区情况看，京津地区属于发达地区，但是距离北京不超过150公里，就从南、西、北三面形成了一条"环京津贫困带"，分布着100多万贫困人口和低收入人口。2007年河南省、四川省、贵州省、云南省、陕西省、甘肃省六省的贫困人口和低收入人口都超过300万人，其中贵州省、云南省、甘肃省每省都有近20%的农村人口生活在低收入线以下。我国农村已经初步解决温饱的群众中，一部分生产生活条件仍然较差，稳定脱贫的能力较弱，返贫现象时常发生。同时，目前我国的贫困标准还比较低。据测算，按照世界银行人一天1美元的标准，目前我国农村至少还有1亿多贫困人口。我们需要采取更有力的措施推进扶贫工作，既要继续保持必要的工作力度和行之有效的扶贫措施，又要根据新阶段、新形势的要求和扶贫工作中存在的薄弱环节，创新和完善扶贫工作方式，使扶贫工作成为消除贫困人口、改变贫困面貌的原动力并产生最直接、最突出的效应。

**三、新形势下加强和改善扶贫工作面临的挑战和问题**

随着改革开放和现代化建设进程的深入展开，随着经济全球化和市场一体化的深入推进，我国已进入了一个新的阶段，面临着一个新的环境。新的形势为加强和改善扶贫工作带来了新的机遇，同时也带来了新的挑战。在新的形势下，加强和改善扶贫工作除了要着力解决贫困地区生产条件较差、经济基础薄弱、农民增收缓慢、社会事业落后、市场信息闭塞等老问题外，也要认真研究解决一些新的问题。

（一）加强和改善扶贫工作需要应对的新挑战

工业化、城镇化发展对扶贫工作带来挑战。推进现代化建设的过程，很大程度上是工业化、城镇化不断拓展的过程。而在一个农村、农业、农民占主体的国家，工业化、城镇化的过程无疑就是不断缩小农村、农业、农民规模的过程，是生产资料和生产要素向工业和城市集聚的过程。在这个过程中，农村资源向工业和城市的转移是必然的。从理论上说，这种转移应当建立在公平、公正的交易规则和价格的基础上，但实际上处于弱势的农村往往同时处于被动的位置。所以，工业化、城镇化的过程，往往是农村和农民利益被转移和被损害的过程。在现实生活中，许多地区工业化和城镇化发展都是靠农村、农业和农民的牺牲作支撑的，这集中体现在对农村土地的无偿或低偿征用，对农村劳动力的廉价使用上，尤其是农村土地成了城市扩张、工业发展的"银行"和"财库"。这种工业化、城镇化的结果产生了一大批无地、无业、无保障的"三无"农民。我国的贫困人口主要集中在农村，而一些地方以损害农村和农民利益推进的工业化和城镇化又使一些人沦落到贫困的境地。我国的工业化、城镇化正向纵深发展，并且将是一个长期的过程。这种形势给加强和改善扶贫工作带来了困难，如何既深入推进工业化、城镇化进程，又有效促进农村、农业和农民发展，消除贫困人口，是我们面对的重大挑战。

市场经济的推进对扶贫工作带来挑战。我国经济体制改革的基本目标是建立社会主义市场经济体制，核心是使市场机制在资源配置中发挥基础性作用。从总体上说，市场经济是竞争经济，其内在系统中没有必然的贫困支持机制，而是强调效率第一，体现优胜劣汰。改革开放以来，国家总体经济实力和人民的总体生活水平都得到了显著提高，但地区之间、部分社会成员之间的收入差距却在不断扩大，换言之，社会的贫富差距在拉大。从基尼系数看，1981年为0.29到2008年攀升到0.48，超过国际公认的0.4的警戒线水平。从城乡居民储蓄余额看，2007年我国城乡居民储蓄余额达17.3万亿元，人均储蓄超过1.3万元，但10%的最高收入者占有储蓄余额的40%，10%的最低收入者仅占储蓄余额的3%，前者是后者的13倍。我国市场化改革进程将在全球市场一体化的背景中进一步走向深入，从而给扶贫工作带来了严峻的挑战，如何运用有效措施弥补市场缺陷，缩小贫富差距，增进社会公平，是又一个重大课题。

区域发展的"马太效应"对扶贫工作带来挑战。由于自然禀赋、历史基础、文化背景、体制条件、管理水平等的制约，我国各地区的发展状况很不平衡。这些年来，这种不平衡的状况更加突出。区域间的这种差距在市场环境中体现出明显的"马太效应"：发达地区不仅自身具有良好的发展条件，而且也更能吸引外部的资源和要素进入；而欠发达地区不仅自我发展能力薄弱，而且外部资源和要素也难以流入，甚至自身的资源和要素还会流出。工业化、城镇化、市场化、国际化进程的加快，将进一步加剧"马太效应"，从而给扶贫工作带来了严峻的挑战。加快欠发达地区特别是贫困地区的发展是缩小两极差别、促进区域协调发展的关键。如何克服"马太效应"，加快推进贫困地区的发展，也是加强和改善扶贫工作值得认真研究的重大课题。

资源环境保护对扶贫工作带来挑战。改革开放以来，我国经济持续快速发展，经济总量大幅跃升。但这种发展很大程度上是建立在耗费资源、损害环境基础上的粗放型发展。为根本扭转这一局面，中央提出要加快发展方式转变，建立资源节约型和环境友好型社会，提出根据各地区资源环境承载能力和发展潜力，按照优化开发、重点开发、限制开发和禁止开发的不同要求，明确不同区域的功能定位，逐步形成各具特色的区域发展格局。建立资源节约型、环境友好型社会战略和推动形成主体功能区思路的实施，对于促进贫困地区的发展带来了新的挑战，对加强和改善扶贫工作提出了新的要求。许多贫困地区是生态环境比较脆弱的地区，一旦保护起来，生态得以修复，将会变成环境优美的地区。所以，这些地区应该划定为限制开发区或禁止开发区，但没有了开发，贫困地区如何脱贫富裕；许多贫困地区往往也是资源比较丰富的地区，现在的发展主要是靠开发资源，一旦"限制开发"或"禁止开发"，资源也就保护起来了，不能开发利用了。这些都直接影响到贫困地区的发展，需要认真深入研究。

（二）加强和改善扶贫工作值得重视的新问题

扶贫开发的范围。近年来，扶贫开发出现的一些新情况要求对原有划定的扶贫开发范围作新的思考。首先，从重点县的角度看，2001年确定了592个国家扶贫重点县，经过六七年中央扶贫资金的集中扶持，重点县的总体贫困程度在降低，贫困人口的数量在减少。但没有划入扶持范围的一些非重点县的贫困问题却突出表现出来。截至2007年底非重点县有贫困人口428万人、低收入人口1270万人，分别占全国的29%和45%。以基本数据衡量，某些非重点县比重点县还要贫穷，却难以纳入扶持范围。重点县和非重点县的这种不平衡状况，值得重视。其次，从贫困标准的角度看，随着我国总体经济实力的增强，扶贫标准需要相应地提高。如果按照低收入人口标准或者人均一天1美元的国际标准，有很多人需要纳入我国的扶贫范围；如果把基本公共服务均等化，把城市人口享用的一些内容如安全饮水、适量喝奶等纳入扶贫标准，扶贫的范围就更大了。从国家现有的经济状况出发，从统筹城乡、统筹发达地区和贫困地区的要求出发，是值得研究的。其三，从致贫返贫的角度看，受台风、洪涝、干旱、地震等灾害以及地方病的影响，每年都有一些人口致贫或者重新返贫。对于这部分地区和人口，该不该纳入、如何纳入扶持重点范围，需要研究。

扶贫开发的内容。从工作层面看，首先，是集中连片开发还是点、线、面结合。我国大多数贫困人口分布在"面"上，但也有相当一部分分布在"点"和"线"上，是否需要把"点、线、面"结合起来统筹考虑、整体推进？其次，是集中一点还是多方兼顾？就以工代赈而言，我们当前扶持的内容主要是基本农田、乡村公路、农田水利、人畜饮水、小流域治理、草场改良六个方面的工程建设，随着国债规模的减小，以工代赈规模也在减少。是把资金投向其中的一、两个方面，还是进一步拓宽扶助的范围，做到多方兼顾。其三，是立足于解决温饱还是着眼于缩小差距？有人建议应该把解决温饱、巩固温饱和缩小差距、实现富裕结合起来，有人则建议现阶段扶贫开发仍要立足于解决剩余贫困人口的温饱问题。最后，是拾遗补阙还是垒墙奠基？有的认为扶贫工作和相关资金应立足于雪中送炭，解决贫困人群的眼前之需和燃眉之急。有的则认为扶贫工作的重点还是应着眼于培植贫困地区发展的产业基础和造血机制，从根本上解决贫困问题。从政策层面看，怎样做到以工代赈、易地搬迁、整村推进、产业化扶贫、劳动力转移培训等扶贫政策之间的衔接，怎样做到扶贫政策与农村最低生活保障、新农村建设、生态补偿、农民进城等支农涉农政策之间的衔接，如何整合资金集中发挥效益，需要认真研究。

扶贫开发的方式。开发式扶贫是我国扶贫工作的基本方针，适应新情况新要求，需要在坚持这个总体方针的前提下，认真研究扶贫开发的具体方式。首先是如何把解决应急之需与消除致贫之根结合起来。扶贫脱离不了救济的成分，因此要关注贫困群众当前生产生活中的实际困难和问题，但是纯粹救济的结果不仅会导致越救越穷的后果，还会助长等靠要的不良习气。因此，要把救济式扶贫融入开发式扶贫之中、把给钱给物融入培育产业改善环境之中，使"输血"成为"造血"的基础。其次是如何把扶贫政策与其他政策结合起来。扶贫政策的实施不能脱离于其他政策单打独斗，也不能不考虑其他政策实施对扶贫政策带来的影响。最后是如何把政府推动和充分发挥市场机制的作用结合起来。推进扶贫工作要更多的重视发挥市场机制的作用，把市场的投融资同搞活贫困地区的要素、利用贫困地区的资源有机结合起来，同政府对贫困地区的项目安排、基础设施建设和产业扶植有机结合起来，通过这种结合集聚扶贫的财力、拓宽扶贫的领域、提高扶贫的效率。

扶贫开发的机制。扶贫开发要达到应有的效果，关键在于建立一个良好的机制。从目前看，这方面存在不少问题。首先是缺乏约束机制。由于有相当的扶持资金，由于争取扶持资金比引进开发某些项目获得收益容易得多，由于一旦进入扶贫范围就能在相当一个时期获得比较稳定的资金扶助，一些地方不论具体情况积极争取戴上贫困县的帽子。怎样建立起贫困地区积极解困脱贫、争相甩掉贫困帽子的约束机制，是当前完善扶贫开发机制的一个重要内容。其次是缺乏进退机制。原定的贫困地区有的已脱贫致富，进入发达地区的行列，但仍然戴着贫困县的帽子，有一些地区发展水平明显低于某些贫困地区，但却没有纳入贫困县的范围。缺乏规范的进退机制也是造成一些地区争先恐后争取贫困县帽子的一个重要原因。其三是缺乏联动机制。从事扶贫开发的机构较多，扶助贫困地区的资金较为分散，缺乏强有力的统筹协调，往往形不成联动和合力。其四是缺乏激励机制。目前对从事扶贫开发的管理部门、被扶持的贫困地区都没有建立一套规范的、与工作效绩密切联系的考评体系与奖惩机制，致使在开发方式、扶持内容上往往不能适应环境的变化及时地作出改革。

扶贫开发的监管。首先是如何做到扶贫资金的合理安排。在扶贫资金安排上，有的缺乏适当的集中度，存在着"层层切块"、"化整为零"、"撒胡椒面"等现象；有的没有把重点放在最贫困的地方，热衷于搞锦上添花的"政绩工程"、"形象工程"、"面子工程"。其次是怎样提高扶贫资金的使用效益。近年来，国家扶贫资金不断增加，由2001年的306亿元增加到2008年的334亿元，但扶贫资金的效益在逐年递减，扶贫成本在不断上升。这除了工程造价和工程标准提高、剩余的扶贫对象大部分是扶贫难度很大的"硬骨头"等客观原因外，缺乏科学的制度制约和有效的监管也是重要原因。其三是如何使各层次的监管切实到位。全国有592个国家扶贫重点县、478个省级扶贫重点县、14.8万个贫困村，每年安排近200亿元扶贫资金、几万个扶贫项目。在地方、资金、项目都相当分散的情况下，如何有效防止资金拨付不到位、挤占挪用、贪污受贿等问题发生，需要认真研究。

## 四、新形势下加强和改善扶贫工作的基本思路与操作原则

新形势下，加强和改善扶贫工作更加重要，也更加艰难，需要下更大的力气、用更高的智慧、寻求更加富有创造性的方式。为此，需要进一步明确思路，把握正确的操作原则。

### （一）加强和改善扶贫工作需要把握的基本思路

基于新形势对扶贫工作提出的新要求，基于应对和解决扶贫工作面临的新挑战和新问题，贯彻落实好中央的一系列战略部署，加强和改善扶贫工作应当把握的基本思路是：紧扣主题、创新内容、完善机制、强化监管。紧扣主题，就是要紧紧扣住加快贫困地区发展这个主题，把加快发展作为解决贫困地区一切问题的立足点，要深入贯彻落实科学发展观，围绕促进区域协调发展这条主线，实现公共服务均等化，加大政策支持的力度，建立健全资源与生态补偿机制，加强发达地区的扶助，促进贫困地区加快发展。创新内容，就是要着眼于应对新形势提出的新课题以及扶贫难度增大、扶贫标准提高等新情况，在工作范围、工作领域、工作重点、工作着力点等方面进一步实现创新，加快实现贫困地区脱贫致富进而加快实现全面建

设小康社会的宏伟目标。完善机制，就是要围绕统筹兼顾各类贫困地区扶贫开发、推进贫困地区积极解困脱贫，建立健全规范、灵敏、高效、顺畅的管理体制和运行机制。强化监管，就是要着眼于推动扶贫资金和项目的合理安排、维护扶贫资金的安全、提升扶贫开发的效率与效益，规范运作程序，健全监管体系。

### （二）加强和改善扶贫工作需要秉承的操作原则

以锲而不舍的精神积极履行扶贫工作使命。扶贫工作直接关系到我国最困难群体的切身利益，关系到促进区域协调发展和建设社会主义新农村的进程，关系到构建和谐社会和全面建设小康社会目标的实现。扶贫开发是一项"雪中送炭"的工作，我们制定的每项政策、安排的每笔资金、实施的每个项目，事关一些群众能否填饱肚子、一些青年能否走出大山、一些孩子能否走进校门。要树立高度的责任感、使命感和紧迫感，发扬奉献精神，增强服务意识，想贫困群众之所想，急贫困地区之所急，不折不扣地履行好各项工作职责，保质保量地完成好各项工作任务。帮助贫困地区脱贫致富是一项长期的使命，并且越往前走难度越大，但这也是一项光荣而神圣的使命。无论难度有多大，道路有多艰辛，都要锲而不舍、坚韧不拔地圆满履行职责。

以综合配套的思维不断丰富扶贫工作思路。要站在经济社会全面发展的高度，立足于加快贫困地区发展和全面建设小康社会，以综合配套的思维研究拓展扶贫工作的思路与举措。一要从综合配套的角度寻找与其他政策和手段的配合。站在整体发展的角度，把扶贫政策与其他政策如支农惠农、促进劳动力转移、推进公共服务均等化、建立资源环境生态补偿机制等密切结合起来。二要从综合配套的角度把握扶贫政策的实施基点和完善方向。注重依赖其他政策推进扶贫工作，使其他促进经济社会发展的政策成为扶贫政策。三要从综合配套的角度寻找扶贫政策拓展的新领域。推进扶贫工作，要着眼于"结合部"做文章。例如以工代赈投资计划安排与体制建设相结合，国家安排支持项目与对地方提出服务条件相结合，易地搬迁扶贫和产业体系的重构、劳动力的有效转移、生态环境的恢复和保护相结合等。

以与时俱进的态度努力拓展扶贫工作空间。适应时代和环境的变化，各项工作的思路和措施要相应地进行调整和改变。第一，要与整体的经济社会发展结合起来考虑。要在准确判断和正确把握整体经济社会发展现状和走势的基础上，调整扶贫工作的思路和政策措施。把扶贫工作思路与措施融入国民经济和社会发展的总体规划，融入国家区域发展的总体战略。第二，要与其他扶贫政策措施结合起来考虑。要着眼于结合探寻扶贫政策体系中间存在的不足和完善方向，从而拓展政策改进和延伸的空间，促使整个扶贫政策体系更加完整、更加科学、更加灵敏、更加有效。第三，要与创造性地做好当前的工作结合起来考虑。要把开拓创新作为我们工作的常态，从圆满履行和完善工作职责出发，着眼于当前经济社会发展和脱贫致富提出来的新情况、新问题，调整工作思路、完善工作举措、改进工作方式。

以一丝不苟的作风切实抓好扶贫工作重点。扶贫开发涉及面宽，系统性强，要注重统筹兼顾，做好每个环节的工作，更要以一丝不苟、规范严谨的工作作风，认真扎实地做好重点环节的工作。第一，加强调查研究。要经常性地深入贫困地区，走访贫困农户，掌握第一手资料。对涉及贫困地区发展重要事项的决策、关键项目的安排等都应以充分扎实的调查研究为基础。第二，科学制定规划。要按照规划先行的思路，在统筹考虑需求与可能的基础上，制定相关规划。扶贫规划要充分体现前瞻性、针对性和可操作性，突出重点，强化配套，体现体制机制的约束。第三，做好选报立项。坚持在规划中提出项目，严格按程序立项、论证、沟通、申报。第四，认真建设项目。要严格按照投资计划实施项目建设，做好项目建设单位的选择，建立一套行之有效的制度，确保工程进度、质量和效益。第五，严格监督管理。完善制度、严格程序、加强对相关环节的跟踪检查和审计监督，解决建设与管理脱节的问题，防止扶贫资产流失。

以科学合理的方式着力提升扶贫工作成效。新形势下，扶贫开发的方式要根据实际情况的变化和发展不断加以改进，以提高扶贫开发的成效。在此需要特别强调：要强化有的放矢，增强扶贫措施的针对性，真正做到因地制宜、因户制宜、因事制宜；要强化试点工作，根据形势的要求和探索的需要，选择合适的内容、合适的时机和合适的地区做好扶贫试点工作，并及时总结、推广试点经验；要强化集聚集成，在政策、资金、项目层面都要加强整合、突出重点、集中力量，以提高扶贫措施的协调性和有效性；要强化各方联动，加强各级主管部门间、同级政府各部门间的协调、协作与互动，真正形成合力，团结一起把工作干好；要强化市场机制，充分发挥市场机制在扶贫开发领域的作用，通过市场纽带动员各方力量、调配各种要素、整合各类资源；要强化群众参与，组织贫困地区群众以适当方式广泛参与规划制定、项目决策、工程实施、监督管理等工作，充分调动其自力更生、自建家园的积极性、主动性和创造性。

以规范严谨的制度有效克服扶贫工作偏差。要采取治标和治本相结合、重在治本的方式，克服扶贫工作上的各种偏差，使资金不偏向、不流失、不浪费。一要严格按章办事。严格遵循国家有关文件和必要的程序规范操作，特别把好计划下达、工程标准、资金使用等重要关口。同时注重从实际出发不断完善制度，改进程序，以堵塞漏洞，提高效率。二要加强监督检查。要建立健全检查制度，针对计划执行、项目建设、资金使用等情况定期开展检查和稽查，积极配合审计、财政、监察等部门开展监督检查和审计工作，自觉主动地接受群众监督、舆论监督和社会监督。三要强化自身管理。加强党风廉政建设教育，切实提高管好用好资金项目的自觉性，充分认识决策失误和贪污浪费对国家和自身的危害性，做到警钟长鸣。要加强内部制度建设，通过制度规范程序、化解矛盾、避免失误、堵塞漏洞。

## 五、新形势下加强和改善扶贫工作的政策建议

### （一）进一步提高扶贫开发水平

根据现阶段的扶贫形势和任务，扶贫开发必须明确目标任务，完善体

制机制，切实提高扶贫开发水平和效益。一是落实党中央、国务院有关要求，积极研究探索新形势下做好扶贫工作的新思路、新机制、新举措；二是在《中国农村扶贫开发纲要》的基础上，尽快研究提出今后一段时期扶贫开发的目标任务和工作重点；三是各级扶贫部门要加强工作的协调配合和联动，共同解决扶贫工作中的重点和难点问题；四是在稳步推进易地扶贫、建立救助制度的基础上，通过以工代赈、产业扶贫、劳动力转移、公共服务能力建设等方式，积极探索扶贫开发的新途径，增强扶贫工作的针对性。

（二）着力扶持集中连片贫困地区发展

按照落实科学发展观的总体要求和促进区域协调发展的战略部署，进一步强化用"区域发展统领扶贫工作"的理念，集中力量扶持集中连片贫困地区加快发展。一是树立以发展促扶贫的理念。围绕促进区域协调发展这一战略部署，扶持贫困地区加快发展，努力缩小区域差距，增强贫困地区的"造血"功能，减少农村贫困人口；二是把贫困地区发展纳入国民经济规划。顺应我国经济社会的发展形势，切实把扶贫开发纳入国民经济和社会发展规划中统一部署，与县域经济、农村经济、市场经济发展相融合；三是着力促使革命老区、少数民族聚集区、边疆地区、特困地区等集中连片贫困地区加快发展。深入调查研究，制定综合发展规划，多渠道加大扶持力度，集中各项扶贫资金和其他支农投资解决制约当地发展的突出问题。

（三）管好用好各项扶贫资金

首先，要积极增加扶贫开发投入，逐步建立与我国综合财力相适应的扶贫投入机制，扩大以工代赈和易地扶贫投资规模；其次，各类财政扶贫资金要与其他渠道的资金相结合，发挥各类资金的整体效益，带动更多的资金共同帮助贫困地区加快发展；其三，各项扶贫资金要按照"渠道不乱、集中使用、各负其责、各记其功"的原则，按照统一的规划和建设目标，互相配合，集中投入，严格管理。各地要把以工代赈、易地扶贫等扶贫资金和项目的监督检查当成一项重点工作,并联合有关部门开展项目稽察、联合检查和重点抽查。进一步完善扶贫资金公告、公示制度,主动接受社会监督。

### (四)积极采取综合性的优惠政策

一是财政转移支付政策。合理确定中央政府对地方政府的财政转移支付办法和资金用途,对特定地区的转移支付额要同当地经济发展水平、税负高低、民族风俗、人口、教育状况等因素相联系;二是税收优惠政策。对投资于中西部地区的企业,在一定期限内减征一定比例的企业所得税。对吸引人才的专门补贴予以免税,对技术成果转让、技术服务所得实行减税政策等。三是实行积极的产业政策。采取有效的调控手段,促进资源加工型和劳动密集型产业向中西部资源丰富地区逐步转移;四是注重财政政策和信贷政策的协调配合。对于公益性的基础设施项目和微利的资源开发项目可由财政进行直接投资,并积极引导信贷资金的投入,特别是充分发挥扶贫贷款的作用和效益。

### (五)进一步健全对口帮扶机制

进一步发扬先富帮后富的优良传统,鼓励发达地区采取多种形式帮扶欠发达地区。继续做好发达地区对欠发达地区的对口支援,特别要做好对边疆地区和少数民族地区的对口支援。要继续鼓励社会各界捐资捐物,改善贫困地区和受灾地区人民的生活。要根据实际需要拓展支援领域,创新帮扶方式,提高帮扶效果,加大技术援助和人才援助力度,把外部援助转化为内生机制。

# 更加深入扎实地推进扶贫开发工作[*]

2007年8月，我们在四川省成都市召开了一次发展改革委系统扶贫开发主题座谈会，分析了新时期扶贫开发工作面临的新形势、新挑战和新问题，明确了加强和改善扶贫工作的基本思路、操作原则、主要任务和工作要求。这几年，全国发展改革委系统地区工作会议在部署其他工作的同时，对扶贫开发工作也做了部署。按照扶贫开发主题座谈会和近几年全国发展改革委系统地区工作会议关于扶贫开发工作的安排，我们这条战线积极工作，奋力开拓，扶贫开发工作取得了很大成绩。但是，这几年形势已开始发生变化，这种变化在未来一些年仍会继续，给我们提出了一系列新的挑战。为进一步做好新形势下的扶贫工作，我们决定专门召开今天这个座谈会。会议将总结以往扶贫工作取得的成绩和存在的问题，分析当前扶贫工作面临的新形势，听取大家的意见建议，研究"十二五"期间的扶贫开发思路和相关工作任务。根据会议安排，我先就扶贫工作面临的形势，以及当前的工作任务讲些意见，供大家讨论。

## 一、扶贫开发工作面临的基本形势

党中央、国务院历来高度重视扶贫开发工作。进入新世纪以来，为实现全面建设惠及十几亿人口的小康社会的奋斗目标，加快社会主义现代化建设进程，适应新形势的需要，中央提出贯彻落实科学发展观、构建社会

---

[*] 2010年5月28日，国家发展改革委地区经济司在重庆市召开"发展改革委系统扶贫开发工作座谈会"，总结工作、分析形势、研究思路。这是作者在座谈会上所做的讲话。

主义和谐社会，要求统筹城乡、统筹区域、统筹经济社会、统筹人与自然和谐发展。这些重大战略思想和战略任务的提出与实施，为我们推进扶贫开发工作指明了方向，也注入了强大活力。当前，我国扶贫开发工作正处在新的历史起点上，面临着一些新的机遇和挑战。

（一）扶贫开发工作取得的显著成就

2001年中央召开了扶贫工作会议，国务院颁布实施《中国农村扶贫开发纲要》（国发〔2001〕23号），对2001至2010年的扶贫开发工作做出了明确部署。自2001年以来，在党中央、国务院一系列支持贫困地区加快发展政策措施的强力推动下，在贫困地区广大干部群众的艰苦努力下，我国的扶贫开发工作取得了很大成就。一是农村贫困人口明显减少。按可比口径计算，农村绝对贫困人口和低收入人口从2001年的9050万人减少到了2009年的3597万人，占农村人口的比重从9.8%下降到3.6%。国家扶贫开发工作重点县农民人均纯收入从2001年的1277元增加到2009年的2842元，年均递增6.9%，略高于全国平均水平。与此同时，2007年全国农村建立了最低生活保障制度，使解决农村温饱问题有了兜底性的制度安排。到2009年底，全国农村低保对象已经达到4600多万人。二是贫困地区生产生活条件大为改善。在包括以工代赈、易地扶贫搬迁、财政扶贫资金等专项扶贫资金在内的中央支农投资的共同支持下，贫困地区在基本农田、农田水利、乡村公路、教育卫生、生态环境等工程建设上取得了显著成效。2000年至2009年，贫困地区行政村通公路、通电、通电话、通广播电视"四通"比例分别由92.6%、96.5%、78.3%、96%提高到99%、98.7%、98%、98%。适龄儿童在校率由91%提高到97.4%，劳动力文盲率由15.3%下降到10.8%，外出务工劳动力比重由14.5%提高到20.5%，各个乡镇都建立了卫生院，贫困地区群众的生产生活和公共服务水平明显改善。三是重点地区发展实力显著增强。近年来，着眼于促进区域协调发展和推动国民经济又好又快发展，国家出台了一系列重要区域规划和政策性文件。这些区域规划和政策性文件着重于抓好"两头"，即"一头"促进条件较好地区的开发开放，使这些地区充分发挥示范试验、辐射带动以及帮扶作用；"一头"加快欠发达地区特别是老少边穷地区的发展，使这些地区通过跨越式发展，缩小与发达地区的差距。在这些区域规划和政策性文件中，有相当一部分内容是解决欠发达和贫困地区的发展问题。通过一系列艰苦扎实的努力，重点地区特别是贫困地区经济实力明显增强，自我发展能力明显提高，中西部一批新的区域增长极加快形成。以集中分布在老少边穷地区的国家扶贫工作重点县为例，2000—2008年，592个重点县人均地区生产总值从2500元增加到8368元，增长了2.3倍，年均增长22.2%；人均地方财政一般预算收入从116.5元增加到354.3元，年均增长24.5%。县域经济快速发展，吸纳劳动力能力持续增强，农民在本地打工的机会越来越多，收入增长较快。一些重点县通过开发资源、发展特色农牧业和旅游业，积极调整产业结构，实现了快速发展和整体脱贫。2008年有37个重点县的人均地区生产总值、61个重点县的人均财政收入超过了全国县市的平均水平，两项指标都超出的县有30个。昨天，我们到武隆县[①]做了扶贫调研。这个县原来地处偏远，一直很穷，现在随着交通条件的改善，逐步找到了一条脱贫致富的新路子。武隆县以仙女山旅游开发为抓手，带动无公害、无污染万亩蔬菜基地等相关产业发展，进而带动农民增收和脱贫致富。双河乡的一些农民去年纯收入达到了7000多元，今年有可能突破8000元。应该说，这是一个通过开发优势资源和调整产业结构实现脱贫致富的典型例子。总之，新世纪以来的扶贫开发工作取得的成效，有力地缓解了区域、城乡差距扩大的趋势，提高了贫困地区的自我发展能力，为国民经济持续快速健康发展，为政治稳定、社会和谐、民族团结、边疆巩固发挥了重要作用，为全面建设小康社会的伟大事业做出了积极贡献。

（二）扶贫开发任务仍然十分艰巨

在充分肯定成绩的同时，我们必须清醒地看到，我国仍处在社会主义

---

① 武隆县现为武隆区。

初级阶段，经济社会发展的总体水平还不高，人均收入水平普遍较低，制约贫困地区加快发展和贫困人口脱贫致富的深层次矛盾依然存在。一是贫困人口数量依然较多。按照农民人均纯收入不足1196元的新扶贫标准计算，我国农村贫困人口还有3597万人，占农村总人口的3.6%，绝对量依然庞大。参照国际机构标准，我国贫困人口约1.5亿至2亿人。近年来，频繁发生的自然灾害、形势变幻的市场风险已经成为贫困家庭的经常性威胁和致贫返贫的主要因素。据研究分析，约有2/3贫困人口属于容易脱贫又极易返贫的不稳定人群，即使某一年收入增加、摆脱贫困，也很容易因灾、因病或因市场波动而重新返贫。自2008年下半年以来，受国际金融危机的冲击，沿海地区大量企业停产甚至关闭，致使中西部一大批农民工提前返乡，家庭收入减少，使一些家庭重新进入贫困状态。二是城乡和区域发展差距依然较大。2000年，我国城乡居民收入比为2.8∶1，2005年上升至3.22∶1，2006年至2009年分别为3.28∶1、3.33∶1、3.31∶1、3.33∶1。尽管城乡收入差距扩大的速度有所放慢，但收入差距的绝对值继2008年突破万元后，2009年进一步扩大到12022元。与此同时，东中西部之间发展差距也很大，东部、东北、中部、西部地区人均GDP之比，2000年为2.57∶1.98∶1.20∶1，2005年扩大至2.62∶1.74∶1.13∶1。尽管"十一五"以来呈现出缩小趋势，但差距仍然较大，2008年为2.33∶1.62∶1.12∶1。在贫困地区，一些县县级财政收入的高增长掩盖了农民收入低增长，城镇繁荣掩盖了农村落后，少数富裕大户掩盖了多数人收入不高的状况，相对贫困现象日益凸显。三是集中连片和特殊类型地区的贫困程度依然很深。整体而言，我国西部地区的贫困问题集中在民族地区和边境地区，中部地区集中在革命老区和深山、石山区，东部地区除存在少量集中连片贫困区域外，更主要表现为内部发展差距的扩大。据国家统计局贫困监测数据，2008年内蒙古、广西、西藏、宁夏、新疆五个自治区和云南、贵州、青海三省的贫困人口之和，占全国农村贫困人口的比重为39.6%，且呈上升趋势；贫困发生率11.0%，比全国平均水平高6.8个百分点。特殊类型地区和特殊贫困群体始终是扶贫工作中的难点和重点，是任务最艰巨的地方。这些地方贫困程度深、扶贫成本高，交通、饮水、上学、就医、住房等问题长期困扰群众生活。四是制约贫困地区发展的深层次矛盾依然存在。一方面，伴随着全国经济社会发展水平的日益提高，包括中西部贫困群众在内的人民群众物质文化需求也在日益增长。在中西部贫困地区的发展环境、经济实力、人均财力，以及居住条件、基础教育、医疗卫生、社会保障等基本公共服务原本就与东部地区存在相当大差距的前提下，由于群众物质文化需求范围的拓展、数量的增多和标准的提高，对扶贫开发工作将会提出更高、更广、更紧迫的要求。另一方面，伴随着工业化、信息化、城镇化、市场化、国际化加快推进和市场经济体制逐步完善，市场配置资源的基础性作用将进一步增强，贫困地区在竞争中不仅不能分享市场经济的利益，而且自身的土地、资金、人才、劳动力等要素还会加速流出，可能导致地区发展差距进一步拉大。与此同时，随着我国经济结构的战略性调整加速推进，国内资源环境瓶颈制约将会进一步加剧，生产要素成本持续上升，相对发达地区而言，中西部贫困地区转变发展方式的压力将会更大。为此，从根本上解决贫困问题、实现共同富裕，需要继续付出长期艰苦的努力。对于这一点，我们务必要有清醒的认识，切实增强忧患意识。

（三）扶贫开发面临难得的历史机遇

我国总体上已进入以工促农、以城带乡的发展阶段，学习实践科学发展观的深入推进，以及以人为本、关注民生执政理念的持续落实，将为做好扶贫开发工作提供良好的历史机遇和政策环境。一是日益增强的综合国力将为扶贫开发提供更加坚实的物质基础。到2009年底，我国的国内生产总值已达到33.5万亿，国家财政收入已增至6.8万亿。可以预见，在未来一段时期，我国经济社会发展的基本面和长期向好的态势不会发生根本变化。伴随着我国经济社会的持续快速发展，全国经济实力和综合国力日益增强，国家完全有必要也有能力进一步加大对中西部欠发达地区特别是贫困地区的支持力度。二是持续实施的区域协调发展战略将为贫困地区注入更加强大的动力。围绕促进区域协调发展这一工作主线，按照"抓两头、带中间"

的工作思路，在继续鼓励和支持条件较好地区加快开发开放步伐的同时，将继续着力解决革命老区、民族地区、边疆地区和特困地区在发展中面临的特殊困难，不断增强其自我发展能力。按照中央"两个大局"的战略思想，在顺利实现"第一个大局"的基础上，大力推动"第二个大局"的扎实实施。三是加快推进的城乡一体化趋势将使贫困乡村分享更多利益。在着力破除城乡二元结构、加快推进形成城乡经济社会发展一体化新格局的进程中，将会不断打破城乡分治体制、拆除城乡分割藩篱，加大对城乡既有利益格局的调整力度，增强城乡发展的协调性。伴随着一系列统筹城乡配套改革措施的日趋明确和强化，将促使欠发达地区的贫困乡村加快人口流动和转移、减轻人口压力，进而增强外出就业和回乡创业的能力，并促使乡村贫困人口在土地流转、产业开发、金融创新、社会保障等方面分享城乡一体化改革成果。四是日趋增多的强农惠农政策将使农村贫困人口得到更多实惠。"三农"工作一直处在全党工作的"重中之重"位置，伴随着建设社会主义新农村战略任务的持续推进，在现阶段相继实施的加大"三农"投入力度、取消农业"四税"、实行"四补贴"、开展农村免费义务教育、建立新型农村合作医疗、启动新型农村养老保险等各项工作的基础上，相关强农惠农政策的种类将会进一步增多，力度将会进一步加大，标准将会进一步提高。我国贫困人口主要集中在农村，强农惠农政策将会进一步向农村贫困地区倾斜，使农村贫困人口直接受益。五是不断完善的扶贫战略将使整个扶贫工作水平进一步提高。到2020年，带领全国人民实现更高水平的小康社会目标以及基本消除绝对贫困现象，是十七大报告的明确要求，是中央对全国人民的郑重承诺。可以预见，中央对扶贫开发工作将会更加重视，适应新形势的扶贫工作思路将会进一步明确，重点任务将会进一步突出，专项投入将会进一步加大，政策措施的针对性、时效性和联动性将会进一步增强。与此相适应，扶贫开发的体制机制将会越来越完善，整个扶贫工作水平将会越来越高。

综合各方面的因素，我们的扶贫开发工作面临着新的重大历史机遇。与此同时，贫困地区的整体经济实力也在日益增强，当地广大干部群众对加快发展、摆脱贫困的愿望强烈，干劲十足，在探索具有中国特色、适应地方特点的发展新路子上，已经迈出了坚实的步伐，初步取得了较好的成效。鉴于此，对于做好新形势下的扶贫开发工作，我们也要充满信心。

## 二、近年来所做的主要工作和下一步的重点任务

近年来，我们适应新的扶贫形势和任务，按照委党组工作部署，以及2007年扶贫主题座谈会确定的基本思路和操作原则，不断开拓工作空间，丰富工作内容，创造性地做好各项工作。概括地讲，2006年以来所做的主要扶贫工作有如下一些方面：

——努力推动重点地区加快发展。根据党中央、国务院的工作部署，围绕落实区域发展总体战略、促进区域协调发展，为加快有关民族自治地方和欠发达省份的经济社会发展，我们会同有关部门和地方研究起草了一系列重要的区域规划和政策性文件，涉及的省份有广西、四川、云南、西藏、甘肃、宁夏、青海、新疆等，明确了地区发展的战略定位、发展目标、重点任务、重大项目和支持政策。特别是围绕促进西藏自治区、四省藏区、新疆维吾尔自治区实现跨越式发展，参与了中央第五次西藏工作座谈会和中央新疆工作座谈会的筹备工作，参与或负责起草了会议的主要政策文件。与此同时，为落实上述政策文件，目前正在牵头制定青海三江源国家生态保护综合试验区总体方案，牵头制定促进新疆产业聚集园区发展的政策措施，协调推动经济对口支援青海藏区工作，并认真做好对口援疆的协调服务等工作。

——积极协调加大扶贫投入。为搞好"十一五"期间的扶贫资金管理和项目建设工作，按照全委工作部署，2006年我们编制实施了《以工代赈建设"十一五"规划》和《易地扶贫搬迁"十一五"规划》，明确了"十一五"期间以工代赈和易地扶贫建设的目标任务、工作思路、操作原则、资金筹措、配套措施等。为确保完成规划任务，我们积极协调有关方面加大投入力度。2006年以来，累计安排中央以工代赈投资247亿元，连同地方投资，总投资300多亿元，在以国家扶贫开发工作重点县为主体的贫困地区建设了一大批基本农田、农田水利、乡村公路、人畜饮水、小流域治理等农村小型基础设

施工程，改善了生产生活条件和发展环境，并为参加工程建设的贫困群众支付劳务报酬34亿元，直接增加了贫困农民收入。与交通、能源、水利等领域的大型基础设施工程相比，以工代赈资金建设的都是一些惠及民生、雪中送炭的项目，起到了拾遗补阙的作用，使最为贫困的这部分群众直接受益，让他们直接感受到党的温暖和社会主义制度的优越性。与此同时，累计安排中央易地扶贫搬迁资金76亿元，连同地方投资，总投资约110亿元，帮助160多万生活在缺乏基本生存条件、"一方水土养不活一方人"地区的农村贫困人口摆脱了贫困，并逐步走向致富之路。

——着力解决扶贫开发突出问题。按照"统筹兼顾、典型带动、集中投入、注重实效"的原则，进一步抓好以工代赈示范项目工作，重点建设省际间断头路、农田渠系配套、跨区域小流域治理等涉及面广、覆盖人口多、影响力大的工程项目；积极稳妥推进易地扶贫搬迁试点工程，着力抓好青海三江源、宁夏中部干旱带生态移民，积极探索拓展移民后续产业的新路子。与此同时，对特殊成因的集中连片贫困地区，抓住致贫因素和主要矛盾，探索解决问题的有效途径。例如针对云南山瑶族群众、莽人克木人开展扶贫攻坚，针对四川阿坝州大骨节病防治实施易地育人，针对贵州威宁县喀斯特地区开展综合治理，针对新疆阿合奇扶贫开发完善扶持机制并加大投入力度，等等。

——不断深化前瞻性调查研究。结合推进各项工作，先后赴福建、河南、四川、云南、西藏、青海等数十个省区开展调查研究，其中，关于川陕革命老区加快发展、四川凉山等集中连片贫困地区扶贫开发、完善以工代赈政策、易地扶贫后续产业发展等调研报告，国务院领导做了重要批示，有关建议在工作实践中得以采纳和顺利实施。与此同时，联合高等院校和科研力量开展了多项课题研究，例如"完善扶贫开发机制和工作方式研究"、"新形势下的扶贫工作思路和政策建议"、"特殊类型贫困地区发展思路和政策措施"、"扶贫重点区域发展战略研究"，等等。

——切实加强上下之间协调互动。在对各地扶贫工作加大支持、加强指导的同时，鼓励各地在国家政策范围内，结合本地实际探索好的方式方法和管理举措,并充分利用我委政务信息、地区工作简报、地区司门户网站等平台,把各地好的经验和做法宣传、推广到全国各地,借此提高整个系统的工作能力和管理水平。例如,山西省推动以工代赈与信贷资金相结合、河南省加强以工代赈劳务报酬发放和管理、海南省开展扶贫资金"三集中"、四川省实施片区综合开发和"千桥"工程、宁夏回族自治区开展生态移民"大会战",等等。与此同时,在重大问题研究和重要文件起草中,我们始终坚持"开门"方式,广泛听取、积极吸纳地方的意见建议,并借调部分同志直接参与我们的工作。这期间,青海、西藏、四川、贵州、甘肃、河南、内蒙古发展改革委都先后派出骨干力量在地区司帮助工作。借调同志在帮助我们完成工作任务的同时,也开阔了视野,增强了才干。

当前,正是研究制定国民经济和社会发展"十二五"规划的关键时期,统筹谋划好未来五年的扶贫开发工作至关重要。适应新的形势,我们发改系统从事扶贫工作的同志需要共同努力,认真研究提出"十二五"期间的扶贫工作思路和重点任务。当前工作中,有几项重点任务需要我们共同完成。

(一)调整完善国家扶贫战略和政策体系

按照党中央、国务院要求,为适应新的扶贫形势和任务,研究提出未来十年扶贫开发工作的制度框架,自去年开始,国务院扶贫开发领导小组组织开展了"完善国家扶贫开发战略和政策体系"专题调研,我委负责一个调研组的工作,联合国家民委、水利部、交通部[①]、共青团中央、国务院扶贫办[②]深入到福建、河南、甘肃、西藏四省区的农村贫困地区开展实地调研,国务院领导同志对调研报告做了重要批示。在此过程中,我们积极参加了完善国家扶贫标准、把低收入人口纳入扶贫政策范围、调整国家扶贫工作重点县、进一步做好定点扶贫工作等重要扶贫政策文件的研究制定工作。

这些工作都是扶贫开发的重点工作,是制定未来十年扶贫开发纲要的重要支撑。我委将与其他有关部门一道,积极审慎地向前推动各项工作,

---

① 交通部现为交通运输部。
② 国务院扶贫办现为国家乡村振兴局。

如期完成工作任务。关于完善国家扶贫标准，目前有两种思路，一种是按照农民人均纯收入的一定比例确定扶贫标准，例如把全国农民人均纯收入的1/4确定为一条线，低于这条线的人口为贫困人口。这种方法是用相对贫困的概念衡量贫困人口，目前只有欧美等发达国家采用；另一种是综合平衡家庭收入、消费支出、国家财力等因素确定扶贫标准。无论采取哪种思路，最终确定的扶贫标准都要符合我国的经济社会发展形势和扶贫开发工作实际，并且能为社会各界所接受。关于调整重点县，主要有两个问题，一是重点县的数量。确定多少个重点县，按道理讲，应该依据贫困地区县域经济实际状况以及国家可支配财力来确定，但调整重点县十分敏感，各方面高度关注，需要平衡各方面的因素。二是确定重点县的标准。目前初步选定人均GDP、人均财政收入两个指标测算了各县的情况，恐怕还要考虑贫困发生率等指标，需要统筹考虑各项相关指标，以增强调整工作的科学性、权威性和说服力。关于调整定点扶贫县，本月初，中办、国办印发了《关于进一步做好定点扶贫工作的通知》（厅字〔2010〕2号）。下一步将按照文件精神，并结合扶贫重点县的调整工作，统筹研究定点扶贫县的结对关系调整问题。在此过程中，希望各有关省与我们共同加强对相关问题的研究，结合本地实际积极提出意见建议。

## （二）研究制定和贯彻落实区域规划和政策文件

基于适宜的地域空间研究制定区域规划和政策性文件，是深入落实国家区域发展总体战略的重要举措和有效途径。如上所述，近年来，按照党中央、国务院的决策部署，围绕促进区域协调发展，在推动相关省区整体经济实现跨越式发展的同时，为贫困地区加快发展和贫困人口脱贫致富注入了强大的动力，提供了重要的支撑。

下一步，我们还要继续根据需要选择一些合适的欠发达地区制定区域规划和政策性文件，例如，研究制定支持云南推进西向开发开放、促进内蒙古经济社会发展等指导意见。与此同时，将采取有力措施，推进已出台的规划和政策性文件的贯彻落实。首先，严格落实工作责任。制定工作分工方案，积极会商有关部门按照职能要求将规划和文件所提出的工作任务逐项落实到具体部门，并明确提出目标要求。其次，着力完善实施机制。根据需要在国家层面、区域层面或地方行政区层面建立协调机构，督促各项重点工作有序有效推进，协调解决实施过程中出现的困难与问题。第三，切实加大检查力度。定期开展工作落实情况特别是重点工作情况的检查评估，及时通报工作进展，并相应建立工作责任追究制度。最后，及时总结实施情况。我们将组织专题调研，适时召开专门会议，总结规划、政策落实情况，交流工作经验，查找存在问题；密切跟踪贯彻落实情况，定期向国务院报告。结合工作实践，努力探索建立区域规划和政策性文件实施效果的科学评价体系。与此同时，我们各省发改系统从事地区经济工作和扶贫开发工作的同志们，为了扶持本省贫困地区加快发展和解决省内区域发展不平衡问题，也应研究提出有针对性的发展战略和政策举措，推出一些含金量高、操作性强、能见实效的区域规划和政策性文件，努力促进区域协调发展。

**（三）着力解决集中连片和特殊类型贫困地区发展问题**

革命老区、民族地区、边疆地区和特困地区，既是贫困人口集中分布的地区，又是关系全国稳定和谐大局的重点地区，党的十七大报告、十七届三中全会《决定》等中央文件多次明确要求加大对这些地区的扶持力度。随着扶贫开发工作的推进，这些地区的贫困问题显得尤为突出。今年2月份，国务院第101次常务会议明确指出"未来10年，要争取明显改善集中连片和特殊类型贫困地区的发展环境和条件"。

在落实好涉及民族地区、边境地区的发展规划和政策文件的同时，我们还将针对革命老区经济社会发展加强调研工作，适时着手制定扶持革命老区加快发展的指导意见。与此同时，针对不同类型的集中连片和特殊类型贫困地区，研究制定有差别的区域扶持政策。在国家层面上，将选择部分贫困程度深、有代表性的集中连片地区，制定专项规划，明确目标任务，加强资源整合，开展扶贫攻坚。关于连片特困地区的划分，目前有两种思路，一种思路是以中央有关政策文件和中央领导已明确做出批示的贫困区域为对象，主要包括西藏、四省藏区、南疆三地州、"三西"地区，以及汶川地震灾后贫困片区、四川凉山、云南山瑶聚居区、贵州毕节等地区；另一种思路是实行小片区连片开发，根据贫困程度和扶持难度，区分中央和地方责任，按照规模范围适度、县级单元完整、向老少边穷倾斜等原则确定连片特困地区，尽可能多地覆盖最为贫困的地区和人口，重点放在特困少数民族地区、西南石漠化严重地区、秦巴山区、陕甘宁革命老区、边境特困地区等。目前，我委和其他几个有关部门更倾向于第二种工作思路。下一步我们将联合有关部门和地方进一步明确划分思路和原则，着力推动这项工作。在省级层面上，各地也要结合本地实际，确定集中连片贫困地区，明确目标任务、扶持思路和配套政策，统一规划，逐年实施，集中各方面资源和力量解决突出问题，实施扶贫攻坚。

（四）编制以工代赈和易地扶贫"十二五"建设规划

认真组织编制行业建设规划，并依据规划有目标、有重点、有计划地推进工程建设，是国务院对各行业发展的明确要求，也是各行业建设的客观需要。截至目前，《以工代赈建设"十一五"规划》还存在3亿元资金缺口，《易地扶贫搬迁"十一五"规划》已超额完成1亿元资金，规划确定的目标任务已基本顺利完成，并取得了很好的效果。

按照"十二五"规划工作的总体部署，经报请委领导批准，"十二五"期间我们还要继续编制以工代赈、易地扶贫建设的两个专项规划。此次会议的一项重要任务就是研究两个专项规划的编制工作。会前，我们起草了规划编制方案和编写提纲，此次会议将提请大家提出修改意见。待进一步修改后，尽快印发给大家开展工作。编制专项规划，除明确目标任务和资金规模外，更重要的是，明确提出适应新形势的政策要求和相关措施。如何适应新的扶贫形势和任务，进一步完善以工代赈、易地扶贫政策，促使其对贫困地区发展发挥更大作用，是我们规划编制过程中的一项重点任务。同时，两个专项规划既要有战略高度，又要有含金量和可操作性。请大家结合各地工作实际，就"十二五"期间的以工代赈、易地扶贫的工作思路和配套措施积极提出意见建议，包括以工代赈和易地扶贫的建设内容、实施范围、计划下达、项目管理、工程建设标准、国家投资补助标准、劳务报酬发放、移民后续产业发展等诸多问题。下一步，我们还将有针对性地开展一些调查研究，与大家共同努力，进一步理清适应新形势的以工代赈、易地扶贫工作思路和配套措施，并明确到两个建设规划中，依据规划付诸实施。

（五）加强扶贫资金和项目的管理与监督检查

自2008年下半年以来，为有效应对国际金融危机对我国经济的不利影响，党中央、国务院及时调整宏观调控方向和重点，实施进一步扩大内需促进经济增长的十项措施，安排扩大内需中央预算内投资加快民生工程、基础设施、生态环境等工程建设。经与有关方面积极协调沟通，我委扶贫资金规模相应增加。以工代赈资金，2008年在正常的40亿元财政预算内资金、5亿元中央预算内资金的基础上，进一步增加了6亿元扩大内需。中央预算内投，2009年增加到10亿元，2010年进一步增加到15亿元。易地扶贫搬迁试点资金，2008年规模为15亿元，2009年增加到18亿元，2010年进一步增加到20亿元。各省发展改革委负责扶贫工作的同志认真落实国家扩大内需、促进经济增长的各项措施，切实加大扶贫工作力度，为有效应对国际金融危机、促进经济平稳较快发展做出了积极贡献。

截至目前，我委2010年的扶贫投资计划已全部下达，共安排国家投资75亿元，包括40亿元财政预算内以工代赈、15亿元中央预算内以工代赈、20亿元易地扶贫搬迁资金。今年是中央确定的实施4万亿元投资计划的关键一年，是"十一五"规划的最后一年。我们要深入贯彻落实科学发展观，要按照中央的部署和国家发展改革委党组的要求，以对国家、对人民高度负责的精神，进一步做好扶贫投资管理工作。关于加强扶贫资金管理问题，我们开过多次会，特别是2008年在井冈山召开的发展改革委系统地区工作会议上，专门召开了加强新增中央投资管理座谈会。扶贫资金是"高压线"，是社会各界关注的热点，也是监察、审计部门工作的重点。管好用好中央扶贫投资，事关我国减贫事业和国民经济平稳较快发展，也事关反腐倡廉、工程安全与人员安全。一方面，要切实加强项目管理。各地要按照"省管项目"的原则，把对以工代赈、易地扶贫项目的管理放在突出重要的位置。对于今年的中央预算内投资项目，国家仍将按照新增中央投资项目的要求加以严格管理。各省发展改革委除配合中央检查组做好相关工作外，还要进一步采取有针对性的具体措施加强项目管理。要继续按照我委提出的"三个百分之百"的考核目标，即地方配套资金要百分之百落实，项目要百分之百开工建设，发现的问题要百分之百整改到位，确保中央投资项目切实发挥效益。另一方面，要认真开展监督检查。要联合财政、扶贫、审计、监察等部门对资金安排和项目实施情况开展全方位检查、稽查和审计，与各相关部门共同严格把关，发现问题及时纠正，保证项目工程质量和中央投资使用安全。要坚持思想教育和制度约束相结合，坚持把好入口与监管过程相结合，确保今年扶贫投资安排工作真正实现"资金不流失、人员不损失"。

**三、对做好扶贫开发工作的几点要求**

积极应对发展形势的变化，进一步做好新时期的扶贫开发工作，既面临着很好的机遇和广阔的空间，也会遇到诸多困难和挑战。大家务必要下更大的力气、用更高的智慧、创造性地做好各项工作。为此，我提四个方面的要求：

（一）把握形势，深入开展学习调研

"十二五"是我国经济社会发展重要的战略机遇期，经济全球化和区域一体化深入发展的趋势不会发生根本改变，我国经济社会发展的基本面和长期向好的态势也不会变化。从国际形势看，随着全球金融危机后的经济复苏，国际范围内的产业结构调整将加速推进。与此相相适应，我国东部地区在承接发达国家高端产业转移、加快产业结构优化升级的同时，将加大向中西部地区产业转移的力度。从国内形势看，随着我国经济实力和综合国力的进一步增强，中央对贫困地区和贫困群众的支持力度将会进一步加大。把握形势，就是把握机遇；把握形势，就要随机应变。我们一定要进一步加强理论素养，广泛学习理论知识，及时了解理论动态，深入研究理论课题，强化对扶贫开发重大理论问题的探索力度，不断提高理论思维和战略思维水平，为科学决策与深入实践提供坚实的理论支撑。我还要特别强调一下，实地调研是提高综合素质的一个重要途径，调研不调研、调研选点全面不全面、调研过程深入不深入，所产生的感情不一样，所形成的思想认识水平不一样，所做出决策的科学与务实程度也不一样。我们发改系统从事扶贫工作的同志一定要放眼国内外全局，适应新形势，把握新机遇，加强学习和对重大问题的调查研究，以此找准制约贫困地区发展和贫困人口脱贫致富的突出矛盾和问题，积极提出解决问题的意见建议，当好各级党委、政府在扶贫领域的参谋助手。

（二）开拓创新，与时俱进开展工作

随着经济社会的快速发展变化，扶贫开发工作中的新情况、新问题层出不穷，如果我们在工作中因循守旧、墨守成规甚至不思进取、得过且过，不仅难有大的作为，更会使我们的路越走越窄，导致我们的工作不可持续。为此，我们务必要克服一劳永逸的思想，勇于开拓创新，不断探索尝试。在工作中，要注重发现新情况、适应新变化、研究新问题，增强对扶贫动态的敏锐性，提高对发展局势的判断力。把开拓创新作为一条重要的工作原则，站在促进区域协调发展和加速实现国家现代化的高度研究扶贫开发工作涉及的深层问题，适应形势与环境变化对扶贫的内容、范围、方式、机制等方面加以调整和完善，不断开辟扶贫工作的新领域，持续拓展扶贫工作的新局面。

（三）加强协作，充分发挥整体合力

从多年的发展改革和扶贫工作实践看，各级发展改革部门要履行好扶贫职责、完成好工作任务，就必须增强全局观念，树立"一盘棋"的思想，调动有关部门和地方同志的积极性，集思广益，共同努力，才能把工作做好。一方面，加强上下协作。在继续吸纳地方同志参与我司相关工作、对各地地区发展和扶贫开发工作加强指导的同时，我们会及时将有关决策部署、发展规划、支持政策、投资项目、工作信息传递给大家，便于各地把握最新形势、更好地开展工作。与此同时，各地发展改革委也要及时将本地区扶贫工作中的新情况、新问题、新经验、新成效、新要求报送我委，便于我们及时掌握情况，更有针对性地为各地经济发展做好服务。另一方面，加强左右协作。各级发改部门都要积极主动地与扶贫、财政、民政、国土等相关部门加强沟通协调，相互支持和配合，共同完成好各项扶贫工作任务。

（四）转变作风，不断提高服务水平

近年来，我司一直倡导"服务主题、影响主题，把虚做实、把实做虚，善于做事，多做善事"的工作理念，要求全司同志增强服务意识，主动为地方发展搞好服务，尽力为地方多办实事、多做好事。我们从事的是一项扶贫济困的工作，这一工作理念完全适用于我们系统的每一位同志。大家一定要增强公仆意识，牢记全心全意为人民服务的宗旨，按照建设服务型政府的要求，想贫困群众之所想，急贫困群众之所急，努力为贫困地区加快发展和贫困群众脱贫致富出谋划策、多做实事、搞好服务，倾心塑造一支政治素质高、工作能力强、肯于吃苦，乐于奉献的扶贫工作队伍。与此同时，我们在制定规划政策、安排资金项目等方面有一定的权利，对反腐倡廉要高度重视、警钟长鸣、常抓不懈，通过加强思想教育、健全工作制度、提高自身素质等方式，切实加强党风廉政建设，在干好工作的同时，教育好、监督好、保护好我们的每一位同志。

中央对扶贫开发工作高度重视，寄予厚望。发改系统从事扶贫工作的同志们任务艰巨、责任重大。我们一定要以高度的政治责任感和使命感，以与时俱进、开拓创新、精益求精的工作作风，努力做好各项工作，为我国的减贫事业、为区域发展总体战略的顺利实施、为全面建设小康社会目标的如期实现作出新的更大贡献。

# 新阶段扶贫开发的形势、任务与要求[*]

我们在召开全国发展改革委系统地区经济工作会议之际，套开扶贫开发工作座谈会。会议的任务，是贯彻落实中央经济工作会议、中央扶贫开发工作会议和全国发展改革工作会议精神，总结一年来的工作成绩，分析扶贫开发新形势，部署明年的工作任务。刚才，司主管负责同志作了工作报告，回顾了过去一年所取得的成绩，提出了明年工作的初步打算。11个省（区、市）发展改革委的负责同志作了发言，提出了许多好意见、好建议，会后我们将认真梳理，积极吸纳。还要将主要建议整理上报，让上级领导更加全面地了解扶贫工作战线同志们的呼声。这次会议尽管只开了半天，但很务实，有很强的针对性，对推动下一步的工作将发挥重要作用。借此机会，我谈几点意见，供大家参考。

## 一、进一步认清新阶段扶贫开发工作面临的基本形势

即将过去的2011年是"十二五"的开局之年，也是扶贫开发事业不同寻常的一年。5月，中央出台了《中国农村扶贫开发纲要（2011—2020年）》（以下简称新《纲要》）。11月，中央召开了扶贫开发工作会议，中央领导同志发表了讲话，对我国扶贫开发面临的形势和任务作了深刻阐述和全面部署。推进扶贫开发工作，当前的首要任务是学习领会中央领导同志的重要讲话精神，准确把握扶贫开发面临的形势、任务和要求，进一步认识以工

---

[*] 本文系作者于2011年12月22日在广西壮族自治区南宁市召开的"全国发展改革委系统扶贫开发工作座谈会"上所做的总结讲话。

代赈、易地扶贫搬迁在新阶段扶贫开发工作中的重要作用。

(一)新阶段扶贫开发工作的难度加大

这些年来,我国实施了有计划、有组织的大规模开发式扶贫,成功走出了一条中国特色扶贫开发道路,取得了举世瞩目的成就。按照不同阶段的脱贫标准,农村贫困人口从 1978 年的 2.5 亿人减少到 2010 年的 2688 万人,贫困发生率从 30.7% 下降到 2.8%,我国成为全球最早提前实现联合国千年发展目标中贫困人口减半的发展中国家。尽管如此,但我们还要清醒地看到,我国的扶贫开发任务仍然十分艰巨,工作难度仍然很大。

扶贫开发工作的艰巨性集中体现在两个方面:

一方面,片区贫困程度依然较深。这些年来,国家确定的主要扶持范围是 592 个扶贫开发工作重点县。随着我国综合国力和经济实力的增强,中央确定把武陵山区等 11 个连片特困地区和已明确实施特殊扶持政策的西藏、四省藏区、新疆南疆三地州,作为新一轮扶贫攻坚的主战场。应该说,这 14 个片区是全国贫困程度最深的地区,是扶贫开发工作中"最难啃的硬骨头"。概括地说有如下一些特点:一是分布范围广。14 个片区包括 680 个县,国土面积 320 多万平方公里,占全国国土面积的三分之一;总人口 2.36 亿人,占全国的 17.7%,分布在中西部 21 个省(区、市)。二是地域类型多。这些地区大部分是革命老区、民族地区、边疆地区、边远山区,有的还位于湖库源头、江河上游、农牧交错区,生态脆弱,区域边缘性特征明显。大多地处省际交会地带,有的跨好几个省,例如秦巴山片区跨了重庆、四川、陕西等六个省市,乌蒙山片区跨了四川、贵州、云南三个省。三是发展困难大。这些地区是全国经济社会发展最为滞后的地方,是区域协调发展短板中的短板、难点中的难点。初步测算,14 个片区人均地区生产总值约 7000 元,相当于全国平均水平的 25%;人均财政收入约 300 元,仅相当于全国平均水平的 5%;农民人均纯收入约 3000 元,相当于全国平均水平的 50%。最基本的饮水、照明、出行、住房、上学、就医等问题没有有效解决,长期困扰这些地区的群众生活。这几年,我利用工作调研的机会,跑了很多贫困地区，对我国的国情有了更深入一些的了解和认识。平时，我们在大城市看到的主要是繁华的一面，只有到落后地区才能真正感受到贫穷的一面。每次到贫困地区调研，看到有的农户、牧户家徒四壁，仍然十分贫穷，不由得让人心里发紧、眼圈发红。我国已经迈入了中等收入国家，还有这么多贫困地区和相当贫穷的人群，的确令人痛心。我们这个战线是从事扶贫开发工作的，对于这些问题，务必要有一个清醒的认识，务必尽自己的力量推动它们加快解决。

另一方面，致贫返贫因素错综复杂。我国贫困地区不仅地域面积大、范围广，而且经济社会发展不平衡。受此影响，扶贫开发面临着许多特点：一是致贫因素多。制约贫困人口脱贫致富的因素，不仅有自然方面的，如地理环境恶劣、气候天气极端多变、自然灾害频发等，也有社会方面的，如基本经济条件差，社会发育程度低，抵御市场风险能力弱等，还有自然社会条件交织形成的因素如地方病等。致贫因素多，客观上增加了扶贫开发的难度。二是脱贫难度大。在导致贫困的因素中，有些通过政府支持和自身努力是可以缓解和消除的，有些则很难解决，至少在短期内难以有效解决，比如地方病问题。在四川甘孜、阿坝、凉山等地区，地方病是致贫的一个重要因素，但致病因素相当复杂，查找具体病因很不容易，治理起来难度更大，彻底解决问题恐怕需要一个较长的时期；再如地理环境恶劣、气候天气极端多变问题，也需要用很长的时间，投入较大的人力、物力、财力才能逐步缓解。三是返贫比重高。近年来，频繁发生的自然灾害、变幻莫测的市场风险以及疾病等突发因素，已经成为贫困家庭的经常性威胁和致贫返贫的主要因素。据研究表明，在贫困人口中，约有三分之二属于容易脱贫又极易返贫的不稳定人群，即使某一年收入增加脱了贫困，也很容易因灾、因病或因市场波动而重新返贫。这一现象，在很大程度上抵消和侵蚀了通过多年努力取得的扶贫开发成果，加大了扶贫工作难度。

（二）新阶段扶贫开发工作的要求提高

随着改革开放和社会主义现代化向前推进，我国经济实力、综合国力不断增强，国家财力不断壮大，为扶贫开发奠定了坚实的物质基础，使我国的扶贫开发工作有条件朝着高水平、高质量的方向不断推进。与此同时，伴随着发展进程，经济社会关系越来越复杂，面对的矛盾与问题越来越多样，经济社会发展与自然生态、社会和谐等问题的平衡协调越来越重要，也对高水平、高质量地做好扶贫开发工作提出了要求。从现实看，如下一些因素直接要求提高扶贫开发工作的水平与质量：

第一，扶贫开发标准大幅提高。中央决定，将农民人均纯收入2300元（2010年不变价）作为新的国家扶贫标准。新标准比2010年的1274元提高了80.5%，大体相当于今年全国农民人均纯收入预计数的33%。当然，大幅度提高扶贫标准，是中央经慎重研究做出的重大决策，是符合我国国情和发展阶段的，可以让更多的农村低收入人口享受扶贫政策。这充分体现了中央对低收入人口的深切关怀，充分表明了中央加快推进发展成果惠及全体人民的政治意愿。但同时，新标准对应的贫困人口规模扩大到1.28亿人，比老标准对应的去年底2688万人增加了1亿多人，约占农村户籍人口的13.4%。贫困人口数量大规模增加，人口结构和地域分布发生的重大变化，无疑要求进一步提高扶贫工作的水平。

第二，扶贫开发内涵不断拓展。我国的扶贫开发经历了从"吃上饭"到"吃饱饭"、从解决温饱到基本实现小康，从消除绝对贫困到缓解相对贫困的过程。新阶段的扶贫开发工作，进一步明确了目标，拓展了内涵，主要包括两个层次：第一个层次是"两不愁三保障"（不愁吃、不愁穿，保障义务教育、基本医疗和住房），即到2020年稳定实现扶贫对象不愁吃、不愁穿，保障其义务教育、基本医疗和住房。这既包括生存需要，也包括部分发展需要。第二个层次是实现贫困地区农民人均纯收入增长幅度高于全国平均水平，基本公共服务领域主要指标接近全国平均水平，扭转发展差距扩大趋势。这种要求与我国的发展阶段和水平是一致的，体现了速度和质量要求的统一。应该说，包括贫困地区的老百姓在内，人民群众生活水平的提高存在着两个转变的问题：一个是从温饱到小康的转变。当然，这是指全面小康，是从生存需要到发展需要再到享受需要的转变；另一个是从富裕到幸福的转变。富裕是幸福的基础，但富裕并不代表幸福。我认为，判断一个人是否幸福，至少要从公平度、方便性、安全感、愉悦性和舒适度五个方面来看，只有这五个方面都得到了满足，才能算得上幸福。落实到扶贫工作中，随着扶贫开发内涵的拓展，贫困人口也要实现两个转变，也要追求幸福，这给扶贫工作提出了更高的要求。

第三，实现全面小康时间紧迫。到2020年，建成惠及全体人民的高水平小康社会，是党中央作出的郑重承诺。实现这一目标，最艰巨、最繁重的任务在农村，更在贫困地区。目前的测算表明，一些贫困地区实现全面小康目标的难度相当之大。但没有贫困地区的全面小康，就不可能有全国的全面小康。或者说，在贫困地区没能真正达到全面小康水平的情况下，所谓全国的全面小康水平就是不完整、不真实的。目前距离2020年还有不到10年的时间，全面建设小康社会已进入关键时期。要确保贫困地区与其他地区一道如期实现全面建设小康社会目标，时间紧迫，任务艰巨，必须进一步下更大的决心和气力，必须针对特殊困难采取特殊举措，必须围绕关键环节打硬仗、打攻坚战，这无疑加大了扶贫工作难度。

第四，资源环境约束持续加大。随着我国改革发展和市场化向纵深推进，制约扶贫开发的因素越来越多，这体现在客观条件方面，也体现在主观要求方面。从客观方面说，资源要素的日趋紧张要求我们坚定不移地转变发展方式，走建设资源节约和环境友好型社会的道路。促进贫困地区发展也不例外。尽管一些原来开发不足的贫困地区有幸保留了相对丰厚的资源和比较优美的环境，但今天寻求发展，也不能简单地"靠山吃山"、"靠水吃水"，而那些生态环境比较脆弱的贫困地区，开发开放更必须以资源节约、环境保护为前提。从主观方面说，随着市场经济法制的不断完善，公民维权意识的不断增强，要求工作方式更加科学理性，包括易地扶贫搬迁等行之有效的扶贫手段，需要更多尊重被迁移者的意愿；致贫返贫问题的日趋复杂多样，以人为本、维权维稳等多种原则的贯彻，使原来可以通过单项操作解决的扶贫问题，现在需要统筹联动解决；等等。各方面约束条件的增强，对扶贫开发工作提出了更高要求。

（三）以工代赈、易地扶贫搬迁在新阶段扶贫开发工作中将发挥更加重要的作用

以工代赈、易地扶贫搬迁是我们发改系统负责管理和组织实施的两项重要扶贫政策，它们在过去的实践中发挥了很大的作用。在新形势下，要充分运用好这两项政策，使其发挥更大的作用。

过去的实践表明，以工代赈、易地扶贫搬迁政策实施效果显著。"十一五"以来（包括2011年在内），我委累计安排中央以工代赈投资302亿元，连同地方投资，总投资近400亿元。在贫困地区建设基本农田530多万亩，新增和改善农田灌溉面积5990万亩，修建县乡村道路11.5万公里，解决了994万人、603万头大牲畜的饮水困难，治理水土流失面积1.4万平方公里，建设草场1340万亩；累计向参加以工代赈工程建设的务工群众发放劳务报酬41亿元。与此同时，我委累计安排易地扶贫搬迁中央投资97亿元，连同地方投资，总投资140亿元，搬迁生活在缺乏基本生存条件地区的农村贫困群众205万人。这些年来，以工代赈、易地扶贫搬迁的投资规模在逐年增加，2011年中央投资规模比"十五"末期的2005年增加了18亿元。以工代赈、易地扶贫搬迁的实施效果十分明显，解决了很多关系贫困地区发展和贫困群众生产生活的突出困难和问题，深受当地干部群众欢迎，使老百姓得到了诸多实实在在的好处，感受到了社会主义大家庭的温暖，被广泛誉为民心工程、德政工程。与交通、能源、水利等大型基础设施工程相比，以工代赈、易地扶贫搬迁工程的确起到了雪中送炭、拾遗补阙的作用。

以工代赈、易地扶贫搬迁在下一步扶贫攻坚中应该也可以发挥更大作用。扶贫开发迈入新阶段，我国贫困地区特别是集中连片特困地区发展环境差、生产生活条件落后等制约经济社会发展的突出困难和问题进一步突显出来。因此，在未来较长的一段时期，改善发展环境和生产生活条件、促进农民增收仍将是扶贫开发工作的主要任务，而这为以工代赈、易地扶贫搬迁提供了广阔的市场空间。可以预见，新形势下以工代赈、易地扶贫

搬迁将会发挥更加重要的作用。一是两项政策受到了中央的高度重视。在不久前召开的中央扶贫开发工作会议上，几位中央领导同志都强调要组织实施好易地扶贫搬迁、以工代赈等重要工程。新《纲要》也把大力实施以工代赈、易地扶贫搬迁作为推进扶贫开发的重要内容。这意味着，以工代赈、易地扶贫搬迁在下一阶段扶贫攻坚中地位突出，是脱贫减困的重要手段。二是两项政策直接改善民生的效果优于其他。随着科学发展观确立为经济社会发展的根本指导方针，保障和改善民生被放置到十分突出的位置，成为加快转变经济发展方式的根本出发点和落脚点。而以工代赈、易地扶贫搬迁是最直接的民生工程，其所实施的住房改造、农田、水利、公路、草场等中小型基础设施和公共服务项目建设，直接改善了贫困群众的生产生活条件，能给贫困地区和人群带来看得见、摸得着的实惠，深受老百姓欢迎。以工代赈、易地扶贫搬迁与新时期党和政府工作主题的这种直接关联性和特殊效果将使其发挥更大的作用。三是两项政策的投资规模会进一步增加。中央已经明确，扶贫开发投入将会大规模增加，以工代赈、易地扶贫搬迁的投资规模也相应会有一定幅度的增加。不言而喻，以工代赈、易地扶贫搬迁将会随资金的增加更加有所作为。四是两项政策施行的部门优势将更加凸显。如前所提及的，在新形势下，许多扶贫问题难以通过单一手段加以解决，需要多种手段协调配合、一体推动。发改系统作为经济综合部门，在实施两项政策时，可以借助职能优势，使其与规划编制、产业调整、项目安排等有机结合起来，在多项政策的联动中使以工代赈、易地扶贫搬迁发挥更大的作用。

## 二、进一步明确新阶段扶贫开发工作的重点任务

今年11月，在中央扶贫开发工作会议结束当晚，国家发展改革委即召开委党组会议，传达学习中央扶贫开发工作会议精神，研究部署我委的各项扶贫工作。按照会议要求，我司牵头起草了做好我委扶贫工作的相关意见，明确了新阶段我委扶贫开发的主要任务、职责分工和工作要求。包括以工代赈、易地扶贫搬迁在内的扶贫开发工作，在我委整体工作部署中位

置将进一步突显，分量将进一步加重。我们要按照中央和国家发展改革委党组的要求和部署，突出重点，统筹兼顾，全力做好新阶段的扶贫开发工作，特别要着力做好如下工作：

（一）科学编制片区区域发展与扶贫攻坚规划

按照党中央、国务院要求，我委将与国务院扶贫办等部门一道，编制实施片区区域发展与扶贫攻坚规划。《武陵山片区区域发展与扶贫攻坚规划》已于今年10月下旬编制完成并启动实施。下一步，我们将按照"区域发展带动扶贫开发，扶贫开发促进区域发展"的总体要求，着眼于解决瓶颈制约和突出矛盾，以加强和改善民生为重点，抓紧编制六盘山区等10个片区的区域发展与扶贫攻坚规划，力争在2012年底前全部完成并印发实施。这项任务难度大、要求高，时间也比较紧，我们要加强统筹，整合力量，扎实推进。一要精心组织。编制好片区规划的基础在地方，关键也在地方。相关省（区、市）发展改革委要把片区规划编制工作纳入重要议事日程，抓紧组建专门领导班子和工作机构，主要领导要亲自抓，切实明确工作责任，细化操作措施，按时完成分省规划编制任务。二要深入调研。要深入实际、深入基层、深入群众，了解掌握第一手材料，充分听取各方面意见，广泛凝聚各方面智慧，积极反映群众的诉求和意愿；要开阔视野、拓展思路，力求用新思想、新办法破解矛盾与困难，使规划编制基础扎实，基点高远，经得起实践和历史的检验。三要密切配合。片区涉及范围广、覆盖面大，一个片区跨好几个省，一个省涉及好几个片区。做好片区规划编制工作需要齐心协力。一方面，我们发改部门要与扶贫等部门密切配合、互相支持。另一方面，省与省之间要建立起有效的协调机制，加强沟通，及时统一思想、解决难题，确保规划编制顺利开展。

（二）推动实施并不断完善支持贫困地区的政策体系

在中央扶贫开发工作会议上，中央领导同志着重论述了实施区域发展战略促进贫困地区发展的重要意义和作用。随着这些年地区经济工作的持续深入推进，大家认识到实施区域战略与政策对脱贫减困的重要作用，也进一步认识到，支持贫困地区加快发展，是缩小地区发展差距、促进区域协调发展的重点。我们要按照中央的决策部署，继续坚持"抓两头、带中间"的工作思路，在推进条件较好地区加快开发开放的同时，将扶持贫困地区加快发展摆在更加突出重要的位置，加大工作力度。特别要强化两个方面的工作：一是继续强化政策指导。我们将继续选择一些适宜的革命老区、民族地区、边疆地区和特困地区，研究制定进一步支持其加快发展的区域规划和政策意见，帮助这些地区解决存在的特殊困难和问题。二是推动形成政策合力。积极发挥发改系统的特殊优势，以贯彻落实中央扶贫开发工作会议精神和新《纲要》为重点，综合运用规划引领、试点示范、对口支援、工作协调等途径和手段，推动相关工程项目和支持政策有机结合，促使专项扶贫、行业扶贫和社会扶贫相互联动，逐步构建完整的政策体系，形成政策合力。与此同时，要加强相关政策和项目的效果评估，及时总结经验，调整完善相关措施。

（三）持续加大扶贫开发资金投入力度

资金投入是基础。中央已经明确，中央财政要大幅度增加扶贫开发投入，中央财政扶贫资金的新增部分主要用于连片特困地区，中央也明确要求地方政府进一步加大扶贫开发投入。我们要共同努力，争取扶贫开发资金规模持续扩大。我们要着力做好三个渠道的工作：一是协调增加中央财政扶贫资金。据了解，明年中央财政安排的新增财政扶贫资金增幅将在20%以上，规模将增加50多亿元。我们将强化各个层面的协调沟通力度，争取财政预算内以工代赈资金的规模进一步扩大。二是协调增加中央预算内资金。按照中央扶贫开发工作会议精神和我委领导指示，我们将加强与委内相关司局的协调沟通，争取在明年中央预算内投资中，使以工代赈、易地扶贫搬迁投资有一定规模的增加。三是协调加大地方政府扶贫资金投入。在新《纲要》和相关区域政策文件中，明确提出"中央公益性建设项目取消中西部地区县以下（含县）以及西部片区市地级配套资金"。我们要努力工作，推动国家有关部门认真落实这些规定，努力减轻地方特别是县级政府的配套压力。换个角度看，这也是帮助地方缓解资金瓶颈，推动其把有限的资金用到贫困地区和急需的扶贫项目上。在这里要强调的是，随着各地经济持续快速发展，中西部地区省级以及条件较好的地市级政府财力在逐年增强，完全有能力拿出更多的资金支持扶贫开发事业。发改系统扶贫工作战线要按照中央的要求，积极做好与财政、扶贫等部门的协调工作，争取在省级财力中多增加一些以工代赈、易地扶贫搬迁资金。

（四）全力做好以工代赈和易地扶贫搬迁工作

今年的一项重点工作是编制了《以工代赈建设"十二五"规划》和《易地扶贫搬迁"十二五"规划》。大家在发言中，对两个规划提了许多好的意见和建议，我们在修改完善时将积极采纳。前面我谈了以工代赈、易地扶贫搬迁面临的机遇和将会发挥的作用，但客观分析，这两项政策也面临一些问题和挑战，从具体工作层面看，主要包括四个方面：一是投资可能带来的挑战。主要问题就是建设需求与投资可能矛盾较大。根据各省提供的"十二五"以工代赈规划研究报告，全国贫困地区"十二五"时期对以工代赈的投资需求为640亿元。但从"十一五"规划执行情况看，五年实际安排中央和地方以工代赈资金325亿元，即使"十二五"时期增加投资规模，也很难实现翻番，难以满足各地建设需求。初步测算，在农村贫困人口中，还有约700万人需要尽快实施易地扶贫搬迁。但现阶段中央和地方每年安排的资金不足30亿元、只能搬迁40多万人。照此进度，至少还需要15年才能完成搬迁任务。二是其他工程带来的挑战。这些年来，以工代赈实施的基本农田、乡村公路、人畜饮水、草场建设等工程，逐渐都有行业专项资金开始实施，客观上挤压了以工代赈的空间。易地扶贫搬迁在一定程度上也存在这一问题，需要明确界定与生态移民、工程移民的关系。考虑到这些情况，对于以工代赈、易地扶贫搬迁投资和政策，一方面要与其他投资和政策加强联动；另一方面则要加强开拓创新，进一步开拓工作领域，完善政策内涵。三是群众务工带来的挑战。以工代赈、易地扶贫搬迁都具有群众参与施工的特点。特别对以工代赈而言，组织当地群众务工并发放劳务报酬，是基本的政策内涵。但随着经济社会发展变化，贫困地区越来越多的农村劳动力到发达地区和大中城市务工，当地务工群众逐渐减少。在此形势下，需要探索完善以工代赈、易地扶贫搬迁工程实施和组织管理的方式方法。四是资源条件带来的挑战。我国西南贫困地区土地资源紧张，人均耕地少；西北贫困地区水资源短缺，土地干旱贫瘠。就易地扶贫搬迁而言，一些地区由于水、土等安置资源不足，限制了工程大规模的实施。同时，以工代赈实施的小流域治理、片区综合开发、林业示范等工程，也受到贫困地区水土、气候、生态等资源环境的约束。除此之外，以工代赈、易地扶贫搬迁还面临如何进一步突出建设重点、如何围绕消除致贫因素增强针对性、如何带动市场机制发挥作用等问题。对于这些问题和挑战，请大家在工作实践中加以认真研究，积极提出意见和建议。

（五）切实加强扶贫资金和项目管理

扶贫资金是"救命钱"，因而是"高压线"。资金使用状况为社会各界高度关注，是监察、审计部门监管的重点。我们一定要以对国家、对人民高度负责的态度，进一步做好扶贫资金管理工作。关于加强扶贫资金和项目管理问题，我们开过多次专题会议，要求和规定都十分明确，希望大家严格遵守。考虑到这一问题的重要性，在此我再强调三个方面的工作：一是优先惠及特困人群。各地在资金分配和项目安排中，本着急事急办、特事特办的原则，优先向特困地区和人群倾斜，着力解决最贫困乡村的突出困难和问题，将有限的扶贫资金用到最需要的地方，解决特困人群之急需。二是切实加强项目管理。各地要按照"省管项目"的原则，把对以工代赈、易地扶贫搬迁项目的管理放在重要位置。特别是对于中央预算内投资项目的管理，各地要继续认真落实"三个百分之百"考核目标，即地方配套资金要百分之百落实，项目要百分之百开工建设，发现的问题要百分之百整改到位。三是认真开展监督检查。要联合财政、扶贫、审计、监察等部门对资金安排和项目实施情况开展全方位检查、稽查和审计，与相关部门共同严格把关，发现问题及时纠正，保证项目工程质量和中央投资使用安全。要坚持思想教育和制度约束相结合，坚持把好入口与监管过程相结合，确保扶贫资金安全有效使用，真正做到"资金不流失、人员不损失"。

### 三、对做好新阶段扶贫开发工作的几点要求

今年中央颁布了新《纲要》，又召开了扶贫开发工作会议，这些超常规的举措，表明了中央对贫困地区和贫困人群发展的高度重视和做好新阶段扶贫开发工作的决心和信心。我们发改系统扶贫工作战线的同志们，务必要抓住这一难得的历史机遇，深刻领会、准确把握中央的战略部署，以更大的决心、更强的力度、更有效的举措，创造性地做好各项扶贫开发工作。为此，我再强调这样三个方面：

#### （一）认真履行工作使命

我们从事的是扶贫济困的工作，直接关系到全国最贫困群体的切身利益，干的是积德工程，承担的是一项光荣使命。我们制定的每项政策、安排的每笔资金、实施的每个项目，直接关系到诸多贫困家庭能否吃上饭、穿上衣、能否有学上、有医看、有房住。所以，在工作中务必要树立高度的责任感、使命感和紧迫感，切实增强公仆意识，想贫困群众之所想，急贫困群众之所急，发扬不怕吃苦、甘于奉献的精神，尽最大努力履行好自身职责，保质保量完成好工作任务。

#### （二）准确把握工作方向

把握正确的工作方向，是做好一切工作的前提和基础。只有方向正确，才能抓住工作关键和重点，才能提升工作层次和水平。中央扶贫开发工作会议和新《纲要》确定了2011—2020年扶贫工作的总体要求，这就是：深入贯彻落实科学发展观，提高扶贫标准，加大投入力度，把连片特困地区作为主战场，把稳定解决扶贫对象温饱、尽快实现脱贫致富作为首要任务，坚持政府主导，坚持统筹发展，更加注重转变经济发展方式，更加注重增

强扶贫对象自我发展能力,更加注重基本公共服务均等化,更加注重解决制约发展的突出问题,努力推动贫困地区经济社会更好更快发展。在此基础上,还明确了扶贫开发的目标任务、对象范围、政策保障和工作要求。中央的总体要求和决策部署,就是我们在工作中需要始终把握的正确方向。也就是说,各项扶贫开发工作,都要围绕贯彻落实中央的总体要求和决策部署来展开。要深入学习、准确把握中央扶贫开发工作会议和新《纲要》的精神实质,按照围绕中心、服务大局、突出重点、统筹兼顾的操作原则,创造性地做好编制扶贫规划、研究扶贫政策、加强以工代赈和易地扶贫搬迁管理等重点工作。要注重总结探索扶贫开发规律,研究谋划战略性、全局性、关键性重大问题,不断提高我们的工作能力和水平。我们负责"管钱管物",但眼睛不要只盯在"钱、物"上,要着力研究依靠投资、项目作为导引,探索贫困地区可持续发展的有效途径,研究解决贫困群众切身利益问题的有效措施。

(三)不断完善工作方式

扶贫开发工作进入新阶段,贫困标准、范围、分布发生了很大变化,扶贫对象、方法、形式都需要作相应的调整。我们要主动适应形势,与时俱进调整完善我们的工作方式。一是加强调查研究。我多次强调过实地调研的重要性。调研不调研、调研选点适宜不适宜、调研过程深入不深入,所产生的感情不一样,所形成的思想认识不一样,所做出决策的科学务实程度也不一样。我们发改系统扶贫工作战线的同志们,一定要挤出时间多深入贫困乡村和农户开展调查研究,以此找准制约贫困地区加快发展和贫困群众脱贫致富的突出矛盾和问题,提出解决问题的意见和建议,切实当好党委、政府的参谋助手。二是注重开拓创新。我们要适应形势的变化和任务的需要,不断开拓创新,勇于探索尝试,积极加强和改进我们的工作,切勿因循守旧、墨守成规甚至不思进取、得过且过。我们要把开拓创新作为一条重要的工作原则,不断开辟扶贫工作新领域,拓展扶贫工作新局面。三是强化协作配合。要进一步增强全局观念,树立"一盘棋"的思想,充分调动有关部门和地方的积极性，努力形成跨部门、跨省区联动的良性工作局面，集思广益，群策群力，共同完成好新阶段的各项扶贫工作任务。

新阶段扶贫开发工作的战略蓝图已经绘就，目标任务已经明确。发改系统扶贫工作战线的同志们责任重大、使命光荣，面对的任务也十分艰巨。我们一定要以高度的政治责任感和历史使命感，振奋精神，锐意进取，为推进新一轮的扶贫开发事业，为促进区域协调发展、全面建设小康社会做出自己特殊的贡献。

# 基于实施区域总体战略推动贫困地区加快发展<sup>*</sup>

这些年来，国家发展改革委以及地区经济司高度重视扶贫开发工作，一直把扶贫开发放在各项工作的显要位置。国家发展改革委党组去年专门开会研究部署扶贫开发工作，随后颁发了贯彻中央扶贫开发工作会议精神做好扶贫开发工作的相关意见。除每年在地区经济系统工作会议上部署安排扶贫工作外，我们还召开座谈会进行专题研讨，今天的座谈会已经是第四次了。我们力求适应形势变化，在落实区域发展总体战略、促进区域协调发展过程中，不断拓展工作内容，完善工作机制，创造性地推进各项扶贫工作。这几年的一个重大变化，就是扶贫开发工作从相对独立或者说"单打独斗"的状态，纳入到了国家区域发展总体战略的制定与实施之中，与推进经济社会又好又快发展的整体部署和全面努力紧密结合在一起，这使扶贫开发工作益发有力、益发有势、益发有效。大家都能看到，这几年扶贫开发的声势越来越大，中央开会的规格越来越高，国家出台扶贫文件越来越多，政策措施也越来越实。今天的这个座谈会，既是对前几年扶贫开发工作座谈会这一程序性做法的延伸，也是关于推进区域协调发展整体部署的一个重要安排。会议主要任务是，进一步贯彻落实中央扶贫开发工作会议精神，以实施区域发展总体战略促进贫困地区加快发展为主线，以

---

\* 2012年10月19日—20日，国家发展改革委地区经济司在宁夏回族自治区银川市召开"2012年发展改革委系统扶贫开发工作座谈会"，分析扶贫工作面临的新形势，研究下一个时期扶贫开发思路，部署相关工作任务。本文系作者于10月19日在会上的讲话，原题为《深入贯彻落实区域发展总体战略 更加扎实有效地推进扶贫开发工作》，主要内容刊发于《中国科技投资》2013年第4、5、6期合刊。

推进集中连片特困地区扶贫攻坚为重点，以以工代赈和易地扶贫搬迁为抓手，交流经验，分析问题，研究部署今后一个时期的扶贫开发工作。扶贫开发的形势发展变化很快，出现了许多新情况、新问题，借此机会，想听听大家的意见。我先谈点看法，供大家讨论参考。

### 一、充分认识新阶段扶贫开发面临的机遇与挑战

改革开放以来，我国实施了有计划、有组织的大规模开发式扶贫，成功走出了一条中国特色扶贫开发道路，取得了举世瞩目的成就。按照不同阶段的脱贫标准，农村贫困人口从 1978 年的 2.5 亿人减少到 2010 年的 2688 万人，贫困发生率从 30.7% 下降到 2.8%，成为全球最早提前实现联合国千年发展目标中贫困人口减半的发展中国家。但是，我国的经济社会在发展，生产力水平在提高，原来的扶贫标准已经不足以满足老百姓特别是贫困地区老百姓最起码的生产生活需求。去年召开的中央扶贫开发工作会议决定大幅度提高扶贫标准，推进集中连片特困地区扶贫攻坚。我国的扶贫开发因此进入了巩固温饱成果、加快脱贫致富、改善生态环境、提高发展能力、缩小发展差距的新阶段。这样的情势，给扶贫开发工作带来了新机遇，也提出了新挑战。

#### （一）新阶段扶贫开发工作面临的重要机遇

当前和今后一个时期，我国将深入贯彻落实科学发展观，加快转变经济发展方式，大力实施区域发展总体战略，推动落实中央关于新阶段扶贫开发的决策部署。这些重大举措，将为我们进一步做好扶贫开发工作带来有利条件和难得机遇。概括地讲，主要有如下三个方面：

第一，转变经济发展方式的深入推进，为贫困地区加快发展创造良好契机。以科学发展为主题，以加快转变经济发展方式为主线，是基于我国发展全局做出的战略抉择。未来一个时期，经济发展方式转变的步伐将明显加快并取得实质性进展，而这一过程对于做好扶贫开发工作、促进贫困地区实现跨越式发展十分有利。从总体上看，加快转变经济发展方式，推

动科学发展,很大程度上就是把我国经济从依赖于粗放型的资源开发、占用土地、破坏环境这种"竭泽而渔"的生产状态中摆脱出来,走内涵、挖潜、创新、改造的新路子,这将使我国经济结构不断优化,经济关系更加协调,经济总量更加扎实,经济发展的质量和效益进一步提高。也就是说,我国经济将在优化和协调发展中间变得更加实在和强壮,这就为加大扶贫开发力度、为贫困地区加快发展打下了坚实的基础。从具体层面看,加快转变经济发展方式,推动科学发展,要求推进经济结构战略性调整,推进科技进步和创新,推进经济社会发展与人口资源环境相协调,推进工业化、城镇化和农业现代化"三化"协同互动,推进区域良性互动协调发展,推进基本公共服务均等化,等等。实施这些举措将会更多地体现政府宏观调控的力度,更直接地体现公平的原则,更充分地体现各地比较优势的发挥,而这一过程客观上将有利于推动资源要素、政策措施、制度安排等,对弱势地区、弱势领域、弱势人群的倾斜,从而有利于推进扶贫开发工作,加快贫困地区发展。

第二,区域政策文件的密集出台,为贫困地区加快发展带来强大推力。2006年以来,按照党中央、国务院的要求,在各省(自治区、直辖市)党委、政府和中央有关部委的大力支持下,我们牵头制定了一系列重要区域规划和政策文件。截至目前,文件数量已经超过70个。这些政策文件的密集出台,对区域协调发展和整个经济社会全面协调可持续发展发挥了重要促进作用,对贫困地区加快发展的作用也更加直接、更加有效。这主要反映在两个方面:一方面,这些政策文件都是在对地方基本区情加以认真分析研究的基础上制定的,在体现国家战略意志的同时,更多地体现了地方发展实际和需要。通过因地制宜、因区施策的方式,把各地的比较优势充分发挥出来,不仅有效解决了厚此薄彼的问题,而且也有效解决了"一刀切"所造成的贫困地区发展陷入被动的状况,使贫困地区能够把自身潜力和优势发挥出来实现加快发展;另一方面,在促进区域协调发展过程中,我们坚持把"抓两头"作为一个重要方针,把支持贫困地区加快发展放到特别重要的位置。这几年,国家专门为贫困地区量身打造了一批政策,比如先后为五个民族自治区制定了政策文件，为西藏、青海、新疆等省区基于不同角度与发展需求制定了好几个政策文件，今年又为原中央苏区制定了政策文件，支持贫困地区措施的力度之大、针对性之强、含金量之高是前所未有的。因此，这也极大地调动了地方的自觉性、积极性和主动性，使它们能在实践中得到扎实贯彻，从而加快贫困地区发展进程。此外，中央扶贫开发工作会议后，我们联合国务院扶贫办紧锣密鼓地编制片区区域发展与扶贫攻坚规划。截至目前，国务院已批复实施了武陵山、乌蒙山、秦巴山、滇桂黔石漠化、六盘山和滇西边境6个片区规划；大兴安岭南麓、燕山—太行山2个片区规划已上报国务院；吕梁山、大别山、罗霄山3个片区规划正在征求中央有关部门和地方的意见；西藏、四省藏区、新疆南疆三地州3个片区也正在由地方编制实施规划。这几年区域规划和政策文件的密集出台，无疑为贫困地区加快发展指明了方向、增强了力度，带来了重大机遇。

  第三，扶贫开发战略的调整完善，为贫困地区加快发展提供政策保障。中央扶贫开发工作会议在明确新阶段扶贫开发的指导思想、目标任务和工作思路的同时，适应新的形势和任务，作出了一系列重大决策部署。比如，提高了扶贫标准，让更多的农村低收入人口享受扶贫政策；划定了重点区域，把14个集中连片特困地区作为扶贫攻坚的主战场；完善了工作机制，推动形成专项扶贫、行业扶贫、社会扶贫"三位一体"的大扶贫工作格局；强化了支持政策，明确财税、投资、金融、产业、土地、生态和人才等方面的优惠措施。特别重要的是，中央财政将大幅度增加扶贫开发投入，中央财政扶贫资金的新增部分主要用于连片特困地区，同时取消公益性建设项目县以下（含县）以及西部连片特困地区地市级配套资金。从加大扶贫投入看，今年在有关方面的大力支持下，我们已安排中央以工代赈和易地扶贫搬迁投资123亿元，比去年增加47亿元，增幅达62%。无论是投资规模还是增长幅度，都达到了20世纪80年代以来的最高水平。另外，中央财政也增加了50多亿元专项扶贫资金。这些战略部署和重大举措的贯彻落实及其进一步细化、实化，将有利于我们推进扶贫开发工作，为贫困地区加快发展提供良好的政策保障。

此外，贫困地区的整体经济实力和自我发展能力日益增强，当地广大干部群众加快发展、脱贫致富的愿望强烈，探索具有中国特色、适应地方特点发展新路子的自觉性、能动性不断强化，为加快贫困地区发展提供了扎实的内在基础。而近年来国家探索推进的无偿对口支援、建立在优势互补基础上的区域合作、包括产业转移在内的产业调整提升等促进发达地区与贫困地区共同发展的有效途径和举措，也将为贫困地区加快发展创造良好条件。为此，对做好新阶段的扶贫开发工作，我们要充满信心。

（二）新阶段扶贫开发工作面临的主要挑战

伴随着经济社会的快速发展变化，扶贫开发工作面临的环境越来越复杂，需要妥善处理的问题和矛盾越来越多。与此同时，扶贫开发的任务仍十分艰巨，工作难度在逐步加大，工作要求将越来越高。新阶段的扶贫开发工作仍面临着许多挑战，主要是：

第一，扶贫开发的外部约束加大增强。工业化、信息化、城镇化、农业现代化加速推进的过程，对贫困地区来说是一把"双刃剑"，一方面有利于强化协调发展从而促进贫困地区加快发展的基础和能力，另一方面也将给贫困地区发展带来一些困难和挑战。在市场经济体制越来越完善的条件下，市场配置资源的基础性作用将进一步增强，经济活动和生产要素流动将更多地取决于利益导向和市场规律的引导。这种条件下，在很多方面处于弱势的会困地区不仅难以与发达地区同等同权分享市场利益，而且自身的土地、资金、人才、劳动力等要素还会加速流出，导致"马太效应"加剧呈现。在此过程中，如果没有健全的法制和公平的规则加以约束，贫困地区受到的利益侵害将会加大。同时，贯彻落实科学发展观、加快转变经济发展方式在为贫困地区创造发展机遇的同时，也要求贫困地区节约资源、保护环境。贫困地区在谋求加快发展和开发开放过程中，需要妥善处理好"快增长"和"转方式"的关系，既要千方百计实现经济的快速增长乃至跨越式发展，又不能简单地利用优势"靠山吃山"、"靠水吃水"，必须走资源节约、环境友好的路子。

第二，扶贫开发的扶持对象量大任重。中央决定将农民人均纯收入2300元（2010年不变价）作为新的国家扶贫标准后，扶贫对象大规模增加。截至2011年底，新标准下的扶贫对象为1.22亿人，比老标准对应的人口规模增加了1亿多人，贫困发生率由2.8%提高到了12.7%。相应地，贫困人口的地域分布也发生了很大变化。在1.22亿扶贫对象中，西部地区6345万人，在全国所占比重由2010年底老标准对应的65.1%变为51.8%，减少了13.3个百分点；中部地区3943万人，所占比重由26.5%变为32.2%，提高了5.7个百分点；东北三省和东部地区共1950万人，所占比重由8.4%变为16%，提高了7.6个百分点。东部条件相对较好的河北、江苏、福建、山东、广东五省的贫困人口规模都超过了100万人，河北、山东两省更是分别达到561万人和345万人。伴随扶贫对象的规模增加和分布变广，扶持难度也会相应加大。同时，受自然、社会等多重致贫因素的交织影响，有些贫困人口通过政府支持和自身努力可以在短时间内实现稳定脱贫，逐步走上致富之路；有些则受频繁发生的自然灾害、变幻莫测的市场风险以及疾病等突发因素的影响，短期内难以稳定脱贫，甚至还会因灾返贫，抵消多年的扶贫开发成果。

第三，扶贫开发的地域状况复杂多样。新一轮扶贫开发，作为扶贫攻坚主战场的14个片区分布范围广、地域类型多、发展难度大，是全国贫困程度最深的地区，也是扶贫开发最难啃的硬骨头。14个片区包括680个县，国土面积320多万平方公里，占全国国土面积的1/3；总人口2.36亿人，占全国的17.7%，分布在中西部21个省份。这些地区大部分是革命老区、民族地区、边疆地区、边远山区，有的还位于湖库源头、江河上游、农牧交错区，生态脆弱，区域边缘性明显。大多地处省际交会地带，有的跨好几个省。截至2011年底，14个片区有贫困人口5564万人，贫困发生率高达28.4%，比全国平均水平高15.7个百分点；人均地方财政一般预算收入255元，仅相当于全国平均水平的3.3%；农民人均纯收入3608元，相当于全国平均水平的52%。除14个片区外，国家扶贫工作覆盖的地域范围还包括片区外的国家扶贫重点县和贫困村，以及刚刚调出的国家扶贫重点县。现阶段，全国片区县680个、片区外的重点县152个、片区外调整出的重点县38个，三者合计870个，比调整前全国592个重点县和西藏自治区74个县级单位增加了204个，范围明显扩大。此外，在推进片区扶贫攻坚中，还要统筹考虑"镶嵌"在片区县之间、发展水平相对好一些的"天窗"县问题。为统筹谋划片区的协调发展，经国务院批准，我们按照"给名誉不给待遇"的原则，把大多数"天窗"县都列入了规划范围，尽管目前不享受片区县扶贫政策，但片区规划范围变得更加宽广，扶贫开发的复杂性也进一步增强。

第四，扶贫开发的工作内涵拓展深化。伴随着经济社会发展水平的日益提高，包括贫困地区在内全国人民群众的物质文化需求也在日益增长。由于中西部贫困地区的发展环境、经济实力、人均财力，以及居住条件、基础教育、医疗卫生、社会保障等基本公共服务，原本就与东部地区存在相当大的差距，当地人民群众的物质文化需求无论是在范围和数量上，还是在标准和层级上，都正在并将继续发生着变化，要求越来越高。与此相适应，新阶段的扶贫开发进一步明确了目标，拓展了内涵，主要包括两个层次：一是"两不愁三保障"，即到2020年稳定实现扶贫对象不愁吃、不愁穿，保障其义务教育、基本医疗和住房。这既包括生存需要，也包括部分发展需要；二是实现贫困地区农民人均纯收入增长幅度高于全国平均水平，基本公共服务领域主要指标接近全国平均水平，扭转发展差距扩大趋势。这种要求与我国的发展阶段和水平是一致的，体现了速度和质量的统一。包括贫困地区的老百姓在内，人民群众生活水平的提高存在着两个方面的转变问题：一个是从贫穷到富裕的转变。这是从生存需要到发展需要再到享受需要的转变；另一个是从富裕到幸福的转变。富裕是幸福的基础，但富裕并不代表幸福。幸福不是一件简单的事，判断是否幸福，至少要从公平度、方便性、安全感、愉悦性和舒适度等方面来看，这些方面都得到较好体现，才算得上真正幸福。随着扶贫开发内涵的拓展，贫困人口也要实现两个转变，扶贫开发的难度将会相应加大，约束性会进一步增强。

综上所述，要确保如期完成中央确定的新阶段扶贫开发的目标任务，帮助贫困人口尽快脱贫致富，推动贫困地区经济社会加快发展，需要我们正确认识并把握新机遇、应对新挑战，进一步增强责任感、使命感和紧迫感，努力做好各项扶贫开发工作。

**二、坚持实施区域发展总体战略促进贫困地区加快发展**

这几年扶贫开发工作纳入到了国家区域发展总体战略的制定和实施之中，与推进经济社会又好又快发展的整体部署和全面努力紧密结合在一起，不仅大大提升了扶贫开发工作的地位，而且大大提高了扶贫开发工作的水平，整体上改善了扶贫开发工作的基础与环境。换个角度看，有利于我们进一步增强做好扶贫开发工作的信心。中央扶贫开发工作会议上，中央领导同志在讲话中都用了较大篇幅阐述了实施区域发展总体战略与促进贫困地区发展的内在联系和相互作用，也阐述了做好扶贫开发工作对缩小区域发展差距的重大意义。胡锦涛总书记指出，深入推进扶贫开发是缩小城乡区域发展差距、促进全体人民共享改革发展成果、实现共同富裕的必然要求；国务院领导同志把坚持实施区域发展总体战略促进贫困地区发展概括为中国特色扶贫开发道路的一条基本经验，强调片区规划编制要体现宏观性、前瞻性和指导性，贯穿区域发展带动扶贫开发、扶贫开发促进区域发展的总体要求。下一步，我们要继续坚持把扶贫开发纳入国家区域发展总体战略体系之中，统筹做好各项工作，促进贫困地区加快发展。基于以往成功实践和现实要求，在工作中要切实把握好如下一些方面：

（一）坚持"抓两头、带中间"促进贫困地区加快发展

这些年来，我们始终把促进区域协调发展作为地区经济工作的主线，在实施途径上采取鼓励发达地区优化发展、促进贫困地区加快发展这种"两头"并进的方式，不仅有力地推动发达、欠发达的重点地区发展，而且也有效地促进和带动了"中间"地区发展，进而促进了区域协调发展。大家都清楚，革命老区、民族地区、边疆地区和特困地区是我国经济社会发

展的短板和瓶颈，是区域协调发展的重点和难点，在区域发展总体战略中占据突出重要的位置。支持老少边穷等贫困地区加快发展，在解决贫困地区面临的突出困难和问题、发挥其比较优势增强自我发展能力和造血功能、提高自身经济实力和发展水平的同时，将有助于补齐区域经济的短板，缩小地区发展差距，提升区域经济整体水平。反过来，区域经济整体水平的提升，将进一步做实做强国家经济，进而加大对老少边穷地区的支持，推动贫困地区加快发展。下一步，在继续坚持"抓两头，带中间"的路径实施区域发展总体战略过程中，要把重点放在支持贫困地区加快发展上。通过加大支持力度，着力破解发展瓶颈，改善发展环境，加快重要基础设施建设，大力改善生产生活条件，促进基本公共服务均等化，培育壮大一批特色优势产业，加强生态建设和环境保护，不断增强发展能力、提升发展水平，切实改善人民群众的生产生活。

## （二）坚持集中连片开发促进贫困地区加快发展

进入21世纪以来，我国的扶贫开发工作重点在三个层面上推进：一是国家扶贫重点县，全国592个；二是贫困村，"十五"以来在全国确定了14.8万个贫困村实施整村推进；三是贫困户，扶贫工作瞄准贫困户，确保贫困户直接受益。经过这些年的努力，三个层面的工作都取得了明显效果。但随着扶贫开发工作的持续推进，受自然条件和发展环境的影响，地处偏远、地形地貌复杂、跨行政区域的集中连片特困地区的贫困问题日趋凸现出来。这些地区不仅贫困问题面广、量大、程度深，而且整个地区经济发展面临着诸多瓶颈制约，在基础设施、产业体系、社会事业、生态环境等方面存在着一些突出问题。比如六盘山区、新疆南疆三地州缺水问题突出，乌蒙山区、武陵山区交通明显滞后，滇桂黔片区石漠化问题严重，等等。由于这些突出问题涉及面广、综合性强、攻克难度大，仅依赖传统的扶贫手段和单一措施，仅在县级、乡村、农户层面下功夫，或者说采取"零敲碎打"、"就事论事"的方式，将无法有效解决。进而将严重影响整个扶贫开发的进程和效果，严重制约当地经济社会发展和人民群众的生产生活。

因此，必须对传统扶贫方式作出重大调整，在原有三个层面的基础上，增加并强化片区这个层面，在一个更广大的区域范围内以片区为重点开展综合开发和扶贫攻坚，通过统一规划，大力支持，集中解决制约片区发展的突出问题。反过来，实施连片综合开发和扶贫攻坚，在促进片区经济社会发展的同时，还将带动解决贫困乡村和农户的一些个性问题。所以，新阶段中央作出了把14个集中连片特困地区作为扶贫攻坚主战场的战略举措。下一步，我们在抓紧编制实施片区区域发展与扶贫攻坚规划的同时，还将协调加大对片区的资金投入力度，明确支持片区发展的政策意见，健全支持片区发展的工作机制。在此，希望发改系统扶贫战线的同志们务必把思想统一到中央的决策部署上来，与其他部门协调配合、共同努力，推动形成全方位、多层次、大力度支持片区发展的良好局面。

（三）坚持发达地区带动促进贫困地区加快发展

从世纪之交开始，适应形势发展需要，我国不断丰富和完善区域发展总体战略。其实质是全面贯彻邓小平"两个大局"的战略构想，充分发挥社会主义制度的优越性，在顺利实现"第一个大局"、鼓励沿海地区先发展起来并继续发挥优势的基础上，大力推动"第二个大局"的扎实实施，推动沿海多作一些贡献支持内地发展。新阶段，沿海发达地区应进一步发挥支撑带动作用，在支撑全国经济发展的同时，采取更加有力的措施，带动贫困地区加快发展。需要强调，这种支持带动是完全可以建立在互利共赢基础上的，而且基于长期考虑，也应该建立在这样的基础上。发达地区通过在资金、产业、技术、人才等方面与贫困地区开展交流合作和对口支援，可以辐射带动贫困地区加快发展。反过来，贫困地区也能在自然资源、劳动力、生态屏障等方面为发达地区提供保障和空间，助推发达地区优化发展。应该说，发达地区积极发挥辐射带动作用，不仅是贫困地区加快发展的需要，也是发达地区自身优化发展的需要。发改系统应立足自身职能，充分发挥综合部门的优势，积极推动发达地区带动贫困地区加快发展。一方面，按照中央的决策部署，协调做好援疆、援藏、援青等对口支援工作，促使支援地区在资金项目、干部人才、教育科技等方面对受援地区积极开展无偿援助；另一方面，通过推动承接产业转移、协调共建产业园区等方式，探索建立一种以利益联动为基础的长效合作机制，积极促使贫困地区与发达地区实现优势互补、要素共享，以此促进贫困地区加快发展。

（四）坚持纳入整体部署促进贫困地区加快发展

这些年的工作实践证明，随着扶贫开发要求的不断提高和内涵的持续拓展，扶贫工作综合性、系统性强的特征越来越明显，基本涵盖了贫困地区经济社会发展的各个领域。在此形势下，扶贫开发工作必须按照国家区域发展总体战略的要求，更加深入地纳入到经济社会发展整体部署之中，依靠各级政府及有关部门的共同支持和强力推动，才能取得好的成效。为此，安排部署扶贫开发工作，不能仅仅局限于到村到户的小工程项目和具体措施，而要立足于经济社会发展全局，着力建设贫困地区加快发展最为薄弱的环节，着力解决贫困群众生产生活最为迫切的问题。反过来，要从经济社会发展全局安排部署扶贫开发的总体任务、推进思路和具体事项。新阶段，中央部署的扶贫开发工作涉及了农业农村、特色产业、交通运输、住房建设、教育卫生、社会保障等十多个领域，明确了每个领域到2015年和2020年的发展目标和建设任务。下一步，我们要在思路上作出相应调整，举措上作出适宜安排，充分借助发展规划、建设项目、工作机制等平台，加强沟通协调，凝聚各方力量，共同完成中央确定的目标任务，推动贫困地区经济社会发展水平迈上新台阶。

## 三、着力抓好当前扶贫开发的一些重要工作

中央明确了新阶段扶贫开发的目标任务，我们要按照中央的要求和部署，以更大的决心、更强的力度、更有效的举措，突出重点，统筹兼顾，努力做好各项扶贫工作。当前和今后一个时期，要着力抓好如下几个重要事项：

## （一）编制实施好片区区域发展与扶贫攻坚规划

编制片区规划是做好片区扶贫攻坚的基础性工作，是确保片区扶贫攻坚科学有序推进并最终达到目标的关键环节，也是当前最紧迫的任务。按照国务院要求，今年将编制完成各个片区的区域发展与扶贫攻坚规划。目前，在我们抓紧编制片区规划的同时，各地也正在编制分省实施规划，各项工作正在紧张有序地向前推进。在此，特别强调两点：一是规划编制方面，要在努力加快工作进度的同时，切实保障质量，并使其真正体现区域特色。片区规划编制工作时间紧、任务重，要求高，我们一定要克服困难、集中力量、倒排工期推进各项工作，确保按时完成任务。与此同时，更要确保工作质量，确保规划充分体现片区经济社会发展新要求和人民群众新期待。国家片区规划将侧重于体现宏观性、前瞻性和指导性，重点明确2020年之前的战略定位、发展目标、区域布局、主要任务和支持政策。省级实施规划要更加突出针对性、时效性和可操作性，按照国家片区规划的要求，从当地实际出发，统筹确定目标任务、建设项目、投资方案、配套措施和工作要求。由于片区之间基本区情不同，制约瓶颈和比较优势也不相同，省级实施规划要立足于当地自然地理特征、资源优势和产业基础，突出片区基本特点，体现区域特色和差别化，着力在消除瓶颈制约、发展特色产业、改善人民生活、加强生态环保上下功夫，解决人民群众最关心、最现实、最紧迫的问题，确保最为贫困的乡村和人群优先受益。二是在规划实施方面，要做好统筹协调，切实动员有效资源，保障必要的支持条件，做到全力以赴。片区规划涉及面广、建设任务重、投资量大，必须加大统筹协调和政策、资金的支持力度，以确保规划落到实处、取得实效。我们将按照中央要求，会同国务院扶贫办①协调中央有关部门在财政转移支付、中央专项资金、银行信贷资金等方面加大对片区的投入力度，明确相关领域的支持政策。还将进一步完善中央有关部门之间、中央部门和地方政府之间以及政府和企业之间的工作协调机制，特别是积极发挥片区联系单位

---

① 国务院扶贫办现为国家乡村振兴局。

的作用，动员各方面力量共同支持片区规划的实施。各省（自治区、直辖市）对所属片区负总责，省级政府和有关部门在投资和政策上也要加大支持力度，建立健全省内规划落实工作机制，加强指导协调和督促检查。在此过程中，发改系统扶贫战线要立足职能，发挥优势，积极主动地做好相关工作，全力推动本省片区规划的顺利实施。

（二）管好用好扶贫资金和项目

扶贫资金是"高压线"，各级政府和社会各界高度关注。我们一定要以对国家、对人民高度负责的态度，进一步做好扶贫资金和项目的管理工作。针对这一问题，我们开过多次专题会议，要求和规定都十分明确，希望大家严格遵守。适应扶贫开发任务更重、要求更高的新形势，我们要努力做好两方面工作：一是积极协调，不断增加扶贫资金规模。中央扶贫开发工作会议后，各地对增加扶贫投入的期望值很高，我们也加大了沟通协调力度。在国家发展改革委领导的高度重视和有关方面的大力支持下，今年的以工代赈、易地扶贫搬迁资金实现了大规模增加。下一步，我们将与有关方面进一步加强沟通协调，争取中央以工代赈、易地扶贫搬迁资金规模实现新突破。与此同时，各地要按照中央要求，积极争取在省级财力以及条件较好的地市级财力中多增加一些以工代赈、易地扶贫搬迁资金。二是高度重视，切实加强投资项目管理。我们要严格遵照相关文件要求和规章制度加强资金管理，切实做好资金分配下达、拨付使用、报账核销等工作。与此同时，要按照"省管项目"的原则，把对以工代赈、易地扶贫搬迁项目的管理放在更加重要的位置。今年9月下旬，国家发展改革委专门召开了加快中央预算内投资计划执行工作会议，要求今年投资计划执行工作树立全过程管理观念，力争到年底时实现中央投资计划分解转发完毕、中央投资预算下达完毕、所有计划新开工项目开工完毕、中央预算内投资资金支付完毕"四个完毕"的工作目标。这是在地方配套资金百分之百落实、项目百分之百开工建设、发现的问题百分之百整改到位"三个百分之百"考核目标的基础上，确定的新的更高要求。我们务必要据此做好各项工作，确保扶贫资金和项目足额落实到位、及早开工建设、充分发挥效益，并为进一步争取扩大资金规模创造好的条件。

（三）不断完善以工代赈和易地扶贫搬迁政策

今年以来，在大家的共同努力下，我们编制完成并印发实施了《以工代赈建设"十二五"规划》和《易地扶贫搬迁"十二五"规划》。各地要结合自身实际，将规划确定的工作思路、基本原则、建设目标、重点任务、配套政策不折不扣地落到实处，并依据国家规划抓紧修改完善本省以工代赈、易地扶贫搬迁实施规划。为适应新阶段的工作要求，我们正在修改《国家以工代赈管理办法》和《易地扶贫搬迁工程实施意见》，之前先后征求了各地意见，此次会议将作为会议文件提请大家讨论。在此，结合这两个文件和地方开展的实施规划的修改工作，我就如何完善新形势下的以工代赈和易地扶贫搬迁政策，提出几个问题，请大家讨论。一是关于地域范围。按照中央文件规定，扶贫资金和政策的投向是以片区县为重点，兼顾片区外的重点县和贫困村。新阶段，以工代赈、易地扶贫搬迁资金是全部集中到680个片区县，还是可以确定一定比例兼顾片区外的重点县和贫困村？如果确定一个比例，片区县或重点县之外是安排10%还是20%？需要认真研究。二是关于建设内容。除以工代赈可以用于小流域治理和草场建设、易地扶贫搬迁用于住房建设外，水、田、路等中小型基础设施是这两项政策多年来坚持的主要建设内容。近年来，通过试点示范和专项资金等方式，以工代赈建设了一些片区综合开发、水毁工程修复和林业示范项目，取得了很好的效果，深受各地普遍欢迎。同时，许多省纷纷建议把安置区后续产业发展纳入易地扶贫搬迁的支持范围。新阶段，如何确定这两项政策的建设内容？特别是可否兼顾产业发展项目？需要认真研究。三是关于工程标准。随着贫困地区经济社会发展水平提高，以及建筑材料价格和劳动力成本上涨，以工代赈和易地扶贫搬迁的工程建设标准和单位造价都在提高。适应这一形势，我们在项目审核上，也提高了以工代赈单位工程造价和易地扶贫搬迁人均投资补助标准，并将易地扶贫搬迁中央投资补助标准提高到了人均 6000 元。新阶段，如何确定工程建设和投资补助标准？特别是对以工代赈而言，由于南方与北方、山区与平原、农区与牧区工程类型不同，应该分省确定标准还是确定全国统一标准？需要认真研究。四是关于投资构成。目前，以工代赈资金用于发放劳务报酬的比例不得低于 10%，其他资金用于工程建设；易地扶贫搬迁资金主要用于住房建设，兼顾水田路等必要的生产生活设施。新阶段，以工代赈 10% 的劳务报酬比例是否合适，是否有必要提高一些？易地扶贫搬迁是否应该确定一个用于住房建设的投资比例，确定多大比例？需要认真研究。五是关于计划管理。近年来，按照国家发展改革委统一要求，除以工代赈示范项目外，其他以工代赈和易地扶贫搬迁项目都采取打捆的方式，仅下达分省投资规模、建设任务和实施范围，不再下达项目计划。对此，各地意见不一，有的赞成打捆切块下达，有的认为国家仍应下达项目计划。新阶段，以工代赈、易地扶贫搬迁计划如何管理？哪类项目、多大投资规模的项目适合由国家下达，哪类项目、多大投资规模的项目适合打捆下达？也需要认真研究。上述几方面的问题，请同志们积极发表意见，会后我们将予以细致梳理并积极采纳。

### （四）持续加强扶贫工作长效机制建设

扶贫开发工作进入新阶段后，我们在坚持以往好的经验和做法的同时，还要适应新的形势和任务，不断完善工作方式，加强长效机制建设。基于过去的经验和新的任务要求，要继续加强四个方面的工作：一是完善工作制度。随着新阶段扶贫标准、地域范围、工作重点和政策要求的变化，我们的管理制度也要相应调整完善。在国家业已和即将出台的扶贫专项规划、资金管理办法、工作实施意见等的基础上，各地要按照国家有关要求，结合当地实际抓紧修改完善计划安排、资金管理、项目建设和工作要求等方面的管理制度，以此规范程序、堵塞漏洞、强化管理。二是加强调查研究。随着我国经济社会形势的快速发展变化，贫困地区的形势也在发生着变化。毛主席说没有调查就没有发言权，我们只有经常深入贫困地区调查研究，才能真正了解贫困地区的发展变化，进而才能找准发展中存在的问题和解决问题的途径，把握新形势下的政策方向，提出具有真知灼见、切实可行的政策建议，当好党委、政府的参谋助手。三是勇于开拓创新。新阶段扶贫开发的形势和任务都发生了很大变化，要求我们秉持与时俱进原则，注重发现新情况，研究新问题，不断开拓进取。要站在促进区域协调发展和全面建设小康社会的高度研究扶贫工作涉及的深层次问题，适应形势与环境变化对扶贫开发的内容、范围、方式、机制等方面加以调整和完善，不断开辟扶贫工作新领域，持续拓展扶贫工作新局面。四是强化系统建设。我们要适应扶贫开发工作综合性不断增强、难度不断加大、要求不断提高的新形势，以增强干部队伍综合素质为重心，进一步强化系统建设，努力提升发改系统扶贫战线的战斗力。要结合工作实践采取各种有效手段，不断提高发改系统扶贫战线工作者的理论素养、政策水平和操作本领，努力打造一支具备一流素质、拥有一流作风、能创一流业绩的干部队伍。各地还要结合所承担的职责任务，积极寻求党委政府的重视和相关部门的支持，进一步充实扶贫工作人员力量。

新阶段扶贫开发工作的目标宏伟、任务艰巨。我们要进一步振奋精神，以高度的政治责任感和历史使命感，脚踏实地地做好每一项工作，为打赢新阶段扶贫开发攻坚战，推动贫困地区人民与全国人民同步进入全面小康社会做出自己的贡献。

# 加快推动贫困地区脱贫发展 *

习近平同志所著《摆脱贫困》一书，收录了他在担任宁德地委书记期间的重要讲话、文章，这些讲话、文章紧紧围绕闽东地区如何加快脱贫发展这一主题，提出了许多内涵丰富、极具创建的理念和观点，深刻地阐述了推进闽东地区加快脱贫发展的诸多重大理论和实践问题。这本著作虽然诞生于20多年前，但看得很远、想得很深、论得很实，所论述的不仅是宁德和闽东地区的问题，对于推动其他贫困落后地区加快发展，对于当前的扶贫开发工作，依然具有重要指导意义。习近平同志担任党的总书记以后，花了大量时间深入河北、甘肃、湖南等省典型贫困地区开展实地调研，发表了一系列重要讲话，提出了许多新思想、新观点和新方法。回头来看，这些思想、观点和方法，与《摆脱贫困》一书中的重要论述是一以贯之、一脉相承的，为新时期如何推动贫困地区尽快脱贫发展提供了行动指南。下面，我围绕推动扶贫开发工作、促进贫困地区加快发展这一主题，简要谈两个方面的学习体会。

## 一、我国扶贫开发工作成就显著，但面临诸多新的挑战

改革开放以来，我国实施了有计划、有组织的大规模开发式扶贫，成

---

\* 2014年8月28日，中共福建省委和《求是》杂志社在福州市联合举办"深入学习习近平总书记系列重要讲话暨《摆脱贫困》理论研讨会"，作者受邀出席会议并作发言。本文系作者在会议上的发言提纲，部分内容以《以"七个坚持"绘就脱贫蓝图》发表于《求是》2014年第20期。

功走出了一条具有中国特色的扶贫开发道路，取得了举世瞩目的成就，成为全球最早提前实现联合国千年发展目标中贫困人口减半的发展中国家。特别是2011年启动新一轮扶贫开发以来，中央召开了扶贫开发工作会议，颁布了2011—2020年农村扶贫开发纲要，印发了《关于创新机制扎实推进农村扶贫开发工作的意见》，编制实施了一批集中连片特困地区区域发展与扶贫攻坚规划，在这些重要文件和规划的指导下，贫困地区扶贫开发工作得到了进一步加强，注入了新的活力。经过这两年的努力，按照新的扶贫标准，农村贫困人口从2011年的1.2亿多人减少到8249万人，贫困发生率从12.7%下降到8.5%，但也要看到，随着形势的不断发展变化，扶贫开发工作的任务越来越艰巨，需要妥善处理的问题和矛盾越来越多，要求也越来越高，扶贫开发工作面临很多挑战。概括起来，有以下四个方面。

第一，贫困地区发展的外部约束大大增强。工业化、信息化、新型城镇化、农业现代化加速推进的过程，对贫困地区的发展来说，既是机遇，也是挑战，可以说是一把"双刃剑"。在市场经济体制越来越完善的条件下，市场配置资源的决定性作用将进一步增强，经济活动和生产要素流动将更多地取决于利益导向和市场规律的引导。这种条件和环境下，就很容易发生"马太效应"，即在很多方面处于弱势地位的贫困地区不仅难以与发达地区同等同权分享市场利益，而且自身的土地、资金、人才、劳动力等资源要素还会加速流出，影响发展进程。在此过程中，如果没有健全的法制和公平的规则加以约束，贫困地区受到的利益侵害将会加大。同时，在科学发展观、加快转变经济发展方式理念的指引下，资源节约、环境保护等工作的力度不断加强，贫困地区要脱贫致富已不能简单地"靠山吃山"、"靠水吃水"，需要妥善处理好"快增长"和"转方式"的关系、经济增长和环境保护的关系，这就对贫困地区发展提出了新的挑战和更高的要求。

第二，扶贫开发的对象范围明显扩大。从扶贫对象看，2011年，中央决定将农民人均纯收入2300元（2010年不变价）作为新的国家扶贫标准后，扶贫对象大规模增加，像福建这样的东部沿海省份现在仍有六七十万贫困人口，西藏、甘肃、青海、云南等西部贫困省份的扶贫任务就更加繁重，如果严格按照世界银行提出的标准测算，全国目前仍还有1亿多贫困人口。伴随扶贫对象的规模增加和分布变广，扶贫攻坚的难度也相应加大。从区域范围看，中央明确将14个集中连片特困地区作为新一轮扶贫攻坚的主战场，这些片区分布在中西部21个省份，包括680个县，国土面积占全国的1/3，人口占全国的17.7%。除14个片区外，国家扶贫工作覆盖的地域范围还包括片区外的国家扶贫重点县和贫困村。现阶段，国家扶贫工作覆盖区域共包括832个县，比上一轮扶贫攻坚时期增加了166个，范围明显扩大。

第三，扶贫开发的工作内涵不断深化。中西部贫困地区的发展环境、经济实力、人均财力、基本公共服务水平，原本就与东部地区存在相当大的差距，近年来，当地人民群众的物质文化需求无论是在范围和数量上，还是在标准和层级上，都正在并将继续发生着变化，要求越来越高。与此相适应，新阶段的扶贫开发进一步明确了目标，主要包括两个层次：一是"两不愁三保障"，即到2020年稳定实现扶贫对象不愁吃、不愁穿，保障其义务教育、基本医疗和住房；二是实现贫困地区农民人均纯收入增长幅度高于全国平均水平，基本公共服务领域主要指标接近全国平均水平，扭转发展差距扩大趋势。包括贫困地区的老百姓在内，人民群众生活水平的提高在新的发展阶段存在着两个方面的转变问题：一个是从贫穷到富裕的转变。这是从生存需要到发展需要再到享受需要的转变；另一个是从富裕到幸福的转变。富裕是幸福的基础，但富裕并不代表幸福。幸福不是一件简单的事，判断是否幸福，至少要从公平度、方便性、安全感、愉悦性和舒适度等方面来看，这些方面都得到较好体现，才算得上真正幸福。随着扶贫开发内涵的拓展，贫困人口也要实现两个转变，扶贫开发的难度将会相应加大，约束性会进一步增强。

第四，扶贫开发的体制机制亟待创新。在工作机制方面，贫困地区政绩考核偏重于地区生产总值，部分地方政府更愿意把有限的资源用于"锦上添花"，而不是"雪中送炭"。仍有不少贫困县争戴国家级贫困县帽子，国家对贫困县的约束机制、退出机制尚不健全。针对贫困户的扶贫措施总体上还不够精准，扶贫开发资金使用效率有待提高。扶贫工作对财政资源的依赖程度过高，动员社会力量参与扶贫事业的激励机制不健全。在管理体制方面，当前"中央统筹、省负总责、县抓落实"的扶贫开发体制仍然存在职责不够清晰、边界不够明确等问题，影响了政策的执行力。

综上所述，要确保如期完成中央确定的新阶段扶贫开发的目标任务，确保贫困地区如期建成全面小康社会，需要我们以更大的决心、更科学的理念、更扎实的工作，加快推进贫困地区加快脱贫发展。

**二、深刻领会习近平总书记关于扶贫开发的重要论述，加快推进贫困地区脱贫致富**

面对日益繁重的扶贫开发任务和更加严峻的挑战，我们要深入学习领会包括《摆脱贫困》一书在内的习近平同志关于扶贫开发的一系列重要讲话精神，把扶贫开发工作抓紧做实，不断推进贫困地区经济社会加快脱贫发展。我理解，学习践行习近平扶贫开发战略思想，关键是要把握好"七个坚持"。

**（一）坚持"滴水穿石"和"钉钉子"精神，脱贫工作"一张蓝图绘到底、不达目的不罢休"**

在《摆脱贫困》中，习近平同志于1990年撰写的《滴水穿石的启示》一文中指出，"就拿经济比较落后的地区来说，她的发展总要受到历史条件、自然环境、地理因素等方面的制约，没有什么捷径可走，不可能一夜之间就发生巨变，只能是渐进的，由量变到质变的，滴水穿石般的变化"。在《干部的基本功》一文中又讲到，"要根本改变贫困落后面貌，需要广大人民群众发扬'滴水穿石'般的韧劲和默默奉献的艰苦创业精神，进行长期不懈的努力"。这就告诉我们，扶贫开发是一项长期的艰巨的任务，必须持之以恒。习近平同志担任总书记以来，多次指出"空谈误国、实干兴邦"，提出要发扬"钉钉子"精神，这可谓对"滴水穿石"精神新的解读。现阶段有一些贫困落后地区，无论是发展思路、战略规划，还是发展重点、建设任务等，在操作和落实过程中时常受地方班子换届和主要负责人更替等因素影响，缺乏连续性和稳定性，造成了大量人力、物力、财力的盲目投入和浪费，贻误发展时机。因此，一个贫困地区要想摆脱落后面貌，领导班子必须要有锲而不舍的韧劲，要形成科学的顶层设计，推动建立完善的工作机制和强有力的保障体系，加强检查督促和分期评估，确保既定工作思路能够沿着确定的发展路径实施，集中力量、一届班子接一届班子地干下去，真正做到"一张蓝图绘到底，不达目的不罢休"。

（二）坚持区域发展与精准扶贫相结合，推动形成大扶贫工作格局

贫困落后是欠发达地区的主要矛盾，加快发展是欠发达地区的根本任务。《摆脱贫困》收录的文章中，相当一部分是讲扶贫开发的，同时也是讲推进区域经济发展的，两者紧紧地联在一起。特别是《正确处理闽东经济发展的六个关系》一文，系统阐述了扶贫开发和推进区域经济发展的关系，强调要"把扶贫与区域经济开发结合起来"。在强调抓好区域整体发展的同时，他也特别强调精准扶贫对于促进贫困群众脱贫致富的重要性。习近平总书记在赴湖南湘西州考察时指出，"抓扶贫开发，既要整体联动、有共性的要求和措施，又要突出重点、加强对特困村和特困户的帮扶"。今年两会期间，他在参加贵州省人大代表团讨论时又进一步明确指出："要实施精准扶贫，瞄准扶贫对象进行重点施策，不能胡子眉毛一起抓，也不能'用手榴弹炸跳蚤'"。因此，怎样把区域发展和精准扶贫结合起来，是推进当前扶贫工作的一个难题，也是推动形成大扶贫工作格局的重点。我们要把握好这一精神实质，不断强化相关努力。对于一个欠发达地区，区域经济社会发展是根本，要着眼于解决制约发展的瓶颈制约和突出问题，通过推进区域整体发展，为扶贫攻坚创造一个优的环境，提供一个好的基础。同时，要将扶贫开发工作纳入到区域发展总体战略之中，对扶贫工作实行精细化管理，对扶贫资源实行精确化配置，对扶贫对象实行精准化扶持，确保扶贫资源真正用在贫困地区，真正用在扶贫对象身上。

（三）坚持充分发挥比较优势，找准贫困地区脱贫致富的路子

一个地区的发展要搞好，需把握好两个方面，一是要体现国家的整体意志，按照国家的战略部署谋划发展思路；另一个是要发挥好比较优势，从自身实际出发梳理具备的有利条件、面临的机会，研究制定发挥自身优势的关键举措。比较优势就是竞争力，就是发展能力和潜力。《摆脱贫困》中的很多文章，都强调了要发挥贫困地区的比较优势。比如，《弱鸟如何先飞》一文指出，"要使弱鸟先飞，飞得快，飞得高，必须探讨一条因地制宜发展经济的路子"，要"在贫困地区中具备独特优势的地方搞超常发展"；《巩固民族大团结的基础》一文指出，"要充分利用民族地区同其他地区的自然地域分工条件，发挥当地自然资源优势，根据民族的特点建立自己的'种、养、加'的经济模式"；《闽东的振兴在于林》一文指出，"山林资源是一个重要的优势"，"闽东经济发展的潜力在于山，兴旺在于林"；《困境的突破》一文指出，"要立足于'特'，在市场'夹缝'中生存与发展"；《制定和实施产业政策的现实选择》一文提出，"要因地制宜，发挥区域优势"，"立足区域优势，科学地选择主导产业"。习近平总书记2012年底在河北阜平县考察时也强调，"推进扶贫开发、推动经济社会发展，首先要有一个好思路、好路子。要坚持从实际出发，因地制宜，理清思路、完善规划、找准突破口"，"要做到宜农则农宜林则林、宜牧则牧、宜开发生态旅游则搞生态旅游，真正把自身比较优势发挥好，使贫困地区发展扎实建立在自身有利条件的基础之上"。因此，找准比较优势是发挥贫困地区发展潜力和竞争力、加快实现脱贫致富的重要路径。贫困地区要坚持从自身资源条件、产业基础和国家战略需要出发，充分发挥比较优势，因地制宜、扬长避短、视情施策，不简单照搬别人的发展模式，而应选择符合自身实际和时代要求的可持续发展道路，积极培育各具特色的主导产业，着力提升自我发展能力，妥善处理好"赶"与"转"的关系，处理好经济发展与生态环境保护的关系。特别是对于一些生态脆弱的贫困地区，必须做到既要"金山银山"，又要"绿水青山"。一方面，把青山绿水、蓝天白云作为贫困地区最

强的优势和最大的本钱，积极发展生态产业、生态经济；另一方面，不简单以 GDP 论英雄，坚持不懈地抓好环境保护，对于可能破坏生态环境的产业和项目要严格控制、坚决不上，避免因增长的冲动毁掉祖先留给我们的青山绿水。

（四）坚持把改革开放作为"关键一招"，为贫困地区脱贫发展注入强劲活力

改革开放是当代中国发展进步的活力之源，是决定当代中国命运的"关键一招"。习近平同志一贯高度重视改革开放对于贫困地区脱贫致富的关键作用。在《正确处理闽东经济发展的六个关系》一文中，他专门阐述了改革开放与扶贫开发的关系，强调"闽东的改革应进一步深化，各项工作都要以改革总揽全局，扶贫工作也要贯彻改革精神"，"开放和扶贫彼此融合，所以我们提倡的是，用开放意识来推动扶贫工作和在扶贫工作上运用开放政策"，"开放和扶贫相互依存，互相促进，扶贫的成果将是开放的新起点，开放将使扶贫工作迈上新台阶"。这一点对于扶贫开发工作十分重要，要通过改革开放增强发展动力，通过改革开放借资源、借市场、借人才，从而推进自身的加快发展。在近两年赴贫困地区考察期间，习近平总书记也多次提出，要全面深化经济体制改革，坚定不移扩大开放，特别是要改革创新扶贫开发体制机制。深入贯彻落实习近平总书记重要讲话精神，要求贫困地区把准改革脉搏，在中央关于全面深化改革的总体部署下，努力在行政审批、财税体制、投融资体制、医疗卫生体制和户籍制度等领域实现率先突破。特别是要完成好《关于创新机制扎实推进农村扶贫开发工作的意见》中明确的"六大机制创新"任务，着力改进贫困县考核机制，建立精准扶贫工作机制，改革扶贫资金管理机制，构建更加协调、更有效率、更可持续的扶贫开发新体制、新机制。与此同时，贫困地区要打破传统思维，以开放促改革、以开放促开发，把握全国生产力布局调整变化、区域合作向广度深度发展的契机，主动加强与沿海发达地区的联系，积极吸引沿海的资金、技术和人才，合理承接东部地区的产业转移。对于一些

具备对外开放条件的贫困地区,要充分抓住国家"向西开放"战略机遇,发挥沿边优势、资源优势和市场优势,积极扩大与周边及有关国家的投资与产业合作,促进产业对接融合发展、经济贸易转型升级。

(五)坚持"扶贫先扶志"、"治贫先治愚",充分发挥贫困地区干部群众的主观能动性

克服信心不足,提振精气神,是贫困地区干部群众攻坚克难、脱贫致富的前提。无论在主政宁德地区期间,还是担任党的总书记以来,习近平同志都十分强调"志气"、"观念"的重要性。他在《弱鸟如何先飞》一文中指出,"地方贫困,观念不能贫困。安贫乐道,穷自在,等、靠、要,怨天尤人,等等,这些观念全应在扫荡之列。弱鸟可望先飞,至贫可能先富";在《把握住新的机遇》一文中,提倡"要振奋精神,淡化'贫困县意识'";在《巩固民族大团结的基础》一文中提出,"少数民族地区发展经济离不开国家的扶持和帮助,但国家的经济实力有限","支持和帮助的意义主要在于增强少数民族地区自身的'造血功能',起决定作用的还是少数民族地区的自我发展能力"。在河北阜平县考察期间,他又谈到,"只要有信心,黄土变成金","只要立足有利条件和优势,用好国家扶贫开发资金,吸引社会资金参与扶贫开发,充分调动广大干部群众的积极性,树立脱贫致富、加快发展的坚定信心,发扬自力更生、艰苦奋斗精神,坚持苦干实干,就一定能改变面貌",他还特别强调,"扶贫要扶志,有志气、自力更生很重要"。贯彻落实习近平总书记的脱贫观,贫困地区的领导班子首先要增强发展自信、跨越自信,改变精神"缺钙"现象,淡化贫困意识,以时不我待的精神,抢抓发展机遇,以实际行动提振广大干部群众的精气神。同时,在推进扶贫开发工作中,要将物资扶贫与精神扶贫相结合,将"授人以鱼"与"授人以渔"相结合,树立依靠自身努力脱贫致富的榜样,鼓励和引导贫困群众发展特色产业、参与乡村建设,推动形成贫困地区自我积累、自我发展的良性循环机制。

（六）坚持经济、政治、文化、社会、生态建设一起抓，形成脱贫致富强有力的支撑体系

摆脱贫困是一项系统工程，不仅仅是拨几笔资金、上几个项目，甚至不单纯是发展产业、繁荣经济，涉及方方面面的工作。《摆脱贫困》一书，虽然相当一部分是讲扶贫的，但是也有大量文章讲到了党的建设、廉政建设、文化建设、生态建设等多个方面，这实际上与党的十八大提出的中国特色社会主义事业"五位一体"总体布局具有共通之处。经济、政治、文化、社会、生态建设，都是推进扶贫开发的重要基础和强有力支撑。要实现加快发展、尽快摆脱贫困，必须坚持"五位一体"，否则，扶贫工作难取得有效突破，即使脱了贫也难以持久。在坚持"五位一体"、全面推进的同时，也要重点抓住几方面工作的"结合部"和"切入点"，以重点工作带动全面工作。发展教育就是一个很重要的"切入点"。在《我们应怎样办好教育》一文中，习近平同志指出，"教育发达－科技进步－经济振兴是一个相辅相成、循序递进的统一过程，其基础在于教育"，要"真正把教育摆在先行官的位置，努力实现教育、科技、经济相互支持、相互促进的良性循环"。在河北阜平县考察期间，习近平总书记特别强调，"治贫先治愚"，"要把下一代的教育工作做好，特别是要注重山区贫困地区下一代的成长"，"把贫困地区孩子培养出来，这才是根本的扶贫之策"。因此，贫困地区各级政府要把发展教育放在经济社会发展的优先位置，以基础教育、职业教育为重点，加大投入力度，推动教育与就业的融合对接，让广大贫困家庭的孩子能够接受良好的教育，通过教育改变命运，这不仅是帮助贫困户摆脱贫困的治本之策，也是加快推动贫困地区经济、政治、文化、社会、生态建设的长远之举。

（七）坚持抓好基层党建和作风建设，打造扶贫第一线的"战斗堡垒"

1989年，习近平同志就在《干部的基本功——密切联系人民群众》一文中明确提出，"贫困地区的发展靠什么？千条万条，最根本的只有两条：一是

党的领导；二是人民群众的力量"。在《加强脱贫第一线的核心力量——建设好农村党组织》一文中，他又指出，"党对农村的坚强领导，是使贫困乡村走向富裕道路的最重要的保证"。去年，习近平总书记在河北阜平县调研时进一步指出："农村要发展，农民要致富，关键靠支部"，"农村基层党组织是党在农村全部工作和战斗力的基础，是贯彻落实党的扶贫开发工作部署的战斗堡垒。抓好党建促扶贫，是贫困地区脱贫致富的重要经验。"他还强调，"我们共产党人对人民群众的疾苦更要有这样的情怀，要有仁爱之心、关爱之心，更多关注困难群众，不断提高全体人民生活水平"。因此，要把扶贫攻坚这项任务抓好，一定要把基层党建和作风建设抓好，特别是要打造一线的战斗堡垒，充分发挥基层党支部的作用，这对推进扶贫开发工作都具有重要意义。要通过党的基层组织工作，通过驻村干部的工作，用干部"辛苦指数"换取群众"幸福指数"，凝聚贫困地区干部群众同心同德、脱贫致富的正能量。

新时期、新阶段的扶贫开发任务虽然繁重，但只要我们认真贯彻落实好中央的决策部署，学习领会好习近平总书记的一系列重要思想，就能应对好面临的新挑战和新任务，不断攻坚克难，推动扶贫开发工作迈向新台阶，使全国各地都能同步实现全面建成小康社会目标，让各族人民都能一道分享现代化建设的辉煌成果。

# 深入推进连片特困地区区域发展与扶贫攻坚 *

很高兴有机会参加"创新扶贫机制扎实推进扶贫工作"专题研究班，与大家一起探讨新时期农村扶贫开发工作。按照安排，今天我重点给大家讲一讲集中连片特困地区区域发展与扶贫攻坚的有关问题。

大家都知道，2011年党中央、国务院印发《中国农村扶贫开发纲要（2011—2020年）》，召开中央扶贫开发工作会议，首次明确提出了"把集中连片特困地区作为主战场"。按照中央要求，2011年下半年至2012年底，国务院扶贫办①和国家发展改革委牵头，先后组织编制了武陵山等十多个片区区域发展与扶贫攻坚规划，明确了片区扶贫攻坚的目标、任务与支持政策、保障措施等，各部门、地方陆续出台了一系列专门支持片区的优惠政策和措施，拉开了片区扶贫攻坚战的序幕。新一届中共中央成立以来，习近平总书记高度重视扶贫开发工作，多次前往贫困地区调查研究，提出了一系列重要战略思想和工作要求，国务院领导同志也对扶贫开发工作做出了新的指示。中央领导同志都强调，要把区域整体开发与精准扶贫结合起来，继续组织实施好片区区域发展与扶贫攻坚规划。2013年底，中办、国办印发25号文件，强调要以集中连片特困地区为主战场组织实施"十项重点工作"，要求"国务院有关部门负责统筹协调、分类指导，以连片特困地

---

\* 2014年9月22日–26日，国务院扶贫开发领导小组办公室在国家行政学院举办"创新扶贫开发机制 扎实推进扶贫开发工作"专题研究班，作者应邀为参班人员授课。本文系作者于9月22日为培训班授课的整理稿。

① 国务院扶贫办现为国家乡村振兴局。

区为重点,组织编制规划,加强政策指导,强化对跨区域重大基础设施建设、生产力布局、经济协作等事项的督促、衔接和协调"。那么,新形势下为什么要高度重视片区区域发展与扶贫攻坚,如何贯彻落实好25号文件精神,大力推进片区区域发展与扶贫攻坚?我想结合近几年的工作,和大家研讨以下四个问题:第一,中央为什么把集中连片特困地区确定为新阶段扶贫攻坚主战场?第二,片区规划编制依据和主要内容是怎样的?第三,当前片区规划实施进展如何?第四,深入推进片区规划实施需要着力处理好哪些重点问题?

## 一、把集中连片特困地区确定为新阶段扶贫攻坚主战场的必要性

中央之所以确定把六盘山、秦巴山、武陵山等11个连片特困地区和已明确实施特殊政策的西藏、四省藏区、新疆南疆三地州作为新一轮扶贫攻坚的主战场,是基于战略全局和扶贫工作实际统筹的考虑。集中体现了如下一些方面的要求。

一是确保全国如期全面建成小康社会的需要。到2020年,在发展平衡性、协调性、可持续性明显增强的基础上,实现国内生产总值和城乡居民人均收入比2010年翻一番,建成惠及全体人民的高水平小康社会,是党中央在十八大上做出的郑重承诺。这些年来,伴随国家综合实力不断提升和针对性扶贫工作的不断增强,我国扶贫开发事业取得了巨大成就,整体上的贫困问题得到有效解决。但由于自然条件、发展基础、利益驱动等因素的影响,连片特困地区的贫困问题日益凸显出来,成为扶贫攻坚的主战场和"硬骨头"。2010年,14个连片特困地区总人口2.36亿人,其中乡村人口约2亿人,农民人均纯收入不足3000元。2011年扶贫标准提高到2300元后,全国1.22亿农村贫困人口大部分分布在这些区域,特别是乌蒙山、六盘山、滇西、吕梁等片区,贫困发生率高达30%以上。习近平总书记赴河北省阜平县调研时明确指出,"全面建成小康社会,最艰巨最繁重的任务在农村、特别是在贫困地区。没有农村的小康,特别是没有贫困地区的小康,就没有全面建成小康社会"。贫困地区实现全面小康,更为关键在连片

特困地区。没有连片特困地区的小康，就不可能有贫困地区的全面小康，更不可能有全国的全面小康。中央审时度势做出将连片特困地区作为扶贫攻坚主战场的重大部署，就是要通过采取特殊措施、加大扶持力度，加快啃掉这些扶贫攻坚过程中的硬骨头，为全国全面建成高水平的小康社会打下坚实基础。

二是新时期促进区域协调发展的需要。这些年来，国家大力实施推进西部大开发、振兴东北地区等老工业基地、促进中部地区崛起、鼓励东部地区率先发展的区域发展总体战略，密集出台了一系列区域规划和政策文件，深化、细化、实化和强化区域政策，经过艰苦努力，扭转了长期以来中西部经济增长慢于东部的格局，各大区域板块间综合发展差距开始缩小，区域发展的协调性不断增强，区域经济呈现出生机勃发、良性互动的局面。但是，区域发展不平衡问题并没有根本解决，而贫困地区尤其是集中连片特困地区，依然是区域发展"短板中的短板"。解决好集中连片特困地区的问题，既受到自然条件和历史基础的影响，又面临着新的形势的挑战。当前工业化、信息化、城镇化和农业现代化的加快推进，对连片特困地区来说，可谓是一把"双刃剑"。一方面，加快转变经济发展方式，推动科学发展，要求推进经济结构战略性调整，推进区域良性互动协调发展，推进基本公共服务均等化，这将有利于推动资源要素、政策措施、制度安排等对弱势地区、弱势领域、弱势人群倾斜，从而增强贫困地区加快发展的基础和能力；另一方面，随着市场经济的深入发展，市场配置资源的决定性作用将进一步增强，经济活动和生产要素流动将更多地取决于利益导向和市场规律的引导，而市场机制具有"嫌贫爱富"的特点，有助于"锦上添花"，不利于"雪中送炭"，在很多方面都处于弱势的连片特困地区，不仅难以与发达地区同等同权分享市场利益，而且自身的资金、人才、劳动力等要素还会加速流出，导致区域发展的"马太效应"加剧呈现。在这样的环境下，中央确定一批集中连片特困地区，专门出台区域发展规划和特殊支持政策予以扶持，有利于发挥政府的引导作用，更充分地挖掘片区比较优势，最大限度地把工业化、城镇化进程中对贫困地区有利的因素发挥出来；也有利于最大限度地减少"马太效应"、遏制负面冲击，构建连片特困地区改变弱势地位、实现快速发展的制度基础和环境支撑。

三是完善扶贫开发工作体系的需要。在2011年之前，我国扶贫开发工作主要在三个层面上推进：一是重点县，全国确定了592个扶贫开发工作重点县，作为主攻目标；二是贫困村，全国确定了14.8万个贫困村，实施整村推进；三是贫困户，通过产业扶贫、雨露计划等措施，确保贫困户直接受益。应该说，这三个层面的工作都取得了积极的效果，一部分贫困县、村和农户因此脱贫奔富。但实践也表明，仅仅局限于这三个层面，工作局限性较大。无论是贫困县，还是贫困村、户的发展，往往都面临着一些共性的瓶颈制约，比如，产业空间格局调整、重大基础设施建设等，一般情况下，这些共性瓶颈制约要在一个集中连片的较大区域才能较容易地得到解决。与此相同，仅仅局限于彼此独立的贫困县、村、户，一些重大的扶贫举措就很难施行。进一步说，贫困县、村、户脱贫的基础是一个区域的整体发展，即所谓"大河有水小河满"，仅仅在贫困县、村、户的层面上下功夫，或者说光采取"零敲碎打"、"就事论事"、"局部突破"的方式，就不利于这个基础的建设，而没有这个基础，自身脱贫的效果就会受到影响，即使实现了脱贫，其长期巩固也会面临挑战。因此，必须完善传统扶贫方式，在原有三个层面的基础上，增加并强化片区这个层面，在一个更广阔的区域范围内开展综合开发和扶贫攻坚，通过整体部署、统一规划、合力推动，集中解决制约片区发展的共性瓶颈问题，进而促进片区经济社会发展，带动解决贫困县、贫困乡村和贫困农户的一些个性问题。这样，就把区域全面发展和扶贫到村到户重点突破有机结合起来，构筑起了"点—线—面"有机一体推进的扶贫开发大格局。

四是拓展贫困地区发展空间的需要。在贫困地区，由于受思想观念、经济发展水平等因素的限制，长期以来相邻的省与省、县与县之间大多各自为政，经济联系较为松散，资源、要素缺乏流动，可谓"鸡犬之声相闻，老死不相往来"。受此影响，贫困地区的发展始终局限在一个小区域范围内，难以突破自身资源禀赋、地理条件的约束，通过主动寻找外部资源和市场拓展发展空间。随着改革开放不断深入和区域经济一体化进程的发展，这种以行政区划为基础、人为分割的发展方式已成为贫困地区加快发展的严重桎梏。中央此次划定的11个连片特困地区中绝大部分跨省分布，以此为主战场实施攻坚行动，有利于贫困地区打破行政区划界限、拓展发展空间、推动资源整合，在更大区域范围内调动和配置资源，通过各行政区域间的优势互补、互利合作，实现整个片区更快速度、更高水平的发展。

同时，我们还要看到，经过改革开放特别是新世纪以来的快速发展，我国经济实力、综合国力发生了巨大变化，中央和地方政府财力不断壮大，已经具备了支持连片特困地区加快发展、扶贫攻坚的条件和能力。2010年，全国公共财政收入达到8.3万亿元，比2001年增长了5.1倍；中央财政安排的专项扶贫资金达到237亿多元，是2001年的近1倍。中央扶贫开发工作会议也明确提出，在财政转移支付、扶贫资金安排、重大项目布局以及基础设施建设、特色产业发展、民生工程改善等方面，都将对连片特困地区给予特殊支持。从2011年以来三年的投入看，中央和地方财政对贫困地区特别是连片特困地区的资金投入呈现了持续快速增长，力度空前加大，这也进一步表明了国家开展片区扶贫攻坚的决心和信心。

## 二、片区区域发展与扶贫攻坚规划编制依据和主要内容

### （一）片区划分原则与规划编制进程

早在2010年上半年国务院部署新十年扶贫开发纲要编制工作时，国务院领导同志就对连片特困地区划分工作提出了明确要求，并将其纳入了新纲要编制工作总体安排。为了科学、清晰、准确地划分集中连片特困地区范围，2010年6月，新纲要起草领导小组成立了由国家发展改革委、国务院扶贫办[①]、国家统计局有关同志共同组成的片区组，正式启动了片区划分工作，并明确了具体工作方案。在全面分析各种因素的基础上，片区划分

---

① 国务院扶贫办现为国家乡村振兴局。

确定了四条原则：一是集中连片。根据自然地理特征，将地域相连、贫困程度深的区域划为一个片区；二是县为单元。以县为基本单元，保持片区内县级行政区划的完整，同时，一个县不能进入两个片区；三是突出重点。以西部地区为重点，兼顾中部地区，对革命老区、民族地区、边境地区予以照顾；四是跨省分布。国家确定的连片特困地区一般为跨省片区，省内连片特困地区原则上由各省自行划分。按照这四条原则，我们以2007年至2009年三年平均的人均县域生产总值、人均财政一般预算收入、农民人均纯收入三项指标为标准，这三项指标都低于同期西部平均水平（即人均县域生产总值13539.5元，人均地方财政收入599.7元农民人均纯收入3642元）的县（市、区），以及自然地理相连、气候环境相似、文化习俗相通、致贫因素相近的周边县划分为连片特困地区。同时，将西藏、新疆南疆三地州、四省藏区等党中央、国务院已确定实施特殊扶持政策的片区，直接列入连片特困地区。2011年8月，国务院扶贫开发领导小组以国开发〔2011〕8号文件正式印发了14个片区680个县的名单。其中，除西藏、南疆三地州、四省藏区之外的11个片区共包括505个县（市、区），国土面积139万平方公里，总人口2.2亿人，其中乡村人口约1.9亿人。按2007到2009年三年平均计算，县域人均国内生产总值6650元，县域人均财政一般预算收入262元，县域农民人均纯收入2667元。505个县（市、区）中，原国家扶贫开发工作重点县384个，革命老区县170个，少数民族县196个，边境县28个。

按照国务院要求，2011年7月，国务院扶贫办[①]、国家发展改革委率先启动了武陵山片区试点工作，组织编制了《武陵山片区区域发展与扶贫攻坚规划》，并于10月获得国务院批复。当年12月，全国集中连片特殊困难地区区域发展与扶贫攻坚规划编制工作部署会议召开，标志着片区规划编制工作全面拉开序幕。2012年以来，国务院扶贫办[②]、国家发展改革委会同有关方面，按照"区域发展带动扶贫开发、扶贫开发促进区域发展"的

---

[①][②] 国务院扶贫办现为国家乡村振兴局。

基本思路，先后编制完成了六盘山片区、秦巴山片区、乌蒙山片区、滇桂黔石漠化片区、滇西边境片区、大兴安岭南麓山片区、燕山—太行山片区、吕梁山片区、大别山片区、罗霄山片区等10个区域发展与扶贫攻坚规划，并经国务院批复后印发实施。

（二）片区规划的框架结构与主要内容

1. 关于规划范围和规划期。规划范围是以国家确定的集中连片特殊困难地区分县名单为基础，11个片区共505个县，原则上不扩大。同时，按照"不开天窗、不搭便车"的原则，将包含在片区地理范围内或深度嵌入片区，但发展条件相对较好、不属于片区的40个县（市、区）纳入了规划范围。这些天窗县和深度嵌入县不享受国家连片特困地区特定的扶贫开发政策。考虑到新纲要起止年限为2011—2020年，各片区的规划期均采用2011-2020年。

2. 关于规划目标。规划目标的设置，按照新纲要的要求，到2020年实现五个"大的突破"，一是生产条件有大改变，二是生活条件有大改善，三是社会事业有大发展，四是社会保障水平有大提高，五是生态环境有大改观。具体目标要体现两个层次，第一个层次是基本层次，就是稳定实现扶贫对象"两不愁三保障"；第二个层次是更高层次，就是实现农民人均纯收入高于全国平均水平，基本公共服务主要领域指标接近全国平均水平，扭转发展差距扩大趋势。规划目标分阶段设置，近期到2015年，远期展望到2020年。

3. 关于主要内容。规划文本除序言外，大体包括基本情况、总体要求、空间布局、基础设施建设、产业发展、改善农村基本生产生活条件、就业与农村人力资源开发、社会事业发展与公共服务、生态建设和环境保护、改革创新、政策支持、组织实施等内容。在上述内容中，基础设施建设、产业发展、生态建设和环境保护这三部分侧重于区域发展方面，改善农村基本生产生活条件、就业与农村人力资源开发、社会事业发展与公共服务三部分则侧重于扶贫开发方面。

4.关于支持政策。在规划文本中，根据每个片区的不同特点，国家都结合实际情况给予了一些有针对性的支持政策，一般主要涉及以下七个方面的政策：财政政策方面，主要是加大中央财政均衡性财政转移支付力度，提高转移支付系数，增加转移支付额度。加快建立和完善片区内县级基本财力保障机制。省级财政要提高对片区的转移支付比重，延长省级财政性资金扶持政策执行期限。税收政策方面，主要是对于片区符合规定条件的企业，享受西部大开发企业所得税优惠政策。企业从事国家重点扶持的公共基础设施项目投资经营所得，以及符合条件的环境保护、节能节水及资源综合利用项目所得，可依法享受企业所得税"三免三减半"政策。金融政策方面，主要是鼓励大型金融机构在片区中心城市设立分支机构，搭建跨省融资平台。支持有条件的县（市、区）设立地方性银行。鼓励和支持县域法人金融机构将新增可贷资金70%以上留在当地使用，落实涉农贷款税收优惠、定向费用补贴、增量奖励等政策。投资政策方面，主要是国家有关部门专项建设资金投入向片区倾斜，提高对公路、铁路、民航、水利等建设项目投资补助标准或资本金注入比例，适当提高农村小型基础设施建设补助标准。产业政策方面，主要是实施差别化产业发展政策，鼓励资源就地转化，重点支持特色农业、民族文化产业、旅游业、现代服务业和具备资源优势、有市场需求的矿产资源深加工、特色化工的发展，在投资管理上予以优先考虑，在用地、信贷等方面给予政策倾斜。土地政策方面，主要是实行差别化的土地管理政策，土地利用年度计划、城乡建设用地增减挂钩周转指标向片区倾斜。新增建设用地指标要优先满足易地扶贫搬迁和生态移民建房需求。生态与资源补偿政策方面，主要是中央财政加大生态补偿相关转移支付力度。探索建立水电资源开发长效补偿机制，通过地方依法参股、留存电量等多种方式支持片区水电资源就地转化以及生态环境恢复保护和农村扶贫开发。

## 三、片区区域发展与扶贫攻坚规划实施成效及存在问题

### （一）片区规划实施进展及成效

2012年以来，在党中央、国务院坚强领导下，由国务院扶贫办①、国家发展改革委牵头，会同有关部门和地方扎实推进片区规划组织实施，开展了一系列工作，取得了较为明显的成效。

1.编制完成了所有片区省级实施规划。按照全国片区规划编制工作会议统一部署，在片区规划陆续印发实施后，国务院扶贫办②、国家发展改革委联合印发了《编制集中连片特殊困难地区区域发展与扶贫攻坚省级实施规划指导意见》，对省级实施规划内容、编制程序等提出了要求。2013年以来，两部门加强统筹协调，指导有关省（区、市）编制14个片区涉及的41个省级实施规划（含直接编制实施规划的西藏、四省藏区和新疆南疆三地州），进一步细化了片区规划中明确的主要任务、支持政策等。目前，所有省级实施规划已上报国务院扶贫办、国家发展改革委备案。省级实施规划的编制与实施，使片区规划确定的主要任务、重大项目、支持政策等实现了全面"落地生根"，对于加快推进片区规划实施具有重要作用。

2.初步建立了片区定点联系工作机制。为加强对片区扶贫攻坚工作的统筹协调，督促指导片区规划的实施，按照党中央、国务院"1个片区由一个中央部委负责具体联系"的要求，在国务院扶贫开发领导小组负责片区联系总协调工作的基础上，国务院扶贫办③会同国家发展改革委建立了片区定点联系机制，印发了《片区联系单位工作规则》，明确了工作职责和主要任务。11个片区中，武陵山片区由国家民委联系，六盘山片区由交通运输部联系，秦巴山片区由科技部、国家铁路局联系、中国铁路总公司予以配合，乌蒙山片区由国土资源部④联系，滇桂黔石漠化片区由水利部、国家林业局⑤联系，滇西边境片区由教育部联系，大兴安岭南麓片

---

① ② ③　国务院扶贫办现为国家乡村振兴局。
④　国土资源部现为自然资源部。
⑤　国家林业局现为国家林业和草原局。

区由农业部①联系，燕山—太行山片区由工业和信息化部联系，吕梁山片区由卫生计生委联系，大别山片区由住房和城乡建设部联系，罗霄山片区由民政部联系。两年来，14个部门和单位认真履行片区联系单位职责，在调查研究、政策制定、协调指导、督促检查等方面开展了一系列富有成效的工作，片区定点联系机制已成为"中央统筹"的重要手段。仅今年上半年，卫生计生委、民政部、教育部、水利部和林业局②、农业部③、民委就先后组织召开了6个片区的部际联席会议，协调推进了相关片区的工作。

3. 出台了一大批针对片区的特殊支持政策。投资政策方面，国家发展改革委积极协调加大投资支持力度，提高投资补助标准，认真推动落实减免地方投资的优惠政策。如，将片区大型灌区续建配套节水改造、农村饮水安全和病险水库除险加固工程的中央投资补助比例由47%、65%分别提高到60%、80%；从2013年起，将片区通乡（镇）沥青（水泥）路中央补助标准，由每公里60万元提高到80万元，通建制村路由每公里25万元提高到50万元；将片区农村危房改造户均补助标准由7500元提高到8500元。财政政策方面，中央财政专项扶贫资金持续保持较大幅度增长，新增部分的80%用于片区。金融政策方面，人民银行会同银监会④等积极引导金融机构合理增加对片区"三农"、小微企业信贷投放，专门印发了《关于全面做好扶贫开发金融服务工作的指导意见》。土地政策方面，国土资源部⑤出台了加大土地利用年度计划指标倾斜力度、加大土地整治力度、保障承接产业转移必要用地、加大矿产资源勘查开发力度、完善矿产资源收益分配机制、加强地质灾害防治等18条专门针对片区的优惠政策。社会政策方面，教育部、财政部2011年起专门针对14个片区出台了农村义务教育阶段学生营养改善计划，中央财政按照每个学生每天3元的标准，为试点地区农村义务教育阶段学生提供营养膳食补助。教育部会同相关部门联合实施面向

---

① ③ 农业部现为农业农村部。
② 国家林业局现为国家林业和草原局。
④ 银监会现为国家金融监督管理总局。
⑤ 国土资源部现为自然资源部。

贫困地区定向招生专项计划，总招生规模由 2012 年的 1 万人扩大至 2014 年的 5 万人，招生区域由 680 个集中连片特困地区县扩大到 832 个贫困县（含 680 个片区县和 152 个片区外国家扶贫重点县）。财政部联合相关部门对片区中等职业教育阶段全日制学历教育学生实行免学费政策并给予生活补助，启动实施了普通高中改造计划等试点。卫生计生委出台卫生扶贫指导意见，并安排 1 亿元专项资金，在吕梁山等 8 个片区的 100 个县启动 6 个月至 2 岁儿童营养改善试点项目。基础设施方面，交通运输部专门编制了集中连片特困地区交通建设扶贫规划纲要，预计"十二五"期间用于 14 个片区交通建设的车购税总量资金达到 5100 多亿元，占"十二五"全国公路建设车购税资金的近一半。水利部编制印发了《全国水利扶贫规划》，明确了 11 个片区的分区建设任务和主要工程。此外，陕西、湖北、贵州、甘肃等省也专门制定了面向本省片区的支持政策。

4. 推进片区规划明确的重大项目加快实施。一是将片区重大项目积极纳入相关专项规划。在近年陆续编制印发的《"十二五"综合交通运输体系规划》、《国家公路网规划（2013-2030 年）》、《全国农村饮水安全工程"十二五"规划》、《全国中型水库建设"十二五"规划》、《西南五省（区、市）重点水源工程近期建设规划报告》、《信息产业"十二五"发展规划》等重点领域、行业专项建设规划时，有关方面将 11 个片区规划确定的重大项目积极纳入，并给予重点支持和优先安排。二是加快规划项目审批进程。按照特事特办的原则，加快批准一批条件成熟的项目立项建设，包括批复了武陵山片区的湖北香溪长江公路大桥项目建议书、贵州铜仁凤凰机场改扩建工程可研报告；大别山片区的商丘至合肥至杭州铁路项目建议书；乌蒙山片区的成贵铁路、麻柳湾至昭通等 4 条高速公路项目，以及中石化贵州织金 60 万吨/年聚烯烃项目，等等。三是加强对重大项目建设的督促推进。去年 12 月，我委组织地方发展改革委系统对片区规划明确的重大项目进展情况进行了梳理。今年 5 月，国务院扶贫办[①]和国家发展改革委组织各

---

① 国务院扶贫办现为国家乡村振兴局。

省开展了片区规划项目梳理工作，对片区规划及省级实施规划中跨县级行政区以上的交通、水利、能源等重大项目，以及"十项重点工作"涉及的民生项目进行了全面梳理，目前已形成了初步成果，基本摸清了项目进展情况，下一步将着力予以推进。

在上述各方面政策措施的综合推动下，片区发展步伐明显加快，发展基础得到了进一步夯实，基础设施扎实推进，民生改善成效明显，减贫脱贫步伐加快。2013年，14个片区贫困人口减少了1219万人，同比减幅达24%，分别高于全国、西部地区总体减幅7.3个百分点和6.8个百分点；贫困发生率由24.4%下降至20%，下降4.4个百分点，高于全国总体降幅2.7个百分点；农民人均纯收入增加了747元，同比实际增长了12.3%，高于全国平均增幅3个百分点。

（二）片区规划实施中存在的问题

片区规划实施成效明显，但也存在着一些困难和问题。从监测评估、实地调研和各方面反映的情况来看，主要存在这样一些困难和问题：

一是工作重点需进一步明确。部分片区县在组织实施片区规划过程中，还没能较好地处理区域发展与扶贫攻坚两大任务之间的关系，虽然口头上重视"扶贫"，但往往热衷于向上争取重大基建项目，特别是涉及城镇建设、工业发展、商贸物流等领域的项目，对农村民生改善、社会事业发展、精准扶贫等扶贫攻坚的重点工作的重视不够。个别地区还挪用扶贫资金干一些"垒盆景"、"装门面"的事情，如盖豪华办公楼、修宽大马路、建新区新城等。部分片区县在工作任务摆布上偏离了"区域发展带动扶贫开发，扶贫开发促进区域发展"的主线，亟须在下一步工作中完善相关监测评估、考核约束机制，切实督促和引导片区县党委、政府理清工作思路，明确重点工作任务，协调推进区域发展与扶贫开发。

二是保障措施需进一步到位。在政策方面，虽然这两年有关部门在交通、水利以及教育、卫生等方面，都专门针对片区出台了倾斜支持政策，但在财税、金融、土地等侧重于促进区域发展的政策方面，含金量高的实施细则和方案尚有待配套出台。比如，中央财政向省级财政下达一般性转移支付时，如何体现片区县这一因素，如何督促省级财政转移支付向片区县倾斜，虽然片区规划里有原则性要求，但实际操作中缺乏具体实施办法。在投入方面，由于片区历史欠账多、建设任务重，要完成规划确定的发展目标和任务，现有资金渠道远远难以满足需求，针对片区的投入力度有必要进一步加大。从各地报送备案的片区省级实施规划看，有些片区县未来十年的建设资金缺口多达几十亿、上百亿。特别是一些既有资金渠道难以覆盖的建设领域，需要结合国家财税体制改革有关要求，探索通过调整、合并专项转移支付或引入开发式金融、发行地方政府债券等方式予以解决。

三是工作机制需进一步完善。在中央统筹层面，有关片区联系单位虽然积极召开联席会议、认真开展协调工作，但普遍反映牵头部门对参与部门的协调力度比较弱，部分重点政策和重大项目的推动难度比较大，亟须在更高层面加强统筹协调，加大对解决片区重大问题的推动力度。在跨省协调层面，虽然部分省区市就片区区域发展与扶贫攻坚工作搭建了交流平台，开展了沟通协调工作，签署了一批合作备忘录，但在基础设施项目建设、产业布局等方面的实质性衔接推进上还有待加强，需要在今后的工作中进一步拓展协商方式、打造合作平台，有效建立省际合力推进片区规划实施的长效机制。

**四、加快推进片区规划实施需要统筹处理好的几个问题**

片区规划的印发实施，为连片特困地区未来一个时期脱贫发展提供了行动纲领。这两年来，虽然片区规划实施取得了一定的进展，但面临的困难和问题不少，要想如期实现规划确定的目标，必须端正指导思想，突出重点工作，优化工作方式。如何加快推进片区规划实施？我以为，在下一步工作中，特别要统筹处理好以下五个方面的关系。

**（一）在总体部署上，要处理好新十年纲要、25号文件与片区规划的关系**

我们在调研中了解到，一些省市的领导同志，尤其是片区县党委、政府的主要领导同志有一个疑惑：中央印发的25号文件，用了很大篇幅强调精准扶贫，要求扶贫措施到村到户，这是不是意味着可以不重视片区区域发展与扶贫攻坚了，是不是片区规划可以束之高阁了？这是需要认真澄清的。我的理解，新十年纲要与片区规划、25号文件三者之间是"一体两翼"的关系，并不是后者替代前者的关系。纲要作为指导2011—2020年扶贫开发工作的纲领性文件，明确了新阶段扶贫工作的总要求、总目标、对象范围、主要任务、支持政策等。纲要的颁布实施，为如期实现全面建成小康社会宏伟目标和中华民族伟大复兴的"中国梦"奠定了基础，这是"一体"。片区规划与25号文件作为"两翼"，是围绕纲要提出的目标，对所提出的有关任务和要求的进一步细化和深化。其中，片区规划是以"区域发展带动扶贫开发、扶贫开发促进区域发展"为主线，旨在通过破解发展瓶颈、改善发展环境与条件，解决区域性贫困问题；25号文件是以推动改革创新为主线，旨在通过创新扶贫开发工作机制、组织实施重点工作，解决贫困村、贫困户脱贫致富问题。"一体"是"两翼"的主要依据，"两翼"是"一体"的重要支撑。另外，"两翼"之间也不是互不相干、背道而驰的，而是各有侧重、相辅相成、互相促进的。一方面，片区规划的实施为25号文件的落实创造了一个好的环境与条件，也为"六项机制改革"和"十项重点工作"提供了平台；另一方面，25号文件的落实依然以连片特困地区为主战场，可以通过改革创新，为片区扶贫攻坚消除体制机制障碍，也是推进片区规划实施的一个具体抓手。因此，我们在工作中一定要树立正确的思想认识，以贫困地区如期全面建成小康社会和实现扶贫对象"两不愁三保障"为总目标，以改革创新体制机制为总动力，把贯彻落实新十年纲要、25号文件精神和组织实施片区规划有机结合起来，统筹谋划，一体实施，协调推进。

（二）在工作任务上，要处理好区域发展与精准扶贫的关系

我国30多年扶贫工作的一条重要经验，就是要不断提高贫困地区的造血能力，通过发展解决贫困问题。因此，区域发展与扶贫开发一直是密不可分

的，对于片区县、贫困县而言，推动县域经济社会发展本身就是最大的扶贫开发工作。今年1月，国务院领导同志在赴秦巴山片区考察时明确指出，要把扶贫整体推进和精准到户结合起来，认为，"如果不整体推进，就没有大环境、大条件的改善，精准扶贫的效果也会受到影响"，"贫困人口不仅需要帮助他们解决生活困难和提高素质，很重要的是通过区域整体开发，给他们在当地创造一个好的发展条件和环境，这样精准扶贫也能更加有效、更可持续"。国务院主管负责同志在今年3月和7月召开的国务院扶贫开发领导小组第二次、第三次全体会议上也强调，打赢扶贫开发这场攻坚战，既要工作到村、帮扶到户，实施精准扶贫，搞定点清除，也要把连片特困地区作为主战场，打好区域整体开发的阵地战，两者相辅相成。落实国务院领导同志指示精神，统筹完成好区域发展与精准扶贫两方面的任务，要求各地在具体工作中做到以下几点：一是要善于谋划重大项目，消除区域发展瓶颈。重大项目是片区区域发展与扶贫攻坚的重要支撑，以大项目带动经济发展是必要的。这些年，我到过不少片区县调研，当地干部群众反映最多的就是两件事，一个是路，一个是水，可以说，这是片区基础设施建设乃至经济社会发展的两个主要"短板"。只有补齐"短板"，才能"纲举目张"，为长远发展打下坚实基础。目前，国家发展改革委、国务院扶贫办①拟结合片区跨行政区基础设施项目建设进展情况梳理结果，督促有关方面优先启动涉及区域发展和十项重点工作的重点项目，对于没有列入"十二五"规划的，商有关部门积极纳入"十三五"规划。作为片区县的父母官，希望大家在对下深入调研、对上做好衔接的基础上，把县域内片区区域发展与扶贫攻坚规划、城镇化规划、综合交通规划、水利专项规划、生态建设规划统筹起来，实现"多规合一"。要通过规划这个平台谋划和实施若干重大项目，争取纳入国家、省级"十三五"专项规划，在一定时期内着力攻克县域经济发展中的几个薄弱环节。在此过程中，要高度重视发展改革部门的作用，充分发挥他们在重大项目前期工作方面的优势，督促他们积极与上级发展改革部门衔接沟通，主动

---

① 国务院扶贫办现为国家乡村振兴局。

谋划项目、认真实施项目，争取中央预算内投资和省级基本建设投资的支持。二是要精于承接产业转移，积累发展内生动力。产业在区域间梯度转移是市场经济的必然规律，承接产业转移是一篇大文章，也是促进贫困地区实现跨越式发展的有效途径。近年来，随着土地、劳动力等生产要素成本提高，东部沿海发达地区的产业向中西部贫困地区转移已成为大势所趋。各位要把握契机、乘势而为，主动加强与沿海发达地区的沟通联系，积极吸引沿海的资金、技术和人才，改善投资环境，合理承接东部地区的产业转移。要抓住对口支援和东西扶贫协作中的产业发展机遇，寻找合作商机，探索合作共赢之路。三是要沉于十项重点工作，确保效果到村到户。25号文件明确的安全饮水、道路畅通、危房改造、电力保障、教育扶贫等十项重点工作，是当前和今后一个时期扶贫工作的中心任务，也是实施片区规划的具体抓手。今年以来，从中央到地方，各级各部门都陆续制定了十项重点工作实施方案，正在狠抓资金项目落实。片区县要按照要求认真制定本县十项重点工作实施方案，加强与片区实施规划的衔接，做好与扶贫建档立卡工作的衔接，确保按时完成规划建设任务，具体措施到村到户到人，切实改善片区农村生产生活条件，帮助贫困群众尽快增收致富。

（三）在发展路径上，要处理好"赶超"与"转型"的关系

片区作为全国经济社会发展最为滞后的地区、全面建设小康社会难度最大的地区，加快发展和赶超的任务十分繁重。同时，片区大多是江河上游、重要的生态功能区，生态地位重要、生态环境脆弱，加快转变经济发展方式的要求也十分迫切。必须在加快发展的同时坚持科学发展，把"快"与"好"统一起来，把"赶"与"转"结合起来，创造性地走出一条在赶中转、转中赶，在好中快、快中好的新路子。在操作层面，一是要在转型跨越中探索具有自身特点的发展道路。一方面，要坚持从资源条件、产业基础和国家战略需要出发，摸清实际找准比较优势，确定符合自身实际和时代要求的发展道路。比较优势就是潜力，就是竞争力和生产力。特别是要因地制宜、扬长避短，积极培育具有鲜明特色的主导产业，将"输血"转变为"造血"，

形成自我积累、滚动做大的新型发展方式。比如，滇西边境片区的水能资源、乌蒙山片区的矿产资源、武陵山片区的旅游资源都很丰富，要创新思路，采取措施支持资源开发和就地加工转化，逐步将资源优势转变为经济优势。另一方面，要通过开放合作集聚新的比较优势。开放合作的要义是借船出海、借势发展，要以开放合作为桥梁、手段，充分利用别人的资源和要素来建设自己，借良好的外部环境来发展自己，同时也依靠合作，充分发挥自身的比较优势。在这方面，可以深化区域间的一体发展，也可以探索跨越空间的"飞地经济"。比如，晋陕豫黄河金三角地区运城、临汾、渭南、三门峡四市间积极加强交流合作，以共建承接产业转移示范区为抓手，加快基础设施互联互通，强化产业分工协作，推动公共服务一体化，区域合作机制初步建立，联动发展格局正在形成。四川省则采取"飞地"方式，支持藏区州县与条件较好的市县共建产业园区，先后打造了成都—阿坝、甘孜—眉山、木里—盐源三个园区，取得了良好效益。这些成功的合作模式，很值得其他地方在工作中学习借鉴。希望大家在推进片区区域发展工作中，进一步突出对内合作与对外开放，从自身实际需要出发，用超常规的举措、多样化的方式全力推进开放合作，努力连接周边、连接发达地区、连接海外，利用开放合作和一体化发展，借资金、借技术、借人才、借市场，把内部挖潜和外部借势结合起来，充分运用好一切积极因素，促进自身加快发展。二是要在加快经济发展的同时更加注重生态环境保护。贫困地区最大的优势和本钱就是生态环境。对于一些原来开发不足的贫困地区，有幸保留了相对丰厚的资源和比较优美的环境，但今天寻求发展，已不能再简单地"靠山吃山"、"靠水吃水"，如果继续走沿海发达地区"先发展、后治理"的老路，就会自断后路、自毁前程。今年两会期间，习近平总书记在参加贵州代表团的审议时阐述了"两山"理论。他谈到，在发展中既要金山银山，也要绿水青山。如果取舍，宁可要绿水青山，因为绿水青山就是金山银山。但应清楚，绿水青山和金山银山并不是绝对对立的，如果处理好了，树立了正确的发展理念，两者是可以统一的。因此，对于片区县而言，既要善于挖掘青山绿水、蓝天白云的潜力，抓住经济发展、民生改善与生态文明建设的"结合部"和"切入点"，积极发展生态产业、绿色经济，走资源消耗低、环境污染少的产业发展路子；又要坚持不懈地抓好环境保护，加快推进重点生态工程，对于可能破坏生态环境的产业和项目要严格控制、坚决不上，避免因增长的冲动毁掉祖先留给我们的青山绿水。

（四）在支持方式上，要处理好发挥现有资金政策作用与开辟新政策资金渠道的关系

在工作中，经常会有一些片区市、县的领导同志向我们反映，说国家对片区虽然很重视，但"雷声大、雨点小"，没什么特殊政策，没见到专项资金。事实上，不仅片区规划明确了许多支持政策，且片区规划实施以来，各部门又陆续出台了一大批特殊支持政策，比如影响深远的学生营养餐补助政策、定向扶贫招生计划、农村公路特殊补助政策、金融扶贫政策等。在资金方面，虽然从目前财税体制改革的大趋势和要求看，设立片区专项资金的难度很大，但国家财政资金在近几年各领域建设需求都很大、综合平衡很难的情况下，对片区的倾斜支持力度是非常大的。初步统计，2013年，国家发展改革委会同有关部门安排14个连片特困地区中央预算内投资1250亿元，占到了中央预算内投资总盘子的1/4。中央财政安排的专项扶贫资金从2010年的237.7亿元增加至今年的432.8亿元，资金量翻了将近一番。交通运输部今年安排14个片区的车购税资金将超过1500亿元，专门用于支持干线公路、农村公路建设。下一步，我们还将督促中央有关部门进一步细化实化片区支持政策，出台更多的新支持政策，继续加大对片区的资金投入力度，尽力满足片区的发展建设需求。所以我要说，不是资金、政策没有，而是投入增长很快、政策已陆续出台，对于在座的各位而言，希望能够转变"等、靠、要"的思想，认真做好以下几方面的工作：一是要用足用活现有政策。片区县要认真梳理片区规划和国家、省里印发的政策文件中提出的针对片区的具体政策和政策平台，并按职能分解到相关部门具体负责加强衔接，一项一项沟通对接、协调落实。同时，要善于运用现有政策平台打造新的政策平台，根据规划、文件中大的原则和基本思路，

积极主动搭建必要的操作平台和试验基地。二是要积极整合既有资金渠道。要以片区实施规划和重大项目为平台，整合扶贫资金和各类相关涉农资金，集中解决突出贫困问题。这两年来，宁夏、贵州、甘肃、重庆等地各级党委、政府高度重视，把国家发展改革委组织实施的易地扶贫搬迁工程作为头号民生工程，专门成立由党委、政府主要负责同志任组长的工作领导小组，以实施规划和年度实施方案为平台，以易地扶贫搬迁中央预算内投资为引导，大力整合交通、水利、农业、林业等各渠道专项资金，共同支持安置区建设和迁出地生态恢复，这个经验值得各地借鉴和推广。以贵州易地扶贫搬迁工程为例，2014年我们安排贵州中央补助投资10.3亿元，该省各级政府整合各类资金26.3亿元，计划搬迁贫困群众17.2万人，整合资金量达到了中央投资的近3倍，起到了"四两拨千斤"的良好效果。三是要探索扩大扶贫资源。要实现扶贫开发目标，需要中央和地方各级财政持续增加投入，但也要看到，光靠财政的投入是远远不够的，要在工业化、新型城镇化的大背景下结合实际探索新的机制，调动社会各方面的积极性，拓展扶贫资源，促进扶贫开发。比如，可否考虑在企业普遍重视履行社会责任的背景下，通过建立激励机制，吸引他们到片区县包村包乡，投入扶贫事业；可否考虑通过申请开展城乡土地增减挂钩试点，为贫困村建设和扶贫搬迁工作筹集更多资金。这些工作可以在符合国家大的政策要求前提下，由片区县根据实际情况积极探索、稳妥推进。

（五）在工作机制上，要处理好中央统筹、省负总责与县抓落实的关系

片区大多是老、少、边、穷地区以及重要生态功能区，区域发展和扶贫攻坚的任务重、困难大，但由于片区县本级财力不足，自我发展能力弱，需要在立足自身努力的基础上，依靠中央、省级政府以及地市级政府的大力支持。同时，由于片区基本上是跨省区的，需要中央政府统筹协调，各省之间加强沟通。因此，在片区区域发展与扶贫攻坚工作中，理清中央、片区所在省、片区县三级的权责关系十分重要。近两年来，国务院领导同志多次指出，要合理划分中央和地方扶贫事权，健全中央统筹、省负总责、

县抓落实的扶贫开发管理体制,这是我们做好扶贫工作特别是片区规划实施工作的基本遵循。下一步,要按照国务院领导指示要求,由各级政府各负其责、加强配合,共同做好片区规划实施工作。第一,国家有关部门应着力完善片区联系工作机制。从目前情况看,片区联系工作机制的协调功能继续增强,各片区的跨省协调方面还没有取得实质性突破,效果尚不明显。因此,要明确片区联系单位的牵头责任,相关部门的行业责任,扶贫、发展改革部门的综合协调责任,共同推进片区规划实施。特别是11个片区的联系单位要进一步发挥统筹协调功能,通过召开协调会、干部挂职、出台政策措施等,指导和帮助地方解决工作中遇到的突出困难和问题。要指导各省建立完善片区跨省协调机制,推动片区涉及的省份搭建沟通衔接平台,建立长效工作机制。第二,省级应进一步强化对本省片区的责任。省级政府牢固树立本省片区第一责任人的意识,不仅要做到对片区"不抛弃、不放弃",更要摆在全省工作的重中之重,优先予以推动。要探索建立对片区县行为的约束与激励机制,加强对片区县的工作指导和投入力度,既要整合各行业部门的政策和资金向片区倾斜,严格落实需省级配套的资金和政策,又要量力而行、尽力而为地加大本级投入并出台一些倾斜政策,让各方面政策、资金都往片区倾斜。努力在"连"字上做好文章,抓紧建立跨省协调机制,树立片区发展一盘棋思想,通力协作,加强项目衔接和基础设施对接,推进区域一体化协调发展。第三,县级应着力抓好政策项目的落实。片区规划落实关键在县,片区县党委、政府是落实主体。要进一步摸清县情,深入挖掘比较优势,进一步明确发展思路、重点领域和主攻方向,区分轻重缓急,找准突破口和切入点,集中有限的资源和力量攻坚克难。要进一步加大片区区域发展与扶贫攻坚工作落实力度,建立协调机制,确定年度重点工作,明确部门职责分工,加强资金项目整合,把片区规划明确的政策项目落到实处。同时,要按照精准扶贫工作要求,加快推进建档立卡工作步伐,做好片区规划确定的各项任务与扶贫对象识别结果的衔接,确保片区政策、项目惠及广大贫困群众。

我要讲的就这么多供大家在工作中参考。不妥之处,还望批评指正。

# 着力实行扶贫开发三个结合[*]

非常感谢主办方邀请我参加首届"10·17"扶贫开发论坛。首先，请允许我代表国家发展改革委对此次论坛的召开表示衷心的祝贺。大家都知道，改革开放以来，我国实施了有组织、有计划的大规模开发式扶贫，成功走出了一条具有中国特色的扶贫开发道路，取得了举世瞩目的成就。特别是2011年新一轮扶贫攻坚启动以来，在中央和各地一系列政策、规划和举措的推动下，贫困地区发展步伐进一步加快，贫困人口不断减少，扶贫开发工作成效显著。但也要看到，随着形势的不断变化，扶贫开发工作面临的困难和挑战也越来越多。一方面，从现实情况看，伴随扶贫对象的规模增加和分布变广，扶贫攻坚的难度相应加大。按照农民人均纯收入2300元（2010年不变价）的国家扶贫标准，2013年全国仍有贫困人口8249万人，如果按世界银行标准严格测算，我国贫困人口将超过2亿人。其中连片特困地区县及片区外的国定贫困县共有832个，比此前的592个贫困县增加了240个。如此多的贫困人口要实现"两不愁三保障"的目标，在如此广阔的地域范围内要使农民人均纯收入增长幅度高于全国平均水平，基本公共服务领域主要指标接近全国平均水平，难

---

[*] 2014年8月1日，国务院决定从2014年起，将每年10月17日设立为"扶贫日"，具体活动由国务院扶贫办（现为国家乡村振兴局）等有关部门共同组织实施。设立"扶贫日"是推动扶贫攻坚的一个重要举措，也是广泛动员社会各方面力量参与扶贫开发的一项重要制度安排。首届10.17论坛于2014年10月16日举行，由北京大学、清华大学、中国扶贫发展中心、中国国际扶贫中心等联合发起，主题为"扶贫开发与全面小康"。本文系作者在论坛上所作的主题演讲。

度可想而知；另一方面，从发展趋势看，扶贫开发将是一项长期的、动态的、艰巨的历史任务。随着经济社会发展和扶贫标准提高，将不断会有新的农村人口成为扶贫对象，而且，由于贫困人口也要实现"从贫穷到富裕"和"从富裕到幸福"的转变，扶贫开发的内涵将不断深化，面临的约束将进一步增强。面对日益繁重的扶贫任务，必须理清工作思路，优化扶贫方式，加大工作力度，确保贫困地区到2020年与全国一道全面建成小康社会。基于上述判断，我以为，在下一步推进扶贫开发工作要特别注意以下三个方面。

**第一，要坚持精准扶贫与区域发展相结合，加快建立标本兼治的扶贫开发工作格局**

长期以来，我国扶贫开发工作主要着力于贫困县、贫困村、贫困户三个层面展开。这种工作方式重点突出、对象明确、治贫效果良好。一部分贫困县、村、户因此快速脱贫致富。从扶贫攻坚必须进一步强化精准扶贫，进一步对扶贫工作实行精细化管理，对扶贫资源实行精确化配置，对扶贫对象实行精准化扶持。但我们也要看到，一村一户的发展状况往往是与一个区域的发展状况连在一起的，区域整体的振兴发展是贫困村户脱贫致富的基础，不仅如此，依托区域振兴的贫困村户脱贫才能脱得扎实、脱得彻底、脱得长久。从扶贫方式角度看，如果脱离区域振兴发展，一些重大、根本性的促进发展解决贫困的措施，如重大基础设施建设、经济圈带发展、产业格局的战略性调整等就无法实行。换句话说，贫困村、户发展致富所面临的一些共性制约就无法解决。也就是说，没有统筹推进区域经济社会发展，精准扶贫的进度与质量就会受到影响。因此，2011年以来，国家划定14个集中连片特困地区，组织编制了11个片区规划，明确提出了"区域发展带动扶贫开发、扶贫开发促进区域发展"的新思路，这是对扶贫开发方式的进一步拓展。与此同时，中央专门印发文件，进一步强化深化"精准扶贫"。中办、国办于2013年底印发的《创新机制扎实推进农村扶贫开发工作的意见》（即25号文件），明确要实施"六项机制改革"

和"十项重点任务"。下一步,我们要统筹推进片区规划实施和25号文件落实,把区域发展与精准扶贫有机结合起来,贯彻到全部工作的始终。一方面,要以片区规划实施为抓手,认真落实针对片区的各项支持政策,加快重大项目建设步伐,努力消除区域发展瓶颈,打好扶贫攻坚的整体战;另一方面,要以贯彻落实25号文件为抓手,加快构建精准扶贫工作机制,扎实推进各项扶贫措施到村到户,定点"清除"贫困对象,打好扶贫攻坚的"游击战"。

**第二,要坚持"练内功"与"借外力"相结合,努力打造贫困地区加快发展的能力基础**

贫困地区要实现跨越发展,与其他地区一道如期实现全面建成小康社会,既要"练内功",最大限度发挥自己的主观能动性和自我发展潜力,又要"借外力",把握一切有利于自己发展的外部机遇和有利条件。内外结合,才能构造强大的、可持续的发展能力。我以为,对于贫困地区来说,"借外力"显得特别重要,它是"练内功"的重要条件,甚至是基本内容。从"练内功"的角度看,最重要的有两点:一是在产业发展上充分挖掘和发挥比较优势。比较优势就是潜力,就是竞争力,也是生产力的增长源。要坚持统筹考虑现有资源条件、现实产业基础和国家战略指向、市场发展需求,积极培育、做强做大适宜贫困地区的特色优势产业。不能盲目攀比,与其他地区形成产业同构,也不能脱离自身基础,劳民伤财追求"高大上"的产业结构。二是积极推进体制机制创新和发展环境变革。要通过改革,建立健全使市场机制在资源配置中起决定性作用和更好地发挥政府作用的体制环境,让一切经济活动主体充分展示能量,让一切劳动、知识、技术、管理、资本的活力竞相迸发。从"借外力"的角度看,最重要的也有两点:一是要积极争取并用足用好国家的支持。与发达地区不同,国家对贫困地区积极"输血",给了不少扶持政策,对这些政策,既要"榨干吃尽",又要"举一反三"。要把利用政策平台和打造政策平台结合起来,把实施已有政策与合理拓展政策结合起来,把用好自身拥有的政策与合理比照借鉴外部政策包括发达地区的先行先试政策结合起来，把独立实施单一政策与灵活整合相关政策结合起来。二是要主动地全方位地推进开放合作。开放合作是借资源要素、借市场发展自己。开放合作有利于实现合理分工，充分发挥自身比较优势，能够通过与其他地区的一体发展实现自身的提升，通过被发达地区的同化实现自身的异化。要解放思想，克服"引狼入室"、"放弃领地"、"只取不予"等意识，主动地大胆地推进开放合作。一方面，要积极搭建合作平台，加强与发达地区的合作。要利用土地、资源等优势，与发达地区合作发展"飞地经济"，与此同时，创新机制，建立起互利共赢、优势交换的合作模式，使这种合作能够长远、可持续地发展；另一方面，要充分把握国家开放战略实施的机遇，深化对外开放。当下，有条件的地方要充分抓住国家"向西开放"以及"一带一路"建设的战略机遇，发挥区位优势、资源优势和市场优势，积极扩大与周边及有关国家的投资与产业合作，促进产业对接融合发展、经济贸易转型升级。

**第三，要坚持经济建设与生态、社会、文化、政治建设相结合，推动形成贫困地区脱贫致富的有力保障**

贫困地区脱贫最重要、最明显的标志是经济的快速发展，因此贫困地区要比其他地区更加重视推进经济建设，要把经济建设作为第一要务，一心一意谋发展、心无旁骛搞建设。但经济建设并不是贫困地区的唯一工作任务，经济建设的速度、质量、效益及可持续发展水平取决于一系列因素：扶贫先扶志，贫困地区需要树立积极向上、奋勇拼搏、矢志不渝的精神风貌；贫困地区比其他地区更需要各级党组织的坚强领导，更需要各级干部的率先垂范；贫困地区不仅经济发展状态落后，社会事业发展也落后，而社会发展状况不仅关系到民生，也关系到人才的规模与素质；贫困地区往往是生态脆弱地区或生态屏障地区，其发展不能走牺牲资源环境来追求跨越发展的道路，不能走过去30多年来一些地区走过的釜底抽薪、竭泽而渔的老路，必须以保护生态环境为前提，把"赶"与"转"有机结合起来等等。这就是说,要把经济建设搞上去,必须把政治、文化、社会、生态建设等作为重要保障和支撑。因此,促进贫困地区跨越发展,既要注重经济建设,也要注重其他领域建设,要按照党的十八大和十八届三中全会要求,切实贯彻经济、政治、文化、社会、生态建设"五位一体"整体布局,使经济建设和其他领域建设能够有机结合起来,实现全面、协调、可持续发展;使经济建设能够实现速度、质量、效益与结构相统一;使经济建设成果能够更多惠及民生,更加公平地惠及贫困地区全体人民。

我要讲的就这么多,预祝本次论坛取得圆满成功。

# 确保如期完成脱贫攻坚任务 *

从现在到 2020 年，是全面建成小康社会决胜期。全面建成小康社会，最艰巨最繁重的任务在农村，特别是在贫困地区。习近平总书记在党的十九大报告中强调，要动员全党全国全社会力量，坚持精准扶贫、精准脱贫，重点攻克深度贫困地区脱贫任务，确保到 2020 年我国现行标准下农村贫困人口实现脱贫，贫困县全部摘帽，解决区域性整体贫困。在中央农村工作会议上的重要讲话中，又将打好精准脱贫攻坚战、走中国特色减贫之路，作为走中国特色社会主义乡村振兴道路的重要组成部分。我们要按照中央要求，切实增强使命感、责任感和紧迫感，牢牢把握脱贫攻坚的正确方向，向最难处攻坚，在最需处发力，众志成城坚决打赢脱贫攻坚战。

## 一、扎实推进脱贫攻坚重点任务

党的十九大对下一阶段脱贫攻坚的工作目标、主攻方向、重点任务等作出了全面周密的部署，为我们推进脱贫攻坚各项工作提供了根本遵循。

重点攻克深度贫困地区脱贫攻坚任务。面对深度贫困地区脱贫攻坚这个难中之难、艰中之艰，在坚定信心的同时，应找准导致深度贫困的主要原因，以解决突出问题为重点，以补短板为突破口，以推进重大扶贫工程建设和到村到户帮扶等措施为主要抓手精准发力。坚持发挥政府投入的主体和主导作用，积极加大各方帮扶力度，特别是加大资金、项目、人才三

---

\* 原载《求是》2018 年第二期，原标题为《确保如期完成脱贫攻坚任务决胜全面建成小康社会》。

个方面的倾斜支持力度，全力改善深度贫困地区基础设施和公共服务设施条件。加大对贫困老年人、残疾人、重病患者等深度贫困群体的扶持力度，加快大病集中救治覆盖所有深度贫困地区，对所有患大病和慢性病的贫困人口进行分类救治，将符合条件的贫困残疾人全部纳入农村低保范围，提供救助供养或照料护理服务。

全面深化细化实化精准扶贫措施。推进精准扶贫精准脱贫，确保脱贫真实，关键是要做深做细做实"五个一批"精准扶贫工程，着力提升扶贫措施的针对性和精准度。发展生产脱贫，要抓好产业带动和劳务输出。易地扶贫搬迁脱贫，要合理选择搬迁安置方式，加大群众后续脱贫扶持力度，确保搬迁一户、稳定脱贫一户。生态补偿脱贫，要创新生态资金使用方式，利用生态补偿和生态保护工程资金让有劳动能力的贫困人口转化为护林员等生态保护人员，完善森林、草原、湿地、水土保持等生态补偿制度。发展教育脱贫，要降低贫困家庭子女就学负担，大力发展职业教育，着力阻断贫困代际传递。社会保障兜底，对贫困人口中完全或部分丧失劳动能力的人，要由社会保障来兜底，加快推进健康扶贫，避免因病致贫返贫。

加大力度支持老少边穷地区加快发展。革命老区、民族地区、边境地区、集中连片特困地区是脱贫攻坚的主战场，是脱贫攻坚的重点和难点。要加快推进贫困革命老区开发建设，全面落实支持革命老区振兴发展的系列规划政策，积极推进革命老区开发建设与脱贫攻坚重点任务，以革命老区重点区域、重点人群、重点领域为突破口，加快实施一批带动贫困人口脱贫的重大基础设施、民生项目。加大对民族地区的政策扶持力度，认真组织实施好人口较少民族整体脱贫的政策措施，着力提升民族地区教育、医疗等公共服务水平，大力推广双语教育，从根本上改变贫困少数民族群众贫困落后面貌。认真组织实施好《兴边富民行动"十三五"规划》明确的主要任务和重点工程，强化边境地区基础设施建设，全力保障和改善边境地区民生，大力发展特色优势产业，提升沿边开发开放水平，推动贫困边民加快脱贫，确保边疆巩固、边境安全。进一步完善片区联系协调机制，推动在集中连片特困地区加快建设一批交通、水利、能源等重大基础设施和教育、卫生等公共服务设施，破除制约片区脱贫发展的突出瓶颈，着力解决区域性整体贫困。

## 二、科学处理脱贫攻坚几个重大关系

脱贫攻坚已经进入攻城拔寨的关键阶段。我们要立足于解决主要矛盾和问题，妥善处理好一些重大关系，确保脱贫攻坚工作高质高效推进。

处理好完成脱贫数量和确保脱贫质量的关系。确保2020年我国现行标准下农村贫困人口实现脱贫，并且是脱真贫、真脱贫，必须按照既定的时间表路线图，撸起袖子加油干，防止拖延病，但同时要防止急躁症，不能搞形式主义、数字脱贫，不能使贫困群众"被脱贫"。要切实坚持脱贫标准，通过努力，让贫困群众稳定实现"不愁吃、不愁穿，义务教育、基本医疗、住房安全有保障"，避免出现"假脱贫"问题。应实事求是地看待脱贫标准，不能好高骛远，不能不切实际地吊高贫困群众胃口。实际工作中，是否使所有贫困人口实现了"两不愁三保障"，应是衡量各个地方脱贫攻坚战是否真正打赢的硬性标准。

处理好中央统筹、省负总责和市县抓落实的关系。"中央统筹、省负总责、市县抓落实"的管理机制，充分彰显了我国的政治优势和制度优势，已被这几年的实践所证实。中央有关部门重点做好扶贫政策顶层设计和资金投入，在法定范围内让地方拥有更大的决策自主权、资金统筹权和改革试验权，同时抓好扶贫工作考核评估、监督检查。省级党委政府对本省脱贫攻坚工作负总责，优化整合扶贫资源，加强资金项目监管，集中力量解决不同类型贫困地区的共性制约因素和突出问题。市县党委政府作为脱贫攻坚工作的实施主体，重点是落实上级决策部署，逐村逐户制定帮扶措施，将最能打仗的精兵强将派到脱贫攻坚第一线，因地制宜落实精准扶贫各项任务，创造性地开展扶贫工作，确保工作到村到户到人。

处理好推进区域开发与实施精准扶贫的关系。贫困地区区域发展是精准扶贫的重要组成部分，也是精准扶贫的基础，实施精准扶贫对贫困地区区域发展具有较强的促进和带动作用。实施精准扶贫和推进贫困地区区域开发，两者相辅相成、互相促进。因此，既要扎实推进精准扶贫工作，让贫困人口稳定实现"两不愁三保障"，也要加快推进贫困地区区域开发步伐，大力实施重大基础设施和公共服务设施建设，推动重大项目建设聚焦改善贫困人口生产生活条件，重大产业布局聚焦让贫困人口脱贫增收。需要注意的是，要避免以区域发展之名上项目、要资金，防止用新增资源走"大水漫灌"的老路，防止以区域发展的成绩代替精准扶贫的成果。

处理好加大外部帮扶与调动内生动力的关系。习近平总书记多次强调，脱贫致富贵在立志，只要有志气、有信心，就没有迈不过去的坎。对脱贫攻坚来说，外力帮扶非常重要，是打赢脱贫攻坚战的"助推器"，但如果自身不努力、不作为，即使外力帮扶再大，也难以有效发挥作用。只有用好外力、激发内力，才能形成合力。一方面要动员全党全社会凝聚帮扶合力，进一步加大产业扶贫、易地扶贫搬迁、教育扶贫、健康扶贫等对贫困人口脱贫的扶持，给贫困人口"输血"。另一方面要将扶贫同扶志、扶智相结合，充分调动贫困群众的积极性、主动性和创造性，切实改变贫困群众"等靠要"等惰性思想倾向，变"要我脱贫"为"我要脱贫"；加强贫困人口发展生产和务工经商的基本技能培训，增强"造血"功能，切实提高其"弱鸟先飞"的能力。

# 中国缓解与消除贫困的原则思路 *

各位代表，女士们、先生们：

今天，我们与加拿大国际发展署、西部经济多样化办公室在这里联合召开"中国重点扶贫区域划分及发展思路研究"项目总结研讨会，我代表国家发展改革委地区司及中方与会人员，对远道而来的加拿大朋友们表示热烈的欢迎！

缓解和消除贫困，实现全体人民的共同富裕，是中国政府始终不渝的宗旨。为了完成这一艰巨宏大的历史任务，中国政府和人民进行了长期不懈的努力。特别是改革开放20多年来，以国家经济社会迅猛发展和生产力水平大幅提高为支撑，中国政府针对贫困人口主要集中在广大农村的实际情况，制定并实施了以农村贫困人口为扶持对象的扶贫开发政策，走出了一条符合中国国情的"政府主导、社会参与、自力更生、开发扶贫"的扶贫道路，基本解决了绝大多数农村贫困人口的温饱问题，为推进国际减贫事业做出了突出的贡献。但与中国仍然是一个发展中国家的状况相适应，在我国广大内陆的深山、荒漠、边疆地区，贫困现象仍然比较突出，全国农村仍有2365万人年纯收入不足683元，还没有解决温饱；收入水平处于最低生活保障线以下的城市居民仍有2000多万。实现经济社会全面、协调、可持续发展的任务依然繁重，消除贫困、促进共同富裕的压力仍然较大。

---

\* 2006年11月25日，国家发展改革委地区经济司与加拿大政府有关部门在北京联合召开"中国重点扶贫区域划分及发展思路研究"课题总结研讨会，本文系作者在研讨会上的致辞，该课题为中加政府合作项目（PPOP）。

进入新世纪以来，中国政府提出了建设惠及十几亿人口的、高水平小康社会的奋斗目标。提高贫困地区人民生活水平，是建设小康社会的重要内容。为推进我国的扶贫进程，国家制定的《国民经济和社会发展第十一个五年规划纲要》提出，要强化各级政府扶贫职责，加大扶贫力度，完善扶贫机制，提高扶贫效率，并提出了明确的政策目标和主要任务。我们将以更坚决的态度、更有力的措施，全面加快缓解和消除贫困的进程。

为做好未来的扶贫工作，我们将坚持如下原则：

第一，坚持发展生产力，夯实缓解和消除贫困的物质基础。发展是解决一切问题包括贫困问题的前提。自1978年以来，中国贫困人口由2.5亿减少到2000多万，靠的就是抓住经济建设这个中心不放松，一心一意谋发展。贫困问题从根本上说是当前我国存在的主要矛盾即人民日益增长的物质和文化需要同落后的生产力矛盾的反映。因此，我国将继续把推进社会生产力的发展放在首要位置。在未来五年，我们要在优化结构、提高效益和降低消耗的基础上，实现人均GDP比2000年翻一番；在未来十五年，力争实现GDP在2000年的基础上翻两番，人均GDP超过3000美元。生产力的快速发展无疑将为缓解和消除贫困提供厚实的物质基础，为全社会所有成员享受同等的生存发展权力创造有利条件。

第二，坚持深化改革，形成缓解和消除贫困的制度保障。要完善公共财政制度，逐步实现基本公共服务均等化。要完善收入分配制度，更加注重社会公平，着力提高低收入者收入水平，逐步扩大中等收入者比重，有效调节过高收入，坚决取缔非法收入，促进共同富裕。要完善就业制度，鼓励劳动者自主创业和自谋职业，促进多种形式就业，推动城乡劳动力市场一体化。要完善社会保障制度，在城镇，健全最低生活保障制度、基本养老保险和基本医疗保险制度；在农村，实行最严格的耕地保护制度，保障农民对土地承包经营的各项权利，发挥土地对农民基本生活的保障作用。同时，在有条件的地区逐步建立农村最低生活保障制度。

第三，坚持区域协调发展，构建缓解和消除贫困的政策体系。贯彻落实区域发展总体战略，继续推进西部大开发，振兴东北地区等老工业基地，促进中部地区崛起，鼓励东部地区率先发展，采取有倾斜、有侧重的区域政策，推动各地区共同发展。加大对欠发达地区和困难地区的扶持。中央财政转移支付资金重点用于中西部地区，尽快使中西部地区基础设施和教育、卫生、文化等公共服务设施得到改善，逐步缩小地区间基本公共服务差距。引导各类金融组织为贫困地区提供金融服务，开展东部沿海发达省市与西部欠发达地区协作扶贫，广泛动员非政府组织和社会各界积极参与扶贫行动。

第四，坚持开发式扶贫方针，完善缓解和消除贫困的推进方式。充分尊重贫困人口的主体地位，发动和组织贫困人口积极参与扶贫开发，依靠自身的力量，改善生产生活条件和生存环境，增加收入，提高自我发展能力。对于生活在生态环境恶劣、"一方水土养不活一方人"地区的贫困群众，稳步推进易地扶贫搬迁。加大对人口较少民族的支持，力争帮助全国22个人口少于10万人的少数民族优先实现减贫目标。积极支持贫困妇女参与扶贫项目。对有劳动能力的贫困人口，实行技术培训和劳动力转移，增强其增收能力；对不具备劳动能力的贫困人口，实行救济和救助。

中国的扶贫事业得到了包括加拿大在内的许多国家的积极帮助与支持。加拿大政府的许多援华项目在中国政府有关部门的积极配合下取得了很好的效果。通过中加政府合作项目的实施，扩大了各个层面的交流，加深了友谊。我们发展改革部门愿意在扶贫领域进一步加强与加方的合作，不断加深我们之间的了解和友谊。

在过去的一年中，双方密切合作，就中国重点扶贫区域划分及发展思路问题开展了卓有成效的研究。从项目操作看，双方领导高度重视，为研究项目的顺利展开并取得丰硕成果提供了组织保障；从项目内容看，研究成果既吸收了加拿大的成功经验，也体现了中国具体国情和扶贫助困实践探索的特点；既有一定深度的理论探讨，也有生动鲜活的案例分析。因此，我们有理由相信，这一成果将对拓宽扶贫工作的思路，进一步完善相关政策，起到积极有效的作用。总之，这是一次成功的合作，为今后继续开展此类合作提供了一个很好的范例。我们愿意进一步学习国际社会在缓解和消除贫困方面，在帮助欠发达地区加快发展方面的成功经验，并希望得到包括加拿大在内的国际社会更多的支持帮助，促进中国扶贫开发事业的不断发展。

女士们、先生们：

解决中国的贫困问题，是国际减贫事业的重要组成部分。在中国彻底消除贫困，建立富强、民主、文明和高度现代化国家，无疑将对世界发展与和谐起到十分重要的推进作用。让我们进一步行动起来，为此做出新的努力并取得新的成绩。

谢谢大家！

## 扎实推动共同富裕*

习近平总书记指出:"共同富裕是社会主义的本质要求,是人民群众的共同期盼。"党的十九届五中全会把促进全体人民共同富裕摆在更加重要的位置,强调"扎实推动共同富裕,不断增强人民群众获得感、幸福感、安全感,促进人的全面发展和社会全面进步"。这为我们在"十四五"时期乃至更长一个时期扎实推动共同富裕指明了方向、提供了遵循。

新中国成立后特别是改革开放以来,我们党团结带领人民朝着实现共同富裕的目标不懈努力,人民生活水平不断提高。习近平总书记指出:"促进全体人民共同富裕是一项长期任务"。我们要持之以恒、久久为功,把实现共同富裕时刻铭记在心头、体现在重要议事日程上、落实在各项工作举措里,既下大力气提高生产力发展水平,让创造社会财富的源泉充分涌流;又着力推动城乡区域协调发展,不断缩小发展和收入差距,让全体人民更多更公平地享受改革发展成果,增强广大人民群众的获得感、幸福感、安全感。

城乡区域发展不平衡和收入分配差距较大,是扎实推动共同富裕必须解决的突出问题。经过党的十八大以来的持续奋斗,我们如期完成了新时代脱贫攻坚目标任务,现行标准下农村贫困人口全部脱贫,贫困县全部摘帽,消除了绝对贫困和区域性整体贫困,近1亿贫困人口实现脱贫,取得了令全世界刮目相看的重大胜利。同时要看到,我国发展不平衡不充分的

---

\* 原载《人民日报》2020年12月16日。

问题仍然突出，巩固拓展脱贫攻坚成果的任务依然艰巨。需要保持现有帮扶政策、资金支持、帮扶力量总体稳定，通过扶志、扶智和壮基、兴业等手段，巩固脱贫成果，促进脱贫地区和脱贫人口实现进一步发展。坚持和完善东西部协作和对口支援、社会力量参与帮扶等机制，促进物资支持、项目合作的战略对接、平台联动和产业融合，实现互利共赢、长期合作。解决城乡区域发展不平衡问题，还需要深入推进区域联动合作，促进地区间发展条件协同互补，进一步推动欠发达地区发挥比较优势，提升其在新发展格局中的竞争力和创新力；更加有力地推进乡村振兴战略，增强城镇的辐射带动作用，强化以工补农、以城带乡，推动工农互促、城乡互补、协调发展，加快实现农业农村现代化；加快推进基本公共服务均等化，实现义务教育、就业服务、社会保障、公共服务、公共文化、环境保护等基本公共服务的全覆盖、均等化。

习近平总书记指出："改革是解放和发展社会生产力的关键，是推动国家发展的根本动力。"扎实推动共同富裕，必须大力推进改革创新。始终坚持以人民为中心的发展思想，适应新形势新任务要求探索建立缩小城乡区域发展差距、促进共同富裕的制度与政策体系。进一步打破城乡、地区、行业分割和身份、性别歧视，维护劳动者平等就业权利，强化对困难人群的就业支持，扩大公益性岗位安置，帮扶残疾人、零就业家庭成员实现就业。提高劳动报酬在初次分配中的比重，着力提高低收入群体收入；完善再分配机制，加大税收、社保、转移支付等调节力度和精准性，合理调节过高收入，取缔非法收入；发挥第三次分配作用，发展慈善事业，改善收入和财富分配格局。坚决破除妨碍城乡要素自由流动、平等交换的体制机制壁垒，促进各类要素更多向乡村流动，推动城乡基本公共服务标准统一、制度并轨，健全城乡融合发展体制机制。

# 把推动共同富裕摆上更加重要的位置[*]

新中国成立以来,党和政府团结带领全国各族人民,矢志不渝地朝着实现共同富裕的目标努力,不断迈上发展的新台阶,前进路上树立了一个又一个重要的里程碑。这是一个艰苦而长期的奋斗过程。今天,脱贫攻坚战获得全面胜利,决胜全面建成小康社会取得了决定性成就,推动共同富裕具备了更好的基础和条件。在开启全面建设社会主义现代化国家新征程的新形势下,要进一步提高认识,强化举措,以良好的思想境界和有力的实际行动,不断推动共同富裕取得更为明显的实质性进展。

## 一、共同富裕是一种高层次的公平均等

共同富裕观是建立在公平均等理念基础上。而追求公平均等是人性的基本特征和人类的本能意愿。我国古贤对此早有深刻的揭示,其中不仅有以"大道之行、天下为公"为特质的"大同世界"的构想,有"民亦劳止,汔可小康"的热切期盼,也有"不患寡而患不均"的谆谆警示。纵观中国历史的演进,"均贫富、等贵贱"差不多是所有改朝换代斗争的基本口号和思想旗帜,它带来的是一呼百应的效果。这一事实充分反映了人心所向。不甘贫穷、追求美好生活也是人性的基本特征和人类的本能意愿。因此,建立在贫穷基础上的公平均等并不是人民群众的最终期盼,也因为如此,它也无法给社会带来长久的稳定与和谐。公平均等和对美好生活的不断追

---

[*] 本文系作者于2021年4月23日在新华社新闻信息中心、瞭望智库主办的"新时代建设共同富裕的探索与实践暨浙江南浔共富样本观察报告发布会"上的主旨演讲。

求缺一不可，使共同富裕最终成为社会的理性选择与历史发展的必然结果。这也就是说，共同富裕是一种高层次的公平均等。

社会主义制度作为一种以实行公有制、让人民当家为主为特征的制度，使推动和实现共同富裕成为逻辑必然和本质要求。科学社会主义理论的创立者马克思恩格斯明确揭示了这一点。在《1857年至1858年经济学手稿》中，马克思指出，"在新的社会制度中，社会生产力的发展将如此迅速，生产将以所有人的富裕为目的"。这意味着，共同富裕只能在公有制的基础上实现，它不仅是社会主义制度的本质要求，也是最终衡量社会主义发展状态与品质的根本标准。

## 二、现在应把推动全体人民共同富裕摆在更加重要的位置

就我国而言，社会主义制度的建立，为实现世世代代人民群众平等发展、共同富裕的夙愿提供了实际可能和有效保障。面对着一穷二白、千疮百孔的旧基础，刚刚成立的新中国就宣示了自己推动实现共同富裕的目标方向。早在1955年10月，毛泽东主席就在有关座谈会上指出："现在我们实行这么一种制度，这么一种计划，是可以一年一年走向更富更强的，一年一年可以看到更富更强些。而这个富，是共同的富，这个强，是共同的强，大家都有份"。(《毛泽东文集》第六卷第495页，人民出版社1999年6月第1版。) 他还强调："这种共同富裕，是有把握的，不是什么今天不晓得明天的事"。(同上书第496页) 党率领人民群众朝着共同富裕的目标一直进行着艰苦的努力，即便是在改革开放后从大局出发采取了让一部分人先富起来的方针，这个目标也没有动摇过。邓小平说，"共同富裕，我们从改革一开始就讲，将来总有一天要成为中心课题。社会主义不是少数人富起来、大多数人穷，不是那个样子。社会主义最大的优越性就是共同富裕，这是体现社会主义本质的一个东西。如果搞两极分化，情况就不同了，民族矛盾、区域间矛盾、阶级矛盾都会发展，相应地中央和地方的矛盾也会发展，就可能出乱子"。(《邓小平文选》第3卷第364页，人民出版社1993年2月第1版) 发展到今天，我们有条件也有必要把推动全体人民共同富裕摆放

在更加重要的位置。有条件，是因为我们打赢了脱贫攻坚战，全面建成小康社会；有必要，是因为它开启全面建设社会主义现代化国家新征程。这要求，全体人民共同富裕迈出坚实步伐，而当我国成为富强民主文明和谐美丽的社会主义现代化强国时，全体人民的共同富裕也应基本实现。

消灭绝对贫困，全面建成小康社会是一件具有标志性意义的大事，充分体现了中国特色社会主义制度的优越性，体现了中国人民锲而不舍的奋斗精神。新中国成立后，几代人接续奋斗，脱贫标准不断提高，奋斗目标逐渐拓展，到党的十八大之后，进入打赢脱贫攻坚战的总攻阶段。2011 年，中央按 2010 年不变价，将人均纯收入 2300 元作为扶贫的基本标准，依此标准 2012 年末共有贫困人口 9899 万。面对着繁重的扶贫任务，党中央直接推动，建立了中央统筹、省员总责、市县抓落实的脱贫攻坚管理体制和片为重点、工作到村、扶贫到户的工作机制，构建起横向到边、纵向到底的工作体系。扶贫任务较重的中西部 22 个省份党政主要负责人向中央签署责任书，立了"军令状"。脱贫工作建立了扶贫对象、措施到户、项目安排、资金使用、因村派人、脱贫成效"六个精准"的工作导向和发展生产、易地扶贫、生态补偿、发展教育、社会保障兜底"五个一批"的工作路径，连续七年每年减贫人口达一千万以上。至 2020 年，全国 832 个贫困县全部摘帽，全部农村贫困人口实现脱贫，其中 960 多万贫困人口实现易地搬迁。在全球贫困状况依然严重，一些国家贫富分化加剧的形势下，我国历史性地解决了绝对贫困问题，提前 10 年实现了《联合国 2030 年可持续发展议程》提出的减贫目标，为全球减贫事业做出了重大贡献，我国全面建成小康社会的目标也因此得以圆满实现。

共同富裕是中国式现代化的本质特征，扎实推动共同富裕，必须紧紧伴随全面建设社会主义现代化强国的进程。从现在起，应更加重视并切实加大工作力度。要把推动共同富裕作为重要的指导思想牢固树立在内心里，体现各级党政组织的重要工作部署中，融合在大政方针和具体工作举措上。同时应把缩小地区间、人群间的收入差别、生活水平差距，提高普通人群的获得感与幸福感作为年度工作业绩和发展成效的重要考核标准。

### 三、推动共同富裕要把握的一些重要指导原则

推动共同富裕,需要积极的行动,而行动的扎实有力,源自于思想上的坚定清醒。要使共同富裕伴随中国式现代化进展不断取得实质性进展,必须进一步提高思想认识,尤其要把握好这样一些重要的指导原则:

一是步履坚定、矢志不渝。建设中国式现代化,已把推动共同富裕无可逆转地放置到了发展的进程中,成了不可或缺的社会使命和不能懈怠的工作职责。因此,应坚定方向,坚持做大蛋糕和分好蛋糕相结合,不断缩小城乡区域发展和收入分配差距,不断满足人民日益增长的美好生活需要,在推动共同富裕的道路上执着进取、稳步前行,不摇摆、不松动,直至达到理想的目标。

二是脚踏实地、久久为功。实现共同富裕涉及发展水平持续提升,也涉及体制关系的不断优化;涉及重点问题的化解,也涉及重大结构的平衡,是一项巨大而复杂的系统工程,也必然是一个较为长期的历史过程,不可能一蹴而就。因此,要保持战略耐心,坚持循序渐进,重在扎实,重在持续。

三是紧扣关键、立足公平。如前所述,共同富裕是一种高层次的公平均等,或者说,是一种建筑在物质富足基础上的公平均等。当前我国发展不平衡不充分问题仍然突出,城乡区域发展和收入分配差距较大,实现共同富裕需要解决好这个问题,有力遏制两极分化。解决这个问题不能靠搞"杀富济贫",或在收入分配上搞平均主义,需要在推进生产力发展的基础上运用多种手段促进平衡协调发展。但造成城乡区域和收入分配差距较大的一个重要原因,是不同人群如城市居民与农村居民、不同要素如资本与劳动在发展权利和分配比重上的不平等。这个问题不解决好,推动共同富裕就难以取得实质性进展,城乡区域发展和收入分配差距还有可能扩大。因此,要紧扣实现制度公平、权利均等、机会统一这个关键下功夫,保障全体人民享有平等的公共权利和发展机会,以此为基础,运用各种有效的手段,推动全体人民共同富裕取得更为明显的实质性进展。

四是各显其能、因情施策。推动共同富裕要进行顶层设计和统一部署，更要鼓励各地区充分发挥能动性和创造性，从实际出发，紧扣目标方向探寻富有效率的道路。在措施选择上，不搞一刀切，在推进节奏上，不求齐步走。

**四、突出抓好实现共同富裕的重点方面**

要使推动共同富裕持续取得实质性进展，必须坚持问题导向，突出重点加大工作力度。概括地说，是要紧扣重点地区、重点人群、重点领域三个方面推进相关工作。

（一）重点地区：农村

不平衡不充分不协调的发展集中体现在城乡之间，农村是我国发展最大的薄弱环节，全面建设社会主义现代化、扎实推进共同富裕，最艰巨最繁重的任务在农村。实现农村现代化至为关键，它是国家现代化和人民共同富裕的基础和前提。

我国农村之所以长时期处于落后的状态，与"三农"的性质特点直接相关：农村人口众多无法由财政供养、农村地域广阔、很难复制城市的基础设施模式、农业科技含量总体较低致使经济效益不高、农产品关乎所有人群的基本生活需求无法完全依市场机制自由定价等，也同长期来所实行的体制与政策紧密联系：农民与市民未能拥有的同等的人身权利和发展机会、"二元"经济规则使农产品和农村资源无偿或低价转为工业与城市运用等。与此同时，长期实行的各自为战的小农经济模式也影响了农业生产效率与效益的快速提升。显然，完全依靠农村自身无法实现农村现代化和广大农民的共同富裕，而破除城乡二元结构，实现农民与市民权利平等、机会均等，推进农村经营方式创新是实现农村现代化和农民共同富裕的不二选择。

为此，缩小城乡差距，克服农村发展这一薄弱环节，推动农村实现共同富裕，至少应着力并持续推进这样一些工作：一是推动城乡融合发展、一体发展。对各重要领域发展、重大工程建设统一规划、协同安排，尤其要大力推进城市基础设施和基本公共服务向农村拓展延伸。二是促进以城带乡、以工扶农。结合功能疏解，推动产业、企业、项目、服务等向农村转移；建立帮带机制，强化城市政事企各单位对农村实行稳定持续的支援与帮扶。三是实行城乡要素平等交换、双向流动。深化城乡户籍制度改革，实现城市基本公共服务常住人口全覆盖，推动农村人口向城镇转移并全面融入城市；完善农村承包地"三权"分置改革、探索农村宅基地"三权"分置形式，实施农村集体经营性建设用地入市制度，推动城市要素更多向乡村流动，促进农村经营方式适应现代化发展要求创新发展，实现一、二、三产业在农村融合提升。

（二）重点人群：低收入群体

"富裕"的内涵非常丰富，但基础和核心还是收入水平。实现共同富裕，从另外一个维度看，是要解决"收入分配差距较大"问题，关键是解决一部分人群收入水平过低问题。

这是一个占人口比重较大的群体，其主体部分，就是生活在农村的绝大部分农民。除此外，还有大部分进城务工农民和一部分从事简单劳动的城市居民。显然，这一问题的解决关系现代化建设和实现共同富裕大局，但难度很大。多少年来，我们一直强调优化分配格局，增加低收入者收入而收入分配差距依然较大的事实证明了这一点。因此，促进低收入人群收入水平加快增长需要长久努力，也需要超常规操作。

除上面谈到的推动广大农民实现共同富裕的措施之外，提高低收入人群收入水平还应采取这样一些举措：一是千方百计保障普通人群实现就业。就业是收入的直接来源，而就业不稳定主要体现在从事简单劳动或体力劳动的普通人群之中。要通过政策指导、合同约束和职业技能培训等多种手段，促进农民工等普通劳动者充分就业。二是进一步完善分配制度。圆满贯彻按劳分配为主体、多种分配方式并存的收入分配原则，切实提高劳动报酬在初次分配中的比重，解决劳动与资本等要素收入分配悬殊问题。与此同时，完善再分配机制，加大税收、社保、转移支付等对收入分配的调节力度。三是健全支撑机制。健全城乡社会救助体系，完善最低生活保障制度；强化特殊困难人群的社会保障与关爱服务；做好巩固拓展脱贫攻坚成果同乡村振兴的有机衔接，切实稳固脱贫向富基础。与此同时，建立监测体系和评价体系，把低收入人群收入水平的实际增长作为政府年度政绩考核的关键内容。

（三）重点领域：基本公共服务

基本公共服务是政府及其机构为社会提供的普惠性服务，涉及群众的根本利益与现实权利，与人民的美好生活需要直接相连。提供更多更好的基本公共服务，是政府的基本职责，也关联着社会主义制度优越性的彰显。

基本公共服务与共同富裕密切相连。教育、医疗、文化等基本公共服务领域大都是耗费较高且体现刚性需求的领域，这方面差别会直接影响到人们的社会福祉、收入水平和财富积累，从而直接影响到贫富差别。

基本公共服务差异化是我国长期存在的状况，难以享受均等化基本公共服务的人群与上面提到的低收入人群高度重合。对这部分人群来说，不能享受均等化基本公共服务既增加了他们的开支、也减少了他们的福利，因而是导致他们收入水平低、发展能力不足的一个重要原因。

对我国而言，不均等的公共服务体系的建立有其特殊的历史背景和发展阶段的合理性，随着生产力的提升和市场经济的发展，相关改革得以逐渐推进并取得了较大的成效。但进入新的历史阶段，面对全面建设社会主义现代化的目标和实现共同富裕的使命，应当显著加大推进基本公共服务均等化的力度。应在如下方面进一步强化力度：一是切实落实国家规划要求，围绕公共教育、就业创业、社会保险、医疗卫生、社会服务、住房保障、公共文化体育、优抚安置、残疾人服务等领域，建立健全基本公共服务标准体系，明确国家标准并建立动态调整机制。二是全面清理并废除妨碍实施均等化基本公共服务的法规、政策与做法，打破地区封锁和行业垄断，推动城乡区域间平衡衔接和共建共享。三是优化基本公共服务设施布局，大力推动基本公共服务资源向薄弱地区流动、向生活困难群众倾斜。四是加大跟踪督促力度，及时化解推进均等化基本公共服务中出现的突出矛盾与问题，不断提升基本公共服务的普惠性和幸福感。

# 科学认识与评估共同富裕问题[*]

扎实推动共同富裕问题是当前的热点话题。中央十九届五中全会通过的建议提出相关要求后，我即应约为《人民日报》写了一篇名为《扎实推动共同富裕》的小文章，最近也在不同场合谈过一些关于推动实现共同富裕的思考，今天想结合讨论中国宏观经济研究院等提出的浙江建设共同富裕示范区评估报告框架再谈一些看法。没来得及仔细消化评估报告框架，不一定能谈到点子上，仅供参考。

中央选择浙江作为共同富裕示范区是一个十分正确的决策。在这方面，浙江至少有四个方面的有利条件：其一，浙江是经济发展最好的地区之一，可以说距离现代化目标最近，这为快速实现共同富裕提供了有力支撑；其二，浙江的民营经济发展在全国首屈一指，在这种所有制结构下探索先富带后富实现共同富裕路径在全国具有典型意义，在国有经济或者公有经济比重较高的地方进行推动共同富裕的探索往往被理解为一种逻辑必然，其典型性就不那么显著或鲜明；其三，浙江的人均收入水平在全国排在前列，这成为推动共同富裕的良好基础；其四，浙江的人均存款居全国第一，表明推进共同富裕的潜能比较充足。

我理解，中央选择浙江建设共同富裕示范区的目的有二，一是探索道路，二是做出示范。评估报告框架设计很好把握住了这点，因而保障了大方向的正确性。涉及具体工作的评估，实事求是地说，建设进程只有短短

---

[*] 2022年1月15日，中国宏观经济院召开"浙江建设共同富裕示范区评估专家研讨会"，对相关评估报告框架进行讨论。本文系作者在研讨会上的发言。

的一年时间，很难讲能取得多么大的进展，但一年内也可以做不少事情，也可以在某些方面实现突破，所以对之进行科学评估或客观评价是十分必要的。对中国宏观研究院来讲，有不少高手，但如何做好科学评估仍然面临挑战，需要对一些问题深入思考。

听了评估报告框架的介绍，基本感觉是站位很高、立意较深、内容丰富、亮点众多。从评估的角度看，不仅方向把握正确，尤其是在有关评估应该关注的角度、应该秉持的原则等关键方面考虑周全，而且内容抓得也比较准，主要的方面都囊括进去了。方法选取也较适当，强调了定性和定量的结合。我对目前提出的这个评估报告框架是持充分肯定态度的。

我认为，一个高水平的评估报告应该起到四个方面的作用，或者说应该做到四个结合：一是把评估和督促推进结合起来，通过评估了解工作的进展和不足，特别是查找存在的薄弱环节，用以督促工作，把它们不断向前推进；二是把评估和总结提炼结合起来，通过评估把工作的亮点拎出来，站在较高的基点加以提升，以便在适当的时候能够推向全国。做到这一点是要有水平的，能够在一团乱麻似的复杂事项中梳理出关键事项，把理不清的东西摆弄得顺顺当当；三是要把评估和引导完善结合起来，通过评估既总结工作、提炼经验，又进行有倾向性的思想指导，使相关的试验能够按照正确的方向与路径推进；四是要把评估和点面联动结合起来，通过评估进一步解决疑难问题，提出具有普遍意义的思路与举措，为全国扎实推动共同富裕提供有益借鉴。

应该说，现在的评估报告框架所描述的内容基本上能够满足这几个方面的要求，但如果精益求精，特别是基于评估本身进一步聚焦的话，有这样几点建议。

## 一、进一步完善框架结构

现在的评估报告框架共有五个部分，内容很丰富。但有个问题需要进一步明确或者深入研究一下：这是一个单纯的就事论事等评估报告呢还是一个希望以年度评估为基础形成的关于推动共同富裕的研究报告？刚才院领导谈到打算下一步对共同富裕问题做更深入的一些研究，因此我认为院里也想借助这次评估的机会把许多问题梳理一下，为下一步深化研究打一个基础。无疑这是一个比较周全的考虑。但具体谈到当前的评估工作时，还得确立一个主基调。根据你们的介绍，我认为这一次还是应当以评估为主，更深更广的研究可以稍后设立专门课题进行。在评估过程中当然要深化对一些问题的研究，但是这些研究也应主要为评估服务，一些研究成果只能在最必要的范围内为报告所用，有一些研究成果可以放置在未来专门设立的课题之中。有鉴如此，评估报告的写作框架设计就要尽量体现评估的要求。我建议是否按一个帽子和四大块板来考虑："帽子"主要写按照什么要求、依据什么原则、运用什么方法、达到什么目的对共同富裕示范区建设进行年度评估；第一个板块阐述总体建设情况，对一年来浙江推动共同富裕的实践做基本描述和阶段性总结评价；第二个板块具体梳理关键方面的建设情况，从组织领导到相关业务领域等若干个方面，既讲进展也讲问题；第三个板块阐述试点中所提出来的一些值得研究的重大问题，要紧扣浙江建设共同富裕示范区的实践，要有一定的理论深度；第四个板块结合试点就若干方面提出建议，择其要者，不要面面俱到。

## 二、更好地把握评估基点

中央对浙江建设共同富裕示范区的一个基本要求是要"不断形成推动共同富裕的阶段性标志性成果"，我以为，评估应在把握这一基本要求的前提下，立足于"渐进"和横纵向对比，科学准确和客观地评价一年的工作进展。

我前面谈到一年的时间很短，又有组织动员这样一类启动性工作，所以对进展不能要求太高。但从阶段上把握肯定是取得了一些进展的，在进展中也肯定是有标志性成果的，这需要我们用平常心和科学眼光来看待。评估一定要把握"渐进性"这个特点。共同富裕不是一下子能实现的，低收入群体的收入水平不会突然提高到一个理想的程度，地区不合理差距不可能一下子就得到解决，城乡二元结构也很难在短时间内得到根本的改革，但在这些方面哪怕是有一点点进步那也是实实在在的进步，这一年只要比没试点的前一年有进步，就值得高度肯定，因为它符合"渐进性"这个特点。一碗水跟一桶水比起来的确很少，但一桶水也是一碗一碗水灌满的，所以能够得到一碗水也是一个很大的成就，这碗水对灌满一桶水做出了积极的或阶段性的贡献。这应该成为我们认识问题的重要角度。评估还要着眼于横纵向对比。横向跟别人比，过去相关指标与其他地方的差距是多少，经过一年的努力，是否比别人的差距有所缩小，如果缩小了那就是很大的进步。纵向跟自己比，经过一年的努力，有些重要的事项和指标是否有了改善，如果确有改善，哪怕这种改善不够大，也应该给予充分地肯定。所以，评估的基点一定要把握好，总的基点是要有平常心，不要把期望值调得很高，否则就可能忽视试点所做出的努力，忽视微小进步后面所付出的重大艰辛。不要说一年的时间，对有些"硬骨头"来说，啃四五年恐怕也取得不了多大的进展。我记得2003年在参与中央十六届三中全会改革文件起草工作的时候，就讨论要大力改革消除城乡二元经济结构，这个思想也体现到了会议所做出的决议上。现在过去了差不多二十年了，城乡二元经济结构仍然牢固地矗立着。但不可否认，上上下下为消除这一结构做了很多卓有成效的工作。推进共同富裕是一项巨大的、复杂的系统工程，需要久久为功，对试点地区要求应高一些，但是也不能脱离实际。要实事求是地看所取得的成就，哪怕一点点进步也是进步，也要给予应有的评价。试点示范不能蜗牛爬行、得过且过，但也不能操之过急，要求过高。

### 三、应当把握好评估的重点和关键环节

共同富裕的内涵是丰富的，但从主要方面看，我认为三个方面特别重要或者说值得特别关注，这里提出来供大家批评。一是收入分配，这是所有人获取财富、实现富裕的最基本的形式；二是基本公共服务，它并不直接体现在收入上，但是跟共同富裕密切相关并间接影响着收入水平；三是人民的精神生活，与物质财富一样，它是共同富裕的重要内容，体现着共同富裕的质量和温度。评价共同富裕的进展不能忽视这三个方面。深入到

关键环节，也有几个方面值得特别关注：一是在收入分配中劳动报酬的提升问题。我们坚持的是按劳分配为主体、多种分配方式并存的制度，但我们怎么理解按劳分配这个主体？是说要把按劳动分配收入放在主体位置呢，还是说按劳动分配收入的人群是主要群体呢？我理解肯定不应该是后一种考量，而应当是使按劳动分配成为分配的基本方式，而劳动应成为分配的主要依据。既然如此，就有一个劳动和资本及其他分配要素，包括土地、知识、技术、管理、数据等，在分配中的占比把握问题。作为评估，我们是否要认真分析一下一年前后劳动分配与其他要素分配的收入差距的状况，是拉大了还是缩小了，这十分关键。如果拉大了，就不好说进步了。无论是从理论上还是从实践上说，如果劳动收入与其他要素收入的差距不断扩大，普通老百姓就永远不可能实现共同富裕。但如果普通老百姓特别是广大的农民不能实现共同富裕，那全国的共同富裕也就永远不能实现，就是这么一个简单的道理。几乎所有的主要文件都讲要提高劳动报酬在初次分配中的比重，这个讲话也不是一年两年了，但实际情况是资本的收入分配与劳动收入分配的差距越来越大。不算股权、奖金，有的企业董事长和总经理的年薪能拿到一个多亿甚至更多，而我们大部分的劳动者的月工资才几千块钱，有的只有两三千块钱。这样的分配延续下去，是很难实现共同富裕的。所以评估要对这个问题做深入的研究，看看这一年劳动和资本在收入分配上的状况，如果差距缩小了，应该给予很高的评价；反之，评价就不能太高。其他要素与劳动之间的收入分配之比也要考虑。我们讲以按劳分配为主体，但现在依靠劳动获取收入的群体恰恰是收入水平最低的，这个群体也往往是社会上处于弱势的群体。当然我们也讲管理者、知识分子也是劳动人民，但毕竟还是与农村的农民、城市的农民工和普通工人不一样的，在具体讨论收入分配时还是要区别开来，否则就无法评判了，也无法形成正确的结论和对策。所以评估要重视这个问题，考察一下劳动报酬的比重是否在上升，与其他分配要素的差距是否在减少，这是我们能不能正确贯彻按劳分配为主体、多种分配方式并存的分配制度，能不能逐渐缩小收入差距的很重要的环节。二是非工资收入影响问题。我在不久前举办的一次论坛中曾经分析过社会收入分配的状况，普通的劳动者不仅工资收入低，而且几乎没有非工资收入或者正常渠道之外的其他收入。农民只有种田收入和养殖收入。有的人则不同，不仅工资收入高，还有股权收入、各种知识产权收入、与名誉地位相关的收入，以及一些特殊要素延伸收入。有个词叫"灰色收入"，普通劳动群众基本上是不会有灰色收入的，更不会有黑色收入，没有人会去给普通农民行贿送红包。所以如何协调好、平衡好工薪收入和其他收入间的关系，直接影响着共同富裕的进展，因而也是需要在评估中认真研究和科学把握的一个问题。三是基本公共服务均等化问题。我国有很大一部分人群在基本公共服务方面没获得均等水平，面对的是不公平的待遇，这种不公平在某种程度上加大了他们的支出，也就相当于减少了他们的收入。而这部分人群基本上都是收入低下的人群，是普通的农民和在城市打工的这类人。他们没有享受均等化的公共服务，但医疗、教育等方面的开支一点也不会减少甚至可能付出的更多，这进一步降低了他们的收入水平。反观我们这些享有较高公共服务的人群，相对于这个群体，在某种程度上等于是进一步提高了我们的收入水平。这表明，对推动共同富裕来说，基本公共服务的均等化状况是一个特别重要的因素，评估的时候应给予充分重视。四是精神生活的共同富裕。在精神生活方面，不同地区、不同人群存在的不平衡是非常明显的，所以这方面的进展情况也应该作为评估考核的重要内容。但精神生活共同富裕的内涵怎么界定，多样化、多层次、多方面的精神文化需求如何把握，在评估中应扣住哪些重点，如何把量的评价体现在其中，值得做深入研究。

## 四、进一步完善评估方法

评估报告框架对方式方法已有阐述，看后感觉考虑比较充分。秉持正确科学的方式方法的确十分重要。在这方面，我想应当把握的核心点有二：一是如何了解到真实的情况。真实的情况更多于来自民间，来自老百姓，我们通过怎样的手段能了解到真实的情况？问卷调查可不可靠？这都是需要认真思考的。二是如何获得准确的数据。五花八门的数据很多，其来源并不一致，各种数据的真实性决定着评估的质量和水平，所以应通过有效的方法进行科学甄别，最大限度地保障数据的准确性。如果通过适当的方式方法解决了这两个问题，科学的评估、客观的评价就有了基本的保障，深入的理论分析和科学的对策建议也就有了坚实的基础。

# 着力推进低收入人群加快实现共同富裕*

很抱歉，因为疫情等方面的原因只能在线上与大家汇报和交流。我今天发言的题目是《着力推进低收入人群加快实现共同富裕》，严格地说，应该是以农村居民为重点着力推进低收入人群加快实现共同富裕。时间关系，简要地谈四个观点。

## 一、扎实推动共同富裕既具必要性又具紧迫性

推进共同富裕是这一时期的热门话题，其必要性和重要性，大家已从中央的重要文献、领导同志的讲话与文章以及社会各个层面的论述中充分领略到了。推进共同富裕是人类共同的追求，是中华民族自古以来的理想，是社会主义的本质要求，是中国特色社会主义的典型特征，这些观念已为全国绝大部分人所认同。

我以为，在强调必要性、重要性的同时，一定要认识到扎实推进共同富裕的紧迫性。其紧迫性在于，我国已经开启了全面建设社会主义现代化国家的征程，共同富裕是中国式现代化的重要特征，也是现代化建设的必然要求。在全面建设现代化的背景下，如果不把扎实推进共同富裕放到重要位置，显然不符合理论逻辑和客观规律。更重要的是，贫富分化必然导致社会撕裂、政治极化，任其下去，必然会影响到社会和谐安定，危害国家前途命运。我国当前发展不平衡不充分的问题比较突出，且仍在发展，

---

\* 本文系作者于2021年10月29日在浙江大学等主办的"国家区域协调发展战略论坛——区域协调发展与推进共同富裕"所做的视频讲话。

城乡、区域发展和收入分配差距较大，放在世界范围看也都是比较突出的。广大人民群众实现共同富裕的要求迫切、呼声强烈，这种诉求已通过各种形式表现出来。如果不积极扎实的解决过大差距问题，国家现代化建设和长治久安都会受到直接影响。这里还要强调一句的是，推进共同富裕不仅是为了解决贫困人群加快发展问题，实际上也是为了解决已经富裕起来的人群稳定发展和长治久安问题。习近平总书记最近在《求是》发表文章指出，"党的十八大以来，党中央把握发展阶段新变化，把逐步实现全体人民共同富裕摆在更加重要的位置上"，而"现在，已经到了扎实推动共同富裕的历史阶段"。这一论述充分阐明了推进共同富裕的紧迫性。

我认为，当前最重要的不是站在道德高地上认为这也不能做、那也不能做，这也要防、那也要避，而是深入思考如何推动共同富裕取得更为明显的实质性进展。我们应当循序渐进，但不能拖沓慢进，更不能敷衍，要真抓实干，要有硬举措。

## 二、应把工作视角和着力点切实放在推动低收入人群的共同富裕上

推进共同富裕是一项十分艰巨的使命，不仅涉及思想路线、经济实力等基础性条件，也涉及路径、方法等操作性因素。我认为，要扎实推进共同富裕，即促使共同富裕从现在起一步一步地展现成效，不能面面俱到，而应突出重点并围绕重点进行配套。应该认识到，共同富裕中"富裕"的内涵是十分丰富的，但基础和关键依旧在收入分配。因此，扎实推进共同富裕，要把解决"城乡区域发展和收入分配差距较大"问题放到突出位置，并作为工作的牵引。而重中之重是解决低收入人群收入加快提升和必要幅度增长的问题。

关于低收入人群，从动态上看，主要涉及两种类型，一种是当前收入水平居于低位的群体，一种是在发展过程中因地区、行业收入分配差距造成的相对收入较低的群体。后一种情况表现的是，在发展过程中有一部分人可能会沦为低收入群体。因此，我们需要采取措施，提高现存低收入人群的收入分配水平，同时也需要采取措施，防止在发展的进程中一部分人

在相对水平上坠入低收入群体。

根据现在公开且比较流行的说法，有这样几组数据有助于我们分析低收入群体的情况：其一，当前我国中等收入人群的规模约为4亿人，或者说超过了4亿人但不到5亿人。其二，大约有6亿人群，平均每月收入在1000元左右。其三，根据第七次全国人口普查，我国现有总人口141178万人，其中居住在城镇的占63.89%，为90199万人；居住在乡村的占36.11%，为50979万人。其四，2020年，进城务工农民约为2.8亿人。以这些数据为主并结合实际案例进行综合分析，大体上低收入人群主要包括这样三类：一是绝大部分居住在农村的农民；二是大部分进城务工农民；三是一部分从事简单劳动的城市居民或市民。我们常常讲，要"扩大中等收入群体比重"，但我认为更重要更清晰的操作指向应该是增加低收入人群收入，加快低收入群体实现共同富裕。我们的工作重点应当放置于此。

再分析一下，低收入人群的收入分配有什么特点？一是直接收入或基本工资收入较低，农村居民的综合收入也比较低。二是几乎没有其他形式的收入，即没有所谓的灰、黑等收入。三是其有限的收入往往由于各种原因还遭受拖欠或克扣，并不一定都能拿得到手。另外需要考虑的是，除了农村人群开支相对较小外，城市居民和进城务工农民的各项开支比较大，在最必要的支出方面与中高收入人群几乎没有差别。有时为了降低开支，这部分人群往往以牺牲自己的健康和基本快乐为代价。这些刚性支出往往使一些低收入人群入不敷出，这从另外一个角度说是降低了低收入人群的收入水平。因此，解决低收入人群加快共同富裕问题，核心是以农村居民为主体，集中解决上述三类人的收入增长或提升问题。在这个基础上，配套解决影响低收入人群实现共同富裕的其他关键问题。

**三、推进低收入人群加快实现共同富裕应当确立的基本指导思想和操作原则**

为了使推进低收入人群加快实现共同富裕不断取得积极的成效，应当进一步优化思想认识和操作原则。我认为比较重要的有如下三点：

第一，不能把低收入人群实现共同富裕的希望主要寄托在非制度性的帮扶、支持和带动上。虽然第三者的支持、帮扶和带动也十分重要，应加以鼓励和促进。但根本的，还是应通过规范有力的制度体系推动低收入人群加快共同富裕。

第二，推进低收入人群共同富裕的重点是解决收入分配问题，但提高收入水平并非实现共同富裕的全部内容。推进公共服务均等化等举措不仅影响着共同富裕的质量，也影响着收入分配本身，或者说直接与收入分配挂钩。是否公平与收入的增减、支出的增减直接相关。

第三，提高低收入人群收入水平不能就事论事，应标本兼治、统筹考虑生产与分配的关系，在理顺关键制度上下功夫。

## 四、加快推进以农村居民为重点的低收入人群实现共同富裕应采取的一些重要举措

加快推进以农村居民为重点的低收入人群实现共同富裕，涉及一系列改革和创新，我以为，如下五个方面的举措至关重要，应科学研究、扎实施行。

第一，实施分类指导，以兴区促富民。区域兴则人民富，人民富裕的重要基础是区域发展。近些年区域分化加快，一些地区经济发展速度放缓，影响到人民收入水平的有效提升和共同富裕的进展水平。我们应总结过去积累的好经验，进一步强化分类指导，加强政策的协调与倾斜，加大对重点地区的支持力度，加快促进区域振兴，促进人民收入整体提升并加快共同富裕的步伐。区域发展不给力，地区人民收入水平整体提升和实现共同富裕就成了无源之水、无本之木。与此同时，要有针对性的解决特殊行业、特殊人群的收入增长和加快发展问题，使低收入行业和低收入人群能够实现合法合理的财富提升。

第二，加强调节力度，进一步优化第一次分配和第二次分配。当前提出了三次分配的收入调节思路，包括发挥慈善等第三次分配的作用。应该说，发挥第三次分配的作用是必要的，但我认为根本的调节还应依靠第一

次和第二次分配，要把制度创新和完善的主攻方向放在第一次和第二次分配上。也就是说，要适应扎实推进共同富裕的要求，优化第一次和第二次分配的制度设计。这涉及许多方面，但主要有两点：其一，要把优化第一次分配的重点放在处理好资本和劳动的关系上。过去许多年来我们一直强调要提高劳动报酬的比重，但没有得到有效落实，实际情况是劳动与资本的收入比一直在下降。主要原因是，从劳动方面看，其本身的透明度比较高，难以进行复杂的价值叠加，增值空间较小。从资本方面看，其地位和力量过于强势，且模糊空间大，有利于实行价值叠加。但如果不能较大幅度地提高劳动报酬，那么使大部分低收入人群的收入水平实现快速增长是不可能的，也无法使他们加快实现共同富裕。转移支付等手段当然非常重要，但最基础的劳动收入水平应该有明显提高和阶段性持续增长。与此同时，对某些企业资本收入的增长应有必要的约束。当前不仅存在着资本无序扩张的问题，也存在着资本的恣睢任性的问题，表现在某些企业的高管层级滥发工资，动辄大几千万，甚至是一个亿、几个亿，比世界顶尖企业主要管理人员的工资收入都高出一大截。这种状况应当施以适当的手段进行约束。其二，第二次分配要强化税收手段的功能，特别是强化对过高收入和财产性所得的税收调节。正在试点的房地产税是一个重要举措，但还不够，在合适的时机应借鉴有关国家的经验推出更有力度的税种。另外，对资产的跨境转移也应加强税收调节。与此同时，要通过转移支付等手段强化对困难地区和低收入人群的支持力度，一方面推动基础设施、产业体系、基本公共服务等关键领域的优化提升，另一方面直接提升收入水平。

第三，深化城乡联动，加快促进农民农村实现共同富裕。如前所述，在低收入人群中，农民及农民工是主体，因而农村和农民是实现共同富裕的重点和难点。但并非没有路径加快提升农村居民收入水平、实现共同富裕，有效的出路就在城乡联动。最大的困难在乡村，最大的潜能实际上也在乡村，农村、农民有实现富裕的充足条件，关键是让不让运用这些条件，如何科学地运用这些条件。

从农村农民的角度看，其关键点在于：其一，应通过体制改革创新给予农村居民与城市居民平等的发展机会和权利，不再实际上把他们当二等公民甚至三等公民对待。其二，实现城乡要素的平等交换、双向流动，不再把农村生产资源和要素隔离于市场机制决定和市场配置之外。从城市角度看，过去几十年来，特别是改革开放以来，农村资源要素一直支撑着城市的发展。客观地说，农村对城市的支持远大于城市对农村的支持，到现在也没有改变这种状况。向全面现代化迈进，也到了城市倾力支持农村的时候。应通过深化城乡体制改革，包括进一步优化户籍制度、推进基本公共服务均等化，深化"三权"分置改革等，一方面推动更多的农民进入城镇，另一方面促进城市骨干企业、现代经营模式、先进技术手段进入农村、融入农村，加快推进农村现代化。

第四，强化指标约束，大力推进基本公共服务均等化。实现基本公共服务均等化是一个直接关系以农村居民为重点的低收入人群加快共同富裕的重大问题，也是一个久攻不下的难题。应明确目标任务，建立标准体系，强化责任机制，设计时间界限，由易到难，由急到缓，一项项的解决基本公共服务对低收入人群特别是对农村和农民的均等配置与平等服务的问题。不能让同坐在一辆车上受交通事故损害的城市人与农村人的赔偿标准不一样，也不能让坐在空调房里的人享有高温补贴，而在烈日下工作的农民工没有高温补贴的怪像存在。

第五，坚持多管齐下，不断降低低收入人群的基本负担。降低支出或负担实际上就是增加收入、促进共富。低收入人群尤其是进城务工农民在社保、教育、医疗、居住、司法服务等领域负担较重，应协同发挥有效市场和有为政府的作用，通过专项减免、定向补贴、特殊援助等手段帮助这部分人群降低负担，节约收入。

这就是我今天谈的一些看法，不一定对，请大家批评指正。

# 把低收入者收入增长状况作为国家年度考核的重要经济指标\*

借着这个机会简要谈一些看法。核心观点是，把低收入者收入增长列为国家年度考核的重要经济指标，同时也作为衡量区域协调发展程度的重要标尺，促进区域高质量发展要着力于此下功夫。讲相互联系的四层意思。

**第一，"全面"最本质的意义和最显著的标志是全体人民的共同富裕**

大家注意到，党的重大文件或报告谈到现代化建设时都强调了"全面"两字，十九大报告称之为"开启全面建设社会主义现代化国家新征程"，二十大报告叫作"全面建成社会主义现代化强国"。"全面"是关于现代化的一个十分重要的定位。

这个"全面"有领域上的考量，1954年我们讲要建设工业、农业、交通运输业和国防四个现代化，1957年又讲要建设具有现代工业、现代农业和现代科学文化的社会主义国家，1964年我们明确提出要建设具有现代农业、现代工业、现代国防和现代科学技术的社会主义强国，当时强调的都是重点领域，到现在讲"全面"，就意味着所有能够实现现代化的领域都应该实现现代化。

---

\* 本文系作者于2022年12月25日在"中国区域经济50人论坛第23次专题研讨会"上的讲话。

这个"全面"应该也有内容上的考量。例如，二十大报告中特别强调"中国式现代化是物质文明和精神文明相协调的现代化"，具体地说就是"物质富足"、"精神富有"。当然还可以从其他方面来进行概括。

但我认为"全面"最重要的含义是全体人民的现代化，而全体人民的共同富裕就是全体人民现代化的核心和标识。为什么这么说？首先，一切发展的最终目的都是为了人，是为了满足全体人民日益增长的美好生活的需要；其次，共同富裕也是中国特色社会主义的本质要求，自然也是中国式现代化的本质要求；其三，真正的现代化强国必然是全体人民共同富裕的国家，反过来说，当全体人民实现了共同富裕，物质财富也就达到了"充分涌流"，这样的国家必然也是在各方面都十分强大的国家。显然，推进全体人民的现代化，或者说实现全体人民的共同富裕并不是一件容易做到的事情。

二十大报告揭示了中国式现代化的五个本质特征，具体分析，有的是事实表述，有的是路径体现，还有的是理念宣示，但"中国式现代化是全体人民共同富裕的现代化"这一提法，不仅体现了理念、原则和路径的特点，还集中展示了现代化的内涵和本质，具有实质性和标志性意义。

## 第二，区域问题在根本上表现为人群间收入分配差距过大

区域问题反映在方方面面，但根本的问题还是两极差距过大，因而消除过大的两极差距是促进区域协调发展的主要任务，换句话说，消除过大的两极差距使促进区域协调发展成为必要。我们常常说城乡区域发展和收入分配差距较大是经济社会发展中存在的一个突出问题，但进一步分析，无论是城乡差别还是地区差别，最终都体现在具体的人身上，即体现为人群之间的差距，直接体现为人群间收入分配的差距。何况同一个城市和地区，人群间的收入差距往往也是显著的，但这种差距从城市和地区层面并不能看出来。如北京无疑是我国的发达地区或发达城市，总体收入较高，但是如果落实到每一个具体的人身上，收入差距可谓十分悬殊。所以简单地从地区或城市的角度看，并不一定能看出差距所在，而人群间收入分配

的状况更能真实地反映一个地区或城市发展的质量与水平，也更能反映协调发展的状况。

**第三，应当把提高低收入人群收入水平的增长比重作为国家年度经济调控的核心指标**

全面建设社会主义现代化国家，不断提升低收入人口的收入水平（后文简称提低）是难点所在。低收入人口占我们国家劳动力人口的绝大比重，若这些人不能走向富裕，全面建成现代化国家就会是一句空话。而"提低"既靠发展也靠分配，或者说"提低"一头连着发展，一头连着分配，需要做实实在在的工作，来不得半点虚假。很多东西都可以做假，包括GDP增长，甚至连财政收入也可以搞寅吃卯粮，但每年要实现低收入人群收入的一定比例增长很难作假，必须通过扎实而具体的工作，通过一并"做大蛋糕"和"分好蛋糕"才能实现。此外，"提低"有效排除了"平均数"带来的迷惑，能够把"平均"和"平衡"科学地区分开来，因而能够真实地反映普通人民群众实实在在获得美好生活的状况，也能真实地反映促进区域协调发展的状况。因此，应该把"提低"的增长比重作为与GDP、物价、就业、国际收支同等重要的指标，列入政府年度经济社会发展的预期目标进行管理和调控。

**第四，促进区域协调发展和推动高质量增长应在持续提低上下功夫**

提高低收入人群收入水平，应统筹生产与分配的关系，在治标的同时着力于治本，注重理顺关键制度、建立核心机制。特别要重视做好如下方面的工作。一是要坚持实施分类指导，依托比较优势，推动欠发达地区加快发展，以"兴区"促富民。二是要加强调节力度，进一步优化第一次分配和第二次分配。低收入人群基本上是按劳动来分配的，所以要按照中央的要求提高劳动报酬在初次分配中的比重。这一要求强调了许多年，几乎每个重大文件都会提到这一点，但落实并不到位。从实际情况看，劳动报酬和其他要素报酬的落差越来越大，这样下去，低收入群体的比重很难下降,"扩大中等收入群体"的步伐也会十分缓慢。与此同时,还要加大税收、社会保障、转移支付等的调节力度。三是着力消除二元结构,切实保障城乡居民平等的人身权利和同等的发展机会。特别要推动城乡要素平等交换、双向流动,促进城乡融合、以城带乡。四是大力推进公共服务均等化,从共享成果和降低负担两个层面来缩小人群间收入分配差距。强调每一个公民都应有平等的人身权利和同等的发展机会,很重要的一个方面就体现在大家都能享受均等化的基本公共服务上。而对于"提低"来说,推进基本公共服务均等化,既是增收的一个举措,又是降负的一个举措,从两头对提升低收入人群的收入水平发挥着正面效应,因此它也是推进全体人民共同富裕的一个十分重要的举措,应要着力于此下功夫,并争取持续获得实质性进展。五是通过专项减免、定向补贴、特殊援助等多种手段,为部分具有特殊困难的低收入人群提供帮助和支持。

这就是我要谈的一些观点,请大家批评指正。

# 特殊类型地区振兴发展

# 赣南原苏区特殊地位与振兴发展思路 *

很高兴有机会再次来到赣南。我本人这是第三次来到赣南。应该说每来一次就受一次教育，就得到一次心灵的洗礼，也实现一次思想的升华。

这一次到赣南，是按照中央领导同志的指示和国家发展改革委党组的部署，专门就赣南原苏区的发展振兴进行实地调研。几天来，与市领导和有关同志一起走了赣南的几个县，看了一些乡镇和村庄，特别是深入到了一些比较贫困的地区做了考察了解。一路走来、看来、访来，感到又接受了一次刻骨铭心的教育。相较前两次来赣南，这次调研的面更宽一些，时间更长一些，所受到的震撼也更大一些。我的心情可以用"喜忧参半、五味杂陈"来描述。一方面，在党中央、国务院的正确领导下，在省委、省政府，以及赣州市委、市政府的直接领导下，赣南地区经济社会一直保持了较快发展的态势，地区面貌发生了翻天覆地的变化。刚才市委领导的讲话和播放的专题片中，都介绍了这些年来赣州取得的巨大成就。从改革开放后的情况看，2011年赣州的地区生产总值比1978年增加了115倍，财政收入比1978年增加了144倍，从增长速度来看，赣州与全国、与很多地方相比毫不逊色。而就赣州的城市建设而言，其优美的环境和独有的风貌，可能国内很多城市都比不上。赣南发展的成就是应该充分肯定的。但另外一方面，由于各方面的原因，包括历史的、现实的原因，以及战争的、非

---

\* 2012年2月27日-3月2日，作者受托率国家发展改革委调研组赴江西就促进赣南原中央苏区振兴发展进行调研，为国家部委联合调研组的全面调研和有关文件的起草做准备。本文系作者3月2日在赣州市委、市人民政府召开的座谈会上的讲话。

战争的原因等等，导致赣南苏区仍然处于整体贫困的状态。与很多地区相比，赣南的基础条件还比较差，生态环境仍然很脆弱，经济状况不够好，公共服务水平比较低，有相当大一部分老百姓仍然处于较为贫穷的状态之中。这些天我们看了一些贫困的村庄，特别是看到有的农民群众还住在20世纪六七十年代建的土坯房中，躺在破棉絮掩盖的床上，心里很不是滋味，甚至可以说十分沉重。看完以后我的总体感觉就是，赣南地区地位特殊，面临着十分特殊的困难，需要用特殊的办法来加以解决。

原本没打算讲话，主要计划是来做个初步的调研，并与省市相关负责同志研究一下工作，为国家部委联合调研组的全面调研和相关文件起草做一些前期准备，回去以后向国家发展改革委党组进行汇报。但市委领导今天请来了各县（市、区）的负责同志，希望我能深入地谈些意见，的确盛情难却。这几天调研之后也的确有些感想，所以恭敬不如从命。我没做什么准备，即兴谈些看法，不一定准确，甚至可能词不达意，不当之处，还请同志们谅解和批评。借此机会我谈两点看法或两个观点。

## 第一个观点，赣南苏区地位特殊，振兴赣南具有重大意义

赣南苏区具有很多特殊性，而这些特殊性使赣南的地位不同于一般苏区。具体说，赣南苏区的特殊地位我以为至少体现在如下三个方面：

其一，赣南在共和国发展史上具有特殊地位。刚才市委领导在讲话中高度概括和准确阐述了赣南苏区对中国革命和共和国建设所做的重大历史性贡献。的确，以赣南为主体的中央苏区是全国苏维埃运动的中心区域，赣南也是中华苏维埃共和国党政军首脑机关所在地。中国共产党在井冈山点燃的星星之火，就是在赣南大地发展成为燎原之势的。在这块热土上，谱写了中国革命的壮丽诗篇。中央苏区人民特别是赣南人民为共和国的成立作出了巨大牺牲和突出贡献。我注意到市里提供的一些资料、包括专题片中多次谈到了一个事实：大量赣南儿女在中国革命的前进道路上献出了生命、洒下了热血。当年中央苏区240万人口中有33万参加红军，有名有姓的烈士就有10.82万人，这个数据很能说明问题。没有革命先辈们作出的

伟大贡献，没有赣南人民作出的巨大牺牲，很难说会有我们今天的幸福生活。在苏维埃共和国的经济发展中，特别是在艰苦的战争年代，赣南儿女、赣南苏区为支援革命战争和苏区建设节衣缩食，提供了大力的财力和物力支持。我们可以毫不夸张地说，很少有地方能像赣南这样，对共和国的创立作出如此重大和直接的贡献，这使得赣南这块土地地位非常特殊。

其二，赣南在全国扶贫攻坚工作中具有特殊地位。赣南苏区是全国比较大的集中连片特困地区，贫困范围广、贫困程度深。目前这一地区中有10个县（市）为西部政策比照县，有8个县为国家扶贫开发重点县，在全国14个集中连片特困地区中，赣南属于罗霄山区连片特困地区，全市18个县、市、区中有11个县列入了这个连片特困地区。我注意到市委领导的讲话和专题片中都提到，赣南地区的贫困程度要比其他一些贫困地区还要深，很多指标差不多只占全国水平的百分之二三十。江西的经济社会发展水平在全国、在中部本来就不靠前，而赣南又在江西处于比较落后的状态，这些情况决定了赣南在全国扶贫攻坚工作中具有特殊的地位。

其三，赣南在构筑东南生态屏障中具有特殊地位。赣南苏区是赣江和东江源头，鄱阳湖水系的25%、香港和珠三角饮用水源东江水系10.4%的流量都源于这里。赣南地区生态环境质量影响远至香港、深圳的居民用水，近至江西赣江流域内群众的饮水安全。另外，赣南苏区是国家确定的南岭山地森林生态及生物多样性功能区，生态系统和生态功能十分重要。我们了解到，近年来，为了保障生态安全，赣南在发展经济方面作出了一定程度的牺牲，对不少有碍于生态保护要求的项目，义无反顾地拒之门外。所以从生态环境的角度、从构筑我国东南生态屏障的角度来看，赣南苏区的地位也比较特殊。

正因为如此，支持赣南发展振兴，意义非常重大。

第一，赣南苏区的振兴关系到党的信誉和国家的形象。我们建立共和国的目的是什么？我们共产党的使命是什么？众所周知，那就是让全体人民过上幸福的生活！革命先烈也正是坚守这个信念、这个理想，才不惜抛头颅、洒热血。我们党在成立之初就决心要让所有老百姓过上幸福的生活，这是我们党的庄严承诺。今天如果我们实现不了这一承诺，就辜负了人民的期望，也就辜负了那么多鲜活生命的牺牲，这一点是很重要的。新中国成立已经六十多年了，赣南还有那么贫困的地区，还有一部分群众住在新中国成立前建的破房子里，这是说不过去的。所以，我们必须要迅速改变这种状况，让我们的人民特别是为革命作出巨大牺牲的苏区人民能过上幸福的生活，使苏区人民能够为当年为革命付出的血的代价而真正感到自豪和骄傲。

第二，赣南苏区的振兴关系到区域协调发展和建设全面小康社会目标的实现。赣南苏区作为一个重要区域和贫困地区，如果不能发展，将直接影响周边地区和全国的总体发展进程。反过来说，如果我们的国家还存在很多贫困地区的话，就谈不上协调发展，更谈不上真正发达。这些年我走了不少地区，对我国国情有了更进一步的了解。在看待我国的经济实力和发展水平这个问题上，我是持谨慎态度的。尽管我们国家的经济总量排名世界第二位了，尽管北京、上海、深圳等大城市的发展水平和美国、欧洲差不多了，甚至有些城市在某些方面还超过美国和欧洲了，但一定要看到我们国家的发展是很不平衡的，大部分地区还不发达，相当一部分地区仍然很贫困，与西方发达国家比，仍然有很大的发展差距，所以绝不可轻言我们进入了中等发达国家。把我国真正做强要注重什么？关键的还是要把那些欠发达地区、贫困地区发展好。只有这些地区发展起来了，我们国家才实现了真正的发展和协调；只有这些地区发展好了，我们的现代化才能真正实现；只有这些地方实现了小康，我们整个国家才能全面进入小康社会。像赣南这样的贫困地区是我们国家实现全面协调发展的瓶颈，当务之急就是要解决这些瓶颈问题。基于赣南地区在政治、经济等方面具有的典型性，振兴赣南苏区关系到区域协调发展，关系到全面建设小康社会目标的实现。

第三，赣南苏区的振兴关系到国家安定和社会和谐。这两天的调研使我非常感动，感动在苏区人民尽管生产、生活条件艰苦，但没有放弃艰苦奋斗、奋发图强的精神；感动在我们的群众点着油灯、住着土坯房，下雨天外面下大雨、屋子里下小雨，心里却仍然记着毛主席好、共产党好，几乎家家户户贴着毛主席像。所以说，这块红色的土地，始终有着对党、对国家的朴素感情，始终有着顾全大局、无私奉献的高贵品质。但是，我们不能一直让老区群众贫穷下去。贫穷不是社会主义，更不是共产主义，贫穷不能保证长治久安，我们一定要用精神和物质手段，垒起老区群众信念的基础和精神的支柱。从这个方面讲，振兴赣南苏区关系到国家的安定，关系到社会的和谐稳定，具有重大的意义。

### 第二个观点，赣南苏区条件特殊，振兴赣南需要上下同心

我刚才讲了赣南具有的特殊地位，由此对赣南这样的革命老区和贫困地区，我们理应高看一眼、厚待三分。根据这几次调研的认识，结合各位领导和同志们的介绍，我认为，振兴赣南苏区可以说是挑战和机遇并存，既面临十分棘手的严重困难，也具有优越的发展条件和建设环境。

我们要清醒地认识到，振兴赣南面临不少困难和挑战。比如说，赣南苏区的区位优势并不明显，甚至可以说比较差。国家发展战略几乎覆盖了周边，但赣南恰恰处于一个真空地带和边缘地区。目前赣南周边地区都发展得比较好了，但由于我们自身基础设施建设滞后，交通不够便利，特别是距离主要交通干线比较远，使这里处于一个相对边缘化的境地、处于一个相对死角的位置。这让人联想到什么叫"擦肩而过"，什么叫"闹市之中有贫居"。同时，这里的生态环境总体还比较脆弱，修复保护的任务很重。再有，赣南资源要素比较贫乏，虽然号称"世界钨都"、"稀土王国"、"脐橙之乡"等等，但整体资源要素方面的优势并不突出，而且出于保护生态环境的需要，许多资源要素的优势无法充分发挥，加之经济发展水平较低，经济实力比较薄弱，一些要素还大量外流，包括本地的不少劳动力出去为别的地方去服务了。另外，赣南的公共财力、公共服务能力短缺，内部统筹能力比较弱，自我发展能力不强，想干事没钱干。在有些省份，特别是东部省份，像这样的问题不要说不存在，就是存在也能通过内部协调很快予以解决。而在赣南，公共财力不强，即使想统筹一下、协调一下，往往

也是捉襟见肘、力不从心，常常面对着"巧妇难为无米之炊"的窘况。

但我们也应充分地认识到，赣南苏区的发展也拥有良好机遇和有利条件。首先，党中央、国务院高度重视赣南苏区发展，把促进赣南苏区发展放到了国家工作的重要位置。最近，多位中央政治局常委都对支持赣南苏区的发展作出明确批示，这是振兴赣南苏区的重要的政治保障。第二，我们面临争取国家区域政策出台的黄金时期，区域政策在已往任何时候都没有像现在这样受到高度关注和重视。近年来，按照中央部署，我们坚持"一区一策、分类指导"的原则，在全面了解相关地区发展现状的基础上，研究制定了一批具有较强针对性、务实性和可操作性的区域规划和区域文件，有力推动了区域发展。在这么一个氛围中，出台振兴赣南苏区的政策措施，发挥其比较优势、促进其实现快速发展，就变得相对容易。第三，赣南苏区人民爱党爱国，一直没有放弃艰苦奋斗、迎难向上的奋斗精神，这是赣南苏区振兴的坚实的社会基础，我觉得这是许多发达地区不可比拟的重大优势。这种对党、对国家满怀期望、充满信心的感情，是我们一切工作的源动力，也是振兴赣南的最重要条件。实践证明精神在什么都在、精神一垮什么都垮。当年河南林县人民建设的红旗渠，就是靠战天斗地、百折不挠的精神所创造出的人间奇迹。即便在经济实力已比较强的现在，许多事情缺乏精神也是很难搞成的。良好的精神是个重要的先决条件，关键在于我们如何把它重新激发出来。此外，随着各种条件的改善，赣南苏区的区位优势和资源要素优势也将逐渐显现。

我的意思是，我们一定要准确分析和把握区情，辩证地看待我们面临的机遇和挑战，辩证地认识我们存在的有利条件和不利条件。在这个基础上，有针对性的采取措施，促进赣南实现跨越式发展。我要特别指出的是，振兴赣南不能把希望只寄托在某个方面，这样做是没有出路的。振兴赣南需要多个方面的共同努力，需要多管齐下。从战略思路和操作路径上考虑，下一步赣南的振兴之路，我以为至少要努力做到五个结合：

一是要坚持统筹规划与分步实施相结合。规划是务实行动的指南，是实现跨越发展的基础。而所谓统筹规划，其一是要站在党和国家的工作大局来考虑问题，站在促进区域协调发展的高度来考虑问题，要从长计议，居高谋划，不能止于眼前，不能就事论事。其二是要从自身实际出发，充分发挥比较优势，有效挖掘各个方面的潜力。在这个基础上，编制一个有高度、很实在、利眼前、管长远，能一贯到底的发展规划和建设蓝图。在科学规划、理清思路的前提下，要坚持标准、量力而行，分步实施、一以贯之。我要特别强调，规划的一贯到底非常重要，不能随着班子的调整、领导的更替而中断，要像接力赛一样一棒一棒地传下去，这样才能达到预期目标。当前的体制，包括干部制度、财政体制、投资体制等中间存在的某些缺陷，很容易导致只顾眼前不思长远、只求表象不管根本的状况，也很容易出现前后领导班子在发展思路上一个朝东一个朝西的状况，以至于使制定好的规划往往被束之高阁，或者不能持续贯彻下去。这些年密集出台的国家区域发展规划和政策文件，一定程度的化解了体制困境，在解决这个问题方面发挥了积极作用。在实践中，要做到规划一贯到底，除了规划编制本身要科学外，还要有制度措施，应当用法规的手段和体制创新的办法来保障规划的持续有效实施。

　　二是要坚持重点突破和协同推进相结合。在各个方面的工作都需要向前推进的情况下，要有统筹兼顾的思维，更要有重点突破的思维。在实际操作中，由于各种条件的限制，我们的工作不可能都做到齐头并进，很多事情也不可能一蹴而就。因此，要突出重点，找准突破口，着眼关键环节。振兴赣南也要突出重点，从最必要、最关键的领域入手。那么，当前应该突出抓哪些重点方面？我以为，第一要抓基本的民生需求，首要的是要保证人民群众能够吃饱饭、穿暖衣，喝上干净的水，住上安全的房子，能够得到基本的医疗服务。眼前的重中之重，是要把一部分人群的安全饮水问题解决，有些村里的井肉眼一看就不卫生，直接危害着老百姓的身体健康。因此，眼下解决安全饮水问题，比解决无电村通电还迫切，毕竟用煤油灯不会直接伤到身体。第二要抓基础设施建设，特别是要把道路修好，重点是把自然村、行政村与省道、国道的连接路修好，让老百姓的土特产能够运出去，真正形成使老百姓发财致富的通道，起码要使自行车、摩托车进得来出得去，最好能使汽车进得来出得去。第三要抓产业基础的培育，没有产业基础就谈不上发展，要立足于发挥本地的比较优势来培育产业基础，在这个过程中，尤其要注意相关配套条件的建设，以便拉长产业链条，深化资源加工水平，而不是简单的"靠山吃山、靠水吃水"，卖点资源、出点山货。通过夯实产业发展基础来逐渐提升整体产业发展水平，解决现在产业单一、规模较小、抗风险能力比较差的问题。在工作方式上，还要注重协同推进。我这里讲的协同推进，突出是两个意思：一是举一反三，也就是要通过重点突破有效带动其他方面的发展，所以要注重联动、注重借力、注重借鉴。二是合力推动，有些事仅靠单一的渠道可能不好解决，需要多管齐下，需要把众多头绪拧成一股绳，这在实际操作中就是要整合力量、整合资金、整合手段，对赣南苏区这么一个特困地区，在操作上尤其要突破常规思维，不能囿于条条框框。我想，我们在起草制定相关文件和规划的时候也将尽量体现这么一个指导思想。

三是要坚持内部挖潜与外部借力相结合。实际上任何地方都有比较优势，关键是怎么把这种优势发挥出来。在这个问题上要把握两点：一个方面，要善于发现自己已经拥有的优势，不要妄自菲薄，对此要有点自信心和优越感；另一方面，要通过创造条件来构筑和增强比较优势，或者把潜在优势转化为现实优势。总之，要有效利用现有的基础，创造有利条件，借用积极力量，充分挖掘内部潜力。同时，要积极主动地对外开放，借力乘势发展自己，包括大力承接产业转移。赣南周边都是比较发达的地区，环境条件很好，应该运用开放的理念、超常规的举措加以利用，包括共同兴办产业园区、实行资源要素交换等等，运用别人之长补自己之短。这方面赣南已经有了一定的基础，下一步还要努力创造条件，通过内部挖潜和外部借力的有机结合，拓展发展空间，延伸发展领域。

四是要坚持自我开拓和各方支持相结合。赣南苏区发展振兴，关键还是靠自身，这包括正确的发展思路、良好的精神状态和工作作风、以发挥比较优势为基础的产业体系、充满活力的体制机制等等。没有这些，即便是国家给了钱，也会很快用完，产生不了应有的效益，更谈不上实现可持续发展。所以一定要以我为主，坚持自力更生、开拓进取。在这个方面，我再次强调，还是要把塑造良好的精神状态和工作作风放到突出重要的位置。赣南有这个好传统，苏区形成的"苏区干部好作风，自带干粮来办公"的精神风貌应该在今天进一步发扬光大。在这几天的调研途中，一些市县领导给我介绍说，市委近年来抓的一项很重要的工作，就是组织开展"送政策、送温暖、送服务"的活动。我认为，这项工作做得很好，能让干部沉下去，直接深入到山区贫困户中了解他们的疾苦。这是对苏区精神的弘扬，也是推进赣南苏区振兴的基础。我在许多场合都谈过体会，调研不调研不一样，到发达地区调研与到贫困地区调研不一样，调研深入不深入不一样，调研以后所产生的感情和所作出的决策也不一样。试想，坐在明亮舒适的办公室里，你怎么可能知道老百姓的真实需要？不要说了解需要了，就连那份体贴老百姓的感情也是难以产生的。这几天在一些贫困地区所看到的一些贫困境况，的确令人心情沉重，如前所谈，一些老百姓喝的水还很不卫生，一些老百姓还住在阴暗潮湿的土坯房里，一些村子里面还没有通电，照明用的是煤油灯，有时点灯还缺油。再想想我们城里，一个孩子吃块高级一点的雪糕恐怕也要花好几十块钱。在北京的办公室里，我们不会想象到赣南一些地方的贫困境况，而比较一下才会有切肤之痛，才能深深体会到基层同志来找我们办事的那种心情，才能切实转变作风，去掉那种高高在上的意识。这些年我们搞市场经济，树立了很多好的东西，也丢掉了一些好的东西。我以为，无论是搞计划经济还是市场经济，好的精神作风都不能丢。深入调查研究是一种好的精神风貌和工作作风，也有利于培育好的精神风貌和工作作风。所以，坚持自我开拓，首要的是开拓培育良好的精神状态和工作作风，这是一方面。另外一个方面，考虑到赣南的特殊情况，应该加大各个方面的政策支持力度。刚才，市长代表市里具体谈到了5个方面的政策诉求，我们会对此认真进行研究，并且加强协调，争取在国家层面给予赣南最大限度的支持。此外，我们也认为，除国家层面外，其他层面也应该进一步加大对赣南苏区的扶持力度，包括可以研究采取对口帮扶的措施，难以进行对口帮扶的可以尝试开展对口协作，通过合理利用市场机制来形成互利共赢的局面，促进赣南苏区加快发展。

五是要坚持加大投入与加强管理相结合。促进赣南苏区振兴，加大投入是必要的。但是，投入的资金能否用到最需要的地方，能否充分发挥效益，管理很重要。所以，我以为在强调加大资金投入的时候，也一定要强调加强管理，在这方面还有比较大的潜力可挖。比如乡村建设问题，如何进一步加强规划管理和市场引导，把周边环境整治和新农村建设结合起来，把农民脱贫致富与推进城乡一体化结合起来，应该说大有文章可做，需要我们加以重视、深入研究。我以为，管理水平的提高对于贫困地区来说尤为重要，因为我们缺少钱，所以才要通过管理使一分钱都不要浪费，甚至要使一分钱发挥一毛钱乃至一块钱的作用。

关于下一步工作，我想给在座的各位表个态。我们一定要按照中央的指示精神，积极主动地做好相关工作，用我们的实际行动与良好业绩给大家一个满意的答复。我在前面谈到，中央高度重视苏区发展特别是赣南苏区的发展，很多领导同志作了重要指示，这不仅包括在任的中央领导，也包括一些退下来的老领导。许多退下来的老领导心系苏区，不仅就加快苏区发展提出要求，而且积极帮助协调解决苏区面临的一些困难和问题。中央领导同志的这种精神让我们深受感动。我们一定要贯彻落实好中央领导同志的指示精神，把赣南苏区的事情办好。第一，在整个苏区发展问题的研究和政策谋划过程中，我们将把赣南苏区放在突出重要的位置，带着特殊的感情，以超常规的思维谋划赣南苏区的发展振兴，研究提出赣南等中央苏区的支持和扶助政策，以负责任的精神履行好我们的历史责任、政治责任。第二，我们将逐条梳理和认真研究市里提出的要求和建议，并尽可能加以吸收采纳。对一些难以采纳的建议与意见，我们也会给大家一个合理的解释。

对赣南来说，有两点是很重要的：第一，要勇于承担自身应该承担的责任。我刚才谈到，振兴赣南苏区需要各方共同努力，其中包括我们赣南自身的努力。哪些是中央要支持的，哪些是省里应当帮助解决的，哪些是我们自己必须承担的，应当明确并且真正担当起来，该自己努力的绝不能逃避。第二，要进一步梳理政策诉求。把向中央和省里提出来是政策需求把握在最必要、最合理的限度内，充分体现我们赣南自主努力、勇于担当的优良传统和精神风貌。

最后，我想说的是，在大家的共同努力下，赣南的历史一定会掀开新的一页，谱写新的篇章。我们完全有理由相信，赣南的明天一定会更加美好，让我们共同努力争取这个美好明天的早日到来！

# 开辟赣南等原中央苏区跨越发展新纪元*

6月28日,《国务院关于支持赣南等原中央苏区振兴发展的若干意见》(国发〔2012〕21号,以下简称《若干意见》)正式出台。这是在迎接党的十八大召开的重要时刻,国家促进区域协调发展、推动建设全面小康社会的又一重大举措,寄托着党中央、国务院对原中央苏区人民群众的殷切关怀。作为指导当前和今后一段时期原中央苏区经济社会发展的纲领性文件,《若干意见》对于加快原中央苏区经济社会发展步伐,在全国层面上为革命老区和欠发达地区探索一条跨越式发展的新路子,具有十分重要的意义。

## 一、《若干意见》是基于原中央苏区历史贡献与现实需要考量的产物

赣南等原中央苏区在中国革命史上具有特殊重要地位,当前又面临特殊困难。党中央、国务院从原中央苏区作出的重大历史贡献与现实的迫切需要出发,研究出台了支持原中央苏区振兴发展的政策文件,具有重大战略意义。

从历史来看,中央苏区是土地革命战争时期中国共产党创建的最大最重要的革命根据地,是中华苏维埃共和国临时中央政府所在地,是人民共和国的摇篮和苏区精神的主要发源地,为中国革命作出了重大贡献和巨大

---

\* 2012年6月28日,国务院《关于支持赣南等原中央苏区振兴发展的若干意见》发布。本文系作者以起草组组长身份于2012年7月为该意见撰写的解读文章,原题为《开启全面小康新征程 开辟跨越发展新纪元》,原载《国务院关于支持赣南等原中央苏区振兴发展的若干意见》简明读本》(社会科学文献出版社2013年6月第1版)。

牺牲，在中国革命史上具有特殊重要的地位。以赣南苏区为例，当年参军参战的有93万余人，占当时当地人口的三分之一；为革命牺牲的有名有姓的烈士10.82万人，占全国的7.5%，长征路上平均每公里就有3名赣南籍烈士倒下。在苏维埃共和国时期，原中央苏区人民群众为支援革命战争和苏区建设节衣缩食，提供了大力的财力和物力支持。毫不夸张地说，很少有一个地方能像原中央苏区这样，对共和国的创立做出如此巨大和直接的贡献。从现实来看，新中国成立特别是改革开放以来，原中央苏区发生了翻天覆地的变化，但由于历史、自然等种种原因，原中央苏区经济社会发展仍然滞后。2011年，赣州市人均生产总值15895元，仅为全国的45.3%，本省的61.4%，西部的58%；人均财政总收入2145元，仅为全国的27.8%，本省的58.4%，西部的44%；人均财政总收入2145元，仅为全国的27.8%，本省的58.4%，西部的44%；人均固定资产投资9751元，仅为全国的43.4%，本省的49.8%；地方财政收入占财政支出比重33%，分别比全国、本省和西部地区平均水平低22个、8个和4个百分点。支持赣南等原中央苏区振兴发展既是历史赋予我们的神圣使命，又是现实对我们提出的迫切要求，具有深远的历史意义和重大的现实意义。

第一，赣南等原中央苏区的振兴发展关系到党的信誉和国家形象。我党的宗旨和建立共和国的目的，是为了让人民群众过上幸福生活。早在1933年8月，毛泽东同志在中央革命根据地南部十七县经济建设大会上就谈到，必须注意经济工作，我们要使人民经济一天一天发展起来，大大改良群众生活。邓小平同志曾指出：搞社会主义，一定要使生产力发达，贫穷不是社会主义。赣南等原中央苏区是新中国的摇篮，几十万苏区儿女为实现苏维埃的伟大理想信念献出了宝贵生命，为中国革命做出了不可磨灭的贡献。但目前，原中央苏区不少地方还十分贫困，一些村庄没有通电，部分农村困难群众还住在土坯房中。特别是，不少已到七八十岁高龄的革命烈士后代，他们出生在土地革命战争时期，饱受了战争的摧残，至今生活仍非常窘困。革命战争时期，原中央苏区人民与我党建立了生死相依、休戚与共的深厚感情，已经深深融入血脉、代代相传，他们是我党巩固执政地位最坚实的基础和最可靠的对象。在解放60多年后的今天，如果还不能让原中央苏区面貌得到根本改观，不能让这些烈士后代过上幸福生活，就难以向历史和人民交待。因此，支持赣南等原中央苏区振兴发展，让苏区人民群众尽快过上富裕生活，使苏区人民能够对当年为革命付出的血的代价而真正感到自豪和骄傲，既是全党、全国人民的殷切期望和我党不可推卸的崇高责任，更是我党兑现承诺、凝聚党心民心、牢固执政之基的必然要求。

第二，赣南等原中央苏区的振兴发展关系到区域协调发展和建设全面小康社会目标的实现。

一是有利于加快改变贫困落后面貌，确保与全国同步进入全面小康社会。赣南等原中央苏区地跨赣闽粤三省，在地理位置上属于全国的东部和中部，但在发展水平上不少市县只相当于西部地区，是全国典型的集中连片贫困地区。以赣州市为例，2011年，全市城镇居民人均可支配收入16058元，仅为全国平均水平的73.4%，西部地区的88.2%；农民人均纯收入4684元，仅为全国平均水平的67.1%，西部地区的89.3%。按国家最新的2300元贫困线标准，赣州市720万农村人口中，有216万人属于贫困人口，贫困发生率高达29.9%，高出全国16.5个百分点。距离全国实现全面小康社会目标只有短短8年时间，按现行发展速度，仅仅依靠自身力量，赣南等原中央苏区根本不可能与全国同步进入全面小康社会，这势必将影响我国全面建设小康社会的进程。支持赣南等原中央苏区振兴发展有利于为原中央苏区打造了一个极具含金量的政策平台，通过这一平台形成的强大政策推力与苏区干部群众的自强不息相结合，将迸发出推动原中央苏区超常规、跨越式发展的不竭动力，使这一地区尽快摆脱贫困，确保与全国同步实现全面建设小康社会的宏伟目标。

二是有利于充分发挥比较优势，促进区域联动发展。在市场经济条件下，一个区域只有通过发挥比较优势，实现错位发展，才能走出一条适合自己的路子，才能在激烈的竞争环境中异军突起。各地区比较优势能否得到充分发挥，是衡量区域协调发展程度的重要标志。赣南等原中央苏区的比较优势非常明显。从区位来看，这一地区东临福建沿海，南接广东沿海，是珠江三角洲、海峡西岸经济区的直接腹地和内地通向东南沿海的重要枢纽。从资源来看，位于武夷山、南岭成矿带，是全国重要的有色金属生产基地，赣州更被誉为"世界钨都"和"稀土王国"。支持赣南等原中央苏区振兴发展有利于深挖这些独特优势，补齐自身的发展短板，形成与周边地区产业的合理分工，实现区域整体联动协调发展。

三是有利于进一步保障和改善民生，促进和谐社会建设。民生福祉是发展的根本目的，也是全面小康社会的硬性指标。赣南等原中央苏区经济社会发展的差距突出体现在民生上，特别是农村生产生活条件。截至2010年底，赣州市还有近70万户群众居住在危旧土坯房中，223.8万人没有解决饮水安全，2.3万个自然村不通公路，6011个村小组收看不到电视，中小学校舍缺口182.4万平方米；全市人均教育财政支出480元，分别只有全国的50%、中部的71.6%、西部的53%；人均卫生财政支出275元，分别是全国的77%、中部的91%、西部的70.1%。支持赣南等原中央苏区振兴发展，对于解决群众特别是农村群众的居住安全和饮水难、出行难、上学难、就医难等问题，推进基本公共服务均等化，使改革发展成果惠及基层群众，促进社会和谐稳定具有重要深远的影响。

四是有利于保障我国南方地区生态安全，实现可持续发展。全面贯彻落实科学发展观的实质在于全面的追求和实现经济社会更好的发展质量和整体的协调，处理好经济建设、人口增长和资源利用、生态环境保护的关系。原中央苏区是我国赣江、闽江、东江等重要河流的发源地，直接关系到深圳、香港、福州、南昌等重要城市和沿江城市居民的用水安全，生态影响十分重大。赣南、粤北还是国家确定的南岭山地森林生态及生物多样性功能区，生态系统和生态功能十分重要。目前，赣南等原中央苏区仍处于工业化的初、中级阶段，经济发展对矿产资源依赖高。由于很多矿区处于大江大河源头，资源开采对生态环境造成不小的影响，经济发展与生态环境的矛盾日益突出。支持赣南等原中央苏区振兴发展有利于加快转变这一地区的经济发展方式，更好地推进这一地区经济发展和生态文明协调进步,保障我国南部地区的生态安全,增强区域可持续发展能力。

当前,原中央苏区振兴发展面临诸多有利条件:我国的经济社会持续发展,经济实力和综合国力显著增强,有条件、有能力支持中央苏区等欠发达地区加快发展。国内产业调整升级步伐加快,沿海地区劳动力密集型、资源型产业开始大规模、整体向内陆地区转移;鄱阳湖生态经济区、海西经济区、珠三角改革发展试验区等一批国家区域战略深入实施,取得了显著成效,辐射带动能力显著增强。特别是原中央苏区广大干部群众奋力求变、攻坚克难,在脱贫致富、振兴发展的道路上进行了积极探索,开拓了思路、积累了经验、找准了方向,这些都为原中央苏区振兴发展打下了良好基础。

党中央、国务院始终高度重视赣南等原中央苏区发展,中央领导同志多次就赣南等原中央苏区发展问题做出过重要指示。2003年8月,胡锦涛总书记在视察赣南老区时指出,"一定要坚持立党为公,执政为民,坚持从实际出发,发扬党的优良革命传统,真心爱民、一心为民、诚心富民,走出一条能够加快农村发展、实现农民致富的发展道路,让老区经济社会更快更好地发展起来,让老区人民的生活越来越好"。2011年11月,中央在北京召开了纪念中央革命根据地创建80周年座谈会,习近平同志在座谈会上指出,"中央革命根据地和其他革命根据地对中国革命作出了重大贡献和巨大牺牲,现在不少革命老区的发展与经济发达地区相比还存在比较大的差距。我们要继续大力关心老区人民群众的生产生活,加大人力物力财力的投入,切实帮助老区加快致富发展步伐,促进区域协调发展、科学发展,让老区人民生活得更加富裕、更加幸福"。

去年底以来,多位中央领导同志先后就赣南苏区发展问题作出重要批示,要求国家发展改革委与相关部门一起,研究提出支持赣南苏区振兴发展的政策措施。批示之密集,要求之明确实属罕见,这充分说明了中央领导同志对赣南苏区发展的高度重视,也反映了支持赣南苏区振兴发展的迫切程度。根据中央领导同志批示精神,从2012年3月底起,我委会同中央和国务院有关部门及相关地方正式启动了《若干意见》制定工作。经过实地调研，并多次征求有关部门和地方的意见，6月13日，我委向国务院上报了《若干意见》（送审稿）。6月28日，国务院以国发〔2012〕21号文正式印发《若干意见》。此次文件出台时间极短，政策含金量也不同一般，在近年来出台的区域政策文件中是不多见的，这样的速度和力度无不体现了党中央、国务院对原中央苏区人民群众的深切关怀。《若干意见》的顺利出台，标志着赣南等原中央苏区振兴发展正式拉开了序幕，必将使赣南等原中央苏区迎来新一轮发展热潮。

**二、《若干意见》基于加快发展和转型发展明确了原中央苏区振兴发展的总体思路**

赣南等原中央苏区经济社会发展还相当落后，如果按部就班，不可能与全国同步进入全面小康社会，必须实现跨越式发展。但原中央苏区地处重要生态功能区，生态环境脆弱，土地资源短缺，经济发展方式粗放，必须深入贯彻落实科学发展观，把加快发展和转型发展相结合，统筹处理好经济社会发展与生态资源环境的关系。《若干意见》立足现有发展基础，明确了赣南等原中央苏区当前和今后一个时期经济社会发展的指导思想、战略定位、基本原则和发展目标，既反映出新时期国家对原中央苏区的新要求，又体现出原中央苏区经济社会发展的实际，具有鲜明的时代特征。

一是把又好又快发展作为根本要求。又好又快发展是全面落实科学发展观的本质要求。《若干意见》很好地把加快发展和转型发展有机结合起来，从指导思想开始，就全面体现了又好又快的发展理念，突出强调原中央苏区振兴发展思路的创新。在好的方面，指导思想强调要以加快新型工业化和城镇化为主战略，同时把民生和社会事业、生态环境、体制机制方面摆在突出位置，力图走出一条经济社会全面协调可持续发展的新路子，充分贯彻和体现了科学发展观的要求。在快的方面，《若干意见》在明确把加快发展作为重要原则，提出以加快交通、能源、水利等基础设施建设为突破口，以承接产业转移为抓手，以超常规、跨越式发展为导向，力图短时间内在一些重要领域取得突破性进展。

二是把解决民生问题作为首要任务。着力保障和改善民生是发展的根本目的,是贯彻落实科学发展观的必然要求,是构建社会主义和谐社会的紧迫任务,也是又好又快发展的重要内容。在改革开放三十多年来的今天,赣南等原中央苏区民生发展依然滞后,一些最基本的民生需求还没有得到满足,苏区群众改善基本生活条件的愿望十分迫切。应当看到,支持原中央苏区振兴发展,逐步缩小与其他地区的差距,是一项长期的任务,而解决突出的民生问题等不起、拖不得,必须在短期内有所作为。有基于此,《若干意见》强调解决好民生问题是振兴发展的首要任务,采取更加有力的措施,力争两三年内尽快解决农村安全饮水、农村危旧土坯房改造、农村电网改造升级、农村中小学薄弱学校改造等突出的民生问题。

三是把发挥比较优势作为主要抓手。比较优势是竞争力,也是发展的捷径。发挥比较优势是实现赣南等原中央苏区振兴发展的基本立足点。原中央苏区在全国革命老区中代表性强,稀有金属、农产品和红色文化资源在全国影响力巨大,生态地位非常特殊,《若干意见》在综合分析原中央苏区现实情况、展望未来发展走势的基础上,牢牢把握发挥比较优势这一基本原则,明确了原中央苏区作为全国革命老区扶贫攻坚示范区,全国稀有金属产业基地、先进制造业基地和特色农产品深加工基地,重要的区域性综合交通枢纽,我国南方地区重要的生态屏障,红色文化传承创新区五大战略定位,并以此为依据对各项任务做出了总体部署,指明了原中央苏区振兴发展的动力源泉所在。

四是把推进改革创新作为根本动力。没有改革,就不能推陈出新,就不会有历史的进步和社会的发展。实践充分证明,欠发达地区与沿海发达地区的差距,从根本上说,是思想观念的差距,是体制机制的差距。原中央苏区要在区域竞争中赢得主动,抢占先机,必须紧紧抓住振兴发展与观念落后的矛盾、与体制机制落后的矛盾,加快构建有利于"赶"与"转"的体制机制,加快培育核心竞争优势。《若干意见》把改革创新作为支持原中央苏区振兴发展的基本原则,要求进一步解放思想,开拓创新,深化重点领域和关键环节改革,鼓励先行先试,增强发展动力和活力。为贯彻这一原则,《若干意见》赋予原中央苏区在经济、社会、生态环保和社会事业等多个领域的先行先试权,提出了生态文明示范工程试点、低碳城市试点等9个方面"试点"和研究设立瑞(金)兴(国)于(都)经济振兴试验区、支持创建国家旅游扶贫试验区等具有先行先试要求的具体任务,全面加快原中央苏区改革创新步伐。

五是把深化开放合作作为基本路径。深化区域开放合作能够生产要素自由流动,推动区域间互通有无,实现优势互补、资源共享。原中央苏区工业底子薄、基础差,要实现振兴发展,必须借助外力,将国际和东部地区的资金、技术、人才引进来为我所用,提升原中央苏区的产业层次和整体竞争力。为此,《若干意见》把加强区域合作、构筑开放平台、提高对内对外开放水平作为支持赣南等原中央苏区振兴发展的基本原则,把承接产业转移、打造开放平台和强化与东部沿海地区的交流合作放在重要位置,明确要加快完善区域合作机制,打造内陆开放型经济新格局。

### 三、《若干意见》基于做强"硬件"和创新"软件"提出了振兴发展的重大任务

市场经济是竞争经济。市场经济的竞争既是资金、技术、人才的竞争,更是"硬件"和"软件"综合实力的竞争。打造良好的硬件和软件是经济发展的基础。《若干意见》根据原中央苏区的战略定位和发展目标,首先从做强"硬件"出发,提出加强一批民生、交通、环保、社会设施建设和夯实产业发展基础。

一是优先解决民生工程问题。保障和改善民生是加快转变经济发展方式的根本出发点和落脚点。当前,赣南等原中央苏区的突出民生问题集中表现在一些基本的民生设施还比较匮乏,人民群众享受的基本公共服务水平还比较低,有必要加大资金投入,集中力量加快建设一批民生设施,切实改善群众生产生活条件。综合分析赣南等原中央苏区民生设施的现状和群众需求,《若干意见》提出把农村土坯房改造、农村饮水安全、农村电网改造和农村道路危桥建设等民生设施建设放在优先位置,要求在短时间内

完成建设任务。

二是大力夯实农业基础。农业是国家重要经济命脉，是国家稳定长治久安的保证。赣南等原中央苏区既有吉泰盆地、赣抚平原这样条件优越的产粮区，又有大片生物多样性丰富的丘陵山区，大力发展农业既是发挥这一地区比较优势的重要举措，也是国家对这一地区发展的必然要求。为此，《若干意见》一方面提出要以吉泰盆地、赣抚平原商品粮基地为重点，加强粮食生产重大工程建设，不断提高粮食综合生产能力；另一方面突出丘陵农业的特色，强调要做强脐橙产业，大力发展油茶、毛竹、花卉苗木等特色林业，积极发展蜜橘、茶叶、白莲、生猪、蔬菜、水产品、家禽等特色农产品。为了提升农业发展水平，《若干意见》还特别提出要支持赣州、吉安、抚州等市建设国家现代农业示范区，加快推进农业现代化进程。

三是加快重大基础设施建设。基础设施是区域经济社会发展的重要前提和支撑。赣南等原中央苏区发展滞后很大程度上源于长期落后的基础设施条件带来的严重制约。经过这些年的加快发展，原中央苏区的基础设施条件虽有较大改善，但是由于基础薄弱、历史欠账多，基础设施的瓶颈制约仍很突出。《若干意见》强调要坚持基础设施先行，提出要加快实施一批重大交通、能源、水利等基础设施项目，着力突破发展瓶颈，构建功能完善、安全高效的现代化基础设施体系，增强振兴发展支撑能力。鉴于赣州所处的独特区位，《若干意见》特别提出，要建设赣州综合交通枢纽，加强与周边城市和沿海港口城市的高效连接，实施昌（南昌）吉（安）赣（州）铁路客运专线、赣州黄金机场扩建、赣州港等一批重大项目建设，加快构建综合交通运输体系。

四是培育壮大特色优势产业。产业发展是促进经济发展的助推器，是拉动经济腾飞的强大引擎。赣南等原中央苏区整体上还处于工业化初中级阶段，产业结构不合理，产业竞争力有待提升。赣南等原中央苏区振兴发展归根到底还是要靠构建具有特色的现代产业体系，增强自身的经济实力和竞争力。围绕建成全国稀有金属产业基地、先进制造业基地和特色农产品深加工基地的定位，《若干意见》注重创新思路、挖掘潜力，在做特做优、做大做强方面做文章，明确了原中央苏区产业发展的主导方向。《若干意见》提出要重点支持稀土、钨等优势矿产业，促进稀土、钨等精深加工，发展高端稀土、钨新材料和应用产业，大力发展战略性新兴产业。针对原中央苏区红色资源这一笔不可复制的宝贵财富，《若干意见》提出要加大对革命旧居旧址保护和修缮力度，促进红色文化旅游产业大发展。同时，《若干意见》还明确了金融业、物流业等生产性服务业和生活服务业的发展方向和重点。

五是加强生态建设和环境保护。赣南等原中央苏区承担着保障我国南部地区生态安全的重要职能。但同时这一地区生态环境依然较为脆弱、历史遗留环境问题突出、环境基础设施及环保能力建设薄弱、环保资金投入不足、环保意识不强的问题仍不同程度存在，生态环境约束是原中央苏区实现振兴发展必须破解的难题。为此，《若干意见》突出强调，要加强生态建设和水土保持，加大长江和珠江防护林工程以及湿地保护和恢复投入力度，支持自然保护区、森林公园、地质公园、湿地公园等建设，加强中幼龄林抚育和低质低效林改造，加大水土流失综合治理力度，继续实施崩岗侵蚀防治等水土保持重点建设工程，加强赣江、东江、抚河、闽江源头保护。为加大环境治理和保护力度，《若干意见》提出了加强历史遗留矿山环境综合治理、城市和工业污水处理、城市大气污染防治、重金属污染防治、农村环境综合整治等方面的任务措施。同时，《若干意见》还对大力发展循环经济、支持资源型城市可持续发展等提出了要求。

六是发展繁荣社会事业。作为经济社会发展的重要基础和保障，赣南等原中央苏区公共服务资源和服务能力明显不足，不仅难以满足社会基本需求，更无法保障人民群众共享改革发展成果。按照保障和改善民生的要求，《若干意见》明确了教育、卫生、文化、就业、社保、社会管理等社会事业发展的主要方向，力争在两三年内社会发展水平超常规提升。教育方面，《若干意见》提出到2013年全面完成赣州市校舍危房改造，到2015年基本解决小学、初中寄宿生住宿问题，建立适应地方产业发展的现代职业教育体系，支持江西省与有关部门共建江西理工大学，支持赣州开展教育综合改革试验。卫生医疗方面,《若干意见》提出健全农村县、乡、村三级和城市社区医疗卫生服务网络,提升赣州区域性医疗服务能力。文化体育方面,《若干意见》提出,加强市级"三馆"和县级"两馆"等城乡公共文化体育设施建设,加大历史文化遗产保护力度。就业和社会保障方面,《若干意见》提出,加强基层人力资源和社会保障公共服务平台建设,建立完善统筹城乡的社会保障体系。

同时,《若干意见》从创新体制机制和扩大对内对外开放等"软件"着手,着力营造推动赣南等原中央苏区实现后发赶超的优良环境。

一是深化体制机制改革。政策推动和机制创新是我们改革开放三十多年经济持续发展的成功经验,也是沿海地区发展由弱到强的伟大实践。近年来,原中央苏区依托毗邻珠三角、厦漳泉等沿海地区的优势,着力解放思想、深化改革开放,在一些方面开展了积极探索,但工作的广度和深度还远远不够。要实现这一地区的超常规发展,必须因地制宜制定特殊政策,支持其先行先试。为此,《若干意见》强调要从行政管理体制、改革要素市场建设、支持非公经济发展、农村集体建设用地流转制度改革、集体林权制度改革、城乡统筹、扶贫开发、投融资等方面积极探索、大胆创新着力构建有利于加快发展、转型发展的体制机制为取得以点带面的效果,《若干意见》还提出研究设立瑞(金)兴(国)于(都)经济振兴试验区的构想。

二是打造内陆开放型经济新格局。扩大原中央苏区对外对内开放、加强区内与区外合作,有利于克服原中央苏区自我发展能力不足的劣势,抓住国际国内产业结构调整、产业转移的窗口机遇期,促进赣闽粤等地区域协调发展,优化要素配置和产业布局。为推进有序承接产业转移,《若干意见》提出设立赣南承接产业转移示范区,推动赣州"三南"(全南、龙南、定南)和吉泰走廊建设加工贸易重点承接地。为深化开放合作,《若干意见》提出,强化与珠三角、厦漳泉等沿海地区的经贸联系,打造以赣州经济技术开发区为核心,以赣州"三南"至广东河源、瑞金兴国至福建龙岩产业走廊为两翼的"一核两翼"开放合作新格局。

## 四、《若干意见》基于适度"输血"和着力"造血"提出了重大政策措施

支持赣南等原中央苏区振兴发展任务非常艰巨,必须有强有力的政策支持。《若干意见》坚持"输血"和"造血"相结合、重在"造血"的原则,在强调发挥原中央苏区自主能动性的同时,在财税、投资、金融、产业、国土资源、生态补偿、人才和对口支援等方面对原中央苏区给予一系列政策支持。这些政策是中央和国务院有关部门反复研究确定的,具有较高的含金量,必将对原中央苏区振兴发展起到巨大的推动作用。

从"输血"角度来看,《若干意见》着眼于满足最基本的发展需要,在资金上对赣南等原中央苏区经济社会发展最急需、最重要的领域给予强有力支持。

一是着力提高财政保障水平。原中央苏区财政实力薄弱,人均财政收入及地方财政"自给率"严重偏低,"吃饭财政"问题突出,仅靠自身财力难以实现《若干意见》确定的各项目标任务。为此,一方面,《若干意见》明确加大中央财政财力补助、加大中央财政均衡性转移支付力度、加大中央专项彩票公益金支持力度等,着力为原中央苏区增收;另一方面,《若干意见》还从化解县乡村公益性债务、取消地方资金配套、提高国家有关专项建设资金项目投资补助标准或资本金注入比例等方面给原中央苏区减负地收渠道的拓宽和财政负担的减轻,将有力地强化原中央苏区财政保障能力。

二是支持加强生态保障能力建设。原中央苏区是我国南方地区重要生态屏障,生态环境功能非常重要,处理好生态环境保护与经济社会发展的关系是原中央苏区振兴发展的前提。为此,《若干意见》不仅注重解决当前生态环境保护和经济发展之间的突出问题,而且重视建立生态环境保护长效机制,提出国家加大对废弃矿山植被恢复和生态治理工程的资金支持,加大对国家公益林生态补偿投入力度,并提出将东江源、赣江源、抚河源、闽江源列为国家生态补偿试点,将贡江、抚河源头纳入国家重点生态功能

区范围，建立资源型企业可持续发展准备金制度，着力提升原中央苏区生态保障能力。

三是着手实施全方位对口支援。对口支援是发挥社会主义制度优越性，推动欠发达地区发展的有力举措。原中央苏区贫困面较大、贫困程度深，推动原中央苏区振兴发展需要各方面大力支持。为此，《若干意见》提出建立中央国家机关对口支援赣州市18个县（市、区）的机制，加强人才、技术、产业、项目等方面的对口支援。同时，为了加大对原中央苏区的项目支持，《若干意见》提出鼓励和支持中央企业在赣州发展，开展帮扶活动。考虑到福建、广东两省经济实力较强，《若干意见》还鼓励福建广东省组织开展省内对口支援。

从造血角度来看，《若干意见》立足于提升赣南等原中央苏区自我发展能力，在投资、金融、产业、国土、人才、对口支援等领域出台了突破性政策，全面拓展挖掘了这一地区的发展潜力。

一是促进培育壮大特色优势产业。产业发展是制约原中央苏区发展的薄弱环节。为发掘原中央苏区特色优势产业潜力，加快构建现代产业体系，《若干意见》提出实行差别化产业政策，加大企业技术改造和产业结构调整专项对特色优势产业发展的支持力度，对符合条件的产业项目优先规划布局等政策。为支持稀土、钨等产业发展，《若干意见》提出开展稀土采矿临时用地改革试点，支持对稀土、钨残矿、尾矿和重点建设项目压覆稀土资源进行回收利用，对因资源枯竭而注销的稀土、钨采矿权，允许通过探矿权转采矿权或安排其他资源地实行接续，对稀土、钨矿等优势矿产资源在国家下达新增开采、生产总量控制指标时给予倾斜。同时，针对近年来沿海印刷包装产业向内地加快转移这一重大机遇，《若干意见》还明确支持赣州创建国家印刷包装产业基地，并赋予来料加工、来样加工、来件装配和补偿贸易的政策。

二是注重保障重大项目实施。为了便于短期内在原中央苏区布局一批重大项目，尽快提升自我发展能力，《若干意见》提出加大中央预算内投资和专项建设资金投入，在重大项目规划布局、审批核准、资金安排等方面对赣南等原中央苏区给予倾斜。为了保障项目建设用地需求，《若干意见》提出支持赣州开展低丘缓坡荒滩等未利用地开发利用试点和工矿废弃地复垦利用试点，支持开展农村土地综合整治工作等政策。同时，《若干意见》还提出支持开展保险资金投资基础设施和重点产业项目建设，有力保障重大项目实施。

三是推动提升人力资源水平。人才是决定原中央苏区振兴发展的关键因素。目前，原中央苏区人力资源素质普遍偏低，高素质人才外流问题突出。为了显著提升原中央苏区的人力资源素质，《若干意见》从加大东部地区、中央国家机关和中央企事业单位与赣南等原中央苏区干部交流工作的力度，鼓励中央国家机关在瑞金设立干部教育培训基地，国家重大人才工程和引智项目向原中央苏区倾斜等方面，提出了支持原中央苏区人才引进的政策措施。同时，《若干意见》还从提升本地人力资源层次出发，提出鼓励高层次人才投资创业，支持符合条件的单位申报建立院士工作站和博士后科研工作站的政策。

四是努力优化金融发展环境。金融是现代经济的命脉，是引导发展的先导。由于原中央苏区金融业缺乏有利发展条件，金融对经济发展的支撑作用发挥不明显。为改善原中央苏区的金融环境，《若干意见》把金融政策支持摆在突出的位置。针对原中央苏区面临的信贷资金偏紧的问题，《若干意见》提出，鼓励政策性银行加大对原中央苏区的信贷支持力度，鼓励各商业银行参与原中央苏区振兴发展，支持地方法人金融机构合理增加信贷投放，支持开展保险资金投资基础设施和重点产业项目建设。考虑到企业日益增长的直接融资需求，《若干意见》明确支持符合条件的企业发行企业（公司）债券、中期票据、短期融资券、中小企业集合票据和上市融资。在新型金融机构发展方面，《若干意见》提出深化融资性担保公司或再担保公司、小额贷款公司创新试点，大力推进农村金融产品和服务方式创新，鼓励和支持设立村镇银行。

需要指出的是，考虑到在原中央苏区范围内，赣南的历史状况更为特殊，且贫困程度很深，《若干意见》坚持按发展水平特别是贫困程度施策，把支持赣南加快发展作为工作重点，从赣南的特殊贡献、特殊地位和特殊困难出发，明确赣州市整体执行西部大开发政策。这里面包含的优惠政策集"输血"与"造血"为一体，十分丰富，是给予赣州的最大的政策支持，不仅有利于赣州加快发展，也将有利于通过推动赣州的优先发展协同推进原中央苏区整体振兴发展。

**五、《若干意见》基于上下联动提出了落实的保障措施**

支持赣南等原中央苏区振兴发展使命光荣、责任重大，需要各有关方面上下互动、紧密配合，真抓实干、攻坚克难，以奋发有为的精神状态和务实严谨的工作作风把振兴发展原中央苏区的各项任务落到实处。为此，《若干意见》构建了从国家到地方比较完善的政策落实保障措施体系。

在国家层面，《若干意见》明确要求强化指导协调，推动政策落实。《若干意见》提出，国务院有关部门要结合自身职能，在有关专项规划编制、政策实施、项目安排、体制机制创新等方面给予积极指导和支持。国家发展改革委要牵头建立支持赣南等原中央苏区振兴发展部际联席会议制度，负责对原中央苏区振兴发展的指导和统筹协调，加强监督检查和跟踪落实，评估《若干意见》的实施效果，及时帮助地方解决具体困难和问题。按照《若干意见》要求，国家发展改革委还将抓紧编制赣闽粤原中央苏区振兴发展规划，进一步细化实化各项政策措施。国务院有关部门将按照《若干意见》确定的总体目标和发展重点，研究本部门支持赣南等原中央苏区振兴发展的具体措施，将《若干意见》确定的各项政策落到实处。

在地方层面，《若干意见》明确要求完善组织机制，扎实开展工作。《若干意见》强调，原中央苏区所在地的江西、福建、广东省人民政府是《若干意见》落实的主体，三省要结合自身比较优势和发展基础，组建专门的工作机构，研究制定《若干意见》实施若干意见和具体工作方案，深化细化各项目标和任务，并逐级分解到市、县人民政府和省直有关部门；要研究落实重点领域任务要求的具体政策措施；要建立健全考核机制，根据《若干意见》调整完善相关的政绩考核指标体系，强化激励机制。原中央苏区是以"坚定信念、求真务实、一心为民、清正廉洁、艰苦奋斗、争创一流、无私奉献"为主要内涵的苏区精神的主要发源地,《若干意见》特别强调原中央苏区干部群众要切实增强责任感和使命感,大力弘扬苏区精神,以进一步发扬艰苦奋斗作风,振奋精神、不等不靠,齐心协力、真抓实干。这是推动原中央苏区实现跨越式发展,不断开创振兴发展工作新局面的不竭动力和根本保证。

总之,《若干意见》为我们描绘了赣南等原中央苏区振兴发展的美好蓝图。各方面要怀着对原中央苏区人民的深厚感情,铆足干劲、扎实工作,锐意进取、奋力拼搏,把中央的深切关怀和特殊支持落到实处。我们相信,在党中央、国务院的正确领导下,在国务院有关部门的大力支持和帮助下,通过原中央苏区广大干部群众的共同努力,一定能够在这片红土地上不断创造新的辉煌。

# 大力推动赣闽粤原中央苏区振兴发展*

很高兴受邀来到浦东干部学院与大家交流。2012年6月，国务院出台了《国务院关于支持赣南等原中央苏区振兴发展的若干意见》（国发〔2012〕21号，以下简称《若干意见》）《若干意见》是在深入调研基础上起草组带着深厚感情撰写的，加上实地调研，前后用了不到一百天的时间。根据《若干意见》关于"抓紧编制赣闽粤原中央苏区振兴发展规划，进一步细化实化各项政策措施"的要求，从2012年底起我委会同有关部门和江西、福建、广东三省人民政府共同编制了《赣闽粤原中央苏区振兴发展规划》（以下简称《规划》）。去年3月，国务院以国函〔2014〕32号批复了《规划》，我委以发改地区〔2014〕480号正式印发了《规划》。目前，原中央苏区涉及的江西、福建、广东三省和相关市县正在全面展开《规划》落实工作，在此背景下浦东干部学院专门为原中央苏区县级党政领导量身打造这期培训班，对于帮助大深入理解中央的有关要求，在实际工作中更好地贯彻落实《规划》，加快原中央苏区振兴发展步伐。按照浦东干部学院的安排，我想与各位学员介绍以下研究编制《规划》的过程以及《规划》中体现的重要思想。并对贯彻落实《规划》提出一些看法。下面，我主要谈4个问题。

---

\* 根据国务院《关于支持赣南等原中央苏区振兴发展的若干意见》，国家发展改革委会同国务院有关部门和赣闽粤三省人民政府共同编制的《赣闽粤原中央苏区振兴发展规划》，该规划经国务院批准于2014年3月颁发实施，作者为规划编制组组长。本文系作者于2015年6月24日应邀为中国浦东干部学院"原中央苏区振兴发展专题培训班"所作的授课材料。首讲为2014年10月14日，亦系为该学院同名培训班授课。

### 一、充分认识《规划》出台的重要意义

近七八年来，为了落实国家的区域发展总体战略，推动区域经济又好又快发展，我们研究制定了一系列区域政策和区域规划。但在不到两年的时间内，国家针对原中央苏区既出台政策意见又出台发展规划，这种做法是很罕见的。而且《意见》从工作启动到文件出台仅用了89天时间，时间之快、"含金量"之高是绝无仅有的。为什么这么做？这是因为原中央苏区是一个很特殊的区域，存在着一些特殊困难，需要加以特殊的对待，给予特殊支持。

首先，赣闽粤原中央苏区在人民共和国发展史上具有特殊地位。

中央苏区亦称中央革命根据地，是土地革命战争时期中国共产党创建的最大最重要的革命根据地，是全国苏维埃运动的中心区域，是中华苏维埃共和国党、政、军首脑机关所在地。1929年1月，毛泽东、朱德率领中国工农红军第四军主力离开井冈山革命根据地后，转战赣南、闽西地区，先后开辟了赣南、闽西革命根据地。国民党军第三次"围剿"被粉碎后，赣南、闽西革命根据地连成一片。1931年11月，中华苏维埃第一次全国代表大会在江西瑞金召开，成立了中华苏维埃共和国临时中央政府，中央革命根据地正式形成，统辖和领导了全国苏维埃区域的斗争。中央革命根据地的历史，从1927年大革命失败后赣南、闽西农民武装暴动开始，到1937年抗日战争爆发后赣粤边、闽西等地红军三年游击战争结束，前后经历了近10年。这一时期，是中国共产党人探索农村包围城市，武装夺取政权革命道路的重要历史阶段；是中国共产党第一次建立国家政权形态，开始局部执政，造就一大批治国安邦栋梁之材，学会治国理政安民艺术的时期；是党领导的红军经受艰苦卓绝的锻炼，为建设人民军队、进行人民战争积累经验的时期。中央苏区的革命历史也是我们党最艰难的一段历程，中央苏区为中国革命做出了重大贡献和巨大牺牲，在中共党史和中国革命史上有着极其重要的历史地位和作用。

这里我用几组数字来说明这块土地对中国革命和新中国的成立做出的

重要贡献。因为赣南苏区和闽西苏区是中央苏区的主体，我这里用的中央苏区的数字都是指赣南苏区和闽西苏区。第一组数字，中央苏区先后有40多万人参加了工农红军，有70万人参加支前队、运输队，有将近120万人直接参加了革命斗争，占当时中央苏区人口的三分之一以上。第二组数字，就是当时在中央苏区主力红军有13万，吃公粮的公职人员8万人，还有小学教师4000多人，共21万多人，差不多16个苏区农民供养一个红军战士和公职人员，还不要说其他的军需用品。第三组数字，当时中央苏区政府多次征集公粮，仅33、34年三次"借谷运动"就征集粮食115万担；当时中央政府先后发行公债480万，折合现在人民币232亿元；尤其是红军长征时中央苏区银行带走的银元2600万，折合现在相当于人民币1200亿元。从这几个数字可以看出，当时老百姓从革命热情投身革命，也从物质上给予了革命的支持。第四组数据，就是中央苏区在革命战争年代，牺牲的有名有姓的烈士达到13.45万人。2012年，我在苏区调研的时候曾参观兴国革命烈士纪念馆，在那里我的感触很深。纪念馆的墙上密密麻麻刻着23000多个烈士名字，这还是有名有姓的，无名无姓的就不计其数了。有这样一句话，在长征路上，每公里倒下了3个赣南籍战士、1个兴国籍战士。有些家庭全家革命、满门忠烈。所以为什么原中央苏区革命这么早，可是开国将领并不多，实际上前期牺牲得太多。可以毫不夸张地讲，很少有一个地方能像原中央苏区这样，对共和国的创立做出如此巨大和直接的贡献，所以说这块土地地位非常特殊。

第二，赣闽粤原中央苏区当前面临着特殊困难。

新中国成立以来，赣闽粤原中央苏区发生了翻天覆地的变化，这一点毋庸置疑。改革开放后进一步加快。如，2011年赣州市实现地区生产总值1336亿元，是1978年的114倍，财政总收入180亿元，是1978年的143倍。但正如《意见》指出的，由于战争创伤的影响，以及自然地理等多种原因，迄今为止原中央苏区经济发展仍然滞后，民生问题仍然突出，贫困落后面貌仍然没有得到根本改变。归纳起来，这些特殊困难集中体现在以下三个方面：

一是贫困问题突出。赣闽粤原中央苏区是全国比较大的集中连片的贫困地区，贫困范围广、贫困程度深。江西范围内的县，70%属于国家扶贫开发重点县和比照西部地区政策的县，其中有17个县属于罗霄山区集中连片特困地区。在制定《意见》的时候，据我们统计，2010年，赣州市人均生产总值13397元、人均财政收入1535元，分别只有全国平均水平的45%、24.5%，仅相当于西部地区平均水平的60%、43%，比大多数西部地区的发展水平还要低。按照国家制定的2300元贫困线标准，赣州全市贫困线以下的人口有216万，贫困发生率达到30%，比全国平均水平高出16.5个百分点。如果严格按照世界银行每人每天收入1.25美元的贫困标准测算，贫困人口就更多。当时我们作了个简单测算，按照当时赣南苏区人均GDP和全国人均GDP增长速度持续增长下去，赣南苏区人均GDP要赶上全国平均水平至少还需要二三十年。吉安、抚州原中央苏区的发展状况虽好于赣州，但在江西省内也处于中下水平。另外，福建、广东的原中央苏区贫困问题也较突出，多数市、县的发展水平在省内处于谷底的水平，很多指标只占本省平均水平的百分之二三十。其中，最典型的是梅州、南平市。2012年，梅州人均GDP只占全国平均的不到一半，南平市人均GDP只占全省的70%，在本省排名都是倒数第一。

二是民生发展滞后。原中央苏区的发展差距表面上看是贫困，实质上更体现在民生上，农村的生产生活条件尤其能反映这一点。以赣南苏区为例，2010年赣州市城镇居民人均可支配收入和农民人均纯收入分别为14203元、4182元，只有全国平均水平的七成，达不到西部地区的平均水平；人均教育财政支出480元，分别只占全国的50%，中部的71.6%，西部的53%；人均卫生财政支出275元，分别只占全国的77%，中部的91%，西部的70.1%。截至2010年底，赣州市还有近70万户群众居住在危旧土坯房中，223.8万人没有解决饮水安全，2.3万个自然村不通公路，中小学校舍缺口182.4万平方米，6011个村小组收看不到电视。前年，我去赣州搞了几次调研，跑了好多个村，看到的景象一辈子都难以忘记。第一个是喝水的问题。在宁都县固厚乡楂源村东排小组，我看到全村唯一的饮用水源是一口直径不足一米的水井，水体混浊不堪像"米汤"，因为喝这样的水很多人落下了残疾。触景生情，我当时就和省里有关部门的同志商量利用中央预算内投资尽快解决这个村的喝水问题。第二个是住房的问题。在赣南苏区农村还有大量群众住在土坯房中，这些房子大抵建于20世纪六七十年代，现在已经千疮百孔、破烂不堪，很多房子属于危房，濒临倒塌。但即使如此，我们到任何一家都热情相迎，每一个房子都收拾的干干静静。第三个是用电的问题，一些村子还不通电不少老表们还在用松油照明，有电的地方运行也不稳定，机内运转时断时续，盖的是被子都补丁摞补丁。这些都是我亲眼所见，这样的情况即使全西部地区也不多见，不下去调研根本都难以想象。

三是增长基础薄弱。原中央苏区在产业发展历史上既缺乏国家大量投资的拉动，又缺乏特殊政策的扶持。虽然近年来产业呈现快速发展的良好势头，但工业基础仍十分薄弱，二产占生产总值的比重明显低于全国和本省平均水平，仍处在工业化初、中级阶段。整个原中央苏区的门类里面，产业非常单一，初级、低端的资源型产业占的比重很高，赣州的稀土和钨两个行业就占整个工业主营业务的35%，龙岩、梅州的矿业占工业的比重也在五分之一以上，这种"一矿独大"的单一产业结构，极易受到外部环境和市场价格的影响。与工业化水平低相伴的是城镇化水平低。整个原中央苏区范围内没有一个严格意义的大城市，城镇化水平比全国低8个以上百分点，赣州、梅州、龙岩的城镇化率更是低10多个百分点，"小马拉大车"的现象严重制约了工业化水平的提高和经济的快速发展。同时，交通基础设施的瓶颈制约也很突出。赣州、龙岩、梅州都是近些年来才通第一条铁路，高速公路的建设也相对晚。这一地区虽然处于东中部，但因为缺乏交通基础设施的支撑，区位优势难以发挥，在东、中部地区处于边缘化的状态。

总体来说，原中央苏区人均经济总量低、地方财政薄弱、自我发展能力不足等问题非常突出，脱贫致富实现全面小康的任务还很艰巨。这一地区紧靠沿海发达地区，理论来说如果能够借势发展能够发展差距不应很大，但现实中经济社会发展水平上表现出如此之大的反差，决定了这一地区在全国扶贫攻坚工作中具有特殊的地位。

第三，支持赣闽粤原中央苏区振兴发展具有特殊意义。

其一，赣闽粤原中央苏区的振兴关系到党的信誉和国家的形象。我们建立共和国的目的是什么？我们共产党的使命是什么？众所周知，那就是让全体人民过上幸福的生活！早在1933年8月，毛泽东主席在中央革命根据地南部十七县经济建设大会上就谈到，必须注意经济工作，我们要使人民经济一天一天发展起来，大大改良群众生活。革命先烈也正是坚守这个信念、这个理想，才不惜抛头颅、洒热血。我们党在成立之初就决心要让所有老百姓过上幸福的生活，这是我们党的庄严承诺。如果到现在还有那么多贫困地区特别是为新中国成立付出那么大贡献的原中央苏区还那么贫困，就辜负了人民的期望，也就辜负了那么多鲜活生命的牺牲。新中国成立已经六十多年了，原中央苏区还有那么贫困的地区，一些村庄没有通电，部分农村困难群众还住在土坯房中。特别是，不少已到七八十岁高龄的革命烈士后代，他们出生在土地革命战争时期，饱受了战争的摧残，至今生活仍非常窘困，这是说不过去的。所以，我们必须要迅速改变这种状况，让我们的人民特别是为革命作出巨大牺牲的中央苏区人民能过上幸福的生活，使中央苏区人民能够为当年为革命付出的血的代价而真正感到自豪和骄傲，这既是全党、全国人民的殷切期望和我党不可推卸的崇高责任，更是我党兑现承诺、凝聚党心民心、牢固执政之基的必然要求。

其二，赣闽粤原中央苏区的振兴关系到区域协调发展和全面小康社会目标的实现。从经济发展来看，赣闽粤原中央苏区是全国发展的一块短板，如果这块短板持续下去，将直接影响周边地区乃至全国的总体发展进程。小康不小康关键看老乡，特别是贫困地区的老乡。我们不能只看北京、上海这些地方，更要看广大农村、广大贫困地区是不是实现了富裕、实现了振兴。这些年我走了不少地区，对中国的国情有了更进一步的了解。在看待我国的经济实力和发展水平这个问题上，我是持谨慎态度的。尽管我们国家的经济总量排名世界第二位，最近国际货币基金组织的报告称，按照购买力平价测算中国经济总量已排名世界第一，而且从单个城市来看，北京、上海、深圳等大城市的发展水平和美国、欧洲差不多，甚至在某些方面还超过了美国和欧洲，但我们也要看到如果比较人均发展水平、经济发展质量、协调发展程度、富裕幸福指数，我们与发达国家还有不是一天、两天的差距，是几十年或更长的差距。更不用说原中央苏区了。所以说，要实现全面建设小康社会目标首先要解决原中央苏区等贫困地区的富裕、幸福问题，如果这些瓶颈不解决、短板不补齐，就谈不上全面建设小康。支持赣闽粤原中央苏区振兴发展有利于为原中央苏区打造了一个平台，通过这一平台形成的强大政策推力与苏区干部群众的自强不息相结合，将迸发出推动原中央苏区超常规、跨越式发展的不竭动力，使这一地区尽快摆脱贫困，确保与全国同步实现全面建设小康社会的宏伟目标。

其三，赣闽粤原中央苏区的振兴关系到保障我国南方地区生态安全。原中央苏区不仅是革命老区、贫困地区，它还是我国南方重要的生态屏障，对整个东南沿海地区的生态安全具有举足轻重的影响。原中央苏区是我国赣江、闽江、东江、九龙江等重要河流的发源地。以赣南苏区为例，鄱阳湖水系的25％、香港和珠江三角洲饮用水源东江水系10.4％的流量都源于这里。赣南苏区生态环境质量影响远至香港、深圳的居民用水，近至江西赣江流域内群众的饮水安全。由于特殊的地理条件，江河源头地区生态比较脆弱，多数是水源涵养生态功能保护区，承担着维护整体生态平衡的任务。据国务院颁布的《全国主体功能区规划》，原中央苏区的大部被划归的国家限制或禁止开发类型区，进一步限制了区域资源开发和经济发展，这一地区与下游地区社会经济发展水平的差距面临拉大的趋势，严重地影响了这一地区保护生态环境的积极性。由于主客观条件的种种限制，原中央苏区传统产业结构调整以及经济发展方式的转变仍然需要一个较长的过程，经济的快速增长必然使原中央苏区生态环境承载力不可避免地趋于紧张。如何在有效保护生态环境的同时，最大限度地开发利用特色资源，发展特色产业，壮大区域经济，实现社会经济又快又好发展，是原中央苏区面临的重大现实问题。加快原中央苏区振兴，对确保长江中下游地区、珠三角地区和厦漳泉地区的生产、生活、生态用水安全，增强区域的环境容量，对于探索如何在生态脆弱的贫困地区实现"环境保护"与"经济发展"相协调具有十分重要的意义。

其四，赣闽粤原中央苏区的振兴关系到国家安定和社会和谐。原中央苏区是毛泽东思想的形成地和苏区精神的发源地。习近平同志在纪念中央革命根据地创建80周年座谈会上讲话指出，无数革命先辈用鲜血和生命铸就了以"坚定信念、求真务实、一心为民、清正廉洁、艰苦奋斗、争创一流、无私奉献"等为主要内涵的苏区精神。这一精神是中国共产党人政治本色和精神特质的集中体现，是中华民族精神新的升华，也是我们今天正在建设的社会主义核心价值体系的重要来源。新中国成立前，革命先辈跟着共产党闹革命，不惜抛头颅洒热血，最大的愿望就是翻身得解放，过上幸福生活；新中国成立后，他们坚信跟着共产党一定能够过上幸福生活，执着地支持国家建设，这些信念都来自苏区精神的支撑。我到苏区调研常常倍加感动。时至今日，虽然一部分群众的生活还很困难，点着油灯、住着土坯房，下雨天外面下大雨、屋子里下小雨，但他们没有任何怨言，依然念着共产党的好，记着共产党的恩，传颂着"吃水不忘挖井人，时刻想念毛主席"的故事。这块红色的土地，始终有着对党、对国家的朴素感情，始终有着顾全大局、无私奉献的高贵品质，始终有艰苦奋斗、奋发图强的苏区精神。但是，我们也要看到，真正的安定团结是建立在富裕基础上的幸福，我们不能一直让老区群众贫穷下去，一定要从大局着眼，用精神和物质手段垒起老区群众信念的基础和精神的支柱。从这个方面讲，振兴赣闽粤原中央苏区关系到国家的安定，关系到社会的和谐稳定，具有重大的意义。

正是基于上述特殊性，党中央、国务院高度重视原中央苏区发展。2011年11月，中央在北京召开了纪念中央革命根据地创建80周年座谈会，习近平同志在座谈会上指出，"中央革命根据地和其他革命根据地对中国革命作出了重大贡献和巨大牺牲，现在不少革命老区的发展与经济发达地区相比还存在比较大的差距。我们要继续大力关心老区人民群众的生产生活，加大人力物力财力的投入，切实帮助老区加快致富发展步伐，促进区域协调发展、科学发展，让老区人民生活得更加富裕、更加幸福"。2011年12月31日，习近平同志在赣州市委、市政府上报的《赣南苏区经济社会发展状况调查报告》批了一大段话，指出赣南苏区是中央革命根据地的主体，为中国革命作出了重大贡献和巨大牺牲，由于种种原因，赣南苏区目前经济发展依然滞后，人民生活仍然比较困难，如何进一步帮助和支持赣南苏区发展，使这里与全国同步进入全面小康，使苏区人民过上富裕、幸福的生活，应当高度重视和深入研究。他要求国家发展改革委牵头，与相关部门一起，对《赣南苏区经济社会发展状况调查报告》中提出的各项建议和请求进行深入研究和评估，提出意见。此后，多名中央领导同志都作出了重要批示。根据中央领导批示精神，《若干意见》和《规划》相继出台。从以上几个方面来看，中央制定的《若干意见》和《规划》，绝不仅仅是一个普通的区域经济发展政策。它是对苏区地位的充分尊重，是感恩苏区、回报苏区、振兴苏区的具体行动，是我们党的历史责任和政治责任的体现，必将产生良好的政治影响、经济效益和社会效益。

　　这里，我还要对规划范围如何确定的特别说明一下。根据国家发展改革委党组的要求，江西、福建、广东三省有关部门在规划编制前开展了规划范围的前期研究，在考虑历史以及现实需要的基础上提出了本省希望纳入规划的具体范围建议。在三省建议方案的基础上，我们对规划范围问题进行了认真研究并与江西、福建、广东三省和中央党史研究室[①]充分沟通协商。鉴于目前对原中央苏区的具体范围没有统一界定，且中央领导同志已明确指示不再认定原中央苏区县，已认定的县要逐步淡化，我们认为，规划范围可在尊重历史的基础上，着眼于区域的整体发展适当作宽口径处理。经与三省沟通一致，规划范围以赣南、闽西原中央苏区为核心，统筹考虑有紧密联系的周边县（市、区），纳入规划范围内的县大体按以下三条原则来考虑：一是在原中央苏区的历史中作出过重大贡献；二是基于区域协调发展的需要，兼顾赣南、闽西原中央苏区周边较贫困地区；三是考虑江

---

① 中央党史研究室现为中央党史和文献研究院。

西、福建、广东三省的省际平衡。按此原则，纳入规划范围的县共有 108 个（市、区），其中江西省 54 个，福建省 41 个，广东省 13 个县。这个范围实际上超出了《若干意见》间接提到的范围，也超出了原中央苏区的实际范围，进入规划范围不等于属于原中央苏区。为避免引起歧义，我们在规划中明确，规划范围不等同于原中央苏区范围。从这个角度讲，《规划》既是支持革命老区振兴发展的专门规划，更是促进区域协调发展的区域规划。

## 二、准确把握《规划》体现的总体基调

赣闽粤原中央苏区振兴发展任务艰巨，各方面寄予厚望，必须以超常规的思路推进发展。从这一实际和要求出发，我们对整个原中央苏区的发展作了慎重、缜密的研究思考，确定了规划的总基调。大体说，有这样几个方面。

第一，把"赶"与"转"相结合。原中央苏区经济社会发展相当滞后，是典型的欠发达地区、贫困地区，经济总量小、人均水平低是原中央苏区的区情和面临的主要矛盾，摆在苏区面前的头等要务是加快发展。为此，《规划》中相当一部分措施都是支持这一地区加快发展。但仅仅如此是不够的，有两个原因要求这一地区在加快发展中必须实现转型。一是中国 30 多年的发展实践特别是发达地区发展实践证明必须实现转型发展。当前，我国东部地区的环境问题非常突出，已经严重影响到当地居民的身体健康，经济发展方式已经到了不转不行的地步。二是原中央苏区本身承担着维护生态环境的重要使命，关系到我国东南部地区的生态安全。目前，原中央苏区发展的资源环境约束日益突出，经济增长与资源环境承载能力失衡的问题已经露出苗头。基于这两点，原中央苏区的振兴发展不能再简单地靠山吃山、靠水吃水，不能再重复走东部过去三十年走过的粗放发展的老路，不能因为要赶超就竭泽而渔、焚林而猎，必须痛下决心，加快"转"的步伐。对于原中央苏区来说，"赶"是"补课"，就是要使主要经济社会指标在较短时间内实现较大飞跃，迅速缩小与全国平均水平的差距；"转"是趋势，就是优化升级产业结构，实现由"高碳"模式向"低碳"模式转变，

实现经济社会发展与资源、环境相适应，人口与资源、环境相和谐。"赶"与"转"犹如车之两轮、鸟之两翼，两者缺一不可。为此，我们在《规划》编制过程中坚持一手抓赶超，一手抓转型。在"赶"的方面，我们围绕实现全面建成小康社会目标，在产业发展、基础设施、民生建设等方面铺排一批重大项目，力图使原中央苏区经济社会发展速度实现"两个高于"，即高于本省同期平均水平、高于全国平均水平，尽可能在较短时间内迅速补上发展短板。在"转"的方面，我们把"我国南方地区重要的生态屏障"作为原中央苏区的重要定位之一，强调高度重视发展的质量与效益，要求走新型工业化、新型城镇化路子，并提出了大力发展资源精深加工，在产业升级发展中推进生态文明建设的具体路径。

第二，把适度"输血"和着力"造血"相结合。现在研究区域战略时，对待不同经济条件地区的政策设计是完全不同的。对条件较好的地区，比如长三角、珠三角，我们不给具体资金和项目，主要给先行先试的权力，其含金量也是很高的。对欠发达地区来说，要给予强有力的政策支持。原中央苏区自身财力有限、自我发展能力薄弱，产业结构的优化和调整，基础设施的改造升级，农村医疗、社会保障体系的健全和完善任务都很繁重，离不开中央的政策倾斜、资金帮扶、技术支持等多方面的帮助。《若干意见》和《规划》体现的重要思想就是支持。但是我们同时也考虑，一个地区的长期发展如果只依靠中央的"输血"很难实现，不能从根本上解决问题，反而会造成"等、靠、要"依赖思想。只有通过"输血"把"造血"功能建立起来，才能从根本上实现脱贫致富，否则一旦中断"输血"就容易前功尽弃。为此，我们在《规划》编制中，立足于激发该地区的发展潜力，坚持适度"输血"、"输血"从根本上为"造血"服务的原则，重点考虑了以下几个方面：一是通过支持重大基础设施项目建设，破解制约原中央苏区发展的重要瓶颈，增强对区域发展支撑能力。二是通过支持打造重大发展平台，提升该地区聚资融资能力，加速生产要素向原中央苏区集聚。三是通过加大对民生事业的资金投入，切实改善群众生产生活条件，保护和调动人民群众参与振兴发展的积极性。总之一句话，通过把"造血"寓于"输血"之中，大幅度优化提升该地区经济社会发展的基础条件和发展环境，尽可能地把比较优势和发展潜力激发出来，使该地区的经济社会发展进入良性循环的状态。

第三，把夯实"硬件"和创新"软件"相结合。区域竞争既是资金、技术、人才等有形的要素的竞争，更是思想观念、体制机制、制度环境、精神风貌等无形要素的比拼。搞好"硬件"相当于栽好梧桐树，但能否引来真凤凰还要看"软件"怎么样，看有没有适合真凤凰生存的环境和土壤。在《规划》编制过程中，我们既注重提升该地区的"硬件"水平，重视每条路、每个企业、每个项目的建设；同时我们也看到，这一地区与沿海发达地区的差距，说到底是思想观念的差距，是体制机制的差距。为此，我们还特别注重在"软件"方面下功夫。一是强调要大力弘扬苏区精神。苏区精神是支撑苏区群众致富奔小康的重要支柱，这个精神不能丢。有一段时期，我们一些人盲目崇拜西方，抛弃了主体价值观，认为一切以金钱至上。事实表明这样做有百害而无一益。有基于此，我们在强调这一地区基础设施建设和产业发展的同时，特别注重传承、弘扬苏区精神，以此作为振兴苏区的重要基点。二是强调要大力推进体制机制创新。着眼于构建"赶"和"转"相结合的机制，提出要深化重点领域和关键环节改革，鼓励原中央苏区在行政管理体制、改革要素市场建设、支持非公经济发展、农村集体建设用地流转制度改革、集体林权制度改革、城乡统筹、扶贫开发、投融资等领域进行积极探索。三是始终强调要解放思想。站在全国发展战略全局的高度上，站在当前经济社会发展潮流的基点上，用开放的眼光、长远的眼光为原中央苏区谋篇布局，要求原中央苏区发展必须高起点谋划、高标准建设，从一开始就要紧跟时代的脚步，走新型工业化和新型城镇化道路，不能妄自菲薄，不能用新瓶装旧酒。

第四，把加强对内合作与扩大对外开放相结合。原中央苏区之所以发展滞后，与对内合作和对外开放程度不够有关。落后地区往往不敢开放、不敢合作，害怕引狼入室，把自己吞并了。而这种封闭保守的思想带来的各自为政、近亲繁殖、产业同构，其结果是竞争力日益低下，恶性竞争日益严重。从全国的形势看，越来越多的地方意识到深化合作开放的好处，通过合作开放能够解决本地生产要素捉襟见肘的问题，在更大范围内配置资源，避免恶性竞争，实现优势互补。原中央苏区整体发展水平低，只有抱团取暖，努力扩大市场容量，实现本地区生产要素的高效利用，才能更好地发展壮大自己。而且，原中央苏区各县、市虽然资源禀赋同质性强，发展阶段和水平大体相似，但区位条件、资源状况、文化习俗还是有不少差异，各地区形成了自己独特的优势。

比如，福建、广东的部分沿海县、市民营经济发达，经济水平能够排入全国百强县市，资本非常充裕；而经济更为落后的赣南、闽西、粤东北地区发展潜力大，却面临着巨大的资金需求。原中央苏区深化内部合作既有客观条件，也有主观需要。为此，我们在《规划》编制工程中，注重打破行政界限和市场分割，从区域整体利益着眼，从各地区的细微处着手，一方面强调区域的一体性，要求熨平制度褶皱，推进建立统一市场和平台；另一方面，强调区域的互补性，引导各地区分工协作、合理布局，促进错位发展、共赢共荣。同时，随着全球化和区域经济一体化深入发展，国际和东部沿海产业向中西部地区加速转移。特别是原中央苏区是客家文化、闽南文化的发源地，在外的华人华侨数量众多。目前，以客家文化、闽南文化为纽带的海内外交流交往更加活跃，客家宗亲、华人华侨回乡投资兴业热情倍增，为原中央苏区扩大对外开放，进一步融入全球经济创造了新的契机。为此，我们在《规划》编制中，还坚持借力发展、外向发展的理念，把提高开放水平作为支持赣闽粤原中央苏区振兴发展的重要基石，强调要深化与东部地区和港澳台的经贸合作，在打造开放平台、承接产业转移、实现区域通关便利化等谋篇布局，努力把该地区打造成内陆开放型经济新高地。

第五，把给予特殊支持与维护制度公平相结合。这些年来，我们在研究区域发展战略时，对于欠发达地区都会给予一定程度的优惠政策。事实证明，这些特殊的支持政策对于刺激欠发达地区的发展非常必要、非常有效。比如，西部大开发战略实施10多年来，西部地区经济增速从全国垫底的水平一跃成为全国的领头羊位置。这与对西部地区的特殊支持政策是分不开的。中央的优惠政策一方面给了真金白银，另一方面对投资者起到了引导方向的作用。刚才我说到，我们之所以给这一地区这么多支持，除了其他特殊地位以外，从根本上讲还是考虑到它是全国最贫困的地区之一，为了帮助这一地区实现跨越式发展。但在这里我要强调一点，这些特殊支持政策从本质上来说是区域政策，是扶贫政策，不能理解成因为它是专门给革命老区的政策。近段时期，有很多革命老区向我们提出，原中央苏区享受特殊政策，他们同是革命老区享受不到同等政策是不公平的，希望将原中央苏区政策延伸扩展到其他革命老区。我就跟他们讲，虽然同是革命老区，原中央苏区在革命老区中发展水平是最差的，我们出台政策的目的更多的是考虑到它面临的特殊困难。当然，为了维护制度公平，我们在制定支持政策的时候考虑了以下原则：一是可推广原则。就是政策必须符合经济社会发展的规律和方向，虽然特定时期在某一地区使用，但如果扩大到其他区域一样可以适用。可推广原则保证了政策不是长期给一个区域吃独食、吃偏饭。二是可持续原则。前面我讲了"输血"与"造血"的关系。如果一个政策只考虑到"输血"，就最终会成为养懒汉的政策，导致劣币驱逐良币，这对其他区域是不公平的。政策的可持续性就是要寓"输血"于"造血"之中，通过短期内"输血"来构建长期"造血"机制。政策一旦中止，该区域依然能够良性发展下去，而不会出现发展的停滞。三是社会认可原则。区域政策的制定要有理、有利、有节，不能造成太大的悬殊，能够得到其他区域的认可和支持。我们给予赣州西部地区的政策就是因为比西部地区还落后。这就跟一个家庭一样，父母对某个子女爱护要适当，这种程度如果把握不好就会变成溺爱，引起其他子女不满，不利于整个家庭的团结。区域政策也是这个道理，如果政策引起了其他地区不满，就会对市场机制产生破坏，形形色色的地方保护主义就会堂而皇之地登台露脸，市场就会被分割得七零八落，这是不能容许的。我们就是基于以上原则指定的原中央苏区政策，这些政策既有"含金量"，又是在现有区域政策框架内，既对区域发展有良好的促进作用，又能充分保障了竞争公平。

## 三、扎实完成《规划》确定的重大任务

基于上述考虑,《规划》立足当前、着眼长远,根据原中央苏区的战略定位和发展目标,对振兴原中央苏区做了全面部署,提出了六个方面的重点任务。这些任务非常重要,体现了目标导向和问题导向的有机统一,具有很强的针对性,落实好这些任务是实现原中央苏区的全面振兴发展的基本保障。

第一,壮大特色产业。产业发展是促进经济发展的助推器,是拉动经济腾飞的强大引擎。在产业发展问题上,我曾经谈过有两点很重要:一要发展优势特色产业。一个地方要充分把握好自己的优势是什么、特色是什么,在此基础上把优势特色产业做强做大。二要发展适宜产业。千万不能脱离实际盲目推动产业发展。现在不少地方在产业发展上有一个认识误区,即认为一二三产中,三产即服务业比重越高,产业结构就越优,相应地认为一产、二产的比重越低越好,并且动不动拿美国等发达国家论事。这样的认识是很片面的。其一,从逻辑上说,没有一、二产,特别是没有二产,"三产"又从何谈起?其二,没有实体经济,最终就没有实际的发展,一、二产是实体经济,三产则主要为虚拟经济。美国等国家三产比重较高,一是因为一、二产非常发达,二是因为它有特殊的优势,能够依靠超常的手段在全世界配置资源和经济。如果没有一产、二产作基础,发展三产就是空中楼阁,欲速则不达。我们要实现经济转型,但也不能盲目追求发展高大上的产业。经过几十年的努力,赣闽粤原中央苏区已经具备了一定产业基础,特别是在资源型产业方面具备了一定的竞争优势。比如,原中央苏区是全国最大的柑橘产地,各地的品种都有特点,特别是赣州的脐橙产量已经做到世界最大。原中央苏区的有色金属产业也已发展到相当的规模,稀土、钨等在世界的地位都很突出。旅游方面也做得有声有色,井冈山、瑞金、古田等红色旅游发展蓬勃,武夷山、丹霞、福建土楼等世界自然、文化遗产闻名遐迩。目前,原中央苏区产业发展核心问题在于资源虽然丰富,但仍处于初加工水平,附加值不高、竞争力不强。2012年我到赣

州的稀土企业调研，看到一些企业主要还是卖稀土初加工产品，且产品种类很单一，各企业差不多都是那么几样，这样做怎么会具有竞争力？怎么能在世界上有话语权？为此，《规划》立足于该地区的资源优势，重点在做特做优、做大做强方面做文章。一是大力发展特色农林业。加快实施重大农业工程，支持建设工程技术研究中心，拓展产业链条，提高农产品的深加工水平。二是优化提升优势矿产业。鼓励搞自主创新和研发合作，大力发展有色金属精深加工，打造具有国际竞争力的有色金属产业基地。同时，支持发展电子信息、机械制造、汽车、轻工纺织、医药、新能源等制造业，培育新的经济增长点。三是加快发展旅游业。把发展旅游业摆在突出位置，积极打造融红色、绿色、古色为一体的大旅游概念，形成立体旅游、联动旅游的发展格局。

现实情况表明，原中央苏区特色产业培育是卓有成效的。赣州市集中全力打造以脐橙、稀土、钨为核心的拳头产业，赣南脐橙种植面积达到180万亩，油茶种植面积接近百万亩，稀土和钨产业主营业务收入突破了千亿元，国家级大型稀土企业集团组建获工信部批准。吉安市积极引导发展井冈蜜柚、高产油茶、竹木花卉、珍贵楠木、绿色蔬菜、茶叶烟叶6大特色富民产业；大力打造电子信息产业集群，集聚了360多家电子信息企业，主营业务收入占了江西省的半壁江山。龙岩市积极培育机械、有色金属、烟草、能源精化"四大天王"产业，去年实现产值近千亿元。三明市去年培育形成2家产值超百亿、23家产值超十亿元企业，6条产业链产值突破两千亿元。南平市创新旅游发展机制，运用互联网思维开展"一元门票游大武夷"活动，打造完整的旅游产业链，实现小武夷旅游向大武夷旅游的转变。

第二，做强基础设施。基础设施是区域经济社会发展的重要前提和支撑。长期以来，这一区域的基础设施的建设没有得到应有的重视，历史欠账多、瓶颈制约很突出。这些年来，得益于国家大力发展基础设施的战略，这一地区的基础设施条件有很大改观，但是其他地区发展更快，相比之下这一块仍是薄弱环节。最典型的例子是铁路。我在赣州、吉安调研的时候，地方同志说京广铁路开通一百年后，我们才好不容易建成了京九铁路，区位条件有所改善。但没几年湖南就进入了高铁时代，这里的区位条件一下又弱化了。为此，我们在《规划》中强调，要按照统筹规划、合理布局、适度超前的原则，推进交通、能源、水利和信息等基础设施项目，加快建设现代化基础设施体系。交通方面，《规划》重点突出对外通道建设，规划了一批高铁、高速和机场，目的是密切与周边城市和沿海港口城市的高效连接。能源方面，《规划》坚持双管齐下、合理布局的原则，一方面通过火电、水电和新能源发电等电源点布局，提升本地区电力保障能力；另一方面，通过特高压电网以及石油、天然气管道的建设，增强能源跨区域输入能力。水利方面，针对这一地区山洪灾害较多等问题，《规划》突出强调要加强防洪工程建设，进一步完善山洪灾害防治体系，提高相关城市和重点乡镇的防洪能力。信息方面，考虑到信息是未来决定区域竞争力的关键，《规划》特别重视填平与发达地区的数字鸿沟，提出了宽带网络建设的目标。

在《若干意见》《规划》的推动下，得益于有关部门的大力支持，原中央苏区基础设施建设进展迅猛。向莆铁路、赣韶铁路、沪昆客专杭州至长沙段投入运营，赣龙铁路扩能项目已完工，昌吉赣客专开工建设，赣深客专、鹰梅（浦梅）铁路、渝长厦等重大铁路项目前期工作加快推进，赣州黄金机场、井冈山机场改扩建工程全面开工，抚州机场筹建前期工作正式启动，大广高速、京台高速等国家高速公路瓶颈路段扩容改造工程完成；抚州电厂今年可投产发电，梅州大埔电厂获国家核准建设，峡江水利枢纽工程并网发电；赣江石虎塘航电枢纽全面竣工，重点小（2）型病险水库除险加固基本完工。这一批打基础、管长远的重大项目建设，将为今后一段时期原中央苏区的振兴发展提供强有力支撑。

第三，优化生态环境。赣闽粤原中央苏区有一个很大的特点，就是山多林密，很多县森林覆盖率达到80%、90%，生态环境总体较好。但我们既要看到有利的一面，也看到生态环境脆弱的一面，还要看到容易被忽视的一面。目前，这个地区特色农林产品等种植带来的面源污染严重破坏水源地安全，一些县的饮用水受到了威胁；矿山开采特别是历史遗留矿山造成较严重的生态破坏和环境污染，一些河流的重金属超标准问题比较突出。还有就是生态环保意识不够强，对可持续发展重视不够、投入不足。为了保障我国南部地区生态安全，《规划》在生态环境一章着墨很多，重点突出了以下几点：一是考虑到这一地区属于多条河流发源地，《规划》明确提出了要开展几大河源头地区补充纳入到国家重点生态功能区范围，开展生态补偿试点，加大水土流失综合治理力度。二是针对矿山开采带来的环境破坏问题，《规划》提出大力推进矿山生态环境保护与恢复治理，特别是完成历史遗留矿山环境综合治理，积极推动重点区域重金属污染防治。三是针对农业开发带来的日益严重的面源污染问题，《规划》特别提出要加强城乡饮用水水源保护，加大农村环境综合整治力度。四是为了提高这一地区矿产资源利用水平，《规划》特别强调要建设绿色矿山、发展绿色矿业，加快建设矿产资源综合利用示范基地。

通过近几年的努力，原中央苏区的生态环境有了很大改善。赣州市狠抓稀土矿山治理，综合治理稀土矿山47平方公里，治理水土流失1445平方公里，组建了江西省首家碳交易机构，被列为国家首批新能源示范城市、第二批国家低碳试点城市。吉安市加快推进古后河绿廊、螺湖湾公园等一批生态工程，成功创建国家森林城市。抚州市关停36家非法电镀、拆工、小造纸等企业，开展了农村环境卫生综合治理、水库水质污染和禽畜养殖污染专项整治行动，城乡环境面貌有了很大改观。龙岩市持续打好"治山、治水、治气"三大战役，被评为全国首批创建生态文明典范城市，长汀入选全国生态文明示范工程试点县。南平市实施美丽南平"百千万"工程，131个美丽乡村建设全面铺开。梅州获"中国最美生态休闲旅游城市"，梅县雁洋成为全国第二个"国际慢城"。从今后的发展趋势看，优良的生态环境是原中央苏区最宝贵的财富，各地一定要持之以恒、坚持不懈地抓好生态文明建设，既要金山银山、更要绿水青山，最终把绿色资源转变成经济资源。

第四，强化社会事业。"天下顺治在民富，天下和静在民乐"。原中央苏区民生欠账很多，要把握好国家的支持政策，利用国家推进公共服务均等化的机遇，来争取政策提高这一地区民生发展水平，特别是要限时保质地把重点领域的民生问题解决好。与其他地区相比，原中央苏区的民生问题有自己的特点，侧重点也应有所区别。教育方面，针对该地区农村义务教育设施严重不足的问题，《规划》提出加强农村义务教育薄弱学校改造和边远艰苦地区农村学校教师周转宿舍建设，到2016年要基本解决小学、初中大班额和寄宿生住宿问题。考虑到这一地区是沿海地区劳动力输出的重要基地，为了提高输出劳动力素质，《规划》特别突出要加快发展现代职业教育。卫生医疗方面，我们在调研中发现，除了全国普遍存在的基层医疗能力不足的问题外，这一地区中心城市和县城也存在医疗服务水平不高的问题，很多人就医需要到广州、福州、南昌等大城市。为此，《规划》把市、县级医院建设摆在突出位置，明确支持建设具有区域影响的综合医院，支持有条件的中心城区设立专科医院，允许80万人口以上、具备三级医疗设置基本标准的县（市）建设三级医院。就业和社会保障方面，《规划》提出了就业和社会保障服务设施建设的具体目标，即2015年前实现县级就业和社会保障服务平台基本覆盖，2020年前实现市、县、乡三级公共就业和社会保障服务平台全覆盖。文化方面，这一地区是客家文化、闽南文化的大本营，为传承当地的文化特色，《规划》特别注重要保护传统村魅饕迹和非物质文化遗产。

民生和社会事业是近些年原中央苏区发展最快，同时也是成效最显著的部分。江西省着力抓好农村危旧土坯房、农村安全饮水、农村道路、农村电网和农村特困群体生活改善五大工程，完成60万户农村危旧土坯房、1.3万公里农村公路和800多公里国省道改造，解决了389.7万农村居民和农村师生饮水安全、7.1万户山区居民不通电、57.6万户长期"低电压"、18.7万户农村居民看电视难问题，6.5万"两类"困难群体人员落实了抚恤补助资金。福建省对原中央苏区民生工程和教育、卫生、文化等社会事业项目予以优先申报推荐，龙岩市精准扶贫"九到户"帮扶机制获国家充分肯定，长连武扶贫开发试验区完成总体规划。广东省集中省级财力，倾斜性支持原中央苏区社会事业建设，仅去年就投入约9亿元补助原中央苏区建设基本公共卫生服务项目3圈个。苏区群众普遍反映，苏区振兴让他们住上了安居房，走上了平坦路，喝上了干净水，用上了稳当电，既改变了农村面貌，也改变了精神面貌。

第五，统筹城乡发展。赣闽粤原中央苏区仍然是一个农业和农村人口占比较大的地方，2013年，这个地区总体城镇化水平只有46%，大大低于全国平均水平。特别是在赣南、闽西、粤东北地区，城镇化率不到40%。而且达到这一水平还要感谢沿海地区，因为沿海地区吸纳了这一地区转移的大批农村劳动力，把这一地区常住人口的基数降低了，所以说这一地区的城镇化水平还有所高估。我们常说现在到了城市反哺农村的阶段，但在这个地区没有一个具有较强辐射能力的大城市，城市反哺农村心有余力不足。为此，《规划》把城乡统筹发展的首要任务放在积极培育大中城市上，提出要实施中心城市带动战略，做大做强赣州、龙岩、梅州、吉安、抚州、三明、南平等区域中心城市，扩大城市规模，提升综合服务功能，强化辐射带动作用。同时，考虑到这一地区部分县的发展有特色、有活力，比如以旅游发展为特色的井冈山市、武夷山市，以工业发展为特色的漳浦县、龙南县，以物流商贸发展为特色的南城县等。针对这一特点，《规划》提出要加快培育特色鲜明的县域经济，培育形成一批各具特色的小城市。此外，为了提升城乡统筹发展能力，《规划》还提出要建立城乡规划协调机制，推动城乡公共设施的共建共享。

近年来，原中央苏区城乡统筹建设取得了积极进展。抚州市成功创建"国家园林城市"、"国家森林城市"，启动城市棚户区改造101.82万平方米，完成685个新农村建设村点的村庄整治任务，启动实施37个乡（镇）的镇村联动建设。三明市加快生态工贸区生态新城建设，进一步放宽户口准入条件、推进农业转移人口市民化等政策措施，公共服务稳步向常住人口覆盖，实施城乡基础设施六项提升工程，市区与沙县、永安在基础设施、产业、规划等方面同城化迈出新步伐。南平市统筹武夷新区和延平新城建设，推进邵武产城融合试点和4个省级、10个市级小城镇综合改革试点镇建设。2014年，原中央苏区各地级市城镇化率普遍提高了1个百分点以上，按此速度发展下去,"十三五"期间多数城市城镇化率将超过 50%,真正进入城市社会。

第六,深化开放合作。前面我谈到,深化合作、扩大开放具有多个方面的意义。欠发达地区要摒弃开放合作会被侵夺利益、是引狼入室的观念,大胆迈出步伐推动开放合作。特别是,当前正处于国际国内产业结构调整、产业转移的窗口机遇期,开放合作面临重要机遇。在这个方面,《规划》作了这样一些安排:一是在提出推进建立统一市场,统筹规划建设跨省重大基础设施,加快重点地区一体化进程等一般性内容的基础上,《规划》还创新性提出了,探索跨行政区域产业合作发展新模式推动赣州与龙岩共建赣闽产业合作区,积极探索政策共用、利益共享、风险共担机制。二是进一步强调了要加紧打造以赣州经济技术开发区为核心,以赣州"三南"至广东河源、瑞金兴国至福建龙岩产业走廊为两翼的"一核两翼"开放合作新格局,并积极做好港口的文章,提出鼓励潮州港、诏安港与相关沿海地区加强区域合作,全面深化区域通关业务改革。三是提出了与周边的湖南原苏区、浙江原苏区、福建闽东苏区联动发展。这些地方在中央苏区的形成发展中做出过重要贡献。根据中央党史研究室①的研究,这些苏区不属于原中央苏区范围。综合考虑,我们未将这些地方纳入规划范围。但考虑到这些地区的历史贡献、现实困难以及与原中央苏区的密切联系,《规划》要求促进原中央苏区与周边苏区在重大基础设施、旅游、扶贫开发等方面的合作。

《意见》《规划》出台后,原中央苏区积极行动起来,在开放合作方面迈出了新的步伐。一是迅速打造了一批国家级开放平台。赣南承接产业转移示范区,龙南、瑞金国家级经济技术开发区,赣州综合保税区等重大平台获得批准,龙岩、三明高新区升格为国家级高新技术产业开发区,瑞兴于经济振兴试验区和吉泰走廊"四化"协调发展示范区规划编制完成。二是积极融入"一带一路"倡议。三省在制定"一带一路"规划实施方案时

---

① 中央党史研究室现为中央党史和文献研究院。

都将原中央苏区作为重要组成部分，重点推动与"海丝"沿线国家和地区的合作。三是跨省合作取得新突破。龙岩市加强与赣州市的沟通，协商共建赣闽产业合作区。福建省和广东省推动潮州饶平和漳州诏安共建闽粤经济合作区，组织编制了《闽粤经济合作区发展规划》，标志着东部沿海第一个跨省合作的经济合作区向实质性的实施阶段迈进一大步。江西萍乡加强与湖南原苏区联动发展，签订《湘赣开放合作试验区战略合作框架协议》，积极推进新材料、新能源、节能环保、生物生化、先进装备制造、商贸物流、烟花鞭炮、文化旅游等产业的对接，合作打造产业集群。

**四、全面夯实《规划》实施的保障基础**

再好的文件和规划得不到有效落实，就如同于废纸一张。要落实好《规划》，需要有坚实的思想与组织保障。《规划》发布后，各有关部门和地方高度重视、积极工作，许多方面已取得了重要进展。但我们要看到，原中央苏区振兴发展是一个长期的过程，这一过程"看似寻常最奇崛，成如容易却艰辛"。下一步各地还是要紧扣《规划》要求，以抓铁有痕、踏石留印的精神，把《规划》明确的各项任务一件一件落到实处。

第一，提高思想认识。革命老区是共和国的基石，是中国共产党的根，促进革命老区发展是我们党应尽的责任。以习近平同志为核心的党中央高度重视革命老区的发展问题。党的十八大报告提出，要加大对革命老区、民族地区、边疆地区、贫困地区扶持力度。2012年底，习近平总书记在河北省阜平县调研期间强调，革命老区和老区人民为中国革命胜利作出了重要贡献，党和人民永远不会忘记。去年以来，中央领导同志对于革命老区开发建设问题又作出了一系列重要批示和指示。出台《规划》是贯彻落实党的十八大精神和习近平重要讲话精神的具体体现。原中央苏区的各级干部要把落实《规划》作为当前首要的工作任务，站在高度认识，立足大局体会，着眼长远实施。目前，根据中央领导同志的指示和批示精神，我委正在牵头制定欠发达革命老区开发建设的指导意见，预计今年能够出台。这个文件将明确整个革命老区开发建设的基本思路，提出一些重要的支持政策。下一步，各市、县政府要把落实《规划》与贯彻指导意见结合起来，把这两个文件学得更加深入、领会得更加透彻，贯彻得更加自觉。

第二，增强机遇意识。《若干意见》和《规划》勾画了原中央苏区的发展蓝图，提出了一系列极具"含金量"的政策措施。特别是赣州市执行整体的西部政策，其他市、县参照实施中央预算内投资的西部地区政策，政策支持力度之大前所未有。可以说，原中央苏区步入了历史上最优惠的政策时期。但支持原中央苏区的政策实施期限只到2020年，从现在算起还有5年多一点的时间，机遇稍纵即逝。发展优势往往是在抢抓机遇中建立的；发展差距则是在丧失机遇中不断扩大的。一个国家如此，一个地区更是如此。原中央苏区发展的基础差、底子薄，距离全面建成小康社会还有很大差距，与发达地区的横向差距就更大。原中央苏区要进一步增强后发赶超、振兴崛起的决心，以机不可失、时不我待的紧迫意识，把抢抓机遇放在第一位，以扎实的行动、扎实的举措、扎实的工作来推进规划落实，进一步把机遇背后蕴藏的发展潜力充分释放出来，转化为现实生产力、发展力和竞争力。

第三，加强组织实施。这些年区域规划工作的经验表明，规划落实的好坏与地方政府的责任意识有很大关系。中央部门只是规划蓝图的绘制者，各级地方政府特别是市、县一级政府才是规划蓝图的实施者，如果没有地方政府的重视，再好的规划也是镜中花、水中月。因此，各市、县政府要抱着守土有责、守土负责、守土尽责的精神，精心组织，周密计划。一是要加强专门机构建设。《规划》涉及的面很宽，成立专门的规划落实协调机构十分必要。到目前为止，一些市县已经成立了振兴办，工作成效明显，下一步要进一步强化机构职能，合理配置人员编制。其他还没有建立专门机构的市、县要结合自身实际抓紧研究组建专门的工作机构。二是要抓紧研究制定工作方案。目前，江西、福建、广东三省的工作方案已经出台，各市县要根据省级方案的要求，细化各项目标和任务，并逐级分解有关部门，逐一落实、逐个击破。要借鉴同类地区的经验做法，结合自身实际举一反三地提出落实《规划》的具体办法。三是要将《规划》的各项要求融入"十三五"规划制定过程中。目前,各地"十三五"规划的研究工作已经全面展开,下一步即将转入规划编制阶段。各市、县要从长计议、居高谋划,将《规划》的各项任务细化落实到"十三五"规划中,切实将《规划》落实工作贯彻到"十三五"的全过程,一以贯之、持之以恒。我要特别强调,规划的一贯到底非常重要,不能随着班子的调整、领导的更替而中断,要像接力赛一样一棒一棒地传下去,这样才能达到目标。当前的体制,包括干部制度、财政体制、投资体制等中间存在的某些缺陷,很容易导致只顾眼前不思长远、只求表象不管根本,也很容易出现前后班子在发展思路上一个朝东一个朝西的状况,以至于使制定好的规划往往被束之高阁,或者不能持续贯彻下去。要尽可能避免这种后果。搁置《规划》实施,伤害的是我们自己。

第四,强化上下联动。《规划》的落实需要中央、国务院各部门和三省及相关市县的上下配合、形成合力。现在中央、国务院各部门与原中央苏区沟通交流的机制很多。一个机制是支持赣南等原中大苏区振兴发展部级联席会议,涉及33个部委,前年和去年都召开了会议,今年视情况可以召开。如果你们现在有什么问题,可以跟省里沟通,提交第三次会议协调解决。另一个机制是对口支援赣南等原中央苏区的机制,涉及中央52个部门单位和31个县,部门与结对县、市间都互派了干部,其他市、县也通过其他途径开展与中央机关的干部交流。各相关市、县要把这些平台充分利用好,主动提出重大项目、重大政策方面的诉求,积极与有关部门沟通联系,促进重大问题的解决。作为规划实施的牵头单位,我委也将协调有关部门在有关专项规划编制、政策实施、项目安排、体制机制创新等方面给予积极指导和支持。另外,《规划》的落实涉及群众的切身利益,离不开群众的大力支持。政府在《规划》落实过程中千万不能唱独角戏,不能干剃头挑子一头热的事,要坚持从群众需要出发,深入群众、加强宣传,充分发挥和调动广大苏区群众的积极性和创造性,上下结合、群策群力,切实把《规划》落实好。

第五,做好跟踪检查。好的规划不去实施等于零,实施过程中不检查督促效果也可能等于零。督促检查是我党长期形成的优良工作作风,是推动落实《规划》的必要手段。这是因为,《规划》中确定了一些事关全局而在短期内又难以解决的问题,这就需要我们抓住这些重点难点问题,深入开展跟踪监督,督促有关方面持续落实,力争取得实实在在的效果。为此,各市、县政府要建立《规划》落实的跟踪检查机制,主要负责同志要带头做好督查落实工作,要把督查落实工作化为自觉的领导行为和工作习惯,通过自己的模范行动,带动其他领导成员分头去抓督查落实。要发挥专门机构和督查部门的作用,把督查内容进行分解立项,并按轻重缓急分别实施督查,促进任务落实。要把规划落实情况作为领导干部政绩考核的重要内容,定期考核,使优者受奖,让劣者受罚,保障规划落实工作扎实有效地开展。另外,我委也将根据《规划》要求加强监督检查和跟踪落实,评估《规划》的实施效果,及时帮助地方解决具体困难和问题。

第六,坚持与时俱进。当前,国内国际环境发生了深刻变化。从国际来看,世界经济仍处于金融危机后的复苏和变革期,发达国家加快了"制造业回归"和新兴产业发展步伐,与我国产业结构的关系由互补为主向互补与竞争替代并存演化;新兴经济体占世界经济的比重进一步上升,但产业同构趋势增强、竞争加剧,对我国劳动密集型产业发展形成挤压。从国内来看,支撑经济30多年快速发展的劳动力、土地、资源等传统要素供求关系日益趋紧,产能过剩问题突出,主要依靠投资拉动的增长格局难以为继,我国进入了经济发展新常态,经济增速将保持在中高速运行。顺应世界潮流与发展大势,党中央、国务院明确提出要以创新驱动增强发展动力,通过大众创业、万众创新促进产业转型升级。创新是区域发展的不竭动力。在知识经济和全球化背景下,创新已成为一个国家和地区竞争能力高低的决定性力量。全球进入了区域创新网络的时代,创新的规律已不再是严格遵循从发达地区到落后地区的秩序,只要有创新意识、创新精神,贫困地区通过发挥比较优势同样在某些领域的创新方面走在前列。《规划》对原中央苏区的发展提出了很高要求,要实现这些要求难度大、任务重,需要付出巨大的努力。这就要求原中央苏区的各市、县不能按部就班,要坚持解放思想一刻不放松，敢于跳出自己的圈子，用国际视野、世界眼光看问题、想办法，站在全球产业链的坐标系中，审视县情、创新思维、敢为人先，积极创造条件实现新的突破。要抢抓国家重大发展战略实施的机遇，积极参与长江经济带开发开放，主动对接"一带一路"战略，以开放促改革、促创新，积极培育创新优势，加快构建区域创新体系。

支持赣闽粤原中央苏区振兴发展既是一项重大的经济任务，更是一项重大的政治任务。我相信，只要大家怀着对原中央苏区人民的深厚感情，铆足干劲、扎实工作、锐意进取、奋力拼搏，就一定能干出成绩、干出成效，一定能把中央的深切关怀和特殊支持落到实处，在这片红土地上不断创造新的辉煌。

# 推动对口支援赣南等原中央苏区
# 工作高质量发展*

很高兴受邀参加这次对口支援赣南等原中央苏区工作座谈会。中央国家机关及有关单位对口支援赣南等原中央苏区是党中央、国务院为振兴发展原中央苏区作出的重大决策,是我国对口支援工作史上的重要创举。目前,这项工作已取得了阶段性进展,第一批挂职干部即将挂任期满。刚才,省发展改革委和相关市县的负责同志以及部分挂职干部做了发言,讲得都很好。借此机会,我代表对口支援工作的牵头部门讲些意见,供大家参考。

## 第一,过去两年对口支援工作组织有力、运转有效

一是立足大局,把对口支援工作摆在突出位置。各中央单位高度重视对口支援工作,深入贯彻落实党中央、国务院的决策部署,将对口支援赣南等原中央苏区列入本部门重要议事日程,成立对口支援工作领导小组,明确分管领导,制定出台工作方案,并通过召开部委会、办公会等多种方式,专题研究部署对口支援工作。各中央单位领导亲力亲为,亲自部署对口支援工作,亲自听取工作汇报,近40个中央单位负责同志带队深入受援县开展调研,其中17位中央单位的一把手亲临一线调研,调研组人数达

---

\* 国务院《关于支持赣南等原中央苏区振兴发展的若干意见》要求,建立中央国家机关对口支援赣州市18个县(市、区)的机制,加强人才、技术、产业、项目等方面的对口支援,吉安、抚州的特殊困难县参照执行。2015年12月14日,江西省委省政府在南昌市召开"对口支援赣南等原中央苏区工作座谈会",作者受邀出席会议,本文系作者在座谈会上的讲话。

600多人次。根据中组部要求，各中央单位还选派了优秀且得力的干部在受援地挂职，既推动了各项工作的落实，又架起了中央单位和与受援地之间的联系桥梁。

二是重视实效，积极推动对口支援工作做细做实。各中央单位积极发挥部门职能优势，多管齐下、多筹并举，把各项支持落实到具体项目、具体人群。中宣部、民政部、文化部①、国家开发银行等单位多渠道筹集资金资源受援地中小学、幼儿园、图书馆以及体育设施建设，国家烟草局每年投入2亿元支持受援县开展新农村建设。中央统战部、国台办组织动员相关企业到受援县考察投资，签约了一批重点项目。工信部、司法部、水利部、商务部等单位将受援县作为本部门先行先试的重点区域。中组部支持赣州市设立海外高层人才创新创业基地，中央单位共举办各类培训班153批次，培训专门人才9800多人。公安部、财政部、水利部、审计署将对口支援工作与直接联系群众结合起来，在受援地建立基层联系点。各中央单位扎实的工作使苏区广大干部群众切身感受到政策实惠。

三是身先士卒，殚精竭虑为苏区群众谋取福祉。两年来，挂职干部"不当局外人，争当主人翁"，主动克服工作、生活、个人、家庭等方面的诸多困难，真正把这块红土圣地作为"第二故乡"，把苏区人民当做自己的亲人，与广大基层干部群众心心相印、同甘共苦，为群众办实事、办好事，充分体现了务实清廉的作风和无私奉献的精神。据介绍，国家质检总局②挂职的同志三次因公返京未入家门，在妻子患重病进行大手术的时候，仍然坚守岗位。食药监总局挂职的同志身体劳累，有时需要带呼吸机才能入眠，并因坚持工作，未能送上老母亲最后一程。农业部③挂职的同志走遍了信丰16个乡镇，深入田间地头与老表们结下了深厚友谊。保监会④挂职的同志坚持深入残疾人、困难家庭等弱势群体中，个人拿出工资3万多元资助贫困

---

① 文化部现为文化和旅游部。
② 国家质检总局现为国家市场监督管理局。
③ 农业部现为农业农村部。
④ 保监会现为国家金融监督管理总局。

学生、贫困家庭。这些仅仅是挂职干部众多感人事迹中的很小一部分。挂职干部展现出来的过硬作风和良好形象，赢得了苏区干部群众的广泛赞誉和一致好评。

《国务院关于支持赣南等原中央苏区振兴发展的若干意见》以下简称（《若干意见》）出台短短3年半时间，赣南等原中央苏区经济发展、民生工程、产业升级、生态建设、开放合作等方面都取得了突破性进展（地区生产总值、固定资产投资、财政收入、城乡居民收入等主要经济指标增速明显高于全国和本省平均水平，赣州市42万户农村困难家庭告别了危旧土坯房，7.6万户不通电山区群众告别了点煤油灯、用松明子照明的历史，200多万农村人口喝上了安全饮水）。赣南等原中央苏区从城市到乡村、从干部到群众、从生产条件到精神面貌，都发生了可喜变化。成绩来之不易，这是党中央、国务院正确领导的结果，是江西省委、省政府带领广大苏区干部群众负重拼搏、锐意进取的结果，同时也离不开对口支援单位的倾力支持，离不开52位挂职干部的艰苦努力。在此，作为对口支援工作的牵头部门，对各中央单位的大力支持和通力合作，对各位挂职干部的辛勤工作和无私奉献，表示衷心感谢！

## 第二，下一阶段对口支援工作要突出重点、加强结合

一是对口支援工作要把握国家、区域发展战略与规划要求。党的十八大以来，党中央、国务院提出了京津冀协同发展、"一带一路"建设和长江经济带发展三大战略。党的十八届五中全会提出了创新、协调、绿色、开放、共享新发展理念。这些重大战略和要求对原中央苏区来说既是机遇，更是挑战。未来五年是赣南等原中央苏区全面建成小康社会的决胜阶段，也是实现全面振兴的关键时期。各中央单位要发挥站位更高、视野更广的优势，帮助受援地解放思想、开拓思路，全面践行创新、协调、绿色、开放、共享新发展理念，把国家"十三五"规划的各项要求落到实处，在增动力、促平衡、可持续、拓空间、更包容上下功夫，要指导受援地更加深度融入区域发展战略，抢抓历史性发展机遇，推动在更高水平、更高层次

开发开放。

二是对口支援工作要紧扣脱贫攻坚这个目标。在前不久召开的中央扶贫开发工作会议上，习近平总书记强调，脱贫攻坚已经到了啃硬骨头、攻坚拔寨的冲刺阶段，必须以更大的决心、更明确的思路、更精准的举措、超常规的力度，众志成城实现脱贫攻坚目标，决不能落下一个贫困地区、一个贫困群众。赣南等原中央苏区一直以来都是全国扶贫攻坚的主战场之一。尽管近年来有100多万贫困人口实现脱贫，但仍有120万贫困人口，仅赣州市就有80万，而且贫困程度深、脱贫难度大。下一步，各中央单位要把扶贫工作摆在对口支援工作的突出位置，下大气力支持赣南等原中央苏区建设全国革命老区扶贫攻坚示范区，在精准扶贫、精准脱贫上先行一步，坚决打赢脱贫攻坚战，确保"十三五"末原中央苏区农村贫困人口全部脱贫、贫困县全部摘帽任务。

三是对口支援工作要着力构建可持续发展机制。我们开展对口支援工作的目的不是为了受援地一时的发展，而要着眼长远，立足增强受援地的造血能力。这就要求从体制机制上入手，彻底解决制约地方发展的深层次理念和制度问题。各支援单位要按照中央关于全面深化改革的有关精神，坚持把原中央苏区打造成全国改革创新、先行先试的试验田，在试点示范上持续给予苏区支持，鼓励和引导原中央苏区积极创新思维，大胆在重点领域和关键环节改革中先行先试，为振兴发展提供持续动力。

四是对口支援工作要坚持上下联动、密切配合。各中央单位要加强与受援市、县的沟通，尊重受援地的想法和工作安排，根据地方实际需要，多做雪中送炭之事，不打扰地方工作。挂职干部作为当地党委、政府的班子成员，应正确定位自己的角色，主动汇报、服从安排。受援市、县要积极主动，珍惜机会，加强衔接汇报，努力找到中央单位与自身发展需要的契合点，确保各项支援举措发挥更大效力。要充分尊重和关心爱护挂职干部，在政治上信任、工作上支持、生活上关心，让挂职干部切身感受到家的温暖，安心地在"第二故乡"干事创业。

对口支援赣南等原中央苏区是一项长期艰巨的任务。援受双方都要增强大局意识和责任意识,对对口支援工作的重视程度只能提高不能下降,对口支援干部的战斗力只能加强不能削弱。希望各中央单位进一步提高认识、积极作为、加大力度,在"十三五"期开创对口支援工作新局面。最后,我代表对口支援工作的牵头单位表个态,一是我们将认真贯彻落实《若干意见》,结合自身职能,紧紧围绕苏区经济社会发展需求,在政策实施、项目安排、资金投入、体制机制创新等方面进一步加大支持力度,积极协调和调动社会各方面力量支持苏区加快振兴发展。二是认真做好协调工作,加大督促检查力度,定期对对口支援工作进行总结和效果评估,适时对对口支援工作进行考核,确保对口支援工作高标准、高质量、高效率的开展。

# 以超常思维和举措大力振兴原苏区经济*

土地革命战争时期，我们党在全国许多地方建立了红色政权即苏维埃政权，这些地方我们称之为苏区。包括赣南闽西中央苏区、鄂豫皖苏区、湘鄂川黔苏区、鄂豫陕苏区、陕甘苏区等等。各种类型的原苏区为中国革命和建设作出了重大的贡献，在国家具有特殊的重要位置。但由于种种原因，这些地区仍然属于欠发达地区甚至是贫困地区，经济社会发展明显滞后，成为决胜全面建成小康社会并开启现代化建设新征程的最大短板。加快原苏区发展成为当务之急，而尽快改变原苏区的落后面貌，需要有超常规的思维，采取一些特别的举措。借此机会，我谈一些看法。

## 一、为何要大力振兴原苏区？——既为补短板，也是还欠账

我们要清醒地认识到，大力振兴原苏区，既是补短板的需要，也是还欠账的要求。大家一般从补短板的角度谈得比较多，我今天除了继续强调这个方面外，还要谈谈还欠账的问题。

由于种种原因，包括战争创伤的影响、自然地理条件的制约等，原苏区经济发展仍然滞后，民生问题仍然突出，其贫困落后的面貌没有得到根本的改变。由于工作岗位的原因，我几乎跑遍了全国的贫困地区，有的地方还不止一次去过，许多贫困地区的状况给我留下了深刻的印象，特别是

---

\* 2018年11月10—11日，由中国社会科学院农村发展研究所、江西师范大学等主办的"第二届全国原苏区振兴高峰论坛"在河南省信阳市举行，本文系作者11月10日在论坛上的主旨讲话。

赣南等原中央苏区。我们对赣南等原中央苏区的调研是在时任国家副主席习近平同志的推动下进行的。他在一份报告上作了重要批示，指示国家发展改革委牵头制定相关支持文件。按照中央的指示和国家发展改革委领导的要求，我们到赣南等原中央苏区进行实地调研。调研所到之处看到的情况令我们心情沉重。我们看到，尽管经过了几十年的发展，赣南等原中央苏区仍然处于相当落后的状态，喝不上干净的水，用不上持续的电，年级不同的孩子们都挤在一个教室里面读书，老百姓住的还是20世纪六七十年代的土坯房，虽然打扫得很干净，但却千疮百孔、四面透风。只是苏区人民仍然是那么热情，像当年对待红军一样对待我们。无论家里多么穷，都恨不得倾其所有把好吃好喝的拿出来招待我们，这就使我们更加愧疚。赣南等原中央苏区只是一个典型，全国的许多原苏区也面临着同样的问题。在中央政策的强力推动下，一些地方有了很大的改变，但是不少地方仍然发展滞后，不仅与发达地区差距明显，同全国平均水平比较也有较大的差距，成为国家发展的短板。按照要求，我们要在2020年全面建成小康社会并开启现代化建设的新征程，为此就必须补齐这块短板，否则小康社会既不全面也不实在，经不起历史的检验和人民的评说。

迅速改变原苏区的落后面貌、加快振兴原苏区经济，还是实行公平正义的需要。无论是从社会主义制度的本质来说，还是从市场经济的基本规则来说，都有必要加快苏区的发展。社会主义制度是一个追求公平正义的制度，社会主义不能让一个兄弟姊妹掉队，不能让一个地区落后。而市场经济也要求维护公平公正。无论是以特殊的形式还是以一般的形式，原苏区都为国家做出了巨大贡献。从特殊角度看，原苏区为新中国的建立创立了独特的功勋。这既包括付出的很多人的生命代价，也包括在经济上提供的巨大支持。如原赣南苏区，有名有姓的烈士就达10.82万人，长征路上平均每公里就有3名赣南籍烈士倒下。而为了苏维埃政权的运行和苏区经济发展，他们在经济上提供了大量的帮助，包括捐钱捐物、购买红色政权发行的债券，以及自己忍饥挨饿却拿出粮食衣物来抚育烈士子弟等等。在这片土地上，共和国的种子开始生根发芽、国家管理在这里"路演"、人民军队在这里成长壮大。从某种意义上说，没有原苏区，也就没有新中国。从一般角度看，原苏区同全国其他广大农村地区一样，长期以来服从国家大局，为城市和工业的发展提供了大量廉价的土地、廉价的劳动力和廉价的农产品，在不公平不合理的体制和规则约束下以无偿或低偿的回报为国家发展做出了重大贡献。当年苏区老百姓付出的特殊牺牲和贡献，我们并没有给予足够的补偿，包括有些债券都未能如期兑付；而今天，原苏区作为农村和欠发达地区，仍然以低廉的回报为城市和工业发展继续做着贡献。从公平公正的原则讲，我们应该把过去欠的账还上，而今天城市发展了、工业发展了，也应该回过头来回馈、补偿包括原苏区在内的广大农村和农民。

所以，振兴苏区、加快发展苏区，不仅仅是补短板的需要，也是还欠账的要求。应该在这个思维角度来认识对包括原苏区等在内的贫困地区和农村地区的支持问题。不要以为我们今天城市对农村的支持、工业对农业的支持是一种恩赐。如果以恩赐的思维去看待这个问题，就不会真心实意地、全力以赴地去支持原苏区的发展。如果从欠账的角度去看，认识到这是一种必须偿还的债务，就会形成一种责任感，同时在责任感中间还会包含一种负疚感，就会加倍地去做有益于原苏区发展的事。当年我们就是带着这种责任感还有负疚感去研究制定支持赣南原中央苏区振兴发展的文件的，在短短的时间里，我们进行实地调研三次；而从调研到文件出台只用了不到90天的时间，不仅用时短，含金量之高也是超历史的。

### 二、怎样大力振兴原苏区？——思想要转化，操作要创新

所谓加快振兴原苏区，实际上是要使原苏区在落后的起点上实现对其他地区的追赶并超越。但对于原苏区而言，这是十分艰难的。这是因为，第一，原苏区发展本身就处于较低的位势。第二，别的地方已经走到了前面，这些地区除了自身拥有的良好基础外，还能在发展中享受马太效应福利，即越是发展好的地方，资源要素越愿意流到那里去，而落后地区则往往是资源要素净流出的地方。第三，现在发展的约束性明显增强，已经不

能像前些年那样想干什么就干什么，想发展什么产业就发展什么产业，不是"捡到篮子里面的都是菜"，也就是说，已不能走粗放发展的道路了。比如，原来有句话叫着靠山吃山，也就是就地取材，现在则不行了，不仅不能靠山吃山，还要保护好绿水青山。即不能有一个项目就引一个项目，不能随意搞高耗能、高污染的重化工业，发展必须是绿色的发展。此外，在发展过程中，我们不能仅仅只考虑某个方面的要求，还要多方兼顾，即体现协调发展的要求和理念。不但要把该办的事情办好，还要考虑到群众的感受，而其中有一个要面对的现实就是群众的维权意识在提高。比如进行危房改造、帮群众建房子，原来有新房子住老百姓就很高兴，现在如果建的不如意，一些人反而会对你有意见。再比如，把旧房子拆掉换成新房子，这本来是很好的事，但现在拆旧房子却并不那么容易。为什么？因为有的人要价很高。所以，现在推进发展并不像原来那么单纯，需要既面对很多合理合法的要求，也要面对一些不合理不合法的一些缠绕与约束。在这种情况下进行赶超非常之难。

但难归难，原苏区振兴关乎大局，我们必须迎难而上，推动原苏区加快赶超。而要达此目的，一般的发展路径难以做到，需要有超常规的举措。而要创新举措，就必须摆脱常规思维的束缚。也就是说，要转换思想、创新操作。

基于这些年的工作经验，也结合原苏区的发展实际，我认为，从转换思想与创新操作一体考虑，在平衡各方面需要和约束的前提下，实现原苏区的追赶并超越，有五个方面非常重要。

第一，要把"比较优势"转为"超前优势"。从分类指导的角度讲，发展一个地方的经济，一定要发挥比较优势。比较优势就是竞争力，也是实现发展的重要条件。但比较优势是相对周边而言的，或者是相对于同类地区而言的。因此，比较优势就不一定都是超前优势，不是超前优势就很难形成市场竞争优势。所以，既要发挥比较优势，又不能简单固守传统比较优势。要想尽办法使比较优势转化为超前优势，而办法还是要充分利用好当前的有利条件。当前的有利条件是什么呢？从大的环境看，是经济全球化、市场一体化、社会信息化和技术手段共享化；从小的环境看，是开放合作。要利用大小两个环境，借助合作、移植、承接、集聚、创新等手段，借船出海、借道行车、无中生有、移花接木，积极培育新经济新动能，实现地区比较优势的不断"增新"，持续提升区域经济的创新力和竞争力，真正把传统比较优势变为市场竞争优势。开放的环境使我们能够充分利用各种有利条件，而共享技术又给我们提供了良好的技术基础，能够与时俱进，及时把现代技术与产业发展融合起来，不断巩固的提升比较优势，从而形成超前优势。对这一点，我还要强调几句。我比较长的时间搞地区经济工作，而地区经济工作讲得最多的就是实施分类指导，而分类指导就是要发挥地区比较优势。但光讲发挥比较优势是不够的，还要注重把比较优势变成领先优势或超前优势、把超前优势变成竞争优势、把区域竞争优势变成全国竞争优势，甚至转变成世界竞争优势。比较优势并不一定是超前优势，而简单固守传统比较优势很可能导致比较劣势，应该牢牢记住这一点。

第二，要将"靠山吃山"变为"愚公移山"。从历史角度看，原苏区都处于高岭险山之间，地理上一般都比较偏远。在当时的条件下，山高路险才能藏住不怕艰难困苦的红军，才能在重重围剿中形成一块红色区域。今天，这些地区很多都变成了绿水青山。由于交通条件的改善，原来偏远的地方也变成了与城市毗邻的区域，甚至变成了中心的区域，环境越变越好了。如前所述，早些年为解决温饱问题，我们靠山吃山、靠水吃水，但现在不能那么做了，靠山不能吃山，靠水也不一定能吃水，因为我们要保护好这个绿水青山。那么如何实现跨越发展？只有一个办法，就是愚公移山。我这里讲的愚公移山，不是号召大家学古代的愚公率领子孙去移太行王屋两座大山或者其他什么山，而是要学愚公移山的精神，把别人的"金山银山"通过我们有效的手段把它移植过来，变成地区发展的资本和条件。就是要通过开放合作、通过比较优势交换、通过利益共享来进行产业或技术的移植。这一点贵州做得比较好。作为一个落后地区，贵州通过各种手段把别的国家和地区拥有的现代技术、现代经济移植过来，构筑自身现代经济体系。通过近十年的努力，贵州一定程度上超越了传统的经济体系基础，在发展新经济新动能方面与一些发达地区并驾齐驱，走到了前面。原来落后的经济基础被抛掉了，而在新的经济体系的建设上没有继续落在后面。如果基于原来的产业基础，跟在发达地区后面亦步亦趋，超越就只会是一种梦想。原苏区要实现跨越，就必须走愚公移山的道路，也就是借势发展、移花接木，通过搭便车、乘快艇来发展自己。

第三，要把"政策给力"变成"内生动力"。原苏区的发展必须要有强力的政策支持。前面提到，政策支持并不是对我们原苏区实施的一种恩惠，而是推行机会均等、发展权利平等的一种客观要求，是实施基本公共服务均等化的一个必然举措。这些年，围绕原苏区、老区的振兴，结合实施扶贫攻坚，国家制定了一系列重要的文件和规划，如关于支持赣南等原中央苏区振兴发展的若干意见、陕甘宁革命老区振兴规划等，为实现原苏区跨越提供了良好的政策环境。为了补短板、促跨越，国家还会进一步加大政策的支持力度。但即便是政策给力，也要把它们用到恰到好处。什么叫恰到好处？就是不要把给力的政策变成一种负担，而是要变成一种内生动力。在这方面要着力解决三个问题。一是不要让给力的政策成为一些人群可以不出力的依靠。现在出现一种情况，就是有的地方实施扶贫攻坚，国家的政策也很给力，扶贫工作队的同志也十分的努力，但有的被帮扶对象却很轻松。这就是领导人所说的那样，"靠着墙根晒太阳，等着别人送小康"。有的甚至还挑挑拣拣，送温暖之前是送点油、米、鸡蛋就很满足，到后来得送现金钞票了，到现在有的被帮扶对象提出能不能帮着解决老婆问题，要求越来越高。有的则不思进取、得过且过，喜欢忍着穷困在高山顶上看日出月落、听鸡鸣狗叫。不能简单地"给政策"，要使政策转化为扶贫对象投身发展的内生动力，要把扶贫与扶智、扶志有机结合起来。二是不要使给力的政策滋长一些地区等靠要的心理。现在有些地方在国家的政策扶持面前越吃越香、越吃越懒，这个政策用完之后又跑到北京再去要政策，形成了严重的等靠要心理，这是绝不可以提倡的。国家的政策要与充分发挥地方的积极性主动性能动性结合起来，成为地方拓展发展思路和空间的有力支撑。不要让扶持政策去养懒人，也不能使扶持政策去助长偷懒的工作作风。三是要改善国家扶持政策的扶持方向和方式。少给钱物，少给不劳而获的红利，多给重点工程建设、多给新经济新动能培育发展机遇，多通过以工代赈等方式让老百姓直接参与到生产经营活动之中。把政策给力变成建立发展的长效机制的一个有力推手，真正变成地区和老百姓发展的内在活力和不竭动力。

第四，要从"对口支援"走向"对口合作"。对口支援是我们制度优越性的重要体现，通过对口支援能够大大加快包括原苏区在内的一些贫困地区的发展。2012年，国务院出台的支持赣南等原中央苏区振兴发展的意见中，有一个重要内容就是建立中央国家机关对口支援有关县区的机制。今天，国家文件已经实施五六年了，赣南地区的确发生了翻天覆地的变化，与我五六年前带队去调研时候的状况完全是两重天地，中央领导同志对赣南原中央苏区的发展给予了高度评价，当地老百姓也十分满意。其中就有对口支援的贡献。国家几十个部门对口派人，驻扎到赣南原中央苏区各县区市帮助工作，把各个部门的职能与资源优势充分发挥出来，支援效果非常明显。对其他地区的对口支援，如对口支援新疆、西藏、青海等，效果也非常好。实践证明对口支援是必要的，我们一部分地区先富起来了，有条件也有必要对落后地区进行帮扶。但我们也要认识到，对口支援是一种无偿的支援，带有天上掉馅饼的特点，长此以往是不可持续的。由于是无偿支援，有的人总感觉这是一种赠与，是一种恩赐，而实施这种赠与和恩赐不一定都是心底里愿意的，有的可能是自愿的，有的则可能是来自上面的压力，跟市场经济所产生的自觉自由的交换不一样。由于支援方的资源是有限的，也不可能倾尽全力。从时间上来说，这种对口支援，一年可以，十年可以，甚至二十年都可以，但是要无休止的永远支援下去，支援方就不一定都是心甘情愿的了。有鉴于此，要不要对口支援这个形式？当然要，其一，这是一种制度特色，有其优越性；其二，从加快原苏区发展、助其超越来说，除了中央的支持外，很大程度上就得依靠横向的对口支援。但从长远的角度看，从互利共赢的角度看，我们应该把对口支援逐渐推向对口合作。对口合作是什么意思呢？就是这种支持不再是基于一方对另一方无偿的援助，而是双方在比较优势交换和相关条件互补的基础上的一种基于经济内在规律的互助合作。只有这样才能经历长久，才能走向无限，只要有合作空间，双方就愿意竭尽全力。所以，今后我们要更多地运用产业转移，包括发展飞地经济、建设合作园区等，更多地运用比较优势交换等市场化的方式，将对口支援引导到可持续发展的轨道上，从而推动支援方和受援方之间的对口帮扶走向两个经济利益体的基于互利共赢的对口合作。各个地区都有比较优势，东部地区发展得好，但是缺地；西部地区相对发展差一些，但是有地，这就是各自的比较优势和薄弱环节。采取一种有效的形式进行比较优势交换，就能够进行长远的实质性的合作。而这种长远合作对两个地区都能带来好处，有资源的受援方不再具有受人恩惠的愧疚感，而支援方的帮扶动力也融在了互利发展之中，不再是有限的或短期的。

第五，要以"自然美景"打造"营商环境"。对于苏区、老区来说，现实的一个重要变化就是原来地理弱势成了地理优势。如前所述，这些在战争年代属于比较偏远的地区现在成了发展的中心地区或重点地区。随着现代化建设的不断推进，交通设施、通信设施的不断改善，穷山恶水变成了青山绿水，成了今天难得一见的自然美景，也成了今天实现跨越发展的一个重要条件。但我们不能仅仅沉醉于此。原苏区要加快发展、需要开放合作、需要内引外联，因此需要基于我们拥有的自然美景进一步打造良好的营商环境。这个营商环境是什么？它不仅包括优美的自然环境，还包括完备的法律体系，包括良好的公共道德、市场信用或者社会信誉，还包括优良的行政服务与管理。相对来说，由于各方面的制约，这在包括原苏区在内的一些贫困地区是比较薄弱的。与发达地区比，与现代化程度比较高的大城市比，差距是明显的。我们有原始的、基础的、传统的感情与习俗，但怎样进一步上升到现代文明很重要。举个简单的例子，一些农村的人进城后改变了随地吐痰等不良习惯，这就是新的环境约束和现代化大生产锻造的结果。那么，不离开农村，能不能也像在城市一样有良好的道德修养和文明素质？这是我们需要着力解决并体现在营商环境构造中的一个重要课题和关键内容。我前面讲到要通过移花接木、借船出海等手段来构造新经济新动能,包括吸引资源、吸引人才等,都离不开营商环境的打造和优化。所以需要通过超常规的方式,借助自然美景进一步打造良好的营商环境,使建立在自然美景基础上的原苏区的营商环境比一般城市和地区的营商环境更优越、更富有吸引力和竞争力。

# 倾情编制好《大别山革命老区振兴发展规划》*

按照国务院的要求，今年要完成《大别山革命老区振兴发展规划》的编制工作。我们今天在这里召开会议，就是要贯彻中央领导同志的指示精神，正式启动并协调加快推进规划编制工作。这项工作很光荣，但任务很艰巨。经过这段时间的努力，我们对此充满信心：一方面，各方面都对此高度重视，围绕规划编制做了很多基础性工作；另一方面，大家为编制好这个规划提出了十分重要的颇具价值的意见和建议。刚才，湖北、河南、安徽三省发展改革委和黄冈、信阳、六安三市负责同志做了很好的发言，又提出了不少好的思想和意见。如果能够把这些思路和意见吸收好，规划编制就能够取得圆满成功，所形成的规划也一定会是一个高质量的规划。

在大家发言的基础上，我再阐述三点意见。

## 一、为什么要编制这样一个规划？

大别山革命老区横跨湖北、河南、安徽三省，是土地革命战争时期全国第二大革命根据地——鄂豫皖革命根据地的中心区域，被誉为"红军的故乡、将军的摇篮"，为中国革命做出了重大贡献。新中国成立后特别是改革开放以来，大别山老区人民发扬光荣传统，艰苦创业、开拓进取，经济社会发展取得重大成就。但由于自然地理和历史等多方面原因，大别山老区

---

\* 2013年9月27日，国家发展改革委地区经济司在湖北省黄冈市召开会议，部署《大别山革命老区振兴发展规划》编制工作。作者担任规划编制组组长，本文系作者在会上的讲话。该规划于2015年6月由国务院批复印发实施。

仍然是全国典型的集中连片特殊困难地区，经济社会发展依然滞后，贫困问题还很突出。

近年来，国家出台了不少战略规划都涉及大别山区。比如，武陵、秦巴、大别山三个集中连片特困地区扶贫攻坚规划，皖江城市带承接产业转移规划，中原经济区规划，武汉城市圈"两型"社会发展规划等。那为什么还要下决心单独编制这个规划？这是因为大别山革命老区有着特殊的地位、特殊的困难、特殊的需要，所以必须特别的对待。大别山革命老区长期以来受到党中央、国务院的高度关注，多位中央领导就大别山区发展问题作出过重要指示。去年以来，国务院领导同志先后两次批示要求我委协调有关方面研究，积极支持大别山老区发展。今年7月，在湖北黄冈视察指导工作期间，还特别强调要在政策、资金、项目等方面加大对老区的倾斜和支持力度，让老区人民生活越来越好。可以说，促进大别山革命老区振兴发展，既是一项重大的经济任务，也是一项重大的政治任务，具有十分重要的意义。

首先，编制大别山革命老区振兴发展规划有利于尽快改善老区人民的生产生活条件，推动这一地区与全国同步建成小康社会。大别山区是集山区、老区、贫困地区为一体的特殊地区，是国家确定的14个集中连片贫困地区之一，是仅次于秦岭——大巴山区的全国第二大贫困区。大别山片区共包括湖北、河南和安徽三省36个片区县（市），我们本次初步确定纳入大别山革命老区振兴发展规划范围的52个县（区、市）中，有22个属大别山片区县（其中湖北8个、河南7个、安徽7个），还有5个不在片区内的国家扶贫开发工作重点县，有2个享受国家扶贫开发工作重点县政策的县，另外还有一些省级贫困县。大别山革命老区不仅贫困面广，贫困程度也较深。2012年，52个大别山革命老区县人均GDP1.7万元，仅相当于全国平均水平的45%。我注意到，黄冈市做了测算，2011年黄冈市小康实现程度仅为77%，还是有比较大的差距，比西部很多贫困地区的状况好不了多少。这个地区如果没有超常规的发展，要在2020年与全国同步迈入全面建成小康社会是不可能的。所以，国家有必要加大政策扶持力度，进一步发挥该地区的比较优势，激发发展潜能，在改善老区人民生产生活条件的基础上，力争实现跨越式发展。

其次，编制大别山革命老区振兴发展规划有利于实施中部地区的崛起战略，促进区域协调发展。促进中部地区崛起正处在关键阶段。大别山革命老区涉及的面积超过10万平方公里，2012年末总人口接近5000万，面积和人口占三省的比重超过五分之一，占中部地区的比重超过十分之一。经济学里常说"水桶"理论，经济发展不取决于最长的那块木板，而是取决于最短的那块木板。从这个意义上说，中部能不能崛起最终还是看贫困地区能不能发展起来，因此补齐大别山革命老区这块短板就显得非常重要。同时，从地理位置上看，作为长江和淮河分水岭的大别山，恰位于"中部之中"的位置，通过支持大别山革命老区振兴发展，才能打通中部的"梗塞"区域，真正发挥中部地区承东启西、连南接北的区位和交通优势，加快中部地区崛起步伐。为此，2012年国务院印发的《关于大力实施促进中部地区崛起战略的若干意见》（国发〔2012〕43号）中，已明确把促进大别山革命老区加快发展，作为新时期加快中部崛起的一项重大任务。

第三，编制大别山革命老区振兴发展规划有利于加强长江中下游生态屏障建设，实现可持续发展。大别山革命老区地处暖温带和亚热带过渡地带，物种丰富，植被优良，有20多处国家级森林公园、国家级自然保护区和生态示范区，区域森林覆盖率在40%以上，核心地区森林覆盖率在70%以上，是长江、淮河众多支流的发源地，是全国主体功能区规划确定的25个重点生态功能区之一。同时，大别山周边整体形成了一个生态链，而且这个链条与东部地区接壤，生态贡献作用非常大，直接为长江中下游地区40万平方公里的近2亿人提供生态安全保障。支持大别山革命老区振兴发展，实行整体规划、科学开发，不仅能保障长江、淮河中下游地区生态安全，而且对全面推进国家主体功能区战略实施，探索新的经济发展方式，建立起真正意义上的生态文明秩序具有重要意义。

第四，编制大别山革命老区振兴发展规划有利于践行党的群众路线，夯实党的执政基础。在艰苦卓绝的革命战争年代，大别山革命老区人民始终有着对党、对国家的深厚感情，始终有着顾全大局、无私奉献的宝贵品质，用鲜血和生命铸写了"一要三不要"（要革命、不要钱、不要家、不要命）和"一图两不图"（图贡献、不图名、不图利）的英雄品格。正是这些烈士们的生命铺就了我们今天的幸福之路，垒起了共和国诞生和发展的基础。按道理我们应该把这个地方建设好、发展好，实现烈士们当年的幸福之梦。但是由于各方面的原因，这一地区的发展还不够理想。这种状况如果不改变，大别山的革命烈士就不会含笑于九泉。换个角度讲，支持这一地区发展也是践行党的群众路线，切切实实为人民谋利益，最终夯实我们党的执政基础的重大举措。党的执政基础最终是靠民心，最重要的是把发展搞上去，让他们过上幸福的生活，享受安定的环境。当前，全党正深入开展党的群众路线教育实践活动。支持大别山革命老区振兴发展，从解决群众最迫切、最关心的问题入手，让基层群众共享改革发展成果，就是用实实在在的行动来凝聚人心，促进社会的和谐安定，进一步巩固我们党的执政基础。

### 二、编制规划要把握哪些方面？

为了做好规划编制工作，湖北、河南、安徽三省都作了大量研究工作，特别是地处大别山腹地的黄冈、信阳、六安等市对长期以来振兴老区发展的一些探索进行了总结，提炼出一些宝贵经验。刚才大家谈得都很好，很多想法与我们不谋而合，这就形成了编制好规划的共同思想基础。总体考虑，下一步规划编制过程中应着力把握好以下几个方面。

第一，明晰发展方向。发展方向是规划的魂和眼，非常重要。规划大体涉及发展定位、发展目标、发展主线，要明确这些的前提是要把握好区情。区情包括区域发展的主要优势和制约因素两个方面。从优势来看，这一地区最大的优势就是区位。解放战争时期，大别山地区处于当时中国大城市武汉和国民党政府首都南京的正中间，控制住大别山地区，意味着东进可取南京，西出可取武汉，整个长江中下游地区唾手可得。毛主席审时度势，独具慧眼，敏锐发现了大别山地区这一战略要地对整个解放战争的重要意义,指挥刘邓十几万大军千里挺进大别山,揭开了解放战争战略进攻的序幕。军事和经济有共通之处。今天看来,大别山革命老区的区位在促进区域经济协调发展中仍极具战略地位。大别山革命老区处在武汉、郑州、南昌、合肥等省会城市之间,紧邻武汉城市圈、中原城市群、环鄱阳湖城市带、皖江城市带和长三角地区,承东启西、纵贯南北、得中独厚、通江达海的区位优势非常突出。其次,是"红"的优势。大别山革命老区诞生了3位党的"一大"代表,走出了共和国两任国家主席,一位元帅,两百多位开国将军。大别山最有影响的红色资源就是老区精神。老区精神的核心就是敢闯敢干、敢于突破、敢于开第一枪、敢于打破条条框框。发扬好老区精神,将极大地激发这一地区的发展潜力。三是"绿"的优势。大别山区峰峦叠嶂、山川秀美、生态优良,动植物资源丰富,生态农业、生态旅游的开发价值很大。要特别利用好"红"和"绿"的优势,把它们体现在经济社会发展中,使之成为促进当地发展的积极因素。当然制约因素也不少,一是硬件的制约。近年来,这一地区基础设施条件改善很大,与十几年前已不可同日而语,但与其他发展更快的地方相比,基础设施方面的制约还是很明显,要是涉及信息方面,差距就更大了。二是体制机制的制约。目前,盲目追求GDP的体制机制还在很大程度上制约了一体化。昨天,我们在召开长江中游城市群一体化发展会议的时候,很多市长就提出目前竞争还是大于合作,尤其是贫困地区的竞争更加激烈,这种制约不可小视。

第二,坚持基础先行。实现大别山革命老区振兴发展,需要强有力的基础设施保障。这些基础设施包括交通、水利、城镇、信息、能源等几大块。特别是交通,目前这一区域的交通骨架已经形成,但受地形限制,交通设施建设成本高,内联外通的路网结构尚未全面形成,省际、县际对外交通衔接不畅,内部公路技术等级偏低,农村公路连通不顺,对经济发展的制约仍然突出。其他基础设施都面临大体相同的问题。原因是,骨干设施国家和省里出钱多,整体建设都较好;而量大面广的小设施主要由市、县出钱解决,但市县财政又比较困难,这是贫困地区的通病之一。必须看到，毛细血管的堵塞照样影响整体循环。要实现振兴发展这一目标，各类设施建设都要跟上，这就需要优先规划布局一些基础设施项目。另外，还有一类基础就是平台建设。对于欠发达地区来说，往往是平台搭得不够，搭了以后发挥作用不够充分。昨天红安的书记介绍说，红安开发区规划有八大产业园，包括家具、纺织、汽车零配件等等。一个贫困地区两年时间内搞这么大规模的产业园区，有这么多企业入驻，这里面有很多经验。规划编制要充分借鉴这样的经验，好好地谋划在哪些方面构筑一些平台和支撑。

第三，立足民生为本。小康社会的理念就是中等生活水平，生活比较富足、殷实、安乐的一种社会状态。小康社会不仅仅是密密麻麻的经济数据。只有让老百姓对现实有更多的满意，对幸福有更多的切身体会，小康社会建设才具备现实意义。解决幸福问题还要注意两点，一是要解决基本的民生问题。受制于地方财力，大别山革命老区民生欠账多，教育、医疗、社会保障、文化体育等民生支出都显著低于全国和本省平均水平。改善民生归根到底取决于经济发展。但对于大别山革命老区，不能按部就班，民生问题不解决，我们党执政的说服力就不强，振兴发展大别山革命老区就没有群众基础和社会凝聚力。在规划中，一定要把民生作为重点，加大政策扶持力度，力争在短期内有明显改善。二是在享受民生的时候所依据的规则是公平公正的。光讲满足讲富裕解决不了和谐问题，只有在富裕的基础上享受均等的规则时，人们才能把幸福和富裕统一在一起。规划编制也要特别注意这个问题。

第四，强化能力建设。规划不仅要解决输血问题，还要解决造血问题，而造血最大的来源在产业发展。因此，规划要重点做好产业铺排。一是促进产业优化升级。当前，围绕优势资源形成了一些优势产业，如特色农业、农产品加工业、汽车零部件、钢构产业等。要继续接受几大经济区的辐射，通过承接产业转移推动关联产业在这一区域落户，延长产业链，大力推进产业向高附加值转变，培育具知名品牌。要把旅游业打造成支柱产业，整合红色资源、生态资源、人文资源，大力发展红色旅游、绿色旅游、文化旅游。二是促进产业合理布局。贫困地区很容易产生彼此间争夺企业的局面。规划要充分挖掘各自的比较优势，对产业布局进行合理安排，形成优势互补、错位发展的良性互动局面。三是要把握好与生态保护的关系。大别山开发不是一般的引进项目，它的发展方式必须是绿色的，一定要注意发展的模式问题。老区人民对于发展有很大的盼望，但不能饥不择食，盲目引进发展。良好的生态环境和丰富的特色资源是大别山最大的财富、最大的潜力、最大的品牌。如何在大别山区走出一条经济与生态环境持续协调发展的良性循环的新路子，也是我们必须认真研究的。

第五，突出体制创新。思想保守、观念陈旧注定没有出路。尽管资源有限、项目有限、扶持有限，但创新无限，办法无限。一般落后地区都有一个特点，就是比较务实、比较厚道，但从另外一个方面来讲，就是创新意识不足，不跑不要、不叫不到。下一步，我们在编制规划的过程中要突出体制创新，立足于老区实际，重点关注体制机制对这一地区经济社会发展的影响，全面深化经济体制改革，增创体制机制新优势。根据当前国家经济发展的状况，结合大别山现有经济和行政体制，可否考虑从以下几个方面重点推进改革创新：一是深化市场经济体制改革，有效释放市场主体能量、形成全社会共同参与开发的新格局；二是推动产业结构升级体制机制，统筹处理好经济发展与生态环境保护的关系；三是创新城乡统筹发展的体制机制，促进城乡一体化发展；四是建立区域生态补偿机制，健全区域利益平衡机制。

第六，着力内引外联。搞好区内合作和对外开放对大别山地区非常重要。大别山对于安徽、湖北、河南之间的阻隔是非常严重的，但同时也是鄂豫皖三省协作的重要纽带。如果这一地区合作得好，那么三省之间的交流会多得多，经济融合度肯定比现在高。这也是我们编制大别山革命老区规划的应有之意。当然，这一地区的同质化比较高，发展条件也较为类似，合作什么还需认真研究。我想，这一地区合作的基础就是搞好合理分工，深入挖掘各自的比较优势，打破行政界限和市场分割，坚持互通有无、互利共赢，加快建设区域市场体系，努力实现资源要素的优化配置。同时，大别山革命老区的振兴发展要借力于对外开放。原来制约大别山革命老区从农业社会向工业社会转变的那些因素，现在全部都在发生变化。比如，交通条件在逐步改善，产业结构通过产业转移不断优化，大别山区有数百万人在外面打工，带回来了源源不断的智力和资源。特别是这一地区距离沿海开放前沿很近，规划要研究一些政策来促进这一地区提升开放水平，进一步拓宽发展空间，强化与长三角、皖江城市带、武汉城市圈、中原经济区的深度融合，把一切可用的资金、技术、人才、管理等要素汇聚起来。

第七，体现政策支持。现在研究区域战略时，对待不同经济条件地区的政策设计是完全不同的。对条件较好的地区，比如长三角、珠三角，我们不给具体资金和项目，主要给先行先试的权力，这个含金量也是很高的。对欠发达地区来说，要给予强有力的政策支持。鉴于目前大别山革命老区的发展状况，要想在较短时间内实现跨越式发展，必须要有较高"含金量"的支持政策。刚才大家提了很多政策诉求，湖北提了十条，河南提了九条，安徽提了八条，另外黄冈提了五个方面，信阳提了四个方面，六安提了四条。我想说的是，我们还要梳理区分一下哪些是可以由自己来解决的，哪些是省里考虑的，哪些是需要国家考虑的，要分个层次再梳理一下，对于需要国家层面解决的我们会尽可能地吸纳到规划中去，力争编制一个有较高含金量的规划。

### 三、怎样推进规划编制工作？

大别山革命老区规划编制任务比较繁重，牵扯到各个方面，协调的工作量很大。今年要完成规划编制和上报工作，时间非常紧迫，这就要求我们要以最优的方式、最积极的态度来推进规划编制工作。最后，我再提几点要求。

第一，提高认识。新一届中央领导集体特别重视革命老区、贫困地区的发展问题。习近平总书记去年底在河北省阜平县调研期间强调，革命老区和老区人民为中国革命胜利作出了重要贡献，党和人民永远不会忘记。他指出，全面建成小康社会，最艰巨最繁重的任务在农村、特别是在贫困地区。今年 7 月 9 日，国务院领导同志在广西主持召开部分省区经济形势座谈会时指出，把中西部地区发展起来是区域结构优化的重要内容，是打造"中国经济升级版"的应有之意。希望同志们认真学习领会中央领导的讲话精神，进一步加深对支持大别山革命老区振兴发展重要意义的认识，以炽热的感情，高度的责任感做好规划编制工作。

第二，明确责任。国家发展改革委、三省发展改革部门和相关的市都是规划编制的主体，在规划编制过程中要分好工。三省发展改革委是三省规划编制的牵头单位，要按这一要求来履行责任，在规划编制过程中做好研究和协调工作。各相关市要在重大项目、重大布局、重大政策诉求乃至重要思路方面下功夫，为规划编制提供基本素材。我们将在三省规划文本的基础上，会同有关部门把这个规划编制好。在编制《规划》过程中，我们将及时与三省和有关方面沟通，也请大家积极配合。

第三，加强沟通。在规划初稿阶段，大家一定要敢想敢提，多出好点子，尽量把地方的诉求反映出来，搞得宽一些、多一点。大家不要担心，写得多一点、稍微过一点，没有问题，到征求意见阶段有关部门会把好关。否则，如果规划初稿都写不上的话，后面就更没有希望了。三省也要借助各种途径，同有关部门建立联系，特别是政策方面要与相关部门先行进行衔接，把更多有眉目和有可能的政策写到规划中去。

第四，把握进度。现在已经是 9 月底了，国庆假期一过，10 月上旬就没了，所以规划编制时间很紧。请湖北、河南的同志在国庆之前提交本省的规划文本，最晚在 10 月 8 日之前交齐。我们将在这个基础上紧锣密鼓开展工作，在 11 月初拿出初稿征求三省发展改革委意见。经修改完善后，争取在 12 月初送到有关部门和三省政府征求意见，并在年底或年初按程序上报国务院。

# 革命老区建设与
《大别山革命老区振兴发展规划》*

按照国务院领导同志批示和报经国务院同意的区域规划审批计划，国家发展改革委会同国务院有关部门和湖北、河南、安徽三省人民政府共同编制了《大别山革命老区振兴发展规划》（以下简称《规划》）。经过近两年的努力，今年6月，国务院以国函〔2015〕91号批复了《规划》，我委以发改地区〔2015〕1400号正式印发了《规划》。目前，规划涉及的湖北、安徽、河南三省和相关市县正在全面展开《规划》落实工作。为帮助大家深入理解中央的有关要求，在实际工作中更好地贯彻落实《规划》，加快大别山革命老区振兴发展步伐，我结合编制过程对《规划》中体现的一些重要思想和基本举措做个解读。主要谈4个问题。

## 一、关于编制背景

近十年来，为了落实国家区域发展总体战略，推动区域经济又好又快发展，我们研究制定了一系列区域政策和区域规划。革命老区是一个重要的类型区域，因而是规划的重点。这些年先后出台了《陕甘宁革命老区振兴发展规划》、《赣闽粤原中央苏区振兴发展规划》、《大别山革命老区振兴发展规划》、《左右江革命老区振兴发展规划》，目前还在制定中的有《川陕

---

\* 2015年6月，国务院批复印发《大别山革命老区振兴发展规划规划》。本规划由国家发展改革委牵头，会同国务院有关部门和鄂、豫、皖三省编制，作者担任编制组组长。本文系作者为有关培训会议提供的解读材料，成稿于2015年9月。

苏区振兴发展规划》。革命老区是指土地革命战争时期和抗日战争时期中国共产党领导下创建的革命根据地。抗日战争胜利已经70周年了，新中国成立也已66年了，为什么中央还如此关注这些革命老区的发展问题，专门为它们的发展编制规划？这是因为革命老区是一个非常特殊的区域，在人民共和国发展史上具有特别重要的地位。

第一，革命老区为人民共和国的创建作出了重要贡献。

一是支援了革命斗争，做出了巨大牺牲，是一片血染的红土地。在艰苦卓绝的战争年代，革命老区人民把自己的命运与中华民族的命运紧紧联系在一起，与中国共产党和人民军队生死相依、患难与共，为民族的独立、人民的解放和革命的胜利不惜付出一切牺牲。据统计，革命老区人民为共产党领导的革命斗争先后有1215万人参军参战，牺牲280万余人，支前6624万人，遭敌杀害809万人。土地革命战争时期，当时拥有23万人的江西省兴国县，参加支前的有12万人，参军参战的有8万多人（占青壮年的80%），牺牲5万多人，其中在长征途中牺牲12038人，平均每公里长征路程就有1名兴国籍的烈士英魂。福建苏区3万多子弟参加了长征，仅湘江战役就牺牲了6000余人，只有2000余人到达了陕北。广西东兰、巴马、凤山三县1925年人口22万人，到1933年减少到14.6万人。作为抗战主战场之一的晋冀两省近150万人遭敌杀害，15万烈士为国捐躯。在残酷的革命斗争岁月，老区人民做到"最后一斤粮食做军粮，最后一块盐巴给伤员，最后一个娃儿送战场"，他们用鲜血和乳汁支援了革命，以巨大的牺牲换得了新中国的诞生。

二是产生了革命理论，探索了革命道路，是共产党、人民军队和新中国的发源地。在这片热土上，以毛泽东同志为主要代表的中国共产党老一辈革命家领导人民开创了马克思主义与中国实际相结合的革命道路，探索形成了中国特色的革命理论，积累了党的建设、军队建设、政权建设及社会管理等方面的宝贵经验。大革命失败后，血的教训使中国共产党选择了"进行土地革命，走农村包围城市、武装夺取政权的革命道路"，革命老区就是这条道路的实践地；在这块土地上先后产生了中国第一个党组织、第一个红色政权、第一支武装力量，培育造就了一大批治党治军治国的优秀人才和党、国家、军队的领导人，老区是革命火种播撒耀辉的地方；党对军队的绝对领导、支部建在连上等建军制度，都是革命老区的产物；中央苏区、鄂豫皖苏区、川陕苏区的红色政权，陕甘宁边区政府等孕育了新中国的雏形。长期艰苦卓绝的斗争实践，探索形成了一系列建党、建军的经验，形成了具有中国特色的马克思主义理论和毛泽东思想。革命老区在我党夺取革命胜利、建立新中国的历程中，具有十分重要的政治价值。

三是孕育了革命精神，形成了光荣传统，是党和人民的精神圣地。革命老区在长期革命斗争中，孕育形成了井冈山精神、延安精神、大别山精神、太行精神等，集中体现了坚定信念、无私奉献、艰苦奋斗、开拓创新为主要内涵的老区精神，总结践行了以"深入实际、实事求是，为了群众、依靠群众，与群众始终保持血肉关系、鱼水关系"为核心内容的优良作风。这是中国共产党人政治本色和精神特质的集中体现，是中华民族精神的升华，也是我们今天建设中国特色社会主义核心价值体系的重要源泉。革命老区精神和传统是我党我军乃至全民族思想文化的灿烂瑰宝。

第二，革命老区经济社会发展还存在突出矛盾和问题。

新中国成立以来，在党和政府的支持下，老区人民始终保持和发扬战争年代那种革命精神和优良传统，艰苦奋斗、自强不息、开拓进取，推动老区面貌发生了翻天覆地的变化。整个老区综合实力显著增强，社会事业全面进步，群众生活得到明显改善，部分革命老区步入小康社会。概括地说，一是经济实力大幅提升。2010年GDP总量19.94万亿元，财政收入总量3.36万亿元，农民人均收入近十年增长幅度高于全国平均水平。二是基础设施不断改善。较好地解决了人民群众行路难、用电难、饮水难、看电视难等方面的问题。革命老区70%以上行政村通了公路，80%以上农户实现了饮水安全，90%以上自然村通了电。三是社会事业全面发展。乡镇卫生院全覆盖，合作医疗、最低生活保障、养老保险等项惠民事业全面展开。教育投入不断加大，"两免一补"政策基本解决了中小学生上学难问题，农村中小学校舍有很大改善，儿童入学率达到98%以上，初中毕业率达到

95%以上。四是文化建设得到发展。农村广播电视覆盖率达到90%以上；近50%的农村建了文化活动场（室），城镇群众性的文化体育活动比较普及；开发整理民族、民俗和红色文化资源，爱国主义教育基地和红色旅游景区建设成效明显。

由于受历史、自然等因素的影响，革命老区经济社会发展总体上还处于滞后甚至贫困状态，与发达地区的差距越拉越大，距离全面建成小康社会目标还较远。

一是经济发展缓慢。根据有关部门的调查，革命老区主要人均经济指标只有全国平均水平的三至四成，并且差距还在进一步扩大，一半多的农民人均年纯收入在全国农民人均收入水平线以下。在制定《支持赣南等原中央苏区振兴发展的若干意见》的时候，我们对赣州、黄冈、延安、遵义、百色、临沂等几个有代表性的革命老区的经济发展数据进行了调查统计，除延安因能源开采人均GDP较高外，其他几个地方的人均GDP都在1.5万元以下，人均财政收入都不足千元，这一数据比当时西部地区的平均水平还低了很多。如赣州市人均生产总值13397元、人均财政收入900元，分别只有全国平均水平的45%、24.5%，仅相当于西部地区平均水平的60%、43%。延安虽然人均GDP较高，但城乡居民收入水平却很低。我们作了个简单测算，按照当时这些革命老区人均GDP和全国人均GDP增长速度持续增长下去，人均GDP要赶上全国平均水平至少还需要几十年。

二是贫困问题突出。在592个国家扶贫开发重点县中，老区贫困县342个，占58%。在495个省级贫困县中，老区贫困县有305个，占62%；老区贫困人口（按2010年贫困标准）7695万多人，占全国贫困人口的64%。山西省2010年人均收入2300元以下的贫困人口是452万人，其中老区有402万人，占89%。四川省达州市老区贫困人口46.33万人，其中人均纯收入低于700元的35万人，占76%。贵州省毕节、六盘水、铜仁及云南省宣威等县（市），还有不少农户处于"泥巴土坯房，下雨淋着床，人无百元钱，户无隔年粮"的境况。山西省一些偏远老区村民仍旧"住危房、吃粗粮、大病看不起、小病用身抗"。山东省聊城市有的农户通了电、安装了电视，但为节省电费，仍然点着油灯，电视机成了摆设。红军烈士遗属、在乡老复员军人遗孀及革命烈士遗属享受国家抚恤补助待遇的面还不宽，标准还很低。许多出生在土地革命战争时期的革命烈士后代从小失去父母，在残缺的家庭中艰辛成长，得不到父母的抚爱，年青时生活在战乱和贫苦年代，现在进入迟暮之年，丧失了劳动能力，有的甚至没有生活自理能力，生活十分窘困。

三是民生欠账较多。全国革命老区未通广播电视的自然村107336个，一些村子还没有通电，不少农户还在用松油照明。饮水困难人口有6000多万人。前年，我去江西赣州做了几次调研，跑了好多个村，看到的景象很久都难以忘记。在宁都县固厚乡楂源村东排小组，我看到全村唯一的饮用水源是一口直径不足一米的水井，水体混浊不堪像"米汤"，很多人因为喝了这样的水而落下了残疾。我当时心痛不已，现场协商省里有关部门的负责同志利用中央预算内投资尽快解决这个村的喝水问题。农村危房户约806万多户。山西省灵丘县60%的农户住的是五十年代的房子，近1万户住的是危房。内蒙古武川县一些村还过着吃水靠挑（有66个村1320户）、通信靠找（60个村没有通信信号，58个村没电视信号）、出门靠脚（70个村出行难）的生活状态。老区干部群众反映，当前还是"难在路上，困在水上，缺在电上，差在生态保护上"。医疗保障总体不足，有些地方短缺严重。内蒙古武川县95个老区村80%的没有卫生室，乡村缺医少药设备差的现象比较普遍。农村中小学基础设施简陋，教职人员派不进留不住。广东省革命老区仍有三分之二的小学校是危旧房，江西省万安县校舍危房达24万平方米，占总面积的55.6%。兴国县有15%的村小学还在租房上课，一间教室好几个班，学生们睡的全是地板，盖的被子都是补丁摞补丁。所有景况是我亲眼所见，不深入下去调研是难以想象到的。

四是发展基础薄弱。革命老区在历史上既缺乏国家大量投资的拉动，也缺乏特殊政策的扶持。虽然近年来产业呈现快速发展的良好势头，但工业基础依然十分薄弱，二产占生产总值的比重明显低于全国和本省平均水平，仍处在工业化初、中级阶段，产业结构单一，初级、低端的资源型产业所占的比重很高。由于经济不振、产业不兴,革命老区财政收入规模小,依赖性大,负债率高,建设发展的财力支持明显短缺。云南省47个老区县地方财政收入118.6亿元,支出445亿元,财政自给率22.6%。贵州省黎平县人均财政收入仅为204元。内蒙古突泉县地方财政一般预算收入尚不够全县公职人员支付两个月的工资,财政自给率仅为3.2%,主要靠转移支付和上级追加专项过日子。同时,革命老区农民文化程度偏低,50岁以上农民的文盲、半文盲占60%以上。湖北省老区中大中专文化以上的仅占1.8%,初高中文化占26.6%,比全省平均水平分别低2个百分点和20个百分点。重庆市石柱土家族自治县受过专业培训的农民仅为5.5%,在家务农的劳动力63.4%为初中以下文化程度。

大别山革命老区的情况类似于其他革命老区,人均经济总量低、地方财政薄弱、自我发展能力不足,脱贫致富实现全面小康的任务还很艰巨。

产生上述问题的主要原因:一是自然条件差,革命老区建设发展的成本高、难度大。革命老区大多处于偏远地区和高寒山区,石漠化、荒漠化严重;山高谷深交通闭塞,信息不畅,有的长期处于"一方水土养不好一方人"的自然环境中。这是制约革命老区建设发展的客观因素。二是人才缺乏,推进革命老区建设发展的主观能动作用发挥不充分。革命老区创新性人才特别是科技、教育人才流失严重,部分干部视野封闭、观念落后,奋发作为的意识淡薄,自主创业发展的能力较弱;一些群众习惯于小耕小作,满足于小富即安,存有"等靠要"思想;有的乡村干部对发展现代农业认识不足、积极性不高、路数不清,市场竞争意识不强。这是制约革命老区建设发展的内在因素。三是支持政策不足,外部帮扶力量不够强实。贯彻党和国家加大对革命老区扶持力度重要思想和总体部署缺少具体化、操作性的政策举措,体现对革命老区优先发展和优惠帮扶的措施较为薄弱,现行产业、财政、信贷等政策赋予革命老区的专项优惠不多,资源回报、税收留成比例较低,重大项目布局安排向老区倾斜较少,吸引社会力量帮扶革命老区的优惠政策不多。这是制约革命老区建设发展的外在因素。

第三，支持革命老区振兴发展具有特殊重要意义。

习近平总书记在河北阜平看望慰问革命老区困难群众时明确提出，各级党委政府要把帮助革命老区、贫困地区群众脱贫致富摆在更加突出位置，各项扶持政策要进一步向革命老区、贫困地区倾斜，推动这些地区加快发展。长期的革命斗争和社会主义建设实践证明，革命老区性质特殊、地位重要，加快革命老区建设发展意义重大、影响深远。

一是革命老区是实现国家经济社会发展和民族振兴的重要依托。革命老区占国土面积33%，占全国人口55%，其人力、矿产、生态、文化等资源极其丰厚。革命老区富余劳动力充足，现外出务工人员达1亿多人，这一强大充足的劳动力资源不仅是革命老区自身建设的生力军，也是支援国家现代化建设的重要力量。革命老区蕴藏的煤炭、石油、天然气、有色金属等矿产资源所占比重大，已开发和待开发的潜力巨大，已成为支撑国家未来发展的主要物质保障。革命老区多在山区和深山区，存有大量绿色植被，是国家生态建设的源头地区，也是国家林木、果品生产的重要基地，具有其他地区不可替代的绿色地理和资源优势。革命老区红色文化优势独特，是进行社会主义核心价值观体系建设的重要组成部分，也是开展红色旅游的重要资源。充分挖掘利用好革命老区资源，是确保中国特色社会主义建设事业蓬勃发展不可或缺的重要基础和条件。

二是加快革命老区建设发展是实现全面建设小康社会目标的必然要求。革命老区在贫困地区中所占比重大，地位举足轻重。目前，全国有革命老区的县域占总县数的58%，革命老区县域主要经济社会指标大多在全国平均线以下，国家级扶贫开发重点县占全国贫困县总数的60%，贫困人口占全国贫困人口的64%。革命老区发展滞后的现实，已成为制约实现全面建成小康社会目标的瓶颈，成为扶贫攻坚的"硬骨头"。小康不小康，关键看"老乡"，而"老乡"又主要在革命老区。我们不能只看北京、上海这些地方，更要看广大农村、广大老区是不是实现了富裕、实现了振兴。这些年我走了不少地区，对中国的国情有了更深刻的了解。在看待我国的经济实力和发展水平这个问题上，我是持谨慎态度的。尽管我们国家的经济总量排名达世界第二位，国际货币基金组织的报告甚至认为，按照购买力平价计算中国经济总量已排名世界第一，而且就单个城市而论，北京、上海、深圳等大城市的发展水平和美国、欧洲差不多，甚至在某些方面还超过了美国和欧洲，但我们也要看到，如果比较人均发展水平、经济发展质量、协调发展程度、富裕幸福指数，我国与发达国家间存在的不是一年、两年的差距，而是几十年乃至更多年的差距，革命老区就更不用说了。所以说实现全面建设小康社会目标，首先要解决革命老区等贫困地区的富裕、幸福问题，如果这个瓶颈不化解、短板不补齐，就谈不上全面建成小康社会。

三是加快革命老区建设发展是兑现老区群众期盼、维护党的形象、巩固执政地位的实际行动。没有革命老区，就没有新中国的建立，就没有今天的社会主义幸福生活。如今国家富强了，老区整体也切实得到了革命和建设的实惠，但是部分贫困老区人民还有不少困难，殷切盼望过上小康生活。我到老区调研常常倍受感动。时至今日，虽然部分群众的生活还很窘迫，点着煤油灯、住着土坯房，阴雨天外面下大雨、屋里下小雨，他们却没有任何怨言。但安定团结的真正基础是建立在富裕基础上的幸福，我们不能一直让老区群众贫穷下去，一定要从大局着眼，用厚实的物质基础垒起老区群众信念的根底和精神的支柱。我们过去打天下是靠老区农村和农民，也曾立言革命胜利后不忘老区农民。新中国成立60多年了，有的革命老区农民日子过得还这么艰难，如果不改变这个样子，就有悖于我们党的宗旨，有愧于支持我们打天下坐天下的老区人民。把革命老区建设好既是一个经济问题，也是一个政治问题。加快革命老区建设发展，让老区人民切实享受到革命成功和改革开放带来的成果，切实感触到我们党全心全意为人民服务的执政理念，是事关党的形象、事关党的执政基础、事关社会和谐长治久安、事关中华民族振兴的实际行动。

具体到大别山革命老区，倾力编制《大别山革命老区振兴发展规划》主要有以下几个考虑：一是历史贡献重大。大别山革命老区是土地革命战争时期全国第二大革命根据地鄂豫皖革命根据地的中心区域，也是抗日战争时期我党领导的重要敌后抗日根据地和解放战争时期重要的战略基地，为中国革命做出了重要贡献。大别山革命老区先后爆发了著名的黄麻起义、商南起义、六霍起义，诞生了红四方面军、红二十五军、红二十八军等红军主力部队。抗日战争时期，这块土地上诞生了新四军第五师。大别山革命老区走出了200多位共和国将军，牺牲的先烈有44万人，其中5.5万人被追认为革命烈士。二是现实困难突出。这一地区集老区、山区、贫困地区为一体，经济社会发展长期滞后。有23个县属大别山贫困片区县，有5个不在片区内的国家扶贫开发工作重点县，有2个享受国家扶贫开发工作重点县政策的县，另外还有一些省级贫困县。该区域面积人均生产总值、城镇居民人均可支配收入、农民人均纯收入、人均地方财政收入分别为20740元、19816元、7504元、1252元，仅分别相当于全国平均水平的50%、73.4%、84.4%、24.5%；三次产业比重为22∶46∶32；城镇化率为40.5%，低于全国13个百分点。湖北大别山革命老区18个县（市）仍然有贫困人口191.2万人，占总人口的15.3%。三是发展地位特殊。大别山区是我国东中部地区极为重要的生态屏障，是国家生态资源储备、生态产业发展潜力巨大的地区，其生态影响面积约40万平方公里，人口近2亿人。为此，党中央、国务院高度关注大别山革命老区发展问题，多位中央领导作出过重要指示。特别是2012年以来，国务院领导同志先后两次批示要求国家发展改革委协调有关方面深入研究、积极支持大别山老区发展。2012年7月在湖北黄冈视察指导工作期间，特别强调要加大对老区的倾斜和支持力度，让老区人民生活过得越来越好。据此，2013年以来，我委会同湖北、河南、安徽三省和国务院有关部门开展了《规划》编制工作。

## 二、关于总体基调

大别山革命老区振兴发展任务艰巨，各方面寄予厚望，必须以超常规的思路推进发展建设。根据区域状况和国家要求，我们对整个大别山革命老区的发展作了缜密、深入的研究思考，确定了规划的总基调。大体说有这样几个方面。

第一，既要立足特殊地区发展又要着眼区域整体建设。辩证法里一个重要命题就是要把握好整体与局部的关系。整体由局部组成，局部是整体中的部分，二者不可分割、互相影响，整体统率着局部处于决定地位，局部也制约整体。具体到区域发展上，单个地区发展不能脱离区域整体发展，因为单个地区不可避免地要与周边区域开展物质交换和资源要素互补等经济活动。在统一市场建设、区域经济一体化的背景下，两者的联系就更加密切。这就要求我们既要着力局部事宜又要树立全局观念。区域规划的长期实践表明，"不谋全局者不足以某一域"，只谋一域不顾整体的区域规划不是好规划，也难以取得良好的效果。大别山革命老区规划关注的重点无疑是革命老区本身，黄冈、信阳、六安市三市，应作为规划的核心区域来考虑。同时，在尊重历史的基础上，应统筹考虑区域经济社会联系和协调发展要求，将周边与之有紧密联系的贫困县（市、区）一并纳入规划范围。因此，根据这一思想，《规划》做了随（州）孝（感）武（汉）组团、驻（马店）南（阳）组团、安庆组团的划分。纳入规划范围的县共有62个（市、区），其中湖北省22个，河南省22个，安徽省18个县，这个区域板块超出了大别山革命老区的实际范围。将革命老区与周边地区一体规划，有利于促进整个区域协调联动、互利共赢发展。从这个角度讲，《规划》既是支持革命老区振兴发展的专门规划，更是促进区域协调发展的区域规划。当然，为避免大家对革命老区范围引起歧义，我们在规划中明确，规划范围不等同于大别山革命老区范围，也就是说，加入规划范围的地方不等于就成为了革命老区。

第二，既要发挥比较优势又要补齐发展短板。比较优势得以有效发挥是区域发展的内在要求，而努力促进各地区特色经济发展是提高地区竞争力的重要途径。大别山革命老区拥有独特的优势和巨大的发展潜力。首先，是具有区位上的优势，这是最大的优势。解放战争时期，大别山地区处于当时中国的"大武汉"和国民党政府首都南京的正中间。控制住大别山地区，意味着东进可取南京，西出可获武汉，如此则整个长江中下游地区唾手可得。毛主席审时度势，独具慧眼，敏锐发现了大别山地区这一战略要地对整个解放战争的重要意义，指挥刘邓十几万大军千里挺进大别山，揭开了解放战争战略进攻的序幕。军事和经济有共通之处,今天看来,大别山革命老区的区位在促进区域经济协调发展中极具战略地位。大别山革命老区处在武汉、郑州、南昌、合肥等省会城市之间,紧邻武汉城市圈、中原城市群、环鄱阳湖城市带、皖江城市带和长三角地区,承东启西、纵贯南北、通江达海的区位优势非常突出,可谓"得中独厚"。其次,是具有"红"的优势。大别山革命老区诞生了3位党的"一大"代表,走出了共和国两任国家主席、一位元帅、两百多位开国将军。大别山最有影响的红色资源就是老区精神。老区精神的核心就是敢闯敢干、敢于突破、敢于开第一枪、敢于打破条条框框。发扬好老区精神,将极大地激发这一地区的发展潜力。除了红色文化外,大别山革命老区人文荟萃,苏东坡、李时珍、李四光等文化名流和科学精英享誉海内外,黄梅戏曲、禅宗文化、中医药文化在全球的影响力也与日俱增。其三,是具有"绿"的优势。大别山区层峦叠嶂、山川秀美、生态优良,动植物资源丰富,生态农业、生态旅游等的开发价值很大。这些优势是大别山革命老区的重要财富,是振兴发展的重要立足点。当然这一地区也存在不少短板,特别是在基础设施和功能平台建设方面体现得较为明显。近年来,这一地区基础设施条件改善很大,与十几年前已不可同日而语,但相较于其他地方依然很薄弱,在信息基础设施建设方面的差距就更大了。这些年区域经济发展的一个重要经验就是推进功能平台建设。有了良好的平台,市场主体就好唱戏了。对于欠发达地区来说,通常存在的问题是平台搭建得不够,搭建后发挥作用也不够充分。前年我去红安县调研,县委书记告诉我规划了八大产业园,包括家具、纺织、汽车零配件等,老实说,一个贫困县能建设这么多产业平台是很不容易的。但是大多数市县在这一块做得很不够。《规划》坚持目标导向和问题导向相结合,一方面立足于这一地区的资源、区位等比较优势谋划发展;另一方面把弥补短板摆在突出位置。在思路上突出了两点:一是通过支持重大基础设施项目建设,破解制约大别山革命老区发展的关键性瓶颈,加强与东部沿海地区的互联互通,增强对区域发展的支撑能力。二是通过支持打造重大发展平台,提升该地区聚融能力,推动生产资源和要素向大别山革命老区集聚。一句话，要通过弥补短板大幅度优化提升该地区经济社会发展的基础条件和发展环境，尽可能地把比较优势和发展潜力激发出来，使该地区的经济社会发展进入良性循环的状态。

第三，既要追求发展速度又要注重发展质量。大别山革命老区经济社会发展处于滞后状态，是典型的欠发达地区、贫困地区，经济总量小、人均水平低是主要矛盾，摆在大别山革命老区面前的头等大事是加快发展。据黄冈市的测算，2011年黄冈市小康实现程度仅为77%，比西部一些贫困地区的状况好不了多少。如果要和全国同步实现小康，今后8年农民收入、GDP都要以每年20%的速度递增，这个任务非常艰巨。如果不能实现跨越式发展，就难以与全国同步实现全面小康。当前，国际经济形势严峻复杂多变。全球经济发展增长动力不足，发达经济体走势分化，新兴经济体发展总体放缓。国内经济发展多重困难和多种矛盾相互交织，经济下行压力增大。要实现大别山革命老区的跨越式发展，困难很多，需要奋力攻坚克难。《规划》中相当一部分措施都是着眼于支持这一地区加快经济发展的。但仅仅如此是不够的。大别山革命老区振兴发展目标的内涵是丰富和多元的，不仅包括经济发展，也包括社会、文化等其他方面的发展；不仅包括生产水平的提高，也包括生活水平的改善。与此同时，经济发展与社会发展及人口、资源、环境之间必须保持有机协调和内在统一，某一方面发展的滞后和不平衡，就会影响到其他方面的发展。从当前看，在大别山革命老区经济发展加速的同时，社会、文化等方面的发展则处于滞后状态，资源环境、人文社会方面的瓶颈日益突出。有鉴于此，大别山革命老区的振兴发展不能再简单地看GDP，应正确认识和科学处理速度与质量的关系。对于大别山革命老区来说，追求速度就是要使主要经济指标在较短时间内实现较大飞跃，迅速缩小与全国平均水平的差距；注重质量就是在经济发展的同时，使得生态环境、人民生活水平等都有较大的改善和提升。为此，我们在《规划》编制中特别注重把握好经济发展和其他方面发展的关系，强调经济发展和生态建设、民生保障协同推进、有机统一。在速度方面，我们围绕实现全面建设小康社会目标，在产业发展、基础设施、民生建设等方面铺排了一批重大项目，力图使大别山革命老区经济社会发展速度实现"两个高于",即高于本省同期平均水平、高于全国平均水平,尽可能在较短时间内迅速补上发展短板。在质量方面,我们把构筑长江和淮河中下游地区重要的生态安全屏障、保障和改善民生摆在突出位置,要求坚持"以人为本",不断促进社会和谐和人民幸福。

第四,既要关注面上发展又要照顾特殊群体。在 2014 年中央经济工作会议上,习近平总书记就扶贫工作讲了两个很重要的观点,一是扶贫成效关系到全面建成小康的大局。"小康不小康,关键看老乡,关键在贫困的老乡能不能脱贫。'足寒伤心,民寒伤国',做不好,不但贫困群众不满意,人们也会怀疑全面建成小康社会的真实性"。扶贫工作的成败关系到全面建成小康社会目标能否实现,关系到目标实现的真实性,关系到人民对党和政府的信任。二是完成扶贫任务是全面小康的难点。"到 2020 年全面建成小康社会还有 6 年时间,从目前看,我国经济总量不断扩大,中产阶层比重稳步增加,到时候可以完成主要经济指标,但要全面完成扶贫脱贫任务很不容易。"习近平总书记的担忧说明中央对贫困状况判断准确,对扶贫工作难度了解深刻。大别山革命老区虽然经过 28 年的扶贫开发,经济发展的质和量都发生了深刻变化,贫困人口总量大幅减少,但目前仍有很多县戴着国家级或省级贫困县的帽子。同诸多百强县的经济井喷式发展状况相比,这些贫困县的发展动能不足,经济规模差距显著。这种差距如果继续拉大,就会形成几十年也无法逾越的经济鸿沟。另一方面,在贫困人群中,绝大部分是科学文化素质低下的文盲或半文盲,且受传统观念影响较大,对他们进行科技培训以及引进和推广现代农业科技十分困难,这给扶贫开发工作带来了很大难度。支持大别山革命老区振兴发展的最重要目标是全面建成小康,摆在我们面前的最突出问题是如何解决数百万人的贫困问题。我们考虑,《规划》涉及的面很宽,但必须把握重点,重中之重是扶贫脱贫,对这个问题认识要十分清醒。为此,《规划》把帮助贫困人口脱贫作为重要的出发点和立足点,力图按照《中国农村扶贫开发纲要(2011—2020 年)》要求,使这一地区的广大贫困人口在 2020 年实现"两不愁三保障"的目标。

第五,既要给予政策扶持又要激发自身能动性。当前研究谋划区域战略与政策，对发展状况不同的地区是区别对待的。对条件较好的地区，比如长三角、珠三角等地区，不给具体资金和项目，主要赋予先行先试的权利；对欠发达地区来说，则必须要给予强有力的具体政策支持。大别山革命老区自身财力有限、自我发展能力薄弱，产业结构的优化调整、基础设施的改造升级、农村医疗条件的改善与社会保障体系的健全等都很繁重，需要各级政府的政策倾斜、资金帮扶和技术支持。《规划》体现的一个重要指导思想就是支持。但我们同时也考虑，一个地区的长期发展如果只依靠外部"输血"是很难持续的，不仅不能从根本上解决问题，反而会形成"等、靠、要"依赖思想。只有通过"输血"把"造血"功能建立起来，才能从根本上实现脱贫致富，否则一旦中断"输血"就会导致前功尽弃。因此，《规划》强调了坚持适度"输血"、"输血"从根本上为"造血"服务的原则，要求这一地区充分发挥主观能动性，全面挖掘内在发展潜力。区域竞争既是资金、技术、人才等有形要素的竞争，更是思想观念、体制机制、制度环境、精神风貌等无形要素的比拼。思想保守、观念陈旧注定没有出路。资源有限、项目有限、扶持有限，但创新无限、办法无限。落后地区都有一个共同特点，就是干群朴实厚道，"不跑不要、不叫不到。"但从另外一个角度看，则是创新意识不足、主动意识不强。针对于此，"规划"突出强调体制创新，要求立足于老区实际，全面深化经济体制改革，增创体制机制新优势，从根本上激发这一地区的发展动力和活力。同时，我们强调要大力弘扬革命老区精神。老区精神是支撑老区群众脱贫致富奔小康的重要支柱，必须始终坚持。一个时期里，一些人盲目崇拜西方，抛弃社会主义核心价值观，奉行金钱至上规则，事实表明这样做有百害而无一益。有鉴于此，我们在强调这一地区基础设施建设和产业发展的同时，提出应特别注重传承、弘扬老区精神，将此作为振兴发展的重要支撑。

第六，既要扩大对内对外开放又要加强地区内部合作。当前，全球经济一体化进程加速，我国深度融入全球经济，努力打造全面开放新优势。这一过程蕴藏着重要机遇。目前，各地区都在制定融入"一带一路"倡议的实施方案，以借助这一重要开放平台获取发展红利。大别山革命老区发展滞后与开放程度不高密切相关。在新形势下，我们要抓住全方位对外开放的重要机遇，以开放促发展、促跨越。为此，《规划》坚持借力发展、外向发展的理念，把提高开放水平作为支撑老区振兴发展的重要基石，强调要深化与东部地区和港澳台的经贸合作，在打造开放平台、承接产业转移、实现区域通关便利化等方面下功夫，努力把大别山革命老区打造成内陆开放型经济新高地。同时，大别山革命老区地处鄂豫皖三省交界，是鄂豫皖三省协作的重要纽带。目前这一地区的合作水平还不高，这既不利于该地区的发展，也对加强三省之间的交流形成了障碍。落后地区往往不敢开放、不愿合作，害怕引狼入室，把自己有限的资财吞噬了。这种封闭保守的思想带来的是各自为政、近亲繁殖、产业同构，其结果是外部恶性竞争日益加剧和自身竞争能力的不断弱化。从全国的情形看，越来越多的地方意识到深化合作开放的好处，通过合作开放能够在更大范围内配置资源，有效化解自身发展条件捉襟见肘之难；能够避免恶性竞争，实现优势互补。大别山革命老区整体发展水平低，只有抱团取暖，努力扩大市场空间，实现本地区生产要素的高效利用，才能更好地发展壮大自己。要看到，大别山老区各县、市虽然资源禀赋同质性强，发展阶段和水平大体相似，但在区位条件、资源状况、文化习俗等方面仍然存在不少差异，不少地区已经形成了自己独特的产业发展优势，深化内部合作既有主观需要，也有客观条件。为此，《规划》强调打破行政界限和市场分割，从区域整体利益着眼，从具体事项着手，推动区域一体发展，熨平制度褶皱，推进建立统一市场和合作平台；与此同时，强化各地区分工协作、合理布局，促进错位发展、互补互促。

### 三、关于重点任务

基于上述考虑，《规划》立足当前、着眼长远，根据大别山革命老区的战略定位和发展目标，提出了振兴发展六个方面的重点任务。这些任务针对性很强，落实好这些任务是实现大别山革命老区全面振兴发展的基本保障。

第一，发展适宜产业。产业发展是促进经济发展的助推器，是拉动经济腾飞的强大引擎。甚至可以说，产业发展就是经济发展。在产业发展问题上，要切实把握住两点：一要发展优势特色产业。一个地方要充分认识自己的优势是什么、特色是什么，在此基础上把优势特色产业做强做大。千万不能放弃自己的优势另搞一套。二要发展适宜产业。有些地方对产业发展存在一个认识误区，就是以发达国家为标过度看重服务业的发展，认为三产的比重越高越好。这样的认识是很片面的。对于贫困地区来说，如果没有一产、二产的基础，发展三产就是水中月、空中阁、欲速则不达。我们要实现经济转型，但也不能盲目追求发展高大上的产业。大别山革命老区振兴的核心在于产业振兴。有人说，大别山产业基础薄弱，产业发展难度大。我不赞成这种说法，我认为问题的关键还是对比较优势把握不够准确，与当下发展环境结合不够紧密。红安县的发展值得关注。红安依托邻近武汉的区位优势，积极打造中部轻纺服装之都，入驻汉正街的纺织服装品牌企业达上百家，这就是抓住比较优势发展适宜产业的良好结果。我再举一个例子。近几年贵州发展大数据产业成效显著，引来各方关注。一些同志可能觉得奇怪，那么多企业为何会把大数据中心放到一个欠发达的西南省份？其实道理很简单，贵州省地质稳定、远离地震带，又是火电水电输出大省、工业用电价格较低，而这些都是大数据产业发展的重要条件。当然，全国符合这一条件的地方不少，但恰恰是贵州省敏锐地把握住这一点，率先提出了打造大数据中心的设想，得到了国家的大力支持，又有效利用了对口帮扶这个机制，从北京等地引进了一批管理和技术人才，从而把事情办成了。我看到一个材料，黄冈拟利用处于全国地理中心的优势，联合顺丰快递建设物流机场、打造全国航空物流枢纽。这个想法大有可为，可以再论证一下。路易斯维尔是美国中部一个不起眼的小城市，但依托UPS建成了全球物流转运中心。《规划》在挖掘这一地区的比较优势上花了不少工夫，重点在推动发展特色适宜产业方面提出了要求：一是积极推进农业现代化，大力发展特色农林业，培育具有大别山地理标志的农产品品牌。二是大力推动矿产品深加工，提高矿产资源开发利用水平，支持发展已具备一定基础的轻工纺织、机械制造、汽车零部件等制造业，培育新的经济增长点。三是大力发展生态旅游、文化旅游，打造大别山核心旅游品牌，建设全国著名旅游目的地。当然，《规划》只是指出了发展的大方向，具体的机遇和做法还要各地在实践中把握。

第二，优化城乡建设布局。推动城镇化发展是我国现代化建设的一个大战略，城镇化不是简单的城市人口比例增加和面积扩张，关键要在产业结构、人居环境、社会保障、生活方式等方面实现由"乡"到"城"的转变。大别山革命老区总体上还属于农业型地区，农业和农村人口的占比较大，2014年城镇化水平只有40%，低于全国平均水平15个百分点。我们常说现在到了城市反哺农村的阶段，但这一地区没有一个具有较强辐射能力的大城市，城市反哺农村可谓心有余力不足。为了形成以城带乡、城乡共进的格局，《规划》提出要实施中心城市带动战略，积极培育壮大信阳、黄冈、六安、驻马店、随州、安庆、麻城等区域性中心城市，扩大城市规模，提升综合服务功能，强化辐射带动作用。发展壮大县域，是新时期统筹城乡发展、从根本上解决"三农"问题的战略举措，是全面建设小康社会、建设社会主义新农村的重要内容。作为经济欠发达地区，加快发展壮大县域经济是重要任务。考虑到这一地区部分县市发展有特色、有活力，《规划》提出要加快培育特色鲜明的县域经济，支持中心城市近郊县、产业强县、资源富集县发挥比较优势，积极参与区域产业分工协作，壮大主导产业。对具备行政区划调整条件的县可按规定程序有序改市，支持红安、泌阳、固始等县城按设市城市的规模和标准建设，培育成为特色中小城市。另外，这一地区新农村建设走在了全国前列，信阳市成为全国唯一新农村改革发展综合实验区。为了推广新农村建设的经验，《规划》对推动城乡公共设施的共建共享，改善农村人居环境等提出了任务要求。

第三，推进基础设施建设。基础设施是区域经济社会发展的重要前提和支撑。长期以来，这一区域的基础设施建设没有得到应有的重视，历史欠账较多、瓶颈制约突出。近些年来，得益于国家大力发展基础设施的战略，这方面的状况有很大改观，但其他地区发展更快，相比之下这一块仍是薄弱环节。特别是在交通方面，虽然基本骨架已经形成，但受地形地貌等的限制，交通设施建设成本很高，内联外通的路网结构尚未全面形成，省际、县际对外交通衔接不畅，内部公路技术等级偏低，农村公路连通不足，对经济发展的制约依然严重。其他基础设施建设也都面临大体相同的问题。原因是骨干设施建设主要由国家和省里出钱，财力有保障，整体状况都比较好，而量大面广的对接型小设施主要由市、县出钱建设，但市县财政困难而难以有效为之。这是贫困地区的一个通病。但毛细血管堵塞照样影响整体循环。要实现老区振兴发展这一目标，各类设施建设都要跟上，这就需要优先规划布局一些基础设施项目。为此，我们在《规划》中强调，要按照统筹规划、合理布局、适度超前的原则，推进交通、能源、水利和信息等基础设施项目，加快建成现代化基础设施体系。交通方面，《规划》的重点放在加强对外通道建设上，提出建设了一批高铁、高速公路和机场，目的是打开与周边城市和沿海港口城市的通道，与之实现高效连接。《规划》还对发展农村交通提出了明确要求。能源方面，《规划》在强调坚持双管齐下、合理布局原则的同时，提出一方面通过优化水电和新能源发电等电源点布局，提升本地区电力保障能力；另一方面通过推进特高压电网以及石油、天然气管道的建设，增强能源跨区域输入能力。水利方面，《规划》突出强调要做好长江、淮河干流整治，继续实施长江中下游河势控制工程，推进淮河流域重点平原洼地治理及长江、淮河流域蓄滞洪区建设。针对这一地区缺水问题，《规划》提出进一步优化水资源配置，开工建设引江济淮等跨区域调水重点工程和抗旱水源。信息方面，考虑到信息是未来决定区域竞争力的关键，《规划》特别重视填平与发达地区的数字鸿沟，提出实施移动通信网络升级工程，建成第三代移动通信系统，稳步推进4G移动通信网络建设。随着科技发展，今后还要不断提高移动通信网络等级。

第四，加强生态建设和环境保护。良好的生态环境是大别山最大的财富。然而多年的落后与贫困状况削弱了人们的生态意识，脱贫致富的强烈愿望使对生态资源的人为破坏不断加剧。毁林开荒、乱砍滥伐现象和森林火灾时有发生，一些地方为种植天麻、茯苓等中药材和香菇、木耳等食用菌而不惜大规模砍伐林木。此外，还存在着工业无序发展和城镇盲目扩张等状况，由此导致水土大量流失、自然植被退化、环境污染加剧、生物多样性破坏、土壤质量下降、生态功能衰退等严重问题，大别山区生态日趋脆弱，环境压力越来越大。当前，全球气候、生态、环境形势严峻、风险增加、挑战众多，我国又处于经济发展的加速期，环境负荷越来越重，资源消耗越来越多。大别山区的生态保护、生态安全不仅关系到本区域的发展，而且影响到华中、华东地区的发展，甚至牵连到整个国家的发展。为此，《规划》在生态环境一章着墨较多，重点阐述了这样几点：一是明确提出了要加大水生态系统保护与修复力度，积极开展重要生态保护区、水源涵养区、江河源头区生态自然修复和预防保护，加大水土流失综合治理力度。二是考虑到这一地区属于多条河流的中上游，特别强调要加强长江、淮河、史河、浠河、皖河、倒水、巴河、浠水、蕲水、华阳河、潢水、举水、长河、唐河等流域水污染防治和综合治理。三是针对农业开发带来的日益严重的污染问题，提出要实施农业面源污染治理示范工程，开展清洁小流域建设。

第五，完善基本公共服务。社会事业直接关系到民生，民生是最大的政治，改善民生是最大的政绩。大别山革命老区民生欠账很多，尤其要运用好国家的支持政策，抓住推进基本公共服务均等化的机遇，争取更多的优惠举措提高这一地区民生发展水平，特别是要限时保质地把重点领域的民生问题解决好。与其他地区相比，大别山革命老区的民生问题有自己的特点，侧重点也应有所区别。教育方面，针对该地区农村义务教育设施严重不足的问题，《规划》提出加强农村义务教育薄弱学校改造和边远艰苦地区农村学校教师周转宿舍建设。考虑到这一地区是沿海地区劳动力输出的重要基地，为了提高输出劳动力素质，《规划》特别突出要加快发展现代职业教育，加强职业院校基础能力建设，支持省级以上重点中等、高等职业院校创建以及品牌专业建设。卫生医疗方面，我们在调研中发现，除了全国普遍存在的基层医疗能力不足的问题外，这一地区中心城市和县城也存在医疗服务水平不高的问题，很多人就医需要辗转到郑州、武汉、合肥等大城市。为此，《规划》把市、县级医院建设摆在突出位置，明确支持建设具有区域影响的综合医院，支持有条件的中心城区设立专科医院。就业和社会保障方面，《规划》提出了就业和社会保障服务设施建设的具体目标，即到2020年前实现市、县、乡三级公共就业和社会保障服务平台全覆盖，实现基本养老保险、基本医疗保险制度全覆盖。

第六，加快重点领域改革。当前，我国进入了全面建成小康社会的决胜阶段，发展面临"三期叠加"矛盾，处在爬坡过坎、攻坚克难的关键时期。在这个时候推进发展，既要把速度稳住，保持中高速增长，又要推动产业转型升级，力求迈向中高端。实现这样的双重目标应该说是难上加难，但难也要上。在资源环境约束加大、传统比较优势弱化的同时，体制弊端和结构矛盾也日益凸显出来，成为发展的拦路虎。实现国家经济持续健康发展，必须深化改革，对于大别山革命老区这样的欠发达地区来说更应如此。体制机制不顺束缚了这一地区企业家干事创业、老百姓各显其能积极性的发挥，实现革命老区全面振兴必须依靠改革增加动力。为此，《规划》特别突出推进体制机制创新。除了要求实施好全国普遍推行的改革措施外，特别强调要注重开展如下方面的机制创新：一是创新扶贫开发机制。习近平总书记高度重视、十分关心扶贫工作，提出了新时期扶贫开发战略思想，精准扶贫、精准脱贫是习近平总书记关于扶贫开发战略思想的最鲜明特征。习近平总书记强调，扶贫开发贵在精准、重在精准，成败之举在于精准。天下大事，必作于细。所谓精准就是要精而又精、细而又细、实而又实。为此，我们在《规划》中提出创新扶贫开发机制，深入实施精准扶贫、精准脱贫，建立健全驻村帮扶机制，实现驻村工作队对建档立卡贫困村全覆盖，提升扶贫资源精准化配置水平。同时还要创新扶贫考核机制，支持大别山革命老区在建立贫困县约束和退出机制、改进党政班子考核机制等方面开展先行先试。二是健全城乡发展一体化机制。城乡发展一体化是解决三农问题的根本途径，有利于实现城镇化、农业现代化，推动经济结构战略性调整。城乡二元结构是制约城乡发展一体化的主要障碍。党的十八届三中全会提出，必须健全体制机制，形成以工促农、以城带乡、工农互惠、城乡一体的新型工农城乡关系，让广大农民平等参与现代化进程、共同分享现代化成果。这是对城乡一体化发展体制机制作出的顶层设计，为当前和今后一个时期推进城乡发展一体化确立了指导思想或行动方向。针对大别山革命老区城镇化水平还很低的现实状况，根据中央要求，《规划》提出健全城乡发展一体化机制，推进以人为核心的城镇化，加快改革户籍制度，全面放开小城市和建制镇落户限制，有序放开中等城市落户限制，促进城乡居民在就业、就学、就医等方面享受同等待遇。三是完善投融资机制。去年，针对当前投资动力不足的状况，为稳定有效投资、增加公共产品供给，国务院印发了《关于创新重点领域投融资机制鼓励社会投资的指导意见》（国发〔2014〕60号），要求在公共服务、资源环境、生态建设、基础设施等重点领域进一步创新投融资机制，充分发挥社会资本特别是民间资本的积极作用。为落实好国务院要求，《规划》明确提出，鼓励民间资本参与资源开发、基础设施、公用事业和社会事业等领域建设，大力支持社会资本通过特许经营等方式参与城市基础设施投资和运营，以更大程度激发大别山革命老区市场主体活力和发展潜力。四是探索生态文明建设机制。新一届中央领导机构就生态文明建设作出一系列重大决策部署，党的十八大将生态文明建设纳入"五位一体"总布局，十八届三中、四中全会进一步明确了生态文明建设在全面深化改革、全面依法治国战略布局中的重要地位。习近平总书记提出"绿水青山就是金山银山"，强调把生态文明建设放在国家现代化建设更加突出的位置。大别山区在生态上具有重要的战略地位。为推进大别山革命老区生态文明建设，《规划》提出了探索建立三个机制，即探索建立跨区域、跨流域的森林生态补偿机制，探索建立水土保持生态补偿机制，探索建立生态环境损害赔偿和责任追究制度。五是构建开放合作新机制。推进开放合作是老区跨越发展的必由之路。《规划》强调，推动大别山革命老区加快发展，对外要加强与国家重大发展战略的衔接，积极参与长江经济带开发开放，主动对接"一带一路"和京津冀协同发展战略；对内则要建立健全区域内跨省协调机制，深化各主要领域的合作，加强对重大项目建设、重大利益关系处置的协调联动。

**四、关于实施保障**

《规划》勾画了大别山革命老区的发展蓝图,提出了一系列的政策措施。下一步的关键是抓好落实,把规划蓝图尽快变成现实成果。

第一,增强机遇意识。中央高度重视革命老区、贫困地区发展问题。党的十八大提出,要加大对革命老区、民族地区、边疆地区、贫困地区扶持力度。2012年底,习近平总书记在河北省阜平县调研期间强调,革命老区和老区人民为中国革命胜利作出了重要贡献,党和人民永远不会忘记。出台《规划》是贯彻落实党的十八大精神和习近平同志重要讲话精神的具体体现。要看到,距离2020年还有不到6年的时间,机遇稍纵即逝。发展优势往往是在抢抓机遇中建立的,发展差距则是在丧失机遇中不断扩大的,一个国家如此,一个地区更是如此。大别山革命老区的各级干部要进一步增强后发赶超、振兴崛起的决心,以机不可失、时不我待的紧迫意识,把抢抓机遇放在第一位,用科学的决策、扎实的举措落实好中央要求、推进规划实施,真正把机遇背后蕴藏的发展潜力充分释放出来,使之加快转化为现实生产力、发展力和竞争力。

第二,注重战略衔接。党的十八大以来,国家推出了一系列重大区域战略,大别山革命老区发展要把握好这些国家重大战略实施的契机,借势发展、借船出海。一要加强与长江经济带发展战略衔接,打好合作牌。依托黄金水道推动长江经济带发展,是党中央、国务院基于谋划中国经济运行新棋局、构建改革开放创新发展新引擎作出的重大战略决策,对于促进经济增长空间从沿海向沿江内陆拓展,形成上中下游优势互补、协作互动格局具有重要意义。大别山革命老区处于长江三角洲与中部地区的连接地带,具有承东启西的独特优势。融入长江经济带发展战略,首先要抓住建设沿长江综合交通运输体系的契机,完善大别山革命老区对外交通通道,实现长江三角洲和沿江主要城市的无缝对接;其次要抓住长江三角洲产业结构升级的机会,打造承接平台,积极承接转移产业,合作共建内河港口和产业园区,增添新的发展动力。二要加强与"一带一路"倡议衔接,打好开放牌。"一带一路"倡议是我国首倡、高层推动的国家战略，对于推进我国现代化建设和建立良好国际地位具有重大战略意义。目前，各省都编制了"一带一路"建设实施方案。把大别山革命老区发展融入"一带一路"倡议，关键是利用好国内国外两个市场、两种资源，借势推动外向型经济做大做强，推动优势企业、优势产品走出去，更好地利用外资外技，持续培育对外开放新优势。三要加强与创新驱动战略衔接，打好升级牌。创新是区域发展的不竭动力。在知识经济发展和经济全球化背景下，创新已成为一个国家和地区竞争能力强弱的决定性力量。要看到，全球已进入区域创新网络建设发展的时代，创新进程不再严格遵循从发达地区到落后地区延展的秩序或规则，只要具有创新精神，贫困地区通过发挥比较优势同样能做到在某些领域走在前列。《规划》对大别山革命老区的发展提出了较高要求，要实现这些要求难度大、任务重，需要付出艰苦的努力。这就要求各市、县具有超常思维、超常举措，敢于跳出自身"一亩三分地"的圈子，用国际视野、世界眼光看问题、想办法，站在全球产业链的坐标系中识区情、谋思路、敢为人先，积极创造条件实现新的突破。

第三，细化工作任务。大别山革命老区的各市、县政府要精心组织，周密计划，抓紧研究制定《规划》实施意见或工作方案，将各项任务逐级分解到各个地方和相关部门，并明确具体时间节点；要结合地方实际研究落实重点领域任务要求的具体政策措施，专人负责、逐个击破。要借鉴同类地区的经验做法，结合自身实际举一反三推出创造性的实施举措。目前，"十三五"规划研究工作已经全面展开，各市、县要从长计议、居高谋划，将《规划》中较为抽象的思路进一步细化，充分体现在"十三五"规划中，使《规划》落实工作贯穿于"十三五"的全过程。我要特别强调，规划的一以贯之非常重要，不能随着班子的调整、领导的更替而中断，要像接力赛一样一棒一棒地传下去，持之以恒才能最终达到目标。当前体制包括干部制度、财政体制、投资体制等中间存在的某些缺陷，很容易导致只顾眼前不思长远、只求表象不管根本的情形，也很容易出现前后班子在发展思路上南辕北辙的状况，致使好的规划束之高阁，或者不能持续贯彻下去。要尽可能避免这种后果。要知道，搁置《规划》实施，伤害的是我们自己。

第四，健全责任机制。这些年区域规划工作的经验表明，规划落实的好坏与地方政府的责任意识有很大关系。中央部门只是规划蓝图的绘制者，各级地方政府特别是市、县一级政府才是规划蓝图的实施者，如果没有地方政府的高度重视和大力实施，再好的规划也是镜中花、水中月。因此，各市、县政府要抱着守土有责、守土负责、守土尽责的精神，加快建立规划落实的责任机制。首先，要加强组织领导。市、县主要负责同志应亲自挂帅，成立由相关部门参加的领导小组，把责任明确到部门、明确到个人，形成一级抓一级、一级带一级的工作态势，做到每一项任务都有人管、有人抓。其次，要加强专门机构建设。《规划》涉及的面很宽，成立专门的规划落实协调机构十分必要。从《赣闽粤原中央苏区振兴发展规划》的落实情况来看，一些市县成立了振兴办，工作成效明显。建议大别山地区有条件的市县也建立相应的专职机构，合理配置人员编制。其三，要建立激励机制，对振兴工作中表现出来的先进典型，给予必要的精神和物质奖励，充分激发各级干部做好《规划》落实工作的能动性。

第五，做好跟踪检查。好的规划不付诸实施效果等于零，实施过程中不检查督促效果也可能等于零。督促检查是我党长期形成的优良工作作风，也是推动落实《规划》的必要手段。《规划》中确定了一些事关全局而在短期内又难以解决的问题，深入开展跟踪监督有利于推动这些重点难点的持续攻克和不断取得实质性效果。为此，各市、县政府要建立《规划》落实的强有力的跟踪检查机制。主要负责同志要带头做好督查工作，把督查落实工作化为自觉的领导行为和工作习惯，通过自己的模范行动，带动其他领导成员分头做好督查落实工作。要发挥专门机构和督查部门的作用，把相关内容进行分解，按轻重缓急分别开展督查。要把规划落实情况作为领导干部政绩考核的重要内容，定期考核，使优者受奖，让劣者受罚。另外，我委也将根据《规划》要求加强监督检查和跟踪落实，科学评估《规划》的实施效果，及时帮助地方解决实施中的具体困难和问题。

总之，支持大别山革命老区振兴发展既是一项重大的经济任务，更是一项重大的政治任务。我相信，怀着对大别山革命老区人民的深厚感情铆足干劲扎实工作，就一定能把中央的亲切关怀和支持政策落到实处，一定能让《规则》变成实实在在的发展成果，从而能使大别山革命老区这片红土地持续展现出靓丽耀眼的光芒。

# 加快推进革命老区开发建设与脱贫攻坚<sup>*</sup>

很高兴参加本次老区精神与脱贫攻坚论坛。在2017年"扶贫日"来临之际，举办本次论坛，深入贯彻落实习近平总书记扶贫开发重要战略思想，推进脱贫攻坚重大战略部署落实，凝聚各方力量支持老区开发建设与脱贫攻坚，具有特殊的推动作用。我代表国家发展改革委对论坛的召开表示热烈祝贺！

革命老区是党和人民军队的根，老区和老区人民为中国革命胜利和社会主义现代建设作出了重大牺牲和重要贡献。党中央、国务院历来高度重视革命老区开发建设工作，党的十八大以来，以习近平同志为核心的党中央把老区开发建设与脱贫攻坚摆在了更加突出重要的位置。2015年2月13日，习近平总书记在陕西延安主持召开陕甘宁革命老区脱贫致富座谈会，并反复强调，没有老区的全面小康、没有老区贫困人口脱贫致富，全面建成小康社会是不完整的。各级党委和政府要增强使命感和责任感，把老区发展和老区人民生活改善时刻放在心上，加大投入支持力度，加快老区发展步伐，让老区人民过上幸福美满的日子，确保老区人民同全国人民一道进入全面小康社会。今年6月23日，习近平总书记在深度贫困地区脱贫攻坚座谈会上再次强调，现有贫困大多集中在深度贫困地区，这些地区多是革命老区、民族地区、边疆地区，采取更加集中的支持、更加有效的举措、更加有力的工作，扎实推进深度贫困地区脱贫攻坚。国务院领导同志在中

---

\* 2017年10月9—10日，中国老区建设促进会在北京承办"2017年扶贫日老区精神与脱贫攻坚论坛"，本文系作者10月9日在论坛上的致辞。

央扶贫开发工作会议上也明确指出，要采取特殊支持措施，推动老区振兴发展与脱贫攻坚。国务院主管负责同志于2015年底主持召开全国革命老区开发建设座谈会，对老区开发建设和脱贫攻坚工作作出具体部署。

为支持老区加快发展建设、如期实现脱贫目标，按照党中央、国务院部署，中办、国办于2015年底印发实施了《关于加大脱贫攻坚力度支持革命老区开发建设的指导意见》（中办发〔2015〕64号，以下简称64号文件），出台了一大批支持老区开发建设和脱贫攻坚的政策措施。经国务院同意，陕甘宁、赣闽粤、左右江、大别山、川陕等五个重点革命老区振兴发展规划陆续印发，形成了国家支持老区的"1258"政策体系。国家发展改革委作为中央支持老区开发建设与脱贫攻坚的牵头单位，坚决贯彻党中央、国务院的重大决策部署，始终把老区振兴发展和脱贫攻坚放在案头，今年3月又专门制定出台《革命老区开发建设与脱贫攻坚2017年工作要点》，明确了支持5个重点革命老区的32项重点任务和110项重大工程。初步统计，2016年以来，有关方面直接投向老区的中央财政转移支付、中央预算内投资、车购税资金等超过1500亿元，有力地支持了老区"三农"、社会事业等民生改善，有力地推动了交通、水利、能源等重大基础设施和生态环保等领域项目建设。

在党中央、国务院的关心支持下，在老区人民和社会各界的共同努力下，近年来，老区面貌发生了巨大变化，农村危旧房、安全饮水等突出民生问题逐步得到解决，教育、卫生等基本公共服务水平明显提升，脱贫攻坚步伐进一步加快。但也要看到，基础设施落后仍是老区发展最大的短板，基本公共服务设施不足、自我发展能力不强，区域性整体贫困问题仍然较为突出，为支持老区开发建设与脱贫攻坚的措施与力度需要进一步加强。

为贯彻落实习近平总书记关于支持革命老区开发建设与脱贫攻坚的系列重要指示批示精神，按照深度贫困地区脱贫攻坚座谈会要求部署，国家发展改革委将继续把加快革命老区开发建设作为支持深度贫困地区脱贫攻坚的重要内容，以陕甘宁、赣闽粤、左右江、大别山、川陕等革命老区为重点，加大工作力度，全面落实支持革命老区开发建设与脱贫攻坚的各项政策措施，推动老区人民与全国人民一道进入全面小康社会。

一是强化规划引导，加快推进老区开发建设与脱贫攻坚。结合实施"十三五"规划《纲要》《"十三五"脱贫攻坚规划》《"十三五"推进基本公共服务均等化规划》，以及交通、水利、能源等领域专项规划，推动重点工程、重大任务、重大项目率先在老区实施。以64号文件和5个重点革命老区振兴发展规划为抓手，督促各地全面落实支持老区开发建设与脱贫攻坚的各项政策措施，推动纳入规划的重大项目、重大改革尽快在老区落地生根、开花结果。

二是强化投资支持，大力推动老区基础设施和公共服务设施建设。在安排年度投资计划时，优先考虑老区交通、能源等重大工程、重大项目需要，有效提高老区基础设施保障能力。加大老区农林水利建设投资力度，加快实施重大水利工程建设，支持水利项目向贫困村和小型农业生产倾斜。加大对老区生态建设支持力度，优先安排老区退耕还林还草任务，大力实施天然林资源保护、岩溶地区石漠化综合治理等重大生态工程，在生态保护项目中提高老区贫困人口参与度和受益水平。加大教育、卫生、文化等社会事业投资支持力度，提升老区基本公共服务能力。

三是强化精准帮扶，扎实做好老区脱贫攻坚工作。在老区优先推进产业扶贫、就业扶贫、易地扶贫搬迁、生态扶贫、低保兜底等"五个一批"精准扶贫工程，加快实施交通扶贫、教育扶贫、健康扶贫、网络扶贫，因地制宜、因人施策，加快老区贫困人口脱贫步伐。大力实施百万公里农村公路建设、农村饮水安全巩固提升、危房改造、农网升级改造、以工代赈等重点民生工程，全面改善老区人民生产生活条件，实现对老区建档立卡贫困村、贫困户优先覆盖。

四是强化改革创新，积极支持老区加快开发开放。在推动新型城镇化综合试点、产城融合示范区等工作中，对老区予以优先考虑和积极支持。支持具备条件的老区在农村一二三产业融合发展、农村集体产权制度改革、农村承包土地经营权抵押贷款、以工代赈资产收益扶贫等方面先行先试。支持老区主动融入"一带一路"建设、京津冀协同发展、长江经济带发展等重大国家战略，打造区域合作和产业承接平台，引导发达地区劳动密集型产业优先向老区转移，增强老区内生发展动力。

多年来，老促会坚持全心全意为老区人民服务，在老区精神宣传、老区调查研究、建言献策等方面，做了大量卓有成效的工作。老促会牵头组织调研并起草的《全国革命老区情况联合调研报告》，成为制定中央文件的重要参考，不少意见建议已经直接转化为重要决策部署。老促会组织开展"双百双促"专项扶贫行动，推动成立全国革命老区职业院校扶贫发展联盟，产生了广泛的社会影响。尤其是今年，老促会的老领导和老同志们，怀着高度的政治责任感和使命感，深入9个省（区）29个老区贫困县开展专题调研，深入了解基层情况，充分听取干部群众诉求，精心梳理典型经验做法，提出了富有针对性的政策建议，为进一步完善老区政策体系提供了重要支撑。希望老促会以此论坛为契机，继续秉持以往的好作风好做法，按照中央关于脱贫攻坚工作的新要求、新部署，积极建言献策，更好地发挥参谋助手作用；广泛动员社会力量，推动形成支持老区的强大合力；不断加强宣传教育工作，大力弘扬老区精神，为老区开发建设与脱贫攻坚作出新的贡献，以优异成绩迎接党的十九大胜利召开。

# 加快少数民族和民族地区发展的基本形势与路径选择[*]

按照会议安排，我就促进我国少数民族和民族地区经济社会加快发展谈点意见，请大家批评指正。时间关系，我简要谈两个问题：一是民族地区发展面临的特殊困难和有利条件；二是当前和今后一段时期促进民族地区加快发展的路径选择。

我国是一个统一的多民族国家，有5个民族自治区、30个民族自治州、120个民族自治县，民族自治地方国土面积有610多万平方公里，少数民族人口1.06亿人，分别占到全国的63.5%和7.6%。党中央、国务院历来高度重视民族地区发展问题。深入推进西部大开发特别是实施区域发展总体战略以来，党中央、国务院围绕促进民族地区经济社会发展出台了一系列重大举措。特别是2010年以来，中央相继召开了第五次西藏工作座谈会、新疆工作座谈会、西部大开发工作会议和扶贫开发工作会议，对新形势下促进民族地区发展做出了战略部署。这些年来，国家对民族地区经济社会发展的支持可以概括为三个方面：一是量身制定了一系列重要政策文件。"十一五"以来，为促进有关民族地区经济社会发展，党中央、国务院研究起草了一系列重要的政策文件，明确了这些地区发展的战略定位、发展目标、重点任务、重大项目和支持政策。在"十一五"期间分别针对新疆、

---

[*] 2014年2月20日，国家民委召开座谈会，研究讨论加快少数民族和民族地区发展工作，作者应邀出席会议。本文系作者在会上的讲话。

西藏、青海等省藏区、宁夏、广西经济社会发展以及西部大开发出台政策文件的基础上,"十二五"期间,又针对贵州、内蒙古、云南桥头堡建设以及新一轮扶贫开发出台了政策文件。这些文件基本覆盖了所有民族地区,含金量之大、密集度之高是前所未有的。二是编制实施了若干重要区域和专项规划。为进一步落实有关政策文件,国家先后编制出台了《广西北部湾经济区规划》《陕甘宁革命老区振兴规划》《云南省加快建设面向西南开放重要桥头堡总体规划》、14个集中连片特困地区区域发展与扶贫攻坚规划等区域规划,以及《扶持人口较少民族发展规划（2011—2015年）》《兴边富民行动规划（2011—2015年）》《少数民族事业"十二五"规划》和西藏生态安全屏障、三江源自然保护区等专项规划,还编制实施了"十二五"支持西藏、四省藏区、新疆经济社会发展规划建设项目方案。随着这些规划和项目方案的实施,在多个领域直接支撑和推动了民族地区经济社会加快发展。三是持续加大了资金和政策倾斜力度。按照党中央、国务院要求,围绕解决少数民族和民族地区发展中的特殊困难和问题,国务院有关部门在财税、中央投资、金融以及基础设施、公共服务、特色产业、人才培养、生态保护、对外开放、对口支援等领域出台了若干优惠政策,持续加大了对少数民族和民族地区的倾斜力度。应该说,贯彻实施区域发展总体战略、促进区域协调发展的这十多年,是民族地区经济发展最快、群众得实惠最多、社会面貌变化最大的时期。五个民族自治区和贵州、云南、青海三省的生产总值由1999年的7961亿元增加到2012年的58518亿元,年均增速始终保持两位数,明显高于西部和全国平均水平;八省区人均地区生产总值由1999年的4408元提高到2012年的30676元,增长7倍;农牧民人均纯收入由1668元增加到2012年的5778元,增长3.5倍。现阶段,民族地区经济社会发展处于历史上最好的阶段,已经站在了新的历史起点上。但同时,也要认识到民族工作具有特殊重要性,民族地区还存在许多特殊困难和问题,加快少数民族和民族地区经济社会发展是民族工作的主要任务,是解决民族问题的根本途径,事关边疆的繁荣稳定和各民族大团结,事关社会主义现代化建设全局和中华民族伟大复兴。

## 一、民族地区发展面临的特殊困难和有利条件

由于特殊的地理环境和历史原因，民族地区多属于欠发达地区，发展中存在着不少特殊的困难和问题。

### （一）生存发展条件差

民族地区大多地处偏远，生存环境恶劣，自然灾害频发，生产生活条件差。民族地区陆地边境线1.9万公里，占全国的86.4%；全国135个边境县中107个是民族自治地方。多数民族地区交通闭塞，公路密度和等级偏低，对外联系通道不畅。有些州还没有铁路和高速公路，四川甘孜阿坝两州4212个行政村中有40%的不通公路；有些地区水利工程缺乏，资源性、工程性缺水严重，现有水利设施供水能力严重不足。新疆维吾尔自治区人均水资源量是全国平均水平的近两倍，但每平方公里水量只有全国平均水平的1/6。南疆水资源开发程度已接近承载极限，天山北坡经济带现状缺水率超过10%。有些地区农村电网覆盖率低，还存在缺电无电问题。初步统计，民族地区尚有650多万农村贫困人口生活在缺乏基本生存条件的地区，需要易地扶贫搬迁。民族地区地貌类型复杂，人口居住分散，公共服务半径大，经济建设和社会管理的成本明显高于内地。据测算，西藏经济建设综合成本比全国平均水平高70%以上。

### （二）整体发展水平低

民族地区经济社会发展水平与全国还有较大差距。2012年，八省区的人均地区生产总值比全国平均水平低7744元，仅为全国平均水平的80%；城镇居民人均可支配收入比全国低4020元，只相当全国平均水平的83.6%；农民人均纯收入比全国低2139元，只相当于全国平均水平的73%。按2300元新的农村扶贫标准，民族八省区2013年底尚有农村贫困人口2562万人，占全国8249万农村贫困人口的31%。贵州、云南、西藏、青海、新疆五省区的贫困发生率都在15%以上，明显高于全国和西部地区平均水平，西藏、

贵州更是分别高达28.8%和21.3%，分居全国第一、第三位。在新疆南疆三地州的24个县市中，有国家扶贫工作重点县19个，贫困面非常大。由于民族地区贫困人口多，脱贫难度大，因灾返贫率高，已成为我国脱贫难度最大的区域之一。特别是生活在西南贫困山区的瑶族、傈僳族、景颇族、佤族、拉祜族等人口较少民族，有的农户基本的吃住问题还没完全解决，部分村组农民人均纯收入不足千元，一年的粮食收成不能满足全年食用，扶贫攻坚任务十分艰巨。

### （三）产业基础相对薄弱

民族地区产业发展起步晚、层次低、规模小、竞争能力弱。总体判断，仍处在工业化初期阶段。从具体产业看，第一产业仍以传统畜牧业、种植业为主，部分地区仍是沿袭传统的农牧业生产方式，水利设施落后，科技支持能力不强，产业化程度及加工增值水平有限；第二产业发展起步晚、层次低、规模小、竞争能力弱，主要以原材料、粗加工为主，产品附加值低，资源消耗大、能源耗费高，缺乏具较强带动力、竞争力和品牌效应的产品和大企业、大集团；在服务业方面，传统服务业多，现代服务业少；消费性服务业多，生产性服务业少。旅游资源开发程度低，"一流资源、三流产品"问题十分突出。由于区位特殊，优势资源开发受到开发能力弱、外送通道不畅、消纳市场远、物流成本高等的限制，尚未转化为经济优势，自我发展能力尚未形成。

### （四）人才和基本公共服务短缺

涉及民生的社会事业欠账多，公共服务能力弱。民族地区"普九"教育基础脆弱，巩固提高的任务还很艰巨。中等职业教育滞后，高中阶段教育普及程度低，教师数量不足，整体素质不高。基本医疗和卫生服务能力差，医疗卫生机构基础设施不完善，卫生技术人员匮乏。例如，四川藏区人均受教育年限仅为6.4年，比全省平均水平低2.5年。学前2年毛入园率仅为34%。千人拥有卫生机构人员数为全省平均水平的58.9%，地方病染病人口多、防治难度大，大骨节病患者有4.1万人，棘球蚴病已确认的患者有1.3万人。广播和电视节目覆盖率低，节目译制能力弱，部分农牧民不懂汉语，看不到、听不懂广播电视。据新闻出版广电总局介绍，四川藏区县级平均自制广播节目每周只有30分钟，译制节目能力每年只有60小时。人才总量不足，专业技术人才尤其紧缺，且主要集中在省城、自治区首府和地州所在地，吸引人才难，培养人才难，留住人才更加困难。

（五）生态保护与建设任务繁重

民族地区大多地处水源涵养区、水源补给区和水土保持重要预防保护区，生态环境十分脆弱，一旦遭到破坏，很难得到有效恢复。近年来，随着我国一系列生态保护和建设工程的实施，民族地区生态环境得到局部改善，但总体恶化的趋势尚未根本改变。传统模式下分散、粗放的生产方式，导致水土流失、草场退化、土地沙化、石漠化等问题更加严峻。冰川、雪山、湖泊、湿地面积逐年缩小，雪线逐年上升，泥石流、滑坡等地质灾害时有发生，生物多样性面临严重威胁。如，青海省藏区退化草地约占草场总面积的80%，其中中度以上退化草地占全省可利用草地的53%，水土流失面积达34万平方公里，野牦牛、普氏原羚等珍稀生物已濒临灭绝。

（六）社会人文条件特殊

我国少数民族有着灿烂的历史文化，是中华民族文化宝库的重要组成部分，应继承和发扬优秀的文化传统。同时也要看到，少数民族社会人文的历史进程不同。新中国成立以前，各民族处在人类社会发展史上的不同阶段，保持着不同的历史形态和社会制度。由于这种历史和文化的原因，在民族地区，传统文化与现代文明的差异和冲突表现得更为明显。如自然经济观与市场经济不适应，又如特殊宗教氛围对农牧民生产和积累行为的影响等，都反映出特殊的社会人文条件对民族地区经济社会发展的深刻影响。西藏、四省藏区农牧民的收入中一部分转入了寺庙，收入的增加并没有相应提高积累率；对生活水平的提高和再生产投入造成了影响。同时，受"惜售"、"惜杀生"传统宗教思想的影响，青藏牧区牲畜的出栏率、商品率低下，西藏自治区的牲畜出栏率仅为30%。

（七）分裂破坏势力的干扰

在西方反华势力的支持下，达赖集团、疆独分子伺机制造分裂破坏活动，西藏、新疆、四省藏区等民族地区长期处于反分裂、反渗透、反破坏斗争的前沿阵地。民族地区维护国家安全和社会稳定的任务十分繁重，取得同样的发展速度和成绩，要比内地花费更大的投入和精力。

与此同时，我们也应当看到，民族地区加快发展也具备一些有利条件，面临着难得的历史机遇。

第一，资源优势转化为经济优势潜力大。民族地区水能、矿产、旅游、生物等特色资源丰富，具有大规模开发利用的条件。拥有黄河、金沙江、澜沧江、雅砻江、大渡河、白龙江等重点河流蕴藏丰富的水能资源，仅西藏自治区水能资源理论蕴藏量和技术可开发量分别占全国的29%和24.5%，均居全国首位。太阳能、风能等可再生能源开发利用条件好。石油天然气、钾盐、有色金属、煤炭等资源富集，金、铜、铁、铈、硅石、铅、锌等矿藏资源丰富，矿产潜在经济价值高。新疆维吾尔自治区已发现的矿产有138种；有41种矿产探明资源储量居全国前10位，其中居首位的7种；石油、天然气、煤炭预测储量分别占全国陆上预测储量的30%、34%和40%。民族地区雪山、大漠、河流、森林等自然景观和民族文化独特，具有大力发展旅游业的先天优势。草场资源丰富，具有较好的畜牧业基础和发展前景。随着开发条件的改善和市场需求的扩大，民族地区的资源优势将加快转化为经济优势，并形成越来越多的具有区域比较优势的支柱产业，拉动地方经济发展。

第二，经济发展具备一定基础和条件。经过多年发展，民族地区已经初步形成了以水电、矿产、旅游资源开发，农畜产品、民族用品加工，以及建材、化工为主体的产业体系，为培育新的经济增长点创造了有利条件和良好基础。例如，内蒙古自治区经济增长速度自 2002 年至 2012 年一直保持全国前列，地区生产总值由 1941 亿元增长到 15881 亿元，在全国排名由第 24 位上升到第 15 位。随着交通运输条件改善以及对内对外开放进程加快，民族地区融入全国乃至全球大市场的前景更加广阔，发展活力和内生动力将进一步增强。特别是近年来国家相继出台了一系列支持民族地区发展的区域政策文件和规划，明确提出了支持民族地区发展的指导思想、战略定位、目标任务、重大项目和支持政策，对进一步凝聚各方面力量、增强发展信心、明确发展思路具有深远意义，为新时期民族地区加快发展注入了持久动力。

第三，国家有能力加大支持力度。随着我国经济社会持续快速发展，我国综合国力将进一步增强，初步估算 2013 年全国财政收入达到 12.9 万亿元，其中中央财政收入 6 万亿元，国家有能力在资金、项目、政策等方面对民族地区给予更大的支持。同时，中央明确并进一步完善了对口支援和帮扶机制，东部发达省份对新疆、西藏、青海等省藏区和贵州省在资金、技术、人才等方面将给予更大的支持。随着新一轮西部大开发战略的深入实施，整个西部地区的开发力度将进一步加大，各省区的经济实力和自身财力将会进一步增强，省区政府也有能力对民族地区给予更大的支持。在中央和省级政府的统筹支持下，民族地区加快发展的外部动力将进一步增强。

当前和今后一个时期，民族地区发展既面临着十分繁重的任务，也面临着前所未有的机遇。可以说，确保如期实现到 2020 年全面建设小康社会的奋斗目标，重点在民族地区，难点也在民族地区。加快民族地区发展不仅仅是一个经济问题，而且是一个政治问题。我们要充分认识促进民族地区发展的特殊性、艰巨性和紧迫性，以更大的决心、更有利的措施、更扎实的工作，深入推进民族地区经济社会发展。

## 二、当前和今后一个时期民族地区加快发展的路径选择

这些年来，党中央、国务院出台了一系列重要文件，进一步明确了加

快民族地区发展的战略部署和重要政策。下一步，中央还要结合新的形势和任务，审时度势研究谋划少数民族和民族地区经济社会发展工作。在此过程中，我们要认真研究探索促进民族地区加快发展的规律和基本思路，积极提出意见建议。结合民族地区发展实际，就民族地区的总体发展思路和路径选择提几点建议：

（一）坚持"发展"与"稳定"两手抓，两手都要硬

关于如何做好新疆、新藏和四省藏区等民族地区工作，中央多次强调要实现跨越式发展和长治久安两大任务，从根本上讲，这是由民族地区的基本矛盾和战略地位决定的。中央第五次西藏工作座谈会明确指出，当前西藏的社会矛盾仍然是人民日益增长的物质文化需要同落后的社会生产之间的矛盾。同时，由于达赖集团在国际敌对势力支持下一直没有停止渗透破坏活动，西藏还存在着各族人民同以达赖集团为代表的分裂势力之间的特殊矛盾，"西藏存在的社会主要矛盾和特殊矛盾决定了西藏工作的主题必须是推进跨越式发展和长治久安"。会议还指出，"发展是硬道理，是解决西藏所有问题的关键；稳定是硬任务，是推进西藏跨越式发展的前提，必须坚持发展稳定两手抓、两手都要硬"。在新疆工作座谈会上也有类似的要求。这个分析同样适用于其他民族地区，这是因为跨越式发展是长治久安的物质基础，而长治久安是跨越式发展的基本保障。总体上，我国民族地区现阶段存在的主要矛盾是发展不足，即人民日益增长的物质文化生活需要与落后的生产力之间的矛盾，只有经济发展了，民生改善了，我们才能赢得民心，掌握维护社会稳定的主动权。与此同时，民族地区还有一个特殊矛盾，即维护社会稳定、与分裂破坏势力和敌对势力斗争的矛盾，因此不能就经济抓经济，就发展抓发展，要旗帜鲜明地维护社会稳定、民族团结和国家统一，坚定不移地开展与分裂破坏势力和敌对势力的斗争，只有这样，才能为经济发展创造稳定的外部条件。中央主管负责同志多次强调，整个涉藏工作要抓住争取人心这个关键，之所以要促进西藏和四省藏区经济社会发展，出发点和落脚点还是改善民生，改善民生就是争取人心，就

是要在群众心中的天平上往我们这边多加几个砝码。因此，做好民族地区工作，必须认真贯彻落实中央的这一指导思想，把发展工作和稳定工作更加紧密地结合起来。

（二）积极探索符合民族地区特点的发展路子

民族地区地理自然和经济社会条件有其特殊性，不能照搬照抄其他地方的发展模式，尤其不能走先破坏后治理的路子，必须把中央关于加快民族地区发展的决策部署同民族地区实际紧密结合起来，转变发展观念、创新发展模式、提高发展质量，充分发挥自身优势和潜力，使加快发展建立在科学发展的基础之上。一是要立足不同民族地区的比较优势，实施分区域发展战略，因地制宜、视情施策，走各具特色的发展之路。有的可以大力推进煤炭基地建设，合理发展煤化工；有的可以合理开发利用水利资源，积极开发利用风能、太阳能等新能源；有的可以开发独具特色的旅游资源，大力发展农牧产品加工业和民族手工业等。二是培育和发展各具特色的主导产业。各地要从自身资源条件、产业基础和国家战略需要出发，着重培育具有比较优势且符合国内外市场需求的战略支撑产业；通过主导产业的发展和带动，逐步将资源优势转变为经济优势，将"输血"转变为"造血"，不断增强自我发展能力。三是利用后发优势，高起点建设，走新型工业化道路。要通过内引外联，提高科技创新能力，创造知名品牌，不断提高企业市场竞争力；要搞好产业布局，提高产业集中度，以工业园区为依托打造新的经济高地。四是正确处理产业发展与生态保护的关系。要坚持在发展中重保护，在保护中求发展。所有建设项目都要严把生态环境关、产业政策关、资源消耗关，走出一条生产发展、生活富裕、生态良好的可持续发展道路。五是在资源开发中，保护好当地少数民族群众的利益。积极引导各族群众参与到开发进程中，把更多的利益留在当地，造福百姓。

### （三）把保障和改善民生放在突出重要位置

促进民族地区发展以大项目带动是必要的，但更要重视解决广大农牧民生产生活方面的实际困难，让人民群众在发展中得到实实在在的好处。只有这样，才能凝聚人心和民力，为又好又快发展注入不竭的动力。保障和改善民生的重点是做好"水电路气房、教卫文就保"十个方面的工作。"水电路气房"要以住房为切入点，首先解决好"居者有其屋"的问题，以此带动农牧区水、电、路、气等生产生活设施建设。"教卫文就保"要以教育为切入点，提高人口素质，为就业打好基础，并以此带动解决卫生、文化、社会保障等基本公共服务问题。

### （四）推动形成对内对外开放新格局

我国民族地区内与东中部内地省份相连，外与周边多个国家接壤。从区域条件看，既有地处偏远的劣势，也有连接国内外、处于我国沿边开放前沿阵地的优势。民族地区在发展中要转变观念，加大改革开放力度，以改革促开放，以开放促开发，变劣势为优势，这不仅有利于推动我国形成沿海沿边全面开放新格局，而且有利于民族地区加快走向开放前沿，加快自身发展。在加强对内交流与合作方面，民族地区要把握国际国内经济发展方式深刻调整，区域合作向广度深度发展的契机，主动加强与内地尤其是沿海发达地区的经济联系，积极吸引内地的资金、技术和人才，合理承接沿海发达地区的产业转移。在加强对外开发开放方面，要主动参与"引进来"和"走出去"战略。认真研究谋划丝绸之路经济带和海上丝绸之路建设问题，充分利用上海合作组织、中国—东盟自由贸易区、大湄公河次区域和中亚、东北亚国际区域合作的平台，探索建立沿边开发开放综合试验区，支持跨境经济合作区和边境贸易区建设，加强边境口岸和便民互市点建设，完善边境口岸功能和服务水平，加强与周边国家的交流与合作。

国家发展改革委始终高度重视促进民族地区发展工作。下一步，我委将认真贯彻落实党中央、国务院关于支持民族地区发展的决策部署，适应新的形势和任务，按照职责分工进一步做好相关工作。一方面，配合做好中央民族工作会议的相关筹备工作，加强经济社会发展相关重大问题的研究，积极提出意见和建议；另一方面，进一步做好涉及民族地区的规划编制、投资倾斜、政策支持以及重大项目、重要事项的协调落实等工作。

# 奋力打赢民族地区脱贫攻坚战*

很高兴有机会与大家就民族地区脱贫攻坚问题进行学习交流。我长期参与民族地区经济社会发展政策研究和规划方案制定工作，基本上跑遍了所有的民族地区，对民族地区很有感情，对民族地区干部的感情尤深，因为民族地区一般条件都比较艰苦，能够在如此艰苦的环境下坚守岗位、履行职责，需要比一般地区的干部付出更多辛苦和代价。今天有幸受到国家民委邀请，与民族地区县的干部一起讨论民族地区的发展问题，我感到很亲切。借此机会，我就支持民族地区经济社会发展和脱贫攻坚工作谈一些认识。重点讲三个问题：一是推进民族地区打赢脱贫攻坚战的重大意义，二是支持民族地区脱贫攻坚的基本情况。三是民族地区打赢脱贫攻坚战亟须解决的若干重要问题。

## 一、推进民族地区打赢脱贫攻坚战的重大意义

我国幅员辽阔，地域差异大。长期以来，因自然、人文、基础条件、现实环境等因素，逐步形成了东中西部呈阶梯式发展的基本态势。同时，我国又是一个统一的多民族国家，实行的是民族区域自治制度。全国共有5个民族自治区、30个民族自治州、120个民族自治县，民族自治地方国土面积有610多万平方公里，少数民族人口1.06亿人，分别占到全国的63.5%和7.6%。从区域板块看，民族地区主要集中在西部12省（区、市）。其中，

---

\* 本文系作者受国家民委之邀于2016年11月10日为出席"全国民族自治县打赢脱贫攻坚战全面建成小康社会经验交流会"代表所作的主旨报告。

我们常说的 8 个民族省区，也就是 5 个自治区加上青海、云南、贵州 3 个多民族省份都位于西部地区，国土面积占西部地区总面积的 83%。同时，民族地区也是我国贫困问题最为集中的区域。在全国 14 个集中连片特困地区的 680 个贫困县中，有 371 个县地处民族自治地方，占比高达 54.6%；在贫困发生率超过 15% 的 6 个省区中，民族省区就占了 4 个。因此，民族地区经济社会发展在我国区域发展大格局中，总体上处于相对落后状态。

党中央、国务院历来高度重视民族地区发展特别是扶贫开发工作，先后召开一系列重大会议，制定出台了一系列重要文件，以促进民族地区加快发展和扶贫开发。特别是党的十八大以来，中央先后召开了民族工作会议和扶贫开发工作会议，习近平总书记在两个会议上都做了重要讲话，深刻阐述了我国民族工作的大政方针，部署了民族地区经济社会发展和脱贫攻坚工作，为我们当前和今后一个时期做好民族地区工作提供了基本遵循，国务院领导同志也在讲话中对加快民族地区发展、确保同步进入全面小康社会提出了具体要求。为什么中央如此重视民族地区的脱贫攻坚工作？我们认为，打赢民族地区脱贫攻坚战，至少有以下三个方面的重大意义。

（一）推进民族地区打赢脱贫攻坚战是全面建成小康社会的必然要求

小康不小康，关键看老乡，也就是关键要看贫困老乡能不能脱贫。习近平总书记多次强调，全面实现小康，少数民族一个都不能少，一个都不能掉队，要以时不我待的担当精神，创新工作思路，加大扶持力度，因地制宜，精准发力，确保如期啃下少数民族脱贫这块硬骨头，确保各族群众如期实现全面小康。到 2020 年，我们不能一边宣布全面建成了小康社会，另一边还有成千上万民族地区群众生活水平处在扶贫标准线以下，这将是打折扣的全面小康，既会影响人民群众对全面建成小康社会的感受度，也会影响国际社会对我国全面建成小康社会的认可度。

这些年来，随着国家综合实力不断提升和民族地区扶贫工作的不断增强，我国民族地区各项事业都取得了很大成就。但是问题不可小视。在一些民族地区贫困县内,老百姓"住危房、吃粗粮、娶不上媳妇、进不了学堂"等现象仍然存在,"小病用身扛、大病看不起"的状况屡见不鲜。有的村通了电,百姓却用不起;建了路,却进不了村;还有不少百姓还喝不上安全卫生的饮用水。如果这些涉及民生的最基本问题都没有解决,又何谈全面建成小康社会呢?因此,必须把民族地区脱贫攻坚摆在民族工作的重中之重,立下愚公志、打好攻坚战,以时不我待的精神,加快民族地区发展,绝不让民族地区和少数民族兄弟在全面建成小康社会进程中掉队。

(二)推进民族地区打赢脱贫攻坚战是实现区域协调发展的必然选择

区域发展不协调,是我国区域发展长期面临的突出问题。十八届五中全会提出,要牢固树立创新、协调、绿色、开放、共享的新发展理念,推动区域协调发展,塑造要素有序自由流动、主体功能约束有效、基本公共服务均等、资源环境可承载的区域协调发展新格局,为解决区域发展不协调问题提出了明确要求和努力方向。

2000年以来,国家陆续组织实施推进西部大开发、振兴东北地区等老工业基地、促进中部地区崛起、鼓励东部地区率先发展的区域发展总体战略,密集出台了一系列区域规划和政策文件。经过多年的艰苦努力,区域发展的协调性不断提高,各板块经济开始呈现出良性互动局面。但也要看到,区域发展不协调的基本格局并没有从根本上被打破,老少边穷等欠发达地区依然是最薄弱环节和突出"短板",尤其在重大基础设施、基本公共服务供给能力和人民生活质量水平等方面,与其他地区特别是东部地区的差距依然十分明显。因此,按照中央要求,要推动形成区域协调发展的新格局,就必须把促进民族地区加快发展甚至跨越式发展、集中力量打赢脱贫攻坚战作为一项重大举措抓紧抓好。只有这样,才能从根本上不断提高民族地区的自我发展能力,也才能使民族地区贫困群众尽早摆脱贫困状况,过上幸福生活。

（三）推进民族地区打赢脱贫攻坚战是实现边疆稳固长治久安的重要抓手

民族地区陆地边境线1.9万公里，占全国的86.4%。在全国139个边境县中，有107个县属于民族自治地方。特别是新疆、西藏等边境地区，敌对势力、分裂势力虎视眈眈。长期以来，在西方反华势力的支持下，达赖集团、疆独分子等势力从未间断过分裂破坏活动，很多民族地区长期处于反分裂渗透破坏斗争的最前沿。近年来发生了一些重大事件，使民族地区经济社会发展受到严重影响。要解决这些问题，必须坚持两手抓，一手抓反分裂斗争，一手抓经济社会发展。打赢民族地区脱贫攻坚战，关系到经济发展，关系到社会稳定，关系到国家长治久安，关系到民族团结。只有坚持发展经济与脱贫攻坚共同推进，让更多贫困群众分享改革发展成果，增加他们对生活的满意度和幸福的感受度，才能赢得更多民心，打牢民意基础，掌握维护社会稳定的主动权；也才能使广大少数民族群众更加自觉地拥护党的领导，自觉维护民族团结和边境地区长治久安。

## 二、支持民族地区脱贫攻坚的基本情况

党中央、国务院高度重视民族地区发展与脱贫攻坚工作，制定出台了一系列支持民族地区发展的特殊政策措施，使民族地区经济发展取得了可喜成就，社会面貌发生了翻天覆地的变化。

（一）主要举措

一是制定出台系列战略规划，引领民族地区发展方向。为促进有关民族地区经济社会发展，特别是针对西藏、新疆、内蒙古、宁夏、广西、云南、贵州等民族地方经济社会发展和扶贫开发工作，国家先后制定出台了系列规划和政策文件，含金量之大、密集度之高前所未有。比如，在政策文件方面，在"十一五"时期出台《关于进一步促进宁夏经济社会发展的若干意见》《关于进一步促进广西经济社会发展的若干意见》等的基础上，

"十二五"以来，党中央、国务院又先后出台了《关于进一步维护新疆社会稳定和实现长治久安的意见》、《关于推进西藏全面建成小康社会和长治久安的意见》、《关于支持云南省加快建设面向西南开放重要桥头堡的意见》、《关于进一步促进内蒙古经济社会又好又快发展的若干意见》、《关于支持贵州经济社会又好又快发展的意见》、《关于支持喀什霍尔果斯经济开发区建设的若干意见》等政策文件，国务院办公厅先后印发了《关于支持图们江区域（珲春）国际合作示范区建设的若干意见》、《关于支持新疆纺织服装产业发展促进就业的指导意见》等指导意见，水利部、人社部、科技部等部门先后印发了《甘肃省临夏回族自治区水利扶贫重点项目实施方案（2013—2015年）》、《关于做好艰苦边远地区基层公务员考试录用工作的意见》、《边远贫困地区、新疆民族地区和革命老区人才支持计划科技人员专项计划实施方案》等政策文件，支持民族地区加快发展。在规划制定方面，先后编制实施了《广西北部湾经济区规划》、《新疆天山北坡经济带发展规划》、《珠江—西江经济带发展规划》、《呼包银榆经济区发展规划（2012—2020年）》等。再比如，为进一步加大对特殊困难地区区域发展和扶贫攻坚工作，在统一划分了14个集中连片特殊困难地区基础上，国家又相继编制出台了武陵山、乌蒙山等11个片区的区域发展与扶贫攻坚规划，并指导地方编制了西藏、四省藏区、新疆南疆三地州省级实施规划。出台并组织实施了《扶持人口较少民族发展规划（2011—2015年）》、《兴边富民行动规划（2011—2015年）》、《少数民族事业"十二五"规划》，支持地方实施了《四川阿坝州扶贫开发和综合防治大骨节病试点工作总体规划》、《新疆南疆三地州抗震安居工程建设规划》、《云南省扶持莽人克木人发展总体规划》、《四川凉山州艾滋病防治与综合扶贫试点规划》、《藏羌彝文化产业走廊总体规划》、《西藏高原特色农产品基地建设规划（2016—2020年）》等重点专项规划。不难看出，这些规划的指向清晰、针对性极强，对改善民族地区发展环境、解决所面临的特殊性困难和问题等，起到了积极推动作用。从我委工作看，按照中央部署，2011年以来，我们会同有关部门先后编制了"十二五"支持西藏、四省藏区、新疆重点建设项目规划方案，其中，四省藏区和新疆维吾尔自治区（含兵团）项目规划方案均是第一次编制，集中体现了中央对上述地区的特殊支持。西藏的项目规划方案共涉及 226 个重大项目，总投资 3305 亿元；四省藏区规划方案共涉及 509 个重大项目，总投资 10319 亿元；新疆维吾尔自治区（含兵团）规划方案共涉及 330 个重大项目，总投资约 1.55 万亿元。"十三五"时期，我委延续了上述做法，相应制定了未来 5 年的项目规划方案。

二是研究出台细化扶持政策，支持民族地区加快发展。按照中央要求，国务院有关部门在财税、投资、金融、公共服务、特色产业、人才培养、生态保护、对外开放等重点领域，相继制定出台了许多优惠政策，把中央对民族地区发展和少数民族群众的关心关爱落到实处。财税政策方面，中央财政逐年提高对民族地区的一般性转移支付和专项转移支付力度。连续三次上调了艰苦边远地区津贴标准、实施了高海拔地区折算工龄补贴制度，两项政策惠及了大部分民族地区。对西藏、新疆等地区还实施了更加优惠的财政扶持政策。金融政策方面，对民族贸易和民族特需商品生产贷款实行一年期贷款基准利率降低 2.88 个百分点的优惠利率政策。在西藏、四省藏区还实行了系列优惠政策。投资政策方面，减免集中连片特困地区内民族地区公益性项目市地级配套资金，将大型灌区续建配套节水改造、农村饮水安全和病险水库除险加固工程的中央投资补助比例分别提高到 60%、80%；将民族贫困地区国道二级公路升级改造、乡镇、行政村通硬化路每公里补助标准分别提高至 550 万元、80 万元和 50 万元。将西部地区户用沼气中央补助标准由 1500 元提高到 2000 元，其中西藏自治区等民族地区补助标准更高。产业政策方面，研究制定《西部地区新增鼓励类产业目录》，加大对民族地区产业发展支持力度。出台《关于支持新疆产业发展的若干意见》，通过建立承接产业转移示范区，促进民族地区特色优势产业发展和产业结构优化升级。人才政策方面，增加内蒙古、广西、宁夏、西藏、新疆等民族地区本专科招生计划；在民族地区录用公务员时，依照法律和有关规定对少数民族报考者予以适当照顾；对西藏、南疆等民族地区工作人员实行特殊津贴和工作补贴制度；对西藏、新疆开展少数民族科技骨干、专业技术人才特殊培养工作；等等。生态环境政策方面，民族地区一般都是生态环境比较优美地区，所以国家也采取了相关保护措施，批复了西藏生态安全屏障、三江源自然保护区、甘南黄河水源补给区、祁连山水源涵养区等生态保护与建设规划，以及青海三江源国家生态保护综合试验区总体方案等。对外开放政策方面，制定出台《关于加快沿边地区开发开放的若干意见》，报国务院批准设立新疆喀什、霍尔果斯两个经济开发区，明确投资、土地、进出口等特殊政策措施。积极推动广西东兴、云南瑞丽、内蒙古满洲里和二连浩特等重点开发开放试验区建设。

三是加大资金项目支持力度，增强民族地区发展后劲。"十二五"以来，在资金、项目安排等方面，加大对民族地区的倾斜力度，安排民族8省区有关资金超过1.2万亿元，重点用于支持民族地区农业农村、基础设施、社会事业、生态建设、扶贫开发等领域项目建设。农业农村方面，累计安排民族8省区中央预算内水利投资超过1900亿元，支持民族地区农业农村事业发展。安排中央预算内投资1600亿元，重点支持民族地区农村饮水安全、大型灌区续建配套与节水改造、病险水库水闸除险加固、水土保持等工程建设，占中央水利总投资的20%以上。安排中央预算内投资270亿元，用于高标准农田建设、农产品质量安全检验检测体系建设等工程，实施了肉牛肉羊规模养殖场（小区）建设、游牧民定居工程等专门针对民族地区的项目，有效解决少数民族群众农业生产中的特殊困难。重大交通基础设施方面，累计安排民族8省区中央预算内投资近8200亿元，在铁路、公路、民航等交通基础设施建设方面给予特殊支持。支持额济纳至哈密、格尔木至库尔勒、敦煌至格尔木等19个铁路项目建设，支持内蒙古呼包鄂地区、宁夏沿黄经济区等地区城际铁路建设，支持广西壮族自治区柳州至南宁、贵州省六盘水至威宁、云南省香格里拉至丽江等地公路建设和西藏林芝、新疆和田等21个机场新建、扩建，等等。社会事业方面，累计安排民族8省区中央预算内投资超过672亿元，积极落实减免民族地区地方配套的政策措施，有效改善了当地群众上学、就医、享受文化生活等公共服务条件。其中，274.8亿元用于支持各级各类学校提升办学能力；300

亿元用于改善民族地区医疗卫生服务体系基础设施条件；53.3亿元用于支持公共文化、遗产保护和旅游等领域建设；44.3亿元用于支持养老服务、社区服务体系、儿童福利设施建设。生态环境保护与建设方面，累计安排民族8省区中央预算内投资411.8亿元，支持开展天然林资源保护、防护林体系建设、京津风沙源治理、岩溶地区石漠化综合治理、林业棚户区（危旧房）改造、森林防火等重点生态建设工程。特色产业发展方面，累计安排民族8省区相关资金857.5亿元，支持民族地区发展战略性新兴产业、重点产业调整振兴、技术改造等项目。以工代赈和易地扶贫搬迁方面，累计安排民族8省区以工代赈中央资金119.8亿元，在民族贫困地区建设了一大批基本农田、农田水利等中小型基础设施工程，并通过发放劳务报酬形式，直接增加参与工程建设贫困人口收入13.95亿元。安排民族8省区易地扶贫搬迁中央预算内投资108.6亿元，帮助生活在"一方水土养不起一方人"地区的185.7万农村贫困人口彻底摆脱贫困。特别是2016年，大幅增加易地扶贫搬迁中央预算内投资额至76.3亿元，是2015年资金规模的3倍。为支持易地扶贫搬迁，一次性切块下达民族8省区"十三五"时期专项建设基金181亿元、2016年易地扶贫搬迁贴息贷款规模326亿元配合财政部下达"十三五"时期地方政府债规模348亿元等。此外中央财政扶贫资金也对民族地区给予了特殊的倾斜支持。

四是不断提高对口支援水平，促进受援民族地区发展。"十二五"以来，在党中央、国务院的坚强领导下，在东中部省市和中央企业的大力支持帮助下，对口支援新疆、西藏和青海等地区工作进展顺利、成效显著。对口援疆方面，国务院先后组织召开了三次全国对口支援新疆工作会议，中央印发了《关于进一步加强和推进对口支援新疆工作的实施方案》，受援方从原来的10个地州56个县市扩大到12个地州的82个县市和兵团12个师，支援方从原14个省市增加到19个省市，建立了对口援疆资金稳定增长机制，"十二五"期间，各方共组织实施援疆项目6119个，投入援疆资金646亿元；为新疆和兵团培训各级各类干部人才88.3万人次。对口援藏方面，我委协调有关省市进一步加大对口援藏力度，首次明确了实物工作量标准，初步形成了经济、干部、人才、教育、科技全方位援藏新格局。"十二五"期间，17个省市共落实援藏资金158.38亿元，累计实施项目2900多个，其中的80%以上安排到县及县以下的基层和民生项目上。对口援青方面，按照中央部署，从2012年开始，由东部6省市负责开展对口支援青海省藏区工作。截至2015年底，6个支援省市累计落实资金48.13亿元，各省市年度援青资金均保持了8%的增幅，落实项目723项。中央企业累计实施项目116项，落实资金4.48亿元。中石化、国家电网、神华集团、中国移动等企业年均援助资金达1000万元以上。对口援川滇甘三省藏区方面，天津、上海、浙江、广东4省市按照《发达省市对口支援四川云南甘肃省藏区经济社会发展工作方案》（国办发〔2014〕41号）要求，有序推进落实工作。"十二五"期间，广东省、浙江省对口支援四川藏区累计落实对口支援资金5.19亿元，实施128个项目；上海市对云南藏区累计扶持对口支援项目336项，投入对口支援资金7.59亿元。天津市在东西扶贫协作框架下累计落实资金2.9亿元，80%投入到藏区。

（二）工作成效

在党中央、国务院的坚强领导下，在民族地区广大干部群众奋力拼搏下，民族地区经济社会发展取得了新突破，脱贫攻坚也取得了较好成绩。

一是经济发展成绩喜人。2015年民族地区国民经济生产总值达到7.47万亿元，较"十一五"期末增长3.28万亿元，增幅78.4%；民族地区一般财政预算收入达到9014亿元，较"十一五"期末增加4871亿元，增幅117.6%；固定资产投资总额达到7.27万亿元，较"十一五"期末增加4.06万亿元，增幅126.5%；进出口总额达到2721亿美元，较"十一五"期末增加2084亿元，增幅327%；失业率控制在4%以下；人均年消费能力增长29.21%，居民年均可支配收入增长较快，特别是内蒙古、宁夏、青海分别由1.77万元、1.53万元、1.39万元增加到2.23万元、1.73万元、1.58万元。

二是基础设施加快完善。"十二五"期间，完成基础设施固定资产投资接近1万亿元，加快了民族地区交通、水利等基础设施建设，为民族地区发展奠定基础。在交通方面，8个民族省区国家高速公路里程由2.37万公里增加至439万公里，增幅85.2%，高于全国平均水平25.5个百分点；普通国道里程由3.76万公里增加至9.7万公里，增幅158%，高于全国平均水平6个百分点。在水利方面，解决了5300万农村人口饮水安全问题，农村饮水安全建设任务全面完成；实施134个大中型灌区节水改造，农田灌溉条件显著改善；加固6700座病险水库（水闸）、新建（加固）江河堤防超过3800公里，民族地区抗灾能力不断增强。

三是公共服务明显提升。民族地区教育、医疗卫生等基本公共服务得到较大改善。"十二五"期间，支持教育高中项目建设，改扩建372所学校，增加在校生45万人；支持1542所学校进行办学条件改善，惠及600万名普通高中生；开展民族地区教师培训，累计培训近200万人次。2015年末，民族地区学前教育毛入学率、高中教育平均毛入学率、高等教育毛入学率分别提高到74.7%、87%、26.8%，分别比2010年提高31、18.3、9.5个百分点。医疗水平明显提高，新型农村合作医疗制度已经覆盖了97%以上的农村居民人均政府补助标准提高到380元，政策范围内门诊和住院费用报销比例分别达到50%和75%左右。全面实施城乡居民大病保险，报销比例不低于50%。建立疾病应急救助制度，全面开展重特大疾病医疗救助。

四是扶贫脱贫成效明显。2015年，民族8省区农村贫困人口为1813万人，较"十一五"期末减少2104万人，减少幅度为53.7%。贫困发生率由2011年的27.2%下降到12.4%，下降了14.8个百分点。2015年，民族8省区减贫速度均超过全国平均减贫速度，特别是内蒙古贫困发生率降低至5.6%，已低于全国平均水平0.1个百分点。

（三）面临问题

近年来，虽然民族地区经济社会发展和脱贫攻坚取得了明显成效，但由于多方面原因，民族地区发展仍存在着不少特殊困难和问题。

一是与其他地区发展差距拉大，贫困问题仍然突出。2011年至2015年末，民族自治地方人均GDP与全国的差距从7800元扩大到13481元；农牧民人均纯收入与全国的差距从继续扩大。按2300元的新农村扶贫标准，民族八省区2015年农村贫困人口占全国农村贫困人口总数的三分之一；农村贫困发生率比全国同期贫困发生率高出6.7个百分点。由于民族地区贫困人口多，脱贫难度大，因灾返贫率高，已成为我国脱贫难度最大的区域之一。例如，贵州、青海、云南、西藏四省（区）2015年的农村贫困发生率仍高达14.7%、10.9%、12.7%和18.6%，远远高于全国和西部地区同期农村贫困发生率。特别是生活在西南贫困山区的瑶族、傈僳族、景颇族、佤族、拉祜等人口较少民族，有的农户基本的吃住问题还没完全得到解决，部分村组年人均纯收入不足千元，一年的粮食收成不能满足全年食用，一些群众还住在茅草房、杈杈房中，扶贫攻坚任务十分艰巨。

二是生产生活条件较差，基础设施薄弱。民族地区大多地处偏远、相对闭塞，交通运输体系尚不完备，公路密度低，建设等级相对较低。如，有些州还没有铁路和高速公路，四川甘孜、阿坝两州尚有不少行政村未通公路；有些地区水利工程缺乏，资源性、工程性缺水严重，现有水利设施供水能力严重不足。新疆南疆水资源开发程度已接近承载极限，天山北坡经济带缺水率超过10%，有些地区农村电网覆盖率低，还存在缺电无电问题。此外，地貌类型复杂、人口居住分散、公共服务半径大，经济建设和社会管理的成本明显高于内地。据测算，西藏经济建设综合成本比全国平均高70%以上。

三是社会事业总体滞后，基本公共服务供给不足。民族地区"普九"教育基础脆弱，巩固提高的任务还很艰巨。中等职业教育滞后，高中阶段教育普及程度低，高等教育毛入学率比较低，且教师数量严重不足，整体素质不高。基本医疗和卫生服务能力差，医疗卫生机构基础设施不完善，卫生技术人员匮乏，并且地方病高发。例如，四川藏区人均受教育年限较低，学前教育毛入学率仅为43.74%。地方病染病人口多、防治难度大，大骨节病患者有数万人，棘球蚴病已确认的患者有一万余人。广播和电视节目覆盖率低，节目译制能力弱，部分农牧民不懂汉语，看不到、听不懂广播电视。

四是产业层次低，自我发展能力较弱。部分地区仍然是一产不精、二产不强、三产不大，产业结构不合理，三次产业发展均处在较低水平。2015年，民族地区一、二、三次产业结构为13.4∶44.2∶42.4，第三产业占比低于全国水平8.1个百分点，第一产业占比高于全国水平4.4个百分点。从产业情况看，第一产业仍以传统畜牧业、种植业为主，部分地区仍是沿袭传统的农牧业生产方式，水利设施落后，科技支持能力不强，产业化程度及加工增值水平有限；第二产业发展起步晚、层次低、规模小、竞争能力弱，主要以原材料、粗加工为主，产品附加值低，资源消耗大、能源耗费高，缺乏具有较强带动力、竞争力和品牌效应的产品和大企业、大集团；现代服务业发展总体滞后，消费性服务业多，生产性服务业少，旅游资源开发程度低，旅游设施建设相对滞后，资源优势尚未转化为产业优势．市场体系配套不全，农牧区消费能力弱，市场化程度低。此外，由于科技研发能力薄弱，高新技术产业发展滞后，新经济、新动能在这些地方明显不足，加之投融资渠道窄，产业发展后劲不强，产业自我发展能力较弱。

五是生态环境脆弱，保护与建设任务繁重。民族地区大多地处水源涵养区、水源补给区和水土保持重要预防保护区，生态环境十分脆弱，一旦遭到破坏，很难得到有效恢复。近年来，随着我国一系列生态保护和建设工程的实施，民族地区生态环境得到局部改善，但总体恶化的趋势尚未根本改变。传统模式下分散、粗放的生产方式，导致水土流失、草场退化、土地沙化、石漠化等问题更加严峻。冰川、雪山、湖泊、湿地面积逐年缩小，雪线逐年上升，泥石流、滑坡等地质灾害时有发生，生物多样性面临严重威胁。如，新疆维吾尔自治区荒漠化土地占45%以上，80%的草原出现不同程度退化、沙化，天然绿洲不断萎缩，局部地区污染严重。青海省藏区退化草地约占草场总面积的80%，野牦牛、普氏原羚等珍稀生物已濒临灭绝。

### 三、民族地区打赢脱贫攻坚战亟须解决的若干重要问题

"十三五"时期，是全面建成小康社会的决战决胜时期，也是打赢脱贫攻坚战的关键时期。按照中央要求，脱贫攻坚工作必须坚持精准扶贫、精

准脱贫基本方略，以脱贫攻坚工作统领贫困地区经济社会发展，按照"六个精准"要求，大力实施"五个一批"精准扶贫工程，精确瞄准、靶向治疗、因地制宜、合力攻坚，找准突破口和切入点，把有限的资金资源用在刀刃上。民族地区的脱贫攻坚工作也必须按照上述思路和办法推进，确保民族贫困县和贫困人口尽快实现脱贫摘帽，到2020年与全国人民同步全面建成小康社会。

（一）以加快推进重大基础设施项目为抓手，破解民族地区发展瓶颈制约

交通、水利、能源等重大基础设施是民族地区加快发展的重要支撑和保障，也是解决区域性整体贫困问题的首要瓶颈。"十三五"期间，要着力在重大基础设施方面采取超常规举措、实现重大突破。

一是要进一步完善综合交通运输体系。结合实施交通扶贫"双百"工程，调整完善国家公路网规划，推动民族地区国道网有效连接所有县城、县级以上行政节点以及重要口岸，增设沿边国道，改善民族地区路网布局，支持民族地区地市级城市普通公路客运站、国边防公路、口岸公路、旅游公路等建设。加强进出疆、进出藏通道建设，打造高品质快速网络，加快推进民族地区高速铁路成网，增强枢纽机场和干支线机场功能。特别是要加强贫困民族地区县乡道建设，实现所有具备条件的乡镇、建制村、撤并村及一定人口规模的自然村通硬化路，着力解决好民族地区贫困群众出行难问题。

二是要大力支持水利基础设施建设。将民族地区符合条件的重大水利工程和民生水利建设项目纳入"十三五"规划，并在项目数量和投资规模上给予民族地区倾斜支持。在安排中央预算内水利投资计划、水利财政专项资金时，然续向民族地区倾斜，重点支持民族地区防洪、防水、灌溉等工程建设。特别是要结合国务院正在推进的172项重大水利工程，加快建设贵州夹岩等重大引调水工程，加快推进新疆引额二期、玉龙喀什、云南滇中引水等水利工程前期工作，力争尽早开工建设。

三是要加强能源基础设施建设。优化建设电网主网架和跨区域输电通道，加强跨区域骨干能源输送网络建设，加快建成蒙西——华中北煤南运战略通道。加快跨区域特高压输电工程建设，特别是蒙东、新疆电力外送通道建设，促进民族地区资源优势转化为经济优势。支持民族地区发展可再生能源，实施光热发电示范工程，建设宁夏国家新能源综合示范区，积极推进青海等可再生能源示范区建设等。

（二）将教育扶贫和健康扶贫摆在突出重要位置加快改善民族地区教育医疗等基本公共服务水平

治贫先治愚、扶贫先扶智。教育是阻断贫困代际传递的治本之策。同时，医疗卫生等基本公共服务供给能力和水平较低，既是民族地区发展缓慢的集中体现，也不同程度阻碍了民族地区的综合发展能力，一些民族地区因病致贫、因病返贫比例甚至高达60%左右，已成为致贫返贫主要因素。为此，党中央、国务院和各有关部门，相继制定出台了一系列支持民族地区教育、医疗卫生事业发展的规划和政策文件。我委在《全国"十三五"脱贫攻坚规划》制定过程中，也对加强贫困地区教育扶贫和健康扶贫工作提出了相关具体政策措施。

教育扶贫方面，2015年，国务院印发了《关于加快发展民族教育的决定》，明确提出，到2020年，民族地区教育整体发展水平及主要指标接近或达到全国平均水平，逐步实现基本公共教育服务均等化。主要举措包括：一是打牢各族师生中华民族共同体思想基础，积极培育和践行社会主义核心价值观，建立民族团结教育常态化机制，促进各族学生交往交流交融，促进各民族文化交融创新；二是全面提升各级各类教育办学水平，加快普及学前教育，均衡发展义务教育，提高普通高中教学质量，加快发展中等职业教育，优化高等教育布局和结构，积极发展继续教育，重视支持特殊教育；三是切实提高少数民族人才培养质量，有序扩大人才培养规模，改革考试招生制度，强化内地民族班教育管理服务，加强普通高校、职业院校毕业生就业创业指导；四是重点加强民族教育薄弱环节建设，加强寄宿制学校建设，支持边疆民族地区教育发展，科学稳妥推行双语教育；五是建立完善教师队伍建设长效机制，健全教师培养制度，完善教师培训机制，落实教师激励政策；六是落实民族教育发展的条件保障，完善经费投入机制，加大学生资助力度，加快推进教育信息化；七是切实加强对民族教育的组织领导，加强党对民族教育工作的领导。

健康扶贫方面，今年6月，国家卫生计生委[①]等15个部门联合印发了《关于实施健康扶贫工程的指导意见》，明确了实施健康扶贫工程的总体要求、目标任务和保障措施，对组织实施提出了要求。加快民族地区医疗、卫生事业发展，重点是在民族地区加快实施健康扶贫工程：一是加快完善基本医疗保险制度，对农村贫困人口实行政策倾斜。新型农村合作医疗和大病保险制度覆盖所有贫困人口并实行政策倾斜。新农合个人缴费部分按规定由财政给予补贴，门诊统筹覆盖所有贫困地区，提高政策范围内住院费用报销比例。新农合新增筹资加大对大病保险的支持力度，通过逐步降低大病保险起付线、提高大病保险报销比例等，实施更加精准的支付政策，提高贫困人口受益水平。二是加大医疗救助、临时救助力度。将农村贫困人口全部纳入重特大疾病医疗救助范围，进一步减轻贫困患者大病造成的负担。对突发重大疾病暂时无法得到家庭支持、基本生活陷入困境的患者，加大临时救助帮扶力度，积极发动慈善组织等社会力量进行救助。搭建政府救助资源、社会组织救助项目与农村贫困人口救治需求对接的信息平台，引导、支持慈善组织、企事业单位和爱心人士等为患大病的贫困人口提供慈善救助。三是将符合条件的残疾人医疗康复项目按规定纳入基本医疗保险支付范围，提高农村贫困残疾人医疗保障水平。同时，在提升贫困地区医疗卫生服务方面细化了四条硬措施。一是实施全国三级医院与连片特困地区县和国家扶贫开发工作重点县县级医院一对一帮扶。二是加强贫困地区医疗卫生服务体系建设。三是强化贫困地区医疗人才综合培养。四是统筹推进贫困地区医药卫生体制改革。

---

① 国家卫生计生委现为国家卫生健康委员会。

## （三）大力发展民族地区特色优势产业，提高贫困人口自我发展能力

民族地区脱贫攻坚的根本出路在于发挥比较优势、发展特色产业。要主动适应经济全球化、区域一体化、信息公开化、分享经济普遍化等趋势，通过移植、集聚、创新等方式，发展新经济，提升新动能，这是必要的、可行的。民族地区要抓好特色优势产业发展，既要着眼于产业发展大格局，避免低端化、同质化，也要不断创新经营管理模式和利益分配机制，特别是要建立并不断完善产业经营主体与农民的利益联结机制，使贫困群众从产业发展中直接受益、持久受益。

一是支持重大产业项目向民族地区优先布局。着眼于充分发挥民族地区的比较优势，优先支持适宜在民族地区加工转化的能源、资源开发利用等项目布局建设，支持民族地区发展智能输配电成套装备、石化成套装备、新能源装备、工程机械、汽车摩托车等装备制造业，形成一批竞争力较强的重大装备制造业基地。支持民族地区根据市场专业化分工承接国内外产业转移，大力发展"飞地经济"。

二是支持民族地区发展特色扶贫产业。以特色种养业、设施农业、特色林业、加工业、休闲农业、乡村旅游、光伏产业为主要内容，在贫困民族地区选择市场相对稳定、获益期相对快的若干项特色产业，实施"一村一品"产业推进行动。在民族地区加快实施高标准农田、大中型灌区续建配套节水改造等重大工程，为特色产业发展提供强有力的基础保障。加大风景名胜区、森林公园、湿地公园、沙漠公园等保护力度，适度开发公众休闲、旅游观光、生态康养服务和产品，发展森林城市，建设森林小镇，打造生态体验精品路线。继续加大乡村旅游富民工程实施力度，不断完善民族地区旅游服务设施，增强旅游接待能力，促进贫困农民增收脱贫。在发展特色产业时，要注重统筹发展、特色发展，探索全方位、立体的发展模式。

三是推动民族地区农村一二三产业融合发展。启动实施农村一二三产业融合发展"百县千乡万村"试点示范工程，将民族地区贫困县优先纳入

实施范围,并加大专项建设基金对农村产业融合项目的支持力度。在贫困民族地区加快建设一批配套服务体系完善、产业集聚发展的农村产业融合发展园区和孵化园区,打造一批产业链条长、市场效益好、商业模式新的农业产业化龙头企业。

四是进一步增强产业发展对贫困人口脱贫的带动能力。加强贫困民族地区农民合作社和龙头企业培育,发挥其对贫困人口的组织和带动作用,强化其与贫困户的利益联结机制。支持贫困民族地区发展农产品加工业,加大农产品品牌推介营销支持力度,让贫困户更多分享农业全产业链和价值链增值收益。支持贫困民族地区开展水电、矿产资源资产收益扶贫改革试点,通过集体股权方式将资源开发收益反哺原住居民,并加大对建档立卡贫困人口的倾斜支持力度。

(四)积极稳妥实施易地扶贫搬迁,确保搬迁脱贫工作有序有力推进

中央决定,"十三五"时期,对生活在"一方水土养不起一方人"地区的约1000万建档立卡贫困人口实施易地扶贫搬迁。纵观中华民族历史,乃至世界文明史,在这么短的时间内实施如此大规模的人口搬迁是前所未有的。在这约1000万人中,民族地区8省区有384万人,占比38.4%。可以说,能否做好民族地区的易地扶贫搬迁工作,直接决定着全国易地扶贫搬迁攻坚战能否打赢。

按照中央领导同志的话讲,新时期易地扶贫搬迁工作,难度最大、决心最大、资金最多、部署最早,是新时期脱贫攻坚中的"头号工程",也是"五个一批"精准扶贫工程中最难啃的硬骨头。党中央、国务院高度重视易地扶贫搬迁工作,习近平总书记多次就易地扶贫搬迁工作作出重要指示批示。国务院先后召开全国易地扶贫搬迁电视电话会议和现场会,国务院领导同志在批示和讲话中,对新时期易地扶贫搬迁工作提出明确要求。此外,国务院主管负责同志已多次主持召开专题会议研究部署,调度推进实施情况。为确保新时期易地扶贫搬迁工作起好步、开好局,我委今年已下达易地扶贫搬迁中央预算内投资计划193.6亿元。同时,会同扶贫办、财政部、

人民银行等部门联合下达2016年建档立卡人口搬迁任务249万人、贴息贷款规模828.5亿元。截至目前，有易地扶贫搬迁任务的22个省份已全面开工建设，项目开工率达99.4%。

一是强化脱贫导向。易地扶贫搬迁是脱贫搬迁。要把精准扶持搬迁对象发展特色产业、促进稳定就业摆到更加重要位置，将产业扶贫、教育扶贫、转移就业扶贫等精准扶贫工程与易地搬迁有机结合起来，做到"挪穷窝"与"换穷业"并举、安居与乐业并重、搬迁与脱贫同步，确保搬迁对象有业可就、稳步脱贫。

二是坚持时间服从质量。坚持科学规划、合理选址，起步阶段要稳妥扎实，把第一颗扣子系好，确保新时期易地扶贫搬迁不走样；按照时间服从质量的要求，结合前期工作准备情况，审慎确定年度搬迁规模和搬迁进度，避免因赶时间、赶进度而影响搬迁工作质量。

三是严格执行住房建设面积标准。易地扶贫搬迁是扶贫搬迁，住房建设目标是住房安全有保障，而不是追求和一次性解决达到小康甚至致富水平的住房标准，这是有本质区别的，要按照保障基本、安全适用的原则，严格执行建档立卡贫困户人均住房不超过25平方米的标准，特别是要坚决避免建档立卡搬迁群众因搬迁而负债、因搬迁而返贫。

四是维护社会稳定。对于民族地区易地扶贫搬迁而言，除了要统筹处理好上述三个关系外，还应研究制定维稳预案，及时、妥善处理好可能出现的重大事件。大规模易地扶贫搬迁，是人员分布结构、生产生活习俗和社会组织形态的调整和重组，不是简单的人口位移，因此，不可避免地会出现这样那样的问题甚至一些意想不到的重大问题。特别是民族地区，情况更加复杂。像新疆、西藏和四省藏区等地区，属于维稳重点地区，境内外分裂破坏势力特别是宗教极端势力经常通过无中生有、歪曲事实、有意抹黑、好经歪念等方式制造事端、扰乱视听，以达到破坏社会秩序的目的，更要及时发现、跟踪、掌握苗头性、趋势性问题，针对可能出现的重大问题、重大群体性事件制定相应预案或对策，防止矛盾激化更要做好维预案。

（五）充分发挥民族地区生态优势，通过完善生态补偿机制提高贫困人口收入

民族地区山川秀丽，生态良好，特殊的地理环境和区域位置决定了许多民族地区在全国的生态地位极为重要。在民族地区实施生态保护脱贫工程，一方面能够引导政府和社会加大生态环境保护力度，另一方面能够为贫困人口创造生态保护与建设相关就业机会，有效增加工资性收入，实现生态保护与脱贫发展的内在统一、相互促进。

一是大力实施新一轮退耕还林还草等重点生态工程。切实加大对贫困地区生态保护与建设的有效投入，国家在安排新一轮退耕还林还草、天然林资源保护、防护林体系建设等重大生态工程投资时，优先考虑贫困民族地区并加大支持力度。

二是创新生态脱贫模式，提高贫困人口受益水平。积极通过岩溶石漠化综合治理、退耕还林还草等渠道，支持各地发展生态经济林、林下经济、草食畜牧业、生态旅游业等特色产业。同时，积极创新工程建设方式，加大对工程区内建档立卡贫困户的支持，提高贫困人口参与度和受益水平。结合建立国家公园体制，创新生态资金使用方式，通过设立护林员、草原管护员等公益性岗位，吸纳更多的有劳动能力的贫困人口就业，带动和促进贫困人口增收。

三是进一步完善生态补偿政策。在2016年新一轮退耕还草每亩中央补助标准从800元提高到1000元的基础上，积极研究提高退耕还林种苗造林费补助标准。全面实施森林生态效益补偿和草原生态保护补助奖励等生态补偿机制，为重点生态公益林区、天保工程区和草原牧区贫困人口提供稳定的转移性收入来源。对居住在自然保护区核心区与缓冲区的居民实施生态移民，推进青藏高原、云贵高原、内蒙古高原等关系国家生态安全核心地区以及矿产资源开发集中地区地质环境治理生态修复治理。

## （六）广泛动员各方力量，加大民族地区对口帮扶力度

民族地区脱贫攻坚是打赢脱贫攻坚战的难点和重点，事关全面建成小康社会大局。因此，民族地区脱贫攻坚不仅仅是民族地区的事，而是全党全社会共同的职责，必须广泛动员各方力量，加大工作力度，确保全面建成小康中少数民族一个都不能少，一个都不能掉队。在广泛动员各方力量支持民族地区脱贫攻坚中，一个重要的方面是对口支援。经济相对发达的兄弟省市对口支援少数民族贫困地区是我国扶贫开发的一大重要宝贵经验。新中国成立特别是改革开放以来，动员和组织包括东部沿海省市、各级党政机关和各方面社会力量参与少数民族贫困地区扶贫开发建设，取得了积极而显著的成果，形成了具有中国特色的扶贫方式。实践证明，对口帮扶充分体现了社会主义制度的优越性，是中国特色扶贫开发道路的重要组成部分，必须长期坚持下去。

一是深化对口援疆工作。按照《国务院办公厅关于深入推进对口支援新疆工作的指导意见》要求，大力推进产业援疆促进就业，把产业带动就业作为对口援疆的优先目标，结合当地优势资源和产业发展潜力，加大政策引导和支持力度，采取设立促进就业创业引导资金、制定吸纳群众就业和鼓励创业具体措施等途径，因地制宜培育发展劳动密集型产业和特色优势产业，引导群众就地就近稳定就业；深入推进教育援疆，以双语教育、职业教育、思想政治教育为重点，从"硬件"和"软件"建设两个方面进一步做好教育援疆工作；着力改善群众生产生活条件，按照因地施策、因人施策、精准施策的原则，在住房、医疗卫生、公共服务等领域做好保障和改善民生工作；加强干部人才培养培训；发挥对口援疆在促进各民族交往交流交融中的桥梁纽带作用，深入开展加强文化援疆和"结对子"、"认亲戚"、"交朋友"、"手拉手"，以及考察团、学习团、参观团、夏令营等活动。

二是加强对口援藏、援青及川滇甘藏区。充分借鉴"十二五"时期对口支援规划实施经验，做好"十三五"时期对口支援规划的编制指导和组

织审核工作；继续深化研究关系西藏和四省藏区经济社会持续健康发展和长治久安的重大体制机制问题，加强对援受关系和受援地区经济社会发展形势分析研判；推动建立健全规划审核、考核评估、督促检查等制度，着力健全工作绩效自查评估、督促检查、第三方评估相结合的考核评价机制，着力提升对口支援工作规范化和制度化水平。

三是加大东西扶贫协作力度。要按照东西部扶协作会议精神和中办、国办《关于进一步加强东西部扶贫协作工作的指导意见》（中办发〔2016〕69号）要求，进一步做好东西部扶贫协作工作。东部地区要根据财力物力增长情况，逐步增加对口帮扶财政投入，并列入年度预算。在完善省与省协作工作机制的基础上，着力推进县与县精准对接，实施经济强县与贫困县"携手奔小康"行动，推进东部各省市经济强县与西部脱贫攻坚难度大的贫困县开展结对帮扶；东部结合产业结构升级，鼓励和引导企业、个人，利用贫困地区资源丰富、创业成本较低、投资和消费需求旺盛的优势，到西部民族地区投资兴业、发展产业、吸纳就业。

（七）不断深化体制机制改革，扩大对内对外开放

体制机制是决定民族地区能否实现跨越发展、持续发展的关键。从我们了解的情况看，体制机制创新不足、发展环境相对封闭、市场发育水平不高等，都是制约民族地区加快发展的重要因素。民族地区一定要坚持改革创新与对外开放，不能仅仅满足于承接国家既有政策和资金支持。要通过改革开放，将自身置于全国乃至全球资源配置的大格局中，扩大利用其他地区资源的水平，通过开放带来新的发展机遇、新的思维方式、新的管理理念，反促传统产业发展。特别是要借助改革开放，主动融入"一带一路"建设、长江经济带建设等国家重大战略，培育打造区域合作发展平台，加快沿边地区开发开放步伐，提升贫困地区开放合作水平。比如，贵州是一个典型的贫困省份，也是多民族省份，发展基础很薄弱，近年来，该省以交通基础设施建设为抓手，畅通对外开放硬件通道，积极发展大数据产业，大力发展分享经济、众创经济，构建新经济体系，带动经济社会全面

发展，形成了提升经济发展的新动能。贵州的经验做法，值得其他民族省区借鉴。

最后，我想特别强调的是引导民族地区贫困群众光荣脱贫的问题。去年中央扶贫工作会议上，习近平总书记就已反复强调扶贫要先扶志。他在讲话中深刻指出，贫困群众是扶贫攻坚的主体，更是脱贫致富的主体。党和政府有责任帮助贫困群众致富，但不能大包大揽。不然，就是花了很多精力和投入暂时搞上去了，也不能持久。有的地方不注重调动群众的积极性、主动性、创造性，反而助长了等靠要思想，"靠着墙根晒太阳，等着别人送小康"。有的贫困户，国家给他修建了大棚，还等着政府买种子、买机械、供肥料、供技术，连换个草帘都指望政府干。有的人发展生产不积极，争当低保户很积极，党和政府的好政策变成了养懒人的政策，完全变了味。俗话说，救穷不救懒。穷固然可怕，但靠穷吃穷更可怕。没有脱贫志向，再多扶贫资金也只能管一时，不能管长久。贫穷不是不可改变的宿命。人穷志不能短，扶贫必先扶志。这段话说得很透彻，所要表达的核心思想是，要培养贫困人口树立起自己的事自己干的理念和精神，政府可以创造条件给予必要扶持，但不能越俎代庖，代替贫困人口自己的努力。要坚决打消扶持对象出现因为我是建档立卡贫困户，什么事都得政府包下来，你不包我就去闹事的思想，要坚决防止把党和政府的好政策当成养懒人的政策，掉入福利陷阱。目前看，我们的宣传引导工作做得还很不到位。各级政府特别是基层政府广大干部还要进一步做好宣传、教育、培训和组织工作，让贫困群众的心热起来、行动起来，引导他们树立自力更生、艰苦奋斗、靠辛勤劳动改变自身贫困落后状况的精神。前不久，习近平总书记在我委上报的一份报告上作出重要批示：要引导各地坚持自力更生，艰苦奋斗，光荣脱贫。这也是今后我们推进扶贫开发和脱贫攻坚工作的基本遵循。

打赢脱贫攻坚战是全党、全国、全社会的共同事业，是各地区、各部门的共同职责。长期以来，为推动民族地区发展和脱贫攻坚，国家民委等单位都做了大量工作，作出了积极贡献。国家发展改革委作为国务院的宏观经济综合部门，在支持民族地区发展与脱贫攻坚工作中承担着义不容辞的责任。下一步，我委将认真贯彻落实党中央、国务院关于支持民族地区发展与脱贫攻坚的决策部署，适应新形势新要求，不断加大支持力度，为民族地区发展和贫困人口脱贫做出更大贡献。

  由于时间关系，今天就讲这些，供大家在工作中参考。不妥之处，还请批评指正。

# 实现兴边富民面临的制约与促进的思路*

在国家促进区域协调发展的战略与政策体系中，关于支持民族地区加快发展的举措是其中一个很重要的组成部分。由于工作岗位的原因，近些年来，我有幸主持和参加了大量涉及民族地区发展的战略与政策文件的研究起草工作，如国家促进西藏、新疆、内蒙古、宁夏和广西等自治区经济社会发展的文件、促进青海等省藏区经济社会发展的文件及多个集中连片贫困地区扶贫攻坚规划等。这些政策文件和规划的制定，是在中央领导下，依靠各个有关部门和地方的大力支持，由国家发展改革委主要牵头制定的，其实践效果还是相当不错的。因为从事这些工作，我差不多跑遍了全国所有的贫困地区，而这些贫困地区中相当一部分是民族地区，对民族地区的情况有一定的了解。

"兴边富民"是国家旨在推动边境地区加快发展所进行的一项重大行动，这项工作实质性的开展，是在1999年。开始是有关部门推动的，后来上升到党中央、国务院决策的层面，国家就"兴边富民"出台了大量的政策文件或发展规划，到目前已经制定了三个五年规划，目前"十三五"规划正在实施之中。

"兴边富民"与加快民族地区的发展密切相关，实际上也是促进民族地区发展的一项重大举措。我国陆地与14个国家接壤，边境线长达2.2万公里，其中1.9万公里在民族地区，民族人口占到了边境地区人口的近一

---

\* 2019年5月20日，"中国兴边富民战略研究院成立大会暨首届中国兴边富民论坛"在中央民族大学举行，作者应邀出席会议。本文系作者在论坛上的主旨讲话。

半。因此实施兴边富民工程、推进兴边富民行动，实际上也是在促进民族地区加快发展。党的十八大以来，中央特别重视沿海、沿江、沿线和沿边"四沿"的发展，而就这"四沿"看，发展是不平衡的，最好的是沿海，其次是沿江，沿线可以说是好坏交织，比较差的是沿边地区。总体来看，沿边地区大体上都是欠发达地区。这些年来国家所开展的一系列工作，包括十八大以来所采取的大力扶贫攻坚这样一些重要举措，对推进沿边地区发展发挥了重要的作用。边境地区综合实力明显增强，基础设施和基本公共服务体系日益健全，边民生产生活条件大幅改善，一些地区摆脱了贫困的状态。但是受特殊的地理环境、历史基础等的制约，也由于它所涉及的因素比较复杂，尽管各方面的工作相当努力，今天边境地区经济社会发展在总体上仍然处于较为滞后的状态，因而仍然是我国全面建成小康社会的薄弱环节和短板，需要进一步加大工作力度。

边境地区的发展既具有一般性，也具有特殊性，需要深入研究、分类指导。综合分析，虽然当前边境地区发展中存在的问题是多方面的，但最为突出的是存在着两个制约和两个障碍。

就两个制约而言，一个叫"地处穷乡僻壤不能移"。这是什么意思呢？这是说，许多边境地区之所以到现在还比较贫困，首先是因为它们相当一部分位于穷乡僻壤。这几年，国家实施扶贫攻坚提出了"五个一批"，其中有一个叫做"易地搬迁一批"，即将一些处于偏远或高山高寒地带、"一方水土难以养活一方人"这种情况下的人群搬到合适的地方，每年计划是300万左右。2018年，易地搬迁了280万。按理说，对一部分处于边弱地区的贫困人群，是可以把他们搬到内地或适宜生活的别的地方居住的，在新的地方支持他们培育和发展新产业，来支撑他们过上美好的生活。但这对一般偏僻地区是可以的，对边境地区的民众就不那么简单。边民有个特殊性，他们除了一般的生产生活、生存繁衍以外，还需要守边固土，而在这方面他们比一般的管护人员更有优势：一是熟悉地形，二是知晓根底即了解情况，三是有天然的敏锐，四是人缘相亲，一些民族往往跨居于两边，交流协商起来相对方便，这一道防线在某种意义上是一堵重要的铜墙铁壁，不仅不能移,还要加强。所以这些年有关部门在制定政策的时候,把促进边民固边守土作为一个重要的取向,摆放在相关决策的重要位置。但这样一来也给边民脱贫提出了新的课题、带来了新的挑战。另一个叫"守住绿水青山不好用"。一般地说,边境地区往往都是生态良好地区,虽然处于是穷乡僻壤、边远地带,但是草茂花盛、山清水秀。这个制约体现在哪?过去,贫困地区为了生存发展就会就地取材,叫做"靠山吃山、靠水吃水"。但今天则是"宁要绿水青山、不要金山银山",或者"绿水青山就是金山银山",要贯彻绿色发展的理念,把保护环境、节约资源放在突出重要位置。如此一来靠山就不能随便吃山、靠水也不能随便用水,只能在严格保护的基础上合理开发运用。这也给边境地区加快发展、人民脱贫致富提出了新的课题、带来了新的挑战。

边境地区的发展还面临着两个障碍。我也把它归纳为两句话,一句话是"紧邻边境疆界放不开"。我们说推进改革开放以后,特别是在推进市场一体化的过程中,沿海、沿江、沿线、沿边成为最有利于开放的地区,而有些地区就没有这样的有利条件。例如中部地区,在计划经济条件下,地理位置得天独厚,叫做承东启西、连南接北,是一个枢纽中心,物流人流资金流只要途经中部,中部就能得到益处,可谓"雨过地皮湿"。今天搞市场经济,环境变化了,光靠地理上的中心位置并不能解决联通世界、有效利用两种资源和两个市场问题,需要利用各种手段推进开放。而在推进开放方面,沿海、沿江、沿线、沿边就有了地理上的优势。但是很奇怪的现象是,相对于沿海、沿江、沿线,沿边的开放程度却比较低。原因是什么呢?是因为沿边的境外那一边,大部分是欠发达国家和欠发达地区。这种状况就导致了沿边地区开放的自觉性不那么高,既认为对邻居开放得不到什么好处,又担心别人把自己的"一亩三分地"的利益给侵占了。当然,除了思想认识不足方面的问题外,还有缺乏有效的路径方式的问题,以及可交换的商品要素不够充分的问题。从而形成了紧邻边境和跨界放的不开或者开放不够的状况,有的地方是在自我封闭的圈子里循环往复,以至于圈子越转越小、经济越搞越差。

另一句话叫做"依赖外部支援懒得动"。这些年，国家对老少边穷地区采取了一系列帮扶措施，在纵向上，出台了一系列支持性政策文件，并通过一般和专项转移支付给予了大量的资金支持；横向上，则推动发达地区开展对口支援。但这些支持举措并不是给所有地区都带来了积极的反应。在各个方面强力的支持面前，有些地区、有些人群还滋长了"等靠要"的心理，不是借助外力充分发挥内在能动性，反而是"靠着墙根晒太阳，等着别人送小康"。此外，有一些人沉迷于自己的现状不思进取、得过且过。这当然是少数，但也说明在外部帮扶的情况下"等靠要"思维在滋长、内生动力没有充分焕发出来，而这也构成了加快边境地区发展的重要障碍。

显然，实现兴边富民的目标，既要正视和平衡好客观要求形成的制约，也要认识并解决好主观因素造成的障碍。怎么办？在总的思路上，还是应当贯彻好过去以来出台的一系列战略思路和政策安排，运用好长时期积累形成的良好策略和有效方法，做到四个"坚持"，即坚持创新协调绿色开放共享的新发展理念，坚持富民兴边强国睦邻的宗旨目标，坚持强基固边、民生安边、产业兴边、开放睦边、生态护边、团结稳边的基本路径，坚持保基本补短板的重点方向。在具体操作思路上，要把提高认识、提升素质与攻克难点、务实操作有机结合起来，做好各项重点工作，概括起来是"一二三四"。

第一，要树立"一"个志向。边疆地区的人们要有奋发图强、奋勇争先、后发先至、跨越发展的志向。这一点很重要，说一千道一万，内因是根本。自身不努力，无论别人怎么帮，最后都不会取得成功。对人来讲是这个道理，对落后地区来讲也是这个道理。只要目标定得比较合理，不过多地超出自己的能力和条件，通过奋发努力，加上外部的帮助，基本上都能实现目标。边境地区要兴边富民，首先要解决好树立志向的问题，即所谓扶贫先扶志，兴边先提神。在这方面，一要克服懈怠心理和得过且过意识。有的人的确安于现状，喜欢卷着裤腿、喝着小酒，在贫困的环境里守着破败的家园看日出月落、听鸡鸣狗叫。我们要帮助他摆脱这种意识，提高他的志向、振奋他的精神，支持他、推动他融于现代化生活。二要摒弃

"等靠要"意识。要通过教育引导,帮助被帮扶者树立正确的认识,把"无所谓"变成"很在意",把"要我富"变成"我要富",从而强化主动意识和协同意识,有效激发内生动力,充分发挥自己的能动性和创造性。三要树立奋斗意识。要知道,好日子不会从天上掉下来,唯有艰苦奋斗和持续努力,才能迎来美好的生活。边境地区要有"立下愚公移山志、敢叫日月换星天"的勇气,有"千磨万击还坚劲、任尔东南西北风"的韧力,用好外部支援这个有利条件,持续推进脱贫攻坚,不达目的不罢休。

第二,要发挥"两"个优势。一个是要发挥地区的比较优势。尺有所短、寸有所长。任何一个地区,都会有自身的特点,从而也必然会有一些比较优势,这些比较优势就构成了实现跨越发展、兴边富民的重要基础。因此一定要注重发挥比较优势,善于在短中寻长。当然比较优势是相对自己的其他方面和其他地区而言的,是有局限性的,因此要千方百计做强做大比较优势,善于把比较优势转化为超前优势,使这些具有超前优势的要件成为推动地区实现跨越发展、持续发展的支撑。另一个是要发挥边境的优势。沿边本身是一种优势,只是当前在一些边境地区没有能够充分发挥出来。这在很大程度上是因为思想站位不高,认识不到位而导致行动不够有力、方法也不够多。反观有些边境地区发展起来了,很大程度上是利用了沿边这个优势。我们可以利用边境,共建产业园区、打造物流基地、推进先行先试、建立开放枢纽。路径很多,关键是要站得高、看得深、谋得远、做得实,不要守着优势找优势,要善于化崎岖为坦途。

第三,要打好"三"个基础。俗话说,基础不牢、地动山摇。对边境地区来说也要努力夯实基础,基础是支撑,也是保障。实现兴边富民要切实打好三个基础。一是要打好基础设施建设这个基础。这一点过去是重视的,每一次制定点兴边富民五年规划,都把强化基础设施建设放在十分重要的位置上。未来应当更加重视。基础设施建设涉及多个方面,包括交通设施、水利设施、能源设施以及现代信息设施等等,应进一步完善体系,同时做到互联互通。与此同时,要充分利用现代科学技术,包括互联网、物联网、云计算、大数据、人工智能等充分为各类基础设施赋能增容,提高智能化、便捷化和精致化水平。二是要打好营商环境基础。营商环境是多个方面要件的总和，体现为一个系统工程，反映在工作的各个层面。要立足于全面推进各项改革、优化政府管理和服务、改善各类支撑条件和所涉因素，力求形成最好的营商环境。在取向上，可以对标国际一流水平或国内沿海地区的最好做法。边境地区优美的自然环境其实是良好的营商环境的一个组成部分，我们应该充分重视并利用它，把它作为优越于别的地区的一个重要内容。但边境地区应在相对薄弱的制度体系、市场信用、社会管理、公共服务等方面的优化提升上狠下功夫，不能自降标准，更不能漏项缺位。三是要打好公民综合素质基础。这涉及公民的思想水平、文化程度、道德情操、信用观念、责任意识和创新精神等多个方面。人是发展的主体，而人的创造能力取决于人的素质，所以提高公民的综合素质是基础中的基础。比如说，现在一些边民难以深度的融入现代市场经济，就跟他所固守的传统习俗与较低的文化水平密切相关。前面提到，边境地区有相当一部分是少数民族地区，而接近一半的人口是少数民族人口。许多少数民族人口不能熟练地运用国家语言、更不能熟练地运用世界语言，这必然影响他与外界的交往程度和走向市场经济的深度。所以要通过法治约束与教育引导的结合，全方位提高边境地区人民群众的素质，使他们成为活跃于国内市场、有效对接现代文明的富有能动性和创造性的主体。

第四，要抓住"四"个重点。对于实现兴边富民来说，它们都是非常关键的。一是要着力保障和改善民生。民生涉及方方面面，概括起来就是吃喝玩乐行、水电路气房、文（化）教（育）卫（生）就（业）保（障），这些是边民的基本需要，是稳定人心的基础条件，自然应当是政府工作的根本任务。要千方百计抓发展，持续增加高质量供给，不断满足边民日益增长的美好生活的需要。要切实解决好边民最关心、最直接、最现实的生活问题，兜住民生底线。考虑到边民承担的特殊职责，应健全相关补贴机制和服务体系，强化边民的稳定性和责任心。二是要借势做优做强产业。产业兴则地区强，地区强则民生足。实现兴边富民必须从各地实际出发，做优做强相关产业。在路径上应立足于趁力借势，做好两个结合。其一要结合自身的比较优势。前面谈到了，无论多么穷的地区都会有一些优越于别人的比较优势，要善于寻找、挖掘并运用它们。我们有美好的山水，虽然不能简单地靠山吃山、靠水吃水，但是能够借助山水发展绿色产业，如生态旅游、绿色农业、绿色养殖业等，还能发展一些连带的产业，如建设上下游协同的生态经济链、与优良生态环境为支撑的融合型产业等。利用边境地区的位势，可以发展特色服务业、特色加工制造业等。其二要结合现代科技创新优势。边境地区要超越传统生产基础、实现跨越发展，一条较为现实的捷径就是借助现代科技工具发展新经济、新动能。这一点贵州做出了榜样。贵州作为一个欠发达的较为偏远的地区，过去很长时期许多重要经济指标都排在倒数三位之内，而这些年来充分把握经济一体化和现代科技工具共享化的机遇，通过移植、集聚、合作等途径，实现了一些新兴经济形态或高科技产业的无中生有。特别是数字经济等产业发展走在全国前面，并进一步带动了其他产业的发展，在很多方面已经不再落后。贵州借势发展的经验值得我们边境地区好好研究运用，各相关地区应各显神通，力争在新经济、新产业的发展上与发达地区并肩前行甚至领先发展。三是要大力提升对外开放水平。开放有益，边境地区要充分发挥沿边的优势，努力拓展开放的深度。要借助"一带一路"建设及相关重大战略，搭建开放平台，拓展对外合作空间；要完善合作机制，不断提升边境贸易的水平；要加强比较优势交换，建立分享利益规制，大力发展各类合作园区。四是要优化外部支持援助。对边境地区给予特殊支持是必要的，但要优化方式，还要进行配套改革。其一要优化政府的支持。政府的支持不能是简单的给钱给物，更多的应通过项目承载、通过以工代赈等方式实现，这种支持应把边民直接带入生产经营之中，激发他们的内在活力，迫使他们跟随和参与整个发展的过程。其二要强化城市对边境地区农村的支持。我曾经讲过一个观点，中国发展的短板在农村，但解决农村问题的主要力量在城市，没有城市的介入，仅靠农村实现致富是很难的。边境地区也是一样，它不仅是欠发达地区，也基本上是农村地区，所以需要城市来带动。但城市带动需要农村做相应的改革，特别是林权、地权、物权等的改革，例如在一般地区实行的"三权"分置的改革等。没有这些改革，城市的优势经营主体就很难进入，先进的生产方式和科技手段也难以实际运用。其三要改善对口支援。当前对口支援差不多都是一方对另一方的无偿支援，这体现了我国制度的优越性。但从长远考虑，有进一步完善的必要。当前对口支援潜在地存在着一些问题，一方面支援的地区往往感到是一种额外负担，另一方面又认为是一种恩赐，所以除非上级部门强调，是可给可不给的，也是可以给多给少的，这样下去，对口支援的持续性和力度都会受到影响。对口支援还是应当基于经济规律的要求、基于互利共赢的原则、基于双方比较优势交换和相关条件互补来进行，更多地运用推进产业转移、发展飞地经济、建设合作园区等路径开展。应通过改革完善，把强制性的支援转变成为一种有着强烈内在动力的互助合作，把短期的支援变成一种可持续的行动。这样就能使发达地区和欠发达地区、内地和边疆紧密地连接起来，而这种互动也就成为推动边境地区持续发展的一个重要途径和一种重要力量。

# 关于实施宁夏中南部山区易地
# 扶贫搬迁工程的意见<sup>*</sup>

今天下午的座谈会开得很好，宁夏回族自治区发展改革委负责同志介绍了组织实施中南部山区生态移民工程的总体思路、工作安排和希望国家帮助解决的问题，其他厅局的负责同志补充介绍了一些情况，对调研组提出的一些问题，各厅局也逐一作了解答。通过情况介绍和交流讨论，我们进一步了解了这项工程的重要性，对需要解决的问题有了更加清晰的把握，为下一步工作打下了一个好的基础。借此机会，我就组织实施这项工程谈些意见。

## 一、实施工程非常必要

中南部山区生态移民是宁夏回族自治区推进扶贫开发组织实施的一项非常重要的工程。刚才，自治区有同志的发言用了好几个"大"来说明这项工程的重要性，其中一个就是"最大的民生工程"。如果宁夏把中南部山区生态移民这件大事办好了，不仅对宁夏有十分重要的意义，而且对全国类似地区也能提供可资借鉴的经验。听了大家的情况介绍，结合此前对这项工作的理解和认识，我认为，实施这项工程非常必要。

---

\* 2011年7月11日，在实地调研基础上，国家发展改革委地区经济司在宁夏回族自治区银川市召开座谈会，听取有关方面对实施宁夏中南部山区易地扶贫搬迁工程（生态移民工程）的意见建议。本文系作者在座谈会上的总结讲话。

（一）实施这项工程，是由移民地区特殊的自然条件所决定的

这些年，我们走过很多地方，其中包括一些最贫困的地区。比较而言，宁夏中南部山区的自然条件更为恶劣：山高路远、干旱少雨、沙石风化、资源短缺，一些地方不适宜人类居住。在如此恶劣的自然环境下，很难通过就地培育特色产业的方式帮助贫困人口解决生存和发展问题。所以，自治区党委、政府作出的"十二五"期间实施中南部山区生态移民工程的决定，是符合实际的，是富有远见的。

（二）实施这项工程，是由与全国同步实现小康社会的奋斗目标所决定的

如果没有贫困地区、贫困人口的小康，就没有全国的小康，也谈不上全面的小康。所以，无论对全国来讲，还是对宁夏回族自治区来讲，解决这些贫困人口的发展问题，都是最为重要的问题。而解决这一问题的难度很大，也从一个侧面说明了这项工程的极端重要性。这项工程的实施，符合建设社会主义现代化国家的要求，符合全面建设小康社会奋斗目标的要求。宁夏回族自治区经济发展相对落后，原有基础较差，实施这项工程更具紧迫性。

（三）实施这项工程，是由多年来在移民搬迁上的成功探索和有益实践所决定的

进入新世纪以来，国家在多个省区实施了易地扶贫搬迁试点工程。实践证明，易地扶贫搬迁对于从根本上解决最为贫困群体的脱贫发展问题，不仅切实可行，而且成效显著，是一条成功之道。事实还证明，像宁夏中南部这样的条件恶劣地区，要让贫困群众走上富裕之路，必须通过搬迁的方式解决问题。这些年，宁夏回族自治区易地扶贫搬迁在组织领导、搬迁方式、安置模式、资金整合、项目管理、产业发展、政策配套等方面积累了丰富的工作经验，成为全国的典范。按照建设规划实施移民搬迁工程，路子是正确的，是能够有效解决中南部山区贫困问题的。

## 二、实施工程任务繁重

宁夏回族自治区用"攻坚"一词来概括移民搬迁工程，是比较贴切的，要充分认识这项工程的实施难度，其任务的艰巨性体现在多个方面。

一是扶贫开发任务重。客观上讲，宁夏中南部山区贫困程度极深、生存条件极差、发展难度极大。这一地区干旱气候状况在短时期内不会发生根本变化，水资源的瓶颈制约仍将长期存在，生态退化、土地荒漠化的趋势短期内不可逆转。在这种环境下，随着人口超载压力持续增加，有可能会导致这一地区人民的长期贫困，而长期贫困给社会矛盾的激化带来了风险。所以必须加快扶贫攻坚的步伐，但扶贫攻坚涉及复杂的自然环境和社会问题，面对的头绪众多，任务十分繁重，并非轻而易举之事。

二是移民协调任务重。中南部山区生态移民迁出区域的范围较大，涉及9个县91个乡镇684个行政村1600多个自然村。这项工程需要搬迁34.6万人，其中35%县内安置，65%跨县安置。宁夏回族自治区的土地面积不大，多数市县都要承担移民迁入或移民安置工作，全区上下协调任务很重。

三是资金筹措任务重。这项工程规划总投资105.8亿元，请求中央有关部门支持56亿元，其中要求国家发展改革委承担26亿元。据刚才自治区财政厅的领导介绍，这一规划在投资额的核算上仍然相对保守，实际执行中还很有可能进一步增加。这给各相关方面筹措资金带来了一定的压力。

四是发展致富任务重。移民搬迁不是一移了之，最终目的是要使搬迁群众摆脱贫困、实现富裕。在工程实施过程中，需要协调解决一系列问题。自治区在规划中提出，要把移民搬迁与培育自我发展能力结合起来，与建设新农村推进城镇化结合起来，与实现人民富裕和社会和谐结合起来，与生态环境的保护和改善、提升结合起来。这几个"结合"是十分必要的，可以说移民搬迁任务重，搬迁后发展致富任务也不会轻，对此应有充分的估计。这些工作任务，需要自治区有关部门在工程实施中予以逐一落实。

宁夏中南部山区生态移民是一个系统工程。实施这项工程，概括起来说，是时间紧、要求高、难度大、任务重，大家对此应有清醒的认识。

### 三、实施工程前景可期

基于宁夏同志的情况介绍和我们调研掌握的材料，实施好宁夏中南部山区易地扶贫搬迁工程是有良好基础的，可谓前途光明，前景可期。具体说，使我们对之充满信心的依据，至少来自如下三个方面：

第一，规划合理、思路清晰。包括中咨公司和调研组成员在内，方方面面对宁夏中南部山区生态移民规划提了一些修改意见，但总体上看这个规划是科学可行的。规划提出了"三个解决"、"五个着力"、"五个重点"的基本思路，提出了"五种安置方式"，提出了"六大建设任务"，提出了"多管齐下、多元推动、多资整合"的保障措施。应该说，规划考虑全面，部署周密，思路清晰，措施有力。扎实按照规划开展工作，顺利实施中南部山区生态移民工程，是完全有可能的。

第二，上下合作、各出其力。从自治区方面来看，可以看出无论是自治区党委、政府的主要领导，还是各部门、各市县的领导和同志，对实施好这项工程的决心都很大，工作也十分扎实。从中央有关部门来看，由于宁夏属于欠发达地区，各部门总体上都对宁夏关照有加，厚爱三分。对于支持中南部山区生态移民工程，各部门的表态和在资金落实上也是积极的。国家发展改革委委领导非常重视宁夏生态移民工程，委领导对支持此项工作作出了明确批示。按照要求，地区司与农经司、投资司等司局专门开会进行了研究，一致的意见是要积极推动、大力支持，当然，通过什么方式支持，具体投入的资金规模是多少，还需要做细化研究。财政部、国务院扶贫办[①]也是如此。据了解，每年将在中央新增财政扶贫资金中拿出5000万元用于支持宁夏生态移民工程。宁夏还可以抓住一些机遇，争取更多的资金支持，以推动这项工程的顺利实施。"十二五"是我国经济社会大发展的时期，各重要领域的投资都会有较大规模增长。例如，根据今年中央水利工作会议精神，今后一段时期，我国水利建设的投入将大幅度增加。宁夏生态移民涉及的很多工程实际上是治水工程，建议自治区把握这一契机，

---

① 国务院扶贫办现为国家乡村振兴局。

尽可能多争取一些水利建设资金。其他方面也是如此。只要我们上下结合，各展其能，共同努力，中南部山区生态移民工程就一定能实施好。

第三，经验丰富、路径正确。这些年来，我们在实施易地扶贫搬迁工程过程中，总结提炼了一些非常好的经验和做法。在移民搬迁方面宁夏的许多做法都富有创见，且切实可行。总体上说，我们实施易地扶贫搬迁的经验是丰富的，方法是成熟的。及时总结提炼、结合实际灵活运用，将有利于顺利实施宁夏中南部山区生态移民工程。

总之，从目前情况看，宁夏中南部山区生态移民工程基础扎实，开局良好。建议在下一步工作中，把各方面因素考虑得再周全一些，把关键问题研究得再深透一些，如此我们将更有理由对保障规划目标如期实现。

关于这项工程的名称，希望宁夏回族自治区再斟酌一下。为便于与国家投资渠道相衔接，我们建议把生态移民工程改为易地扶贫搬迁工程，这一意见我委领导与自治区领导已做过商量。本次座谈会后，我们双方要进一步加强交流沟通，及时协调解决工程实施中可能碰到的困难和问题，确保这项工程顺利实施。各方面应一条心、一股劲共同把这件好事办好，帮助中南部山区的贫困群众早日脱贫致富奔小康。

# 依托协调发展加快推动黄河流域走向共同富裕 *

党的二十大明确全面建成社会主义现代化强国，以中国式现代化全面推进中华民族伟大复兴，是新时代新征程的伟大使命和中心任务。中国式现代化的重要特征之一，是全体人民的共同富裕。实现共同富裕，是一个较为长期的历史过程，但现在已经到了必须高度重视和扎实推动共同富裕的历史阶段。

对黄河流域来说，扎实推动共同富裕更具必要性和紧迫性。黄河流域九省份绝大部分属于西部地区，人均GDP、人均收入相对较低；民族地区、革命老区、资源枯竭地区、生态脆弱地区等特殊类型地区范围较广，巩固脱贫成果、提升内生发展能力的难度较大；与此同时，黄河流域生态本底差，水资源十分短缺、水土流失严重，资源环境承载能力弱，创新资源集聚制约性强。因此，黄河流域推进共同富裕更加艰难也更加迫切。要加快实现共同富裕的步伐，必须采取适宜而有力的举措。

一般地说，实现共同富裕涉及发展与分配两个关键方面，也就是通常所说的要处理好做大蛋糕和分好蛋糕两者的关系，但实践中处理好这两者关系并不容易。一般情况下，"做"与"分"体现为不同步的两个过程，受利益刚性、产权属性、核算标准、道德素质等的影响和制约，公正实施第一次分配并不容易，推动进行有效的第二次和第三次分配更难。在这种情况下，即便是总体物质基础厚实了，实现全体人民共同富裕的步伐也会

---

\* "第二届黄河发展论坛、中国区域经济50人论坛第二十二次专题研讨会、第二届鲁青论坛"于2022年11月26日在山东省济南市举办，本文系作者在论坛上所作的主旨讲话。

比较缓慢。

促进区域协调发展，是实现共同富裕更为有效的一种途径，它不仅直接基于发展层面解决地区、城乡和人群差别问题，实际上是把分配寓含于生产过程之中，而且重点突出，通过着力补齐区域短板或克服薄弱环节解决不平衡问题。因此，这既是一个加速地区发展的过程，同时又是一个缩小地区差别、实现不同地区人民群众共同富裕的过程。对整体发展水平较低且不平衡问题突出的地方，具有特殊的价值和意义。

从黄河流域的具体实际出发，着力推进区域协调发展是一条最为适宜的加快实现共同富裕的道路。沿黄各地区应基于协调发展实施一些关键性举措，不断缩小两极差别，在加速发展过程中实现共同富裕。

具体而言，特别应重视做好如下五个方面的工作。

（一）优化分工，持续拓展地区比较优势

辩证地看，比较优势是一个地区所拥有的最强市场竞争力，也是各地区规避不良竞争的有效屏障，而不良竞争对地区发展伤害是显著的，也是多方面的。发挥比较优势是一个地区发展的最佳路径，同时也有利于实现地区间良性互动、协同发展。不发挥比较优势，构建优势互补、高质量发展的区域经济布局和国土空间体系就无从谈起。沿黄地区应依托战略规划、协商机制等进一步优化地区产业分工，尤其应依据自然禀赋、现实基础、集聚能力和发展潜力等优化战略性新兴产业、未来产业等增量产业的地区布局，最大限度地减少重复建设；应强化政策引导，运用市场手段，推动适宜资源要素特别是特色科技力量向具有比较优势的区域流动；按照地区比较优势建立统计指标体系、政绩评价制度和奖励惩罚机制，把思想观念和行为走向切实扭转到高水平挖掘地区比较优势所赋予的价值方面来。

（二）打破障碍，全面提升开放联动水平

地区间相互封闭必然带来"大而全"、"小而全"的低水平重复建设，而同质同构又必然形成恶性竞争，反之，开放联动则能带来优势互补、相互促进。开放联动是各地区加快发展、走向协调的捷径，相对落后地区对此尤其应高度重视、大力推进。沿黄地区应统筹推进基础设施建设，填补缺失线路，打通瓶颈路段，加快形成以"一字形"、"几字形"和"十字形"为骨架的黄河流域现代化交通网络，全面提升区域内外空、陆、铁、水等各种交通设施的通达能力和循环畅通水平；大力破除各种形式的地区封锁和行政壁垒，探索建立统一、公正、透明、诚信的市场制度，对接国内先进做法和国际通行规则一体优化营商环境，促进资源要素跨地区自由流动与自主配置；探索建立多元化的合作平台与运作机制，促进地区间特色资源流动互补、产业转移承接、先进生产经营模式传输、制度规则标准对接有序有效开展，推动区域产业链韧性和竞争力持续提升；强化省际毗邻地区一体发展，以共建经济区为依托，实现重点领域有机融合、重点工程协同建设，有效化解边缘化和恶性争斗等问题。

### （三）深化改革，大力推进城乡融合发展

农村是当前发展最薄弱的地带，因而实现共同富裕的难点在农村；城市是优质资源要素的主要集聚地，具有远超于农村的巨大能量，因而解决农村困难的重要力量在城市。以城带乡的出路在改革，核心是健全城乡融合发展的体制机制。沿黄地区应进一步深化城市户籍制度和公共服务体系改革，加快建立起稳定开放的农民转为市民并平等享受市民基本公共服务的机制，推动更多农民走向城市、融入城市；应统筹城乡经济社会发展，一体推进基础设施建设、产业结构调整、生态环境保护、公共服务提升和精神文明创建，最大限度发挥城市对农村的辐射效应；应通过深化农村土地制度等改革创造规模经营条件，推动城市骨干企业进入农村，相应引入现代化经营模式、先进技术手段和高效能共享经济平台，促进农业提升增效、多种产业融合发展；应全面破除城乡二元体制结构，保障农民与市民同等的发展机会和平等的人身权利，实现城乡要素平等交换，双向流动，充分激活农村资源。

## （四）夯实支撑，扎实构建数字技术体系

数字技术是第四次科技革命的核心成果，是生产方式、生活方式和治理方式的决定性驱动力量，对经济社会发展发生着根本性影响。数字强则经济发展就快。数字技术能够超越地理环境和现实经济基础，跨区域进行资源要素配置，是促进区域协调发展、实现共同富裕的有力手段。沿黄地区应协力推进数字基础设施建设，不断提高网络化、智能化、服务化、协同化水平；应加快建立一体化的大数据中心体系，全面打破数字分割，弥合数字鸿沟，实现区际间数字信息的充分对接、高效联通、规范发展、普惠共享；应积极搭建和整合一体化数字平台，推动各类企业加快数字化转型升级，立足不同产业特点和差异化需求，推动研发设计、生产加工、经营管理、销售服务全链条数字化转型；应整合区际力量，推动数字技术创新突破，增强优势技术供给，加快推动数字产业化，为产业创新拓展提供坚实支撑；应加强数字技术与政府管理和社会治理等的对接，加快建设数字政府、数字社会，营造良好的数字生态，不断提高公共服务的人性化、特色化和精细化水平。

## （五）突出重点，不断叠加战略政策能量

国家战略与政策不仅具有鲜明的导向性，也蕴藏很高的含金量，对促进区域协调发展起着重大推动作用。黄河流域民族地区、革命老区、生态脆弱地区、资源枯竭地区较多，是推动共同富裕中的难中之难。对这些特殊类型地区，应有针对性的强化战略与政策支持，以激活其内在能量、提升创新发展能力。应更多争取国家开展重大专项改革试点，积极搭建各类战略平台，结合总体战略实施中的关键任务率先开展探索试验，把总体战略的要求真正落到实处；应完善实施机制，用好中央财政黄河流域生态保护和高质量发展专项奖补资金，结合需要争取设立其他专项支持基金；应以水资源、矿产资源、重要农产品、重要生态元素等为重点，建立纵向与横向、补偿与赔偿相结合，加快建立多元化的区际利益平衡机制和生态产

品价值实现机制；应加大上中游易地扶贫搬迁后续帮扶力度，做实做强东西部协作和对口支援，推动中央单位定点帮扶机制更有质量更富效率的运作。

# 重点地区对口支援

# 做好对口支援工作需要注重的几个问题*

对口支援西藏、新疆和青海省藏区是党中央、国务院审时度势作出的重大决策部署。做好这项工作，是维护国家核心利益的重要保证，是增强受援地区自我发展能力的有效途径，是社会主义制度优越性的具体体现，也是贯彻落实邓小平同志"两个大局"战略思想的重大举措，对于促进区域协调可持续发展，实现全面建设小康社会奋斗目标，具有重大而深远的意义。新一轮对口援藏、援疆和第一轮对口援青工作起步良好，进展顺利，对推动当地跨越式发展和长治久安发挥了重要作用。2010年和2011年，西藏、新疆和青海省藏区社会发展呈现出良好态势，地区生产总值快速增长，城乡居民收入不断提高，经济结构调整初现成效，生态环境进一步改善，安定团结的局面得到巩固。上述成绩的取得，是各方面共同努力的结果，支援省市为此作出了特殊的贡献。刚才，两位司领导分别就对口支援西藏和青海省藏区有关工作和整个对口支援工作做了讲话，提出了要求；中央组织部等4部委、辽宁省等7省区市的同志也分别作了交流发言，介绍了开展对口支援工作的体会和经验，对下一步工作提出了意见和建议，都讲得很好。下面，我结合前一阶段的工作进展和下一阶段工作思路，就需要注意的几个重要问题再谈些意见，供大家参考。

---

\* 按中央要求，国家发展改革委负责经济对口支援工作，具体职责由地区经济司承担。2011年12月下旬，在广西壮族自治区南宁市召开的"全国发展改革委系统地区经济工作会议暨区域合作座谈会"中套开了"对口支援工作座谈会"，这是作者在座谈会上所作的讲话。

## 一、要认真抓好规划落实

对口支援既是一项老工作，也是一项新工作。作为老工作，对口支援西藏工作已经开展了17年，对口援疆工作也已开展了15年。以去年召开的中央第五次西藏工作座谈会和中央新疆工作座谈会为标志，对口支援工作进入到一个全新阶段。这个"新"字体现在对口支援工作中的多个方面，但其中特别重要的一项新工作是，在明确援助资金实的工作量基础上，编制和实施好对口支援规划。以往的工作实践表明，规划是基础，实施是关键，再好的规划，如果组织无保障、措施不得力、行动跟不上，就只能是纸上画画，墙上挂挂，不会产生应有的效果。对于对口支援规划来说，还有一层特殊意义，其实施的好坏，直接关系到受援地区广大基层群众能否切身感受到党的关怀和祖国大家庭的温暖，直接关系到中央关于对口支援战略决策意图能否实现，甚至可以说，一定程度上决定着对口支援工作的成败。因此，各地区各部门各单位要"咬定青山不放松"，一茬接着一茬干，不因领导换届而改变、不因干部轮换而停顿、不因任务艰巨而动摇、不因环境艰苦而退却，切实把规划的宏伟蓝图逐步变成美好现实。一要切实维护规划的严肃性。对口支援规划是援受双方共同协商、经过充分论证，并按程序审议后确定的，具备法定效力。刚才中央组织部和江苏等地同志在发言中也明确表示，规划对资金项目安排具有约束性，要严格按照规划逐项落实，保证规划的严肃性。根据一段时间以来有关方面反映，部分部门和受援地区在规划批复后，又相继提出不少项目要求列入规划，一定程度影响了规划的正常实施。对此，我们已经多次强调过，一方面，凡未纳入规划的项目，原则上不能列入年度计划，不能开工建设；另一方面，考虑到5年内确实存在难以预期的变化因素，允许在安排年度计划时按程序作出适当调整。凡因客观因素变化确需调整的，以及根据中央领导同志明确要求需要新增安排的项目，可考虑从规划预留的不可预见费（备选项目工作费）中调剂安排，或在三年中期评估时按程序纳入规划后组织实施。二要切实保障规划重点任务全面落实。坚持把保障和改善民生放在优先位置，这不仅是中央对对口支援工作的明确要求，也是援藏援疆规划提出的首要任务。民生连着民心，民生凝聚人心，保障和改善民生是促进发展和维护稳定的结合点。民生项目看起来分散在城乡各地，但合在一起就是大工程，其影响力和投资额可能比很多产业项目大得多。大力推进民生工程建设，不仅是不断满足各族群众日益增长的物质文化需要的重要途径，而且是保稳定、促和谐的必然要求。因此，要不折不扣地贯彻落实中央要求，紧密围绕规划实施，重点抓好城乡安居工程、双语教育和就业工作，集中力量办成一些中央高度重视、基层民众亟须、社会各界关注的大事、要事、实事、急事。此外，对口支援工作还有一项重要任务，就是不断增强受援地区自我发展能力，这是民生持续改善的重要保障。因此，在规划实施过程中，要将改善民生和增强自我发展能力有机结合起来，在改善各族群众生活条件的同时，通过培养培训、产业支持、互利合作等多种方式，努力提高劳动者综合素质，大力推动产业发展，不断增强受援地区"造血"功能。三要切实做好规划的跟踪服务工作。正如刚才所讲，对口支援规划是一项新工作，由于编制时间较紧，前期工作深度不一，特别是其中部分规划项目与国家有关专项规划，以及各省市援助资金与中央资金到位时间不同步等问题，都是新时期对口支援工作开展以来出现的新情况新问题。因此，一方面，要加强规划实施过程的跟踪，及时发现问题和解决问题。根据中央领导同志要求，在这次《对口援疆项目管理办法》中提出了一个新概念，就是项目长制。项目长主要负责统筹协调和及时解决本区域内各类援疆项目在前期工作、工程建设过程中出现的困难和问题，对项目实施实行全过程督办，确保项目顺利实施。另一方面，包括我委在内的有关部门的同志应该主动深入到一线，加强对规划实施的跟踪，了解援受双方的需求和援建工程进展情况，不断加强业务指导，努力为他们排忧解难，为规划实施服好务。

## 二、要切实加强项目管理

援受双方都要高度重视项目和资金管理，这一点，应该站到政治和全局的高度来认识。各省市的支援资金不仅仅是纳税人的钱，而且还寄托着支援省市广大干部群众对受援地区各族人民的关心和关爱，如果不能发挥应有的作用或者在实施过程中出了问题，不仅会带来资金上的浪费，而且可能还会造成恶劣的社会和政治影响，甚至可能会授分裂势力以口实，使我们的工作陷入被动。因此，要认真总结一年来项目援建工作的好经验、好做法，不断提高项目管理水平，以推动新一轮对口支援工作向纵深发展。一要尽快出台项目管理办法。随着援建项目的全面铺开，执行过程中或多或少存在程序不规范、管理不到位的问题，一定程度影响了工程进度和投资效益。针对这些问题，在今年5月召开的第二次全国对口支援新疆工作会议上，国务院主管负责同志明确要求抓紧出台《对口援疆项目管理办法》，确保援疆项目规范运行。广东等地的同志在发言中也提出了这一要求。目前，我委在征求有关方面意见基础上，形成了《办法》征求意见稿，内容主要涉及项目立项、审批权限、计划下达、建设管理、竣工验收等环节，并对非固定资产投资项目的实施进行了规范。来广西之前，我们已将这个《办法》正式印送各支援省市、新疆维吾尔自治区政府和新疆生产建设兵团办公厅征求意见。本次会议上，我们又将《办法》印发给大家，请你们商量前方指挥部抓紧研究提出意见。考虑到项目管理是发展改革部门的职责所在，凡援疆工作领导小组办公室没有设在发展改革委的省市，要及时征求本省市发展改革部门的意见。《办法》正式出台后，各支援省市还要依据这个办法和本省市实际，制定或完善项目管理实施细则。此外，我们还将结合援藏援青工作实际，研究制定相关管理办法，使对口支援项目建设有规可循、有章可依。二要做好项目的分类管理。对口支援项目与中央投资项目相比，既有相同性，又有特殊性。其相同性主要表现在，对口支援投资项目应与中央投资项目一样对待，要高标准、严要求，做到立项论证不能少、审批权限不能乱、建设管理不能松、环保要求不能低。特别是对于农村水电路气房、基层文教卫就保等"小而广"的民生项目，应予以高度重视。既要坚持从实际出发，严格执行行业技术规范、资金补助标准，避免不同受援地区同类援建项目建设标准差异过大，引起不必要的攀比，又要充分尊重各族群众意愿，按照民族特色与现代化相结合的原则，科学制定实施方案，均衡合理安排建设进度，推进援建项目有序实施。其特殊性主要表现在，因建管主体不同，对口支援项目存在"交钥匙"、"交支票"和联合共建三种模式。"交钥匙"工程以支援方为主，"交支票"工程以受援方为主，联合共建工程由援受双方共管共建。但不论哪种建设管理模式，援受双方要及时向对方通报有关工作信息，遇到问题应主动沟通协调，并不断总结经验，努力探索出一套充分调动各方积极性和行之有效的管理模式，确保对口支援项目建设工作顺利推进。三要开展好监督检查工作。对口支援项目涉及面广、关注度高，容不得出现任何重大闪失和差错，必须切实加强监督检查，提高项目建设管理水平。各支援省（市）和受援地区纪检、监察、审计、稽查等部门要各司其职，形成合力，逐步建立起一套行之有效的监督检查工作机制和情况通报机制，紧紧围绕中央政策落实、项目建设、工程质量、资金使用等关键环节，积极开展监督检查工作，把援助项目建设成为全国人民放心、当地群众满意的安全工程、优质工程和廉洁工程。同时，监督检查工作要尽量避免多头检查、重复检查，造成人财物的浪费。

### 三、要不断完善协调机制

对口支援工作是一项系统工程，涉及面广、任务重、要求高、政策性也强，需要不断完善沟通协调、信息交流等工作机制，将中共中央、国务院有关部门、各支援省市和受援地区等各方面的力量凝聚起来，形成推动对口支援工作不断前进的强大合力。一是要加强沟通协调。按照中央要求，我委牵头经济对口支援工作。地区司具体负责中央新疆工作协调小组经济社会发展组、对口支援新疆部际联席会议和中央西藏工作协调小组经济社会发展组等三个机制的日常工作，承担着制定政策、审议规划、沟通协调等职能，我们将充分发挥好上述工作机制的作用，建立畅通的联络渠道。同时，中央有关部门与支援省市和受援地区之间，以及各支援省市和受援地区之间特别是前方指挥部和当地政府之间也要加强沟通联系，及时互通工作进展情况，协调解决有关重大问题，做到思想上达成共识，政策上衔接配套，行动上协调一致。二是要加强信息交流。信息交流工作是制定政策、交流经验、提高并不断改进工作质量的重要前提。一方面，及时汇集、掌握工作动态和工作需求是科学制定政策、提出合理化建议、协调解决问题的重要依据，也是中央对有关重大问题作出决策部署的基础条件；另一方面，各支援省市通过开创性地开展工作，在实践中探索出了许多好的经验和做法，具有一定的示范效应和推广价值，也需要通过信息交流，达到相互学习、相互借鉴的目的。此外，需要强调的是，对口支援工作涵盖经济、干部、人才、教育、科技等多个领域和多个方面，信息工作要紧密结合这些特点，力求对我们的工作有一个全面反映。刚才，上海、广东、重庆、新疆的同志在发言中，对做好信息交流工作也提出了很好的建议。由此可见，大家对做好信息工作重要性的认识是一致的。下一步，我们将会同各支援省市和有关部门，进一步加强信息通报制度建设工作，采取定期或不定期的方式相互交流信息，及时反映问题，总结好的做法，推广成功经验。

**四、要积极开展基础研究**

对口支援是基于我国社会主义制度优势的伟大创举，是一项融政治、经济、社会、文化为一体的特殊性制度安排和政策设计，是一项纵向没有历史经验可以参考、横向没有国外案例可以借鉴的开创性工作，需要我们以改革创新的精神，锐意进取的态度，不断加强基础理论与重大技术和应用问题研究，深入开展实地调查，积极探索新理念、新机制和新办法。一要探索构建对口支援理论框架。对口支援是一种带有财力横向转移支付性质的工作实践，也是推动解决我国区域发展不平衡、不协调、不可持续问题的重要途径之一。值得注意的是，目前实施对口支援的这些地区，大多属于边境地区和民族地区，社情相对复杂，对口支援在推动经济发展的同时，还肩负着促进民族交流交往交融、增强对中华民族认同感和党的凝聚力等方面的责任。这表明，对口支援工作不单纯是一项经济工作，更是一项政治工作。有鉴于此，我们需要结合工作实践深化相关理论研究，综合运用马克思主义政治经济学、区域经济学、制度经济学、公共财政学和历史学等多学科的理论和方法，逐步探索建立起一套充分体现中国特色、富有实际指导意义，又为理论学界所认可的对口支援基础理论框架。这是一项将对口支援这项伟大事业推向纵深所必需的理论创新，一旦取得突破，一方面，可为对口支援工作实践提供有力的理论支撑，另一方面，也为着力改善受援地区经济、社会、人文等方面的发展环境提供制度保障，在造福当地百姓、促进社会和谐、维护国家稳定等方面作出积极贡献。因此，在某种程度上，其重大意义并不亚于获得以西方思想为主的诺贝尔经济学奖。二要深入开展重大技术和应用问题研究。对口支援是一项实践性很强的工作。理论成果只有源于实践、指导实践，真正做到从实践中来，到实践中去，才能保持旺盛、持久的生命力。要深入分析对口支援工作中的应用需求，有针对性地开展重大技术和应用问题研究。近一段时间，要着力开展规划与计划动态平衡、统计工作制度、项目管理规范、价格联动机制、援建项目效果评价、援建干部绩效考评，以及有关体现差别化的政策措施等方面的研究。刚才，上海的同志提出建立规划后评估考核机制，以提高对口支援工作质量，这也是对口支援应用研究的一部分，我们十分赞同。我想强调的是，无论是基础理论研究还是技术和应用研究，都是建立在调查研究基础上的。调查研究历来是我们党做好各项工作的重要法宝。没有调查就没有发言权，调查不深入、情况不熟悉也没有发言权。新一轮对口支援类型多样、任务繁重、情况复杂，工作实践中随时随地都会出现一些新的情况和问题，这就要求我们要把调查研究作为做好对口支援工作的根本立足点，作为一项日常性工作抓好抓实。要紧扣工作重点和关键环节，深入基层、深入一线，提高调查研究的针对性；要密切跟踪工作进展情况，急事急办、特事特办，提高调查研究的时效性；要科学研判发展态势，抓好典型、抓住苗头，提高调查研究工作的代表性，不断将调查研究工作推向纵深，为对口支援基础研究提供坚实支撑。

### 五、要努力优化工作环境

工作环境是开展一项工作的基础条件和基本保障，可以分为主观环境和客观环境。今天，我想重点强调一下做好对口支援工作主观环境的建设问题，大体包括这么五个方面：一是加强良好的政策环境建设。这是做好对口支援工作的前提。去年以来，为支持西藏、新疆和青海省藏区实现跨越式发展，中央制定出台了一系列优惠政策措施。各有关部门也结合自身职能，通过制定专项规划、出台配套政策等方式，不断加大工作指导和资金、项目支持力度。这些工作，对推进对口支援工作的顺利开展营造了一个良好的政策环境。下一步，根据中央部署，我委还将协调有关部门，抓紧制定出台支持新疆发展的差别化产业政策，以及喀什、霍尔果斯两个经济开发区相关扶持政策的实施细则，同时，还将进一步实化细化支持西藏和青海省藏区的各项政策措施，为对口支援工作的营造更加良好的政策环境。二是加强良好的投资环境建设。这是做好对口支援工作的基础。国务院主管负责同志在第二次全国对口支援新疆工作会议上指出，"资金援疆是有限的，产业援疆是无限的"。这启示我们，不仅是支援省市，尤其是受援地区各级领导干部，要紧紧抓住对口支援搭建起来的沟通桥梁和工作平台这一难得契机，一方面，在制定优惠政策措施、协调地方部门、调动当地群众积极性等方面，为支援省市排忧解难，为对口援建工作提供便利条件，主动做好各项服务；另一方面，在符合现行法律法规的前提下，不断优化工作流程，减少行政干预，想方设法营造更加良好的投资环境，努力吸引企业资金和其他社会资金到本地区投资，为经济社会可持续发展提供强大动力。三是加强良好的合作环境建设。这是做好对口支援工作的保障。对口支援工作不同于一般的经济合作和商业合作，是一项需要援受双方充分沟通、友好协商、互谅互让、密切配合才能做好的特殊性工作。援受双方都要有大局意识和合作意识，要学会换位思考，凡事不要斤斤计较，不宜过多强调客观因素，不应片面强调自身困难和对方责任，遇事多为对方考虑，本着求大同、存小异、增理解、促和谐的精神，共同营造一个顺心的工作环境和温馨的合作氛围，集中精力为受援地区谋发展、为各族群众谋福利。四是加强良好的干部人才成长环境建设。这是做好对口支援工作的关键。援藏、援疆、援青干部和工作人员是做好对口支援工作的中坚力量，是受援地区干部队伍的重要组成部分和重要人才资源。支援省市和受援地区对他们既要严格要求和管理，又要在使用上优先考虑，在工作上提供条件，在生活上关心照顾，认真执行相关政策，落实相关待遇，帮助解决实际困难，使远离亲人、远离家乡的同志们安心工作。支援干部和工作人员也要进一步增强使命感和荣誉感，加强学习和调查研究，在实际工作中经受锻炼、增长才干。此外，按照中央领导同志的指示精神，我们拟协调有关部门研究开展对口支援表彰工作，为干部人才成长创造一个良好的外部环境。五是加强良好的舆论环境建设。这是做好对口支援工作的推力。对口支援工作，不仅重在真抓实干，同时也要做好对外宣传，正确引导社会舆论。一方面，要将党的方针政策及时向受援地区广大干部群众进行宣传，使他们切身感受到党的关怀和全国人民的关心、关爱，切身感受到社会主义制度的优越性和祖国大家庭温暖。另一方面，要广泛宣传对口支援工作在促进受援地区经济发展、民生改善和社会进步等方面发挥的重要作用，取得的可喜成就，积累的鲜活经验，对在援建工程建设、增进民族团结、维护社会稳定等各项工作中涌现出的先进典型、感人事迹要及时总结、大力宣传，引导全社会共同关注、支持和参与对口支援工作。

对口支援工作是党中央、国务院赋予我们的神圣使命，任务光荣，责任重大，既富有挑战，也大有可为。我们一定要保持昂扬奋发的精神状态，攻坚克难的充沛激情，改革创新的坚定决心，齐心协力，扎实工作，努力开创对口支援工作新局面，为实现中央战略意图、推动受援地区跨越式发展和长治久安做出新的更大的贡献，以优异的成绩迎接党的十八大召开。

# 不断提升对口支援的质量和水平[*]

对口支援是促进西藏、新疆和青海等省藏区跨越式发展和长治久安的战略支撑和重要手段，是中央西藏、新疆全局工作的重要组成部分。自2010年中央召开第五次西藏工作座谈会和新疆工作座谈会以来，新时期对口支援工作已历时三年，在各方面的共同努力下，取得了显著成绩，但同时也面临着更为艰巨的任务。党的十八大进一步强调，采取对口支援等多种形式，加大对革命老区、民族地区、边疆地区、贫困地区扶持力度。这次会议的任务，就是贯彻落实党的十八大和近年来中央关于对口支援的一系列战略部署，总结过去三年来的工作，研究提出下一步的工作任务。下面，我先讲几点意见，供大家讨论。

## 一、充分肯定过去三年来取得的成绩

在党中央、国务院的坚强领导下，21个支援省市、中央和国家机关、有关企业，以及西藏、新疆、青海等省藏区，站在全局和战略的高度，团结协作，奋力拼搏，共同开创了对口支援工作的新局面。与过去十多年的工作相比，新时期对口支援取得的成就主要体现在以下6个方面：

---

[*] 2012年12月10日–12日，全国发展改革委系统地区经济工作会议暨区域合作座谈会在广东省广州市召开，会议期间，套开了"对口支援工作座谈会"。本文系作者12月10日在座谈会上的讲话，原题为《真抓实干 再接再厉 不断提升对口支援质量和水平》。

## （一）着力完善领导体制，组织管理体现新水平

任何工作，包括对口支援工作，关键都在领导。按照中央部署，三年来，有关部门、支援省市和受援地区不断强化组织领导，完善工作机构，充实人员力量，逐步建立起强有力的领导和组织保障。中共中央、国务院有关部门相继建立了对口支援工作组织领导机构，对本部门本系统对口支援工作作出周密部署，明确专门负责司局，狠抓工作落实。国家发展改革委作为经济对口支援的牵头部门，及时组建了中央西藏工作协调小组经济社会发展专项工作组、中央新疆工作协调小组经济社会发展专项工作组和对口支援新疆工作部际联席会议，在委内成立了部际联席会议办公室，承担日常工作；在地区司新设了专门处室，负责对口支援规划审核、政策制定等方面的工作；在新疆设立了部际联席会议前方工作小组，从委内有关司局选派了3位同志长期在前方工作。21个支援省市根据新时期对口支援工作的要求，建立了主要领导同志任组长的领导机构，将对口支援放在本省市工作的重要议事日程，多次召开专题会议研究部署，不断完善前后方工作机构建设，强化组织体制。受援地区在相继成立工作领导小组和专职机构基础上，配备精兵强将，充实工作力量。此外，四川、云南和甘肃三省，不等不靠、主动工作，成立了高规格的领导小组和办事机构，建立健全配套的协调、考核和督察机制。在各级领导的高度重视下，依托强有力的领导和组织机制，各有关方面通力配合，工作方案不断细化，工作制度不断完善，工作举措不断深入，真正做到了领导到位、管理到位、措施到位，保证了对口支援工作的顺利开展。

## （二）着力推动项目建设，民生发展开创新局面

援建项目是对口支援的基石，民生项目又是援建项目的重心。对口支援规划全面实施以来，民生工程建设被放在了突出重要位置。19个援疆省市安排了2000多个援建项目，投入援助资金200多亿元。其中，今年下达项目1512个，安排援助资金127.4亿元，基本做到了资金百分之百到

位、项目百分之百开工；17个援藏省市共安排1360个援建项目，安排援助资金54.6亿元。其中，今年下达项目965个、资金27.7亿元。中央企业"十二五"期间拟安排援藏项目412个，投入资金12亿元，比"十一五"时期增长26.3%，在国内外经济形势日趋复杂、企业发展压力不断加剧的情况下，依然保持了强有力的援助力度；6个援青省市、13家中央企业已承诺援青资金15.9亿元，计划实施259个项目，目前已实施项目126个。四川、云南、甘肃三省也采取了明确对口支援资金量、加大支持力度等方式，落实了一大批援助项目。今天看起来，在对口支援的强力推动下，受援地区民生得到了明显改善，数百万农牧民住进了宽敞明亮、功能完善的安居房、定居房，许多孩子第一次进入了宽敞明亮、设施一流的学校、幼儿园学习，一批县城拥有了环境优雅、设备先进的医院，不少群众还通过参与对口支援项目建设，实现了就业，提高了技能，增加了收入。

（三）着力推进产业支援，能力建设跃上新台阶

产业支援是构筑受援地区自我发展能力的重要支撑。按照中央部署，中央企业发挥示范带头作用，支援省市积极引导和鼓励本地企业参与受援地区建设，产业支援为增强受援地区自我发展能力做出了突出贡献。初步统计，今年上半年，中央企业在疆完成投资1137亿元，比去年全年投资总额增加了60%以上。支援省市通过制定优惠政策、加大信贷支持、组织国家级园区对口支持，以及举办产业对接会、经贸洽谈会和招商引资会等多种形式，积极支持受援地区特色产业发展。仅今年，19个援疆省市就实施了各类产业合作项目1559个，实际引进资金1207.2亿元，同比增长60.9%。援藏工作也逐步从"无偿援助"向"合作共赢"的良性循环转变。如林芝地区与广东省中旅集团合作开发鲁朗国际旅游小集镇，协议金额达10亿元。援青省市与青海方面达成合作交流项目协议160余项，协议资金额超过700亿元。值得一提的是，从果洛州特殊的自然条件和生态地位出发，上海市探索运用"飞地经济"的模式，积极支持果洛州的产业发展。在各方的共同努力下，立足受援地实际，正在建设并相继建成一大批石油

化工、电力电网、通信服务、农牧产品生产加工和精深加工等重大产业项目，应该说，支援方的人才、资金、技术、管理等优势与受援方的资源、区位等优势逐步实现有机结合，受援地区自我发展能力不断提升。

（四）着力强化智力援助，软实力建设迈出新步伐

包括干部、人才、教育、科技在内的智力支援是新时期对口支援工作的重要组成部分。三年来，支援省市把智力支援放在突出重要位置，动员全国的优质资源，不断改善受援地区发展的软环境，增强发展的内生动力。干部人才支援方面，中组部、人力资源社会保障部周密部署、严格筛选，共选派第七批援疆干部人才3261名，规模接近前六批的总和；共选派第六批援藏干部人才1019名，比第五批增加了166名；新时期对口援青结对关系确定后，共选派第一批援青干部人才102名。根据受援地区发展需求，增加选派一大批规划设计、项目管理、支医支教支农等干部人才。今年全面启动了新疆县乡村三级干部赴支援省市轮训，上半年已培训基层干部人才8457人。援青省市采取异地办班等方式，培训人员规模达7000余人（次）。教育支援方面，在新疆，新建双语幼儿园2350所，学前和中小学接受双语教育的学生已达到152万人，覆盖率59%。内地新疆高中班年招生规模计划从最初的1000多人逐步提高，到2014年将达到1万人。积极推进2.3万名未就业高校毕业生赴援疆省市培养培训工作。在西藏，支援省市"十二五"时期拟支持教育援藏项目近百个，安排援藏资金约7.5亿元。科技支援方面，继科技部和我委联合印发《全国科技援疆规划（2011—2020年）》后，又成功举办了第四次全国科技援疆工作会议暨全国科技援疆规划推进会，对规划落实提出细化要求，进一步加大科技支援力度。正是得益于支援省市带来的优秀干部人才、科学发展理念、先进技术和管理经验，受援地区的软实力不断提升，可持续发展的后劲不断增强。

（五）着力推进融合发展，民族团结呈现新气象

民族团结是我们这样一个多民族国家发展和稳定的根本，在新疆、西

藏等民族地区尤为如此。作为一种特殊的支持措施，对口支援在推进融合发展、促进民族团结方面肩负着特殊的重要使命，具有其他支持方式不可替代的功能。我们着眼于增强民族团结，推进融合发展，做了一些事情，发挥了一些作用。支援省市将文化交流作为促进民族团结的纽带，通过举办大型演出、文化节和专题论坛等，组织内地文化工作者到受援地区开展文化交流服务活动，把支援省市先进的文化、思想、理念带入受援地区，将受援地区优秀少数民族文化资源引入内地，推动特色民族地域文化与内地文化的相互交流、融合发展。积极推进人员的交流交往，将其作为促进民族团结的根本手段。支援省市广泛开展民族团结"手拉手"等活动，组织受援地干部、青少年、宗教界人士到内地参观学习和培养培训。制定优惠政策，引导内地群众到受援地区投资兴业、观光旅游，帮助受援地区群众在内地务工经商、学习生活。在日益扩大的交流交往中，受援地区各族群众切实感受到国家的强大和祖国大家庭的温暖，增强了对祖国的认同、对中华民族的认同、对中华文化的认同、对中国特色社会主义道路的认同，民族团结、社会和谐稳定的局面日益得到巩固。

（六）着力改善工作方式，协调服务达到新高度

协调服务工作是推动各项政策措施落到实处的重要保障。对口支援工作涉及主体多、面临头绪多、遇到困难和问题多，需要处理的关系比较复杂，加强协调服务工作十分重要。按照中央要求，我委与有关部门一道，努力为援受双方做好协调服务，共同推动对口支援工作不断前进。援疆方面，会同中央新疆办积极做好历次全国对口支援新疆工作会议各项筹备工作，确保大会顺利召开；2010年8月，在新疆召开对口支援新疆工作协调会，就援疆规划编制、启动先期试点等工作作出部署；2011年3月和今年5月，先后两次召开对口支援新疆工作部际联席会议，审议通过了19个省市援疆规划、中央支持新疆经济社会发展和对口援疆工作要点等。经国务院同意，印发实施了《对口支援新疆项目管理暂行办法》。依法建立了《对口援疆工作统计报告制度》。目前，正在组织开展喀什、霍尔果斯两个经济开

发区发展总体规划审核工作，拟于近期上报国务院。此外，三年来，根据中央领导同志有关重要批示，重点围绕农村安居工程建设、援疆规划执行、新疆未就业大学生培养等重大问题，多次组织调研和召开会议进行衔接协调，使这些问题得到了妥善解决或提出了明确的工作意见。援藏援青方面，2010年10月和12月，分别召开经济对口援藏和对口援青两个座谈会，对新时期对口援藏援青工作作出安排；去年3月、11月和今年3月，分别召开三次中央西藏工作协调小组经济社会发展专项工作组全体会议，其中第二次全体会议审议通过了17个省市的援藏规划；在援青省市和有关部门的大力支持下，向国务院提出了对口援青资金量标准的方案。今年5月，以国发〔2012〕43号文件印发实施。今年9月，会同中央西藏工作协调小组经济社会发展组39个成员单位分赴西藏和青海等省藏区督查调研，及时协调解决工作中的困难和问题。今年10月，在汶川县召开四川云南甘肃三省对口支援本省藏区工作座谈会，协调推进三省深入开展对口支援本省藏区工作。需要特别指出的是，我委牵头开展的这些工作，得到了中央、国务院各部门的通力协作，得到了支援省市前、后方的鼎力支持，得到了受援地区各级党委政府的密切配合。借此机会，我代表地区司，对大家在工作中给予我们的支持和帮助表示衷心感谢！

总体上看，在对口支援的强力推动下，天山南北春潮涌动，青藏高原生机盎然，处处呈现出求发展、谋富裕、思稳定、盼和谐的喜人景象，受援地区经济社会发生了积极变化，跨越式发展迈出坚实步伐。据统计，2011年，西藏、新疆地区生产总值增速分别为12.6%和12%，高出全国平均增速约3个百分点。四川、云南、甘肃、青海四省藏区分别为14.8%、19.1%、12.4%和17.3%，达到或超过全省整体增长速度。新疆全社会固定资产投资增长33.1%，增速创1994年以来新高；地方财政一般预算收入增长44%，增速创近30年来新高。西藏地方财政一般预算收入增幅更是达到了49.4%。今年以来，受援地区继续保持良好的发展态势。西藏、新疆地区生产总值上半年分别同比增长1L3%和10.7%，增速连续多年保持两位数；固定资产投资前7个月分别同比增长32.5%和32.6%，在全国位列第4和第2位。

这些成绩的取得，是中央坚强领导和当地各族干部群众共同努力的结果，对口支援为此也作出了特殊贡献。三年来，从支援省市到受援地区，从中央各部门到中央企业，大家心往一处想、劲往一处使，全心全意、争分夺秒、务求实效，度过了一个个不眠之夜，想出了一个个新招实招，克服了一个个困难挑战，打赢了新时期对口支援工作的一场一场硬仗，为进一步推进对口支援工作打下良好的基础。这些铁一般的事实也表明，我们没有辜负中央的信任和受援地区各族群众的期望，没有辱没肩负的政治责任和神圣的历史使命。

### 二、扎实做好下一步的对口支援工作

三年的成绩是显著的，但这只是一个良好的开端。中央确定的新一轮对口支援期限为10年，是一项长期任务。与各方面的要求相比，对口支援的任务还很艰巨，越往前走，工作难度可能越大，面临的困难也可能越多。我们要清醒地认识到前进道路上的困难和挑战，充分利用好过去一段时期工作打下的物质基础、民心基础，把握好当前的发展机遇，扎实做好对口支援各项工作。综合考虑，明年的工作思路是：深入贯彻落实党的十八大要求和中央关于西藏、新疆、青海等省藏区工作的决策部署，继续把保障和改善民生放在首要位置，大力推进特色优势产业发展，深入开展智力支援，进一步抓好政策措施的实化细化和贯彻实施，强化监督检查，做好协调服务，统筹各方力量，不断提升对口支援工作的质量水平。按照这个思路，明年要重点抓好以下几项工作。

（一）抓好规划实施

规划是对口支援工作有序开展的基础和保障，而实施则是其中的关键。这个问题在去年广西召开的对口支援座谈会上我就讲过，考虑到它的重要性，我今天还是要再强调一下。一是要严肃规划执行。在大家的共同努力下，援藏、援疆规划实施总体上进展顺利。但我们同时也注意到实施中的一些问题，如个别地区对规划的严肃性重视不够，频繁安排规划外项

目，或要求提高建设标准、增加建设内容导致部分项目严重超概等。我想强调的是，规划的严肃性不是一个虚无抽象的概念，而是和规划的成效紧密相连大问题。规划一旦失去了严肃性，项目安排和资金投向的"两个倾斜"就难以得到保障，一些支援省市可能就力不从心，对口支援确立的目标和重大任务可能就难以完成。从另外一个角度讲，各省市的支援规划，经过了援受双方沟通协商、自治区（省）综合平衡、中央有关部门与国家专项规划充分衔接，以及支援省市人民政府正式批准等几个阶段，是按程序最终形成和确定的，是具有法定效力的，应该得到尊重。二是要完善配套措施。对口支援涉及受援地区经济社会发展的方方面面，对口支援规划也与诸多行业规划紧密相连。尽管在编制期间，我们最大限度地作了衔接，但形势也在变化，在实施时期不可避免会遇到协调配套的问题。以农村安居工程为例，在资金上，政府对农民的补助包括中央、当地政府和支援省市资金3部分，此外还有农民自筹和银行贷款等；在建设内容上，既有房屋主体的建设，也有水、电、路、气等设施的配套。所以，我们要统筹利用好多方资源，发挥好各方能动性，切实做好配套推进工作，确保规划发挥最大效益。三是要做好跟踪服务。一方面，援受双方要加强规划实施过程的跟踪，统筹协调和及时解决规划项目在前期工作、工程建设过程中出现的困难和问题，确保项目顺利实施；另一方面，我们也将会同有关部门积极深入到一线，加强对规划实施的跟踪，了解援受双方的需求和援建工程进展情况，不断加强业务指导，努力排忧解难，为规划实施护好航、服好务。

这里，我还要谈一下规划中期评估问题。受援地区经济社会正处于跨越式发展的起步阶段，各种新情况新问题层出不穷，客观上确实存在着新增规划项目或者核减规划项目的需求，因此，我们计划遵循程序，对规划进行适当调整。在有关对口支援工作的指导文件中，我们就规划中期评估和调整工作作出了明确规定，这也是一种制度化安排。明年是规划实施的第三年，根据要求，我们将着手部署规划的中期评估工作。在此期间，有一个特殊情况需要大家高度重视。明年，部分地区的支援干部将面临批次轮换，因此，在规划评估调整过程中，要努力做到在建项目的平滑过渡和规划实施的无缝衔接。

(二) 抓好重点建设

对口支援工作涉及受援地区经济社会发展各个领域，要坚持全方位支援、一体化推进，但无论是工作需要还是工作方式优化，都要求我们突出重点，集中力量抓好重点建设，进而充分发挥示范带动效应，在这方面，还是要突出改善民生、发展产业和推进智力支援三个重点。保障和改善民生是首要任务。民生工程就是民心工程，是发展和稳定的最佳结合点。两年多来，西藏、新疆等地之所以呈现出人心思发展、思稳定的局面，根本原因就在于我们下大力气抓民生，让城乡居民特别是广大农牧民得到了实惠，看到了希望。中央领导同志在有关会议上强调，铁路、公路等基础设施很重要，但受援地区广大群众最关心的还是吃穿如何、住得怎样、收入多少。下一步，要坚持民生优先，以更大的力度、更高的效率、更优的质量，一个一个地落实规划中的住房、就业、教育、医疗等民生项目，通过持之以恒的努力，切实提高各族群众生活水平。特别是在住房方面，新疆方面明年有30多万套农村安居房建设的任务，要在全力推进住房建设的同时，努力协调解决配套设施建设问题，确保群众搬得进、住得上。在就业方面，要将加强就业扶持、创造更多就业岗位与帮助转变就业观念、提升就业能力结合起来，不断提升受援地区劳动力特别是少数民族劳动力的就业水平。产业支援是关键环节。产业是发展的核心支撑，也是民生改善的物质基础，一定要把这个支撑做强、把这个基础打牢。在推进产业支援过程中，要继续坚持因地制宜，积极顺应国家改革发展大局和世界经济变化趋势，抢抓国际国内市场机遇，大力实施优势资源转化战略和产业结构优化提升战略。制定优惠政策措施，搭建招商引资平台，积极引导本省市的优势企业到受援地区投资兴业。大力拓展外部市场，建立健全受援地区特色优势产品到支援地区的绿色通道，帮助在支援方举办展销活动、开设贸易窗口，并加大宣传推广力度。帮助受援地区着力改善产业发展环境，做好产业布局规划，扶持一批产业聚集园区，积极做好承接产业转移工作。具体到产业园区发展的模式，值得我们认真研究。一种是中国—新加坡苏州工业园区的合作模式，还有一种可以是依托对口支援，利用发达地区资金、技术、人才和受援地区土地、政策等优势，采取"飞地经济"的模式。其中，关键是运行机制、利益分成等问题。我们认为，要真正实现一个地区的跨越式发展，外部的无偿支援很重要，但根本和长久之计还是要发挥双方优势，实现共同发展、相得益彰。智力支援是长远之策。要进一步加大干部、人才、教育、科技等智力支援力度，帮助提升受援地区人力资源整体素质、教育水平、科技创新能力，增强发展的持久动力。要在中组部等部门的统一部署下，按照缺什么补什么的原则，继续选派懂技术、善管理、肯吃苦、能奉献的干部人才到受援地区去、到基层去，为受援地区经济社会发展出谋划策，为受援地区干部队伍建设和人才结构改善发挥好传帮带作用，帮助造就一支留得住、用得上、干得好的干部人才队伍；要紧紧抓住双语教育这个重中之重，采取引进来和走出去等多种方式，帮助解决双语教育师资短缺这一突出问题；要把更多的实用技术与受援地的比较优势结合起来，引导高校、科研机构开展科技支援，做好科技成果转化推广工作，推动产业结构优化升级，真正夯实地方自我发展能力和基础。

（三）抓好项目管理

对口支援项目要抓一个成一个。100个支援项目有99个做得好，只要有1个项目出了问题，对口支援的整体形象就会受到牵连和影响。我们也多次谈过，支援资金是各省市纳税人的钱，是从各行各业挤出来的宝贵资金，寄托着支援方广大干部群众对受援地区各族群众的关心关爱，如果不能很好地发挥作用或者在使用中出了问题，不仅会带来资金上的浪费，而且会使广大援助干部的积极性受到挫伤，使大家的工作成效大打折扣。尤其重要的是，还将造成恶劣的社会影响和政治影响，使我们在促进民族团结、维护社会稳定方面的努力倍加艰难，从而给全局工作带来被动。因此，要站在政治和全局的高度来认识这个问题。一是要落实好对口援疆项目管理办法。今年9月，经国务院同意，我委会同财政部印发了《对口支援新疆项目管理暂行办法》，其中不少条款是中央领导同志亲自修改确定的，充分体现了中央对这个问题的高度重视。大家要深入领会和认真落实这个办法，支援省市要据此修改完善本省市的管理办法，新疆维吾尔自治区和生产建设兵团要出台相应的实施细则，推动办法落到实处。二是要研究制定对口援藏援青项目管理办法。这是我们明年的一项重要工作。援疆项目管理办法已经有了一个比较好的基础和实践经验，援藏援青的项目管理办法要充分借鉴吸收。与此同时，也要深入研究援藏援青工作在资金拨付、机构设置、工作机制等方面的特殊性，制定出台符合工作实际的项目管理规章制度。在这个过程中，希望援受双方多提建设性意见，积极支持和配合。三是要深入开展监督检查工作。援受双方纪检、监察、审计、稽查等部门要各司其职，形成合力，把好资金使用关、把好项目实施关、把好工程质量关，把援助项目真正建成全国人民放心、当地群众满意的民心工程、阳光工程、百年工程。

（四）抓好统筹协调

这是保障各项工作顺利开展的重要途径。做好对口支援工作，既要求支援方不断加大工作力度，也要讲求方式方法，做好统筹协调。一是要做好与其他支持措施的统筹。对口支援的资金是有限的，建设项目也是有限的，要使对口支援产生更大的效应，办成一些能够发挥更大作用、经得起时间检验的大事要事，就必须与其他支持措施有机结合起来，巧妙地借助其他力量壮大自己。例如，在改善农牧民生产生活条件方面，我们把农村危房改造、以工代赈、易地扶贫搬迁、兴边富民、农村安全饮水、农村道路等各渠道的资金与对口支援资金有机结合起来，形成了巨大合力，取得了良好效果。二是要做好与当地经济社会发展整体安排的统筹。对口支援是当地经济社会发展的重要组成部分、一支重要力量、一个非常有力的手段，必须放到受援地区经济社会发展的全局来考虑、来谋划。一方面，对口支援工作要有所担当，主动做大做强，着眼于推动整体发展、提升整体质量、优化整体布局；另一方面，对口支援也要自觉纳入到当地经济社会发展的统筹安排中，不越位、不抢位，与当地政府一道，共同构筑起区域可持续发展的坚实基础和长效机制。三是要做好与资源环境的统筹。这既是一个发展方式的选择问题，也是一个短期利益和长远利益有机结合的问题。在这一点上，中央的要求明确，我们的认识一致，关键是要落到实处。为支持西藏、青海和新疆等地发展，中央出台了一系列倾斜政策，但涉及资源环境的保护，门槛丝毫没有降低。党的十八大对生态文明提到了新的高度，提出要建设"美丽中国"。上述三个地区面积超过我国陆地国土面积的1/3，这些地区的资源环境对全国都具有极其重要的意义。在对口支援项目特别是产业项目建设中，要始终坚持以科学发展观为统领，从当地资源环境承载能力出发，从全国一盘棋的战略布局出发，从统筹兼顾经济效益、社会效益和生态效益出发，加强前期论证，强化规划指导，坚持绿色发展，防止走"先建设、再调整""先污染、再治理"的老路。

（五）抓好宣传引导

正确的宣传引导可以起到事半功倍的效果。对口支援在抓好项目建设的同时，还要抓好宣传引导工作。一方面，要进一步加大对党中央、国务院和受援地区各级党委政府有关政策措施的宣导力度，广泛动员民间企业、社会团体、公益组织和志愿者等一切可以动员的力量，积极投身于受援地区的发展建设中来；另一方面，多年来特别是新时期对口支援工作开展以来，在具体工作中涌现出一大批吃苦耐劳、甘于奉献的先进人物，一大批感人至深、催人奋进的典型事迹，一大批切合实际、行之有效的鲜活经验。我们要按照中央的部署，进一步做好挖掘典型、树立模范、推广经验的工作，大张旗鼓地广为宣传、予以表彰，凝聚起想事业、谋事业、干事业的强大工作动力，营造出关心对口支援、支持对口支援的良好社会氛围。为此，希望大家结合工作实际，在明年的工作中进一步做好宣传工作。在这个问题上，大家的目的是一致的，工作是一体的。我们将通过我委的信息平台等多种方式，及时将大家的工作成就和先进事迹向社会宣传，及时将大家的典型经验和工作建议向中央报告，切实履行好上传下达、沟通交流的责任，努力形成上下互动、左右互通的工作格局，为大家做好服务。

做好新形势下的对口支援工作责任重大、使命光荣。我们还要振奋精神、勇于进取、开拓创新，以饱满的热情和坚定的信心，进一步把工作做深做细、做牢做实，用更加积极的工作态度、更加扎实的工作作风、更加优异的工作成绩，再向党中央、国务院交上一份满意的答卷，为西藏、新疆及四省藏区与全国一道全面建成小康社会做出新的更大贡献。

# 进一步加强和推进对口支援
# 新疆工作的组织实施[*]

根据这次对口援疆工作骨干培训班的安排,我给大家介绍《关于进一步加强和推进对口支援新疆工作的实施方案》(以下称《实施方案》)的研究编制、具体内容和组织实施的有关情况。对口援疆是中央新时期新疆工作总体部署和整体安排中的重要组成部分,影响全局、关系长远,对促进新疆发展、维护新疆稳定具有十分重大意义。新一轮对口援疆工作内容丰富,提出了许多新的要求。下面,我想就为什么要加强和推进对口援疆工作、新一轮对口援疆工作有什么特点和要求、重点和着眼点在哪里、下一步怎么搞好对口援疆工作等,作一些介绍,谈一些看法,供大家交流、讨论和推进相关工作时参考。

## 一、深化认识,把思想和行动统一到中央新一轮对口支援新疆工作的战略部署上来

推进新疆跨越式发展和长治久安是新时期中央关于新疆工作的总体要求。实现这一宏伟目标,是一项长期、艰巨而复杂的系统工程,不仅需要新疆各族人民艰苦努力,也需要全国各方面的大力支持。新一轮对口援疆

---

[*] 2010年6月1—6月10日,由中央政法委、中央组织部、国家发展改革委等主办的"对口援疆工作骨干培训班"在中央党校举行,本文系6月4日上午在培训班上围绕《关于进一步加强和推进对口支援新疆工作的实施方案》所做的学习解读。

工作正是中央从全局和战略高度出发，在充分考虑新疆工作总体要求、全面总结过去援疆工作经验、广泛协商沟通的基础上，作出的重大决策。

（一）新一轮对口援疆工作是中央新时期新疆工作总体部署的重要组成部分

新中国成立以来，中央始终高度重视新疆工作，制定实施了一系列重大战略、特殊政策和扶持措施。响应中央号召，全国人民在各个时期都以人力、物力、财力等多种形式支持和支援新疆，不同形式的援疆工作和其他工作相辅相成，成为促进新疆发展稳定的一支重要力量。新中国成立初期，以毛泽东同志为核心的党的第一代中央领导集体，作出驻疆部队数十万官兵就地转业到地方和组建新疆生产建设兵团的重大战略决策，成为新中国成立后内地第一批支援新疆发展的人才。随后，一大批内地青年奔赴塔里木、准噶尔盆地支援新疆建设，涌现了"八千湘女上天山"、齐鲁儿女进新疆等许多可歌可泣的动人故事，数以万计的进疆人员为开发新疆、建设新疆做出了巨大贡献。1981年，以邓小平同志为核心的党的第二代领导集体，根据新疆发展稳定的实际需要，决定恢复曾于1975年撤销的新疆生产建设兵团，使得兵团这样一支以内地入疆人员为主的建设大军得以继续发展壮大，发挥着推动经济社会发展、增进民族团结、维护社会稳定和祖国统一的中流砥柱和铜墙铁壁作用。1978年恢复高考后的一批批大学毕业生也相继加入到推动新疆发展的队伍当中。1996年，以江泽民同志为核心的党的第三代领导集体，决定实施以干部援疆为主的对口支援新疆工作。2005年，以胡锦涛同志为总书记的党中央，就加强对口支援南疆贫困地区工作作了进一步部署，将援疆工作由"干部援疆"为主逐步拓展到"干部援疆与经济援疆"相结合。13年来，援疆干部发挥了重要的桥梁纽带作用，与新疆各族人民一道艰苦奋斗、开拓进取，扩大了内地与新疆经济技术交流，为新疆发展稳定和民族团结做出了重要贡献，赢得了新疆各族干部群众的信赖和尊重，对口援疆已经成为新疆发展的强力"助推器"综观新中国建立后的历史，新疆的发展是与全国人民的支持和支援紧密相连的。

当前，我国正处在全面建设小康社会的关键时期，新疆也处在发展和稳定面临重大机遇和挑战的关键阶段。从机遇来看，一是我国正处在工业化、现代化加速发展阶段，对资源、能源等需求必将快速增长，这客观上为新疆优势资源开发转化创造了有利条件。二是随着西部大开发战略的深入推进，新疆作为西部大开发的重点地区将获得国家更多的政策倾斜和资金支持，这为加快新疆经济社会发展提供强大支撑。三是我国对外开放正在由沿海向沿江沿边、由东部向中西部、由广度向深度拓展，新疆作为我国向西开放的重要门户，区位优势进一步凸显，开发开放的潜力将得到更多释放。从挑战来看，一是经济社会发展基础相对薄弱，总体水平还较落后，一些重要的经济指标在全国位次出现下降趋势，2009年与1999年相比，新疆地区生产总值在全国的位次从第15位退到第25位，人均地区生产总值从第13位退到第21位，城镇居民人均可支配收入从第17位退到第30位，与全国平均发展水平特别是东部地区的发展水平差距进一步拉大。二是自我发展能力还很弱，经济结构不合理，本地企业规模竞争力弱，中央企业主导的石油化工产业占工业比重近70%，新疆天然气就地加工和民用率仅为16.7%，棉花区内加工比重只有14%，资源优势未得到充分发挥。三是交通基础设施建设滞后，不能满足经济社会发展需要。进出疆运输通道少，物流成本高昂，产品至内地市场的运输距离长、费用高，如南疆喀什地区的棉花销往华东地区，运距远达5000公里，明显削弱了新疆产品的市场竞争力。四是自然条件十分恶劣，水资源时空分布不均，荒漠化土地面积占总面积的45%以上，80%的草原出现不同程度的退化、沙化，人工绿洲只占全区总面积的4.25%，天然绿洲不断萎缩。五是敌对势力的分裂破坏活动仍然比较严重，境内外"三股势力"妄图把新疆从祖国领土分裂出去的行为一刻也没有停止过，去年发生的乌鲁木齐"7·5"事件就是一起由境内外分裂势力精心策划组织的打砸抢烧严重暴力犯罪事件，这起事件不仅造成了严重的人员伤亡和财产损失，危害了社会稳定和民族团结，而且对新疆经济社会发展造成了严重影响。从总体上看，新疆反分裂任务还十分繁重，在推进经济发展的同时，必须花费相当的精力维护国家安全和社会稳定。总之，新疆加快发展有基础、有条件、有希望，也有困难、有制约、有挑战。

面对新形势、新任务，从去年下半年起，中央筹备新疆工作座谈会，全面总结新疆发展稳定工作取得的成绩和经验，研究提出新疆未来一个时期发展的战略目标和总体要求，同时对促进新疆加快发展、实现长久稳定作出工作部署和政策安排。对口援疆作为推动新疆发展稳定的有效方式，受到中央的高度重视，与其他重大问题摆在同等重要位置研究决策，对口援疆成为中央支推动新疆跨越式发展和长治久安整体战略安排中的重要组成部分。为了做好新一轮对口援疆工作，在召开新疆工作座谈会之前，还于今年3月底中央专门召开全国对口支援新疆工作会议作了动员部署，举全国之力，集全国之智支援新疆，帮助新疆破解发展难题，释放发展潜力。

（二）新一轮对口援疆工作对新时期做好新疆工作具有特殊重要意义

过去的实践证明，对口支援新疆对推进新疆经济社会发展是行之有效的重大举措。在新形势下，进一步加强和推进对口支援新疆工作，必将促使新疆经济加快发展、民生明显改善、民族更加团结、社会更加稳定，不仅具有重要的经济意义，而且具有深远的政治意义。

进一步加强和推进对口援疆工作，是贯彻"两个大局"思想、促进区域协调发展的战略措施。20世纪80年代末，邓小平同志提出了"两个大局"的战略构想，即沿海地区要加快对外开放，先发展起来，从而带动内地更好地发展，这是一个事关大局的问题，内地要顾全这个大局；反过来，发展到一定的时候，又要求沿海拿出更多力量来帮助内地发展，这也是个大局，那时沿海也要服从这个大局。经过30多年的改革发展，东西部地区的区域差距进一步扩大，东部地区经济总量远远超过了西部地区，已经积累了较强的经济实力。1978年东部与西部GDP相差588亿元，到2009年相差12.8万亿元，1978年，东部GDP总量占全国的44.8%，之后比重一路上升，到2005年达到56%的峰值，此后虽有下降，但仍超过50%。2009

年东部以仅占全国9.5%的国土面积、约37%的人口，创造了全国53.7%的GDP。新疆经济发展在西部地区又处于中下水平，2009年新疆GDP仅占西部地区的6.4%，在西部12省（区、市）中列第7位。在东部地区率先发展、经济实力不断壮大的过程中，西部地区以不同形式作出了不小的贡献。现在到了东部地区拿出更多力量来帮助内地发展的时候了，东部地区对欠发达的西部地区的援助不仅是一种无偿支持，在某种意义上说也是必要的回馈。新疆地域辽阔，资源丰富，区位优势突出，随着中央促进新疆加快发展的支持政策和重大项目的实施，新疆发展环境必将得到极大改善，发展潜力不可限量。在这个关键时期，有了各地支援助推新疆一把的力量，新疆的发展步伐就会大大加快。这样，不仅能够尽快缩小新疆与全国平均发展水平和公共服务水平的差距，推进新疆经济社会跨越式发展和长治久安，而且有利于促进区域协调发展，拓宽我国经济发展空间，为全国发展做出更大的贡献。

进一步加强和推进对口援疆工作，是发挥社会主义制度优越性、巩固和发展各民族大团结的重要体现。我国是由56个民族组成的大家庭，在社会主义制度下我们建立了平等、团结、互助的新型民族关系，而新疆又是我国多民族聚集的地区，区内有47个民族，其中主体民族13个，少数民族人口约占60%，这种高比例是其他4个民族自治区不可比拟的，同时新疆又是边疆地区、欠发达地区，贫困人口量大面广，贫困程度很深，有的甚至缺乏最基本的生存条件。加快少数民族和民族地区发展，最终实现各族人民共同富裕，是党的民族政策的根本出发点和归宿。兄弟省市之间平常时日相互帮助、关键时刻同舟共济，是中华民族的优良传统，更是我国社会主义制度的内在要求。特别是在困难时候，雪中送炭、帮扶一把，就更加珍贵，其所产生的实际效果不一样，凝聚的感情也不一样，它更能够使新疆各族人民感受到祖国大家庭的温暖，进一步加深与内地各族同胞间的兄弟情谊，促进各民族的交往交流交融，巩固和发展各民族大团结。

进一步加强和推进对口援疆工作，是增强新疆自我发展能力、促进新疆跨越式发展的有效途径。新疆是我们伟大祖国的一块宝地，拥有丰富的自然资源，特别是石油、天然气、煤炭预测资源量分别占全国的30%、34%和40%，还拥有突出的地缘区位优势和独特的自然风光等旅游资源。但由于历史、自然等多方面的原因，新疆在资金、技术、人才、管理等方面的制约因素仍十分突出，新疆财政支出高于地方财政收入近1000亿元，主要依赖国家转移支付；人才培养能力落后，现有人才流失严重；技术创新能力十分薄弱，这些问题依靠自身力量短期内还难以解决。对口援疆，当然离不开资金投入，但也不仅仅是给钱给物，更为重要的是建立有效机制，把支援方，在技术、人才、管理等方面的优势，与新疆自身的比较优势和后发优势结合起来，帮助新疆破解难题，增强自我发展能力。例如，在经济方面，新疆缺少富有创新活力的新的增长点，借助内地的管理水平和操作经验，可以在有条件的受援县市建成几个具有较强辐射、带动、示范效应的产业聚集园区，加速推进经济结构调整和新型工业化进程；又如，在教育方面，推进新疆双语教育是当务之急，但目前的主要问题是缺师资，可以通过向受援地区派教师或培训培养受援地区教师的办法，解决部分师资短缺问题；再如，在人才方面，由于新疆地处偏远，条件比较艰苦，当前主要问题是人才紧缺、现有人才留不住，可以通过制定更加优惠的政策，增加专业技术人才援疆的比例，或通过双向挂职、两地培训等办法，把人才更多地引向受援县市。通过在这些方面多想办法、多做探索，对口支援新疆就能够进一步激发内生动力、增强"造血"机能，提升自我发展能力，推动新疆跨越式发展。

进一步加强和推进对口援疆工作，是促进新疆社会和谐稳定、实现长治久安的必要保障。占国土面积六分之一的新疆是我国西北的战略屏障，新疆如果不稳定，国家的稳定就无从谈起。新中国成立以来，我们同新疆分裂势力的斗争一直没有停止过，必须做好与分裂势力进行长期斗争的思想准备和工作准备。"边疆强则中国安"。实践证明，发展是硬道理，实现长久稳定的基础还在于发展，要实现新疆的长治久安，就必须加快推进新疆经济社会发展。也只有加快发展，才能取得反分裂斗争的主动权，使分裂势力难有可乘之机，作为促进新疆发展"助推器"的对口援疆，可以为新疆的和谐稳定、长治久安提供重要保障。与此同时，通过对口援盟，实施一批民生工程，可以迅速改善当地群众生产生活条件，使老百姓得到更多实惠，可以强化新疆与内地的联结纽带，增进区域间的交流融合，筑牢长治久安的物质基础。

（三）中央审时度势、集思广益对新一轮对口支援新疆工作做出精心安排

作为《中共中央、国务院关于推进新疆跨越式发展和长治久安的若干意见》的重要配套文件，《实施方案》是在中央直接领导下，总结以往对口支援工作经验，根据新形势的要求，经过大量调查研究、周密测算、广泛听取意见后研究制定的，是一个与时俱进、深谋远虑的战略决策。

新一轮对口支援新疆工作方案是在中央直接领导和推动下研究制定的。胡锦涛总书记等党中央、国务院领导同志对对口援疆的结对关系、援助资金筹措等重大问题多次做出重要指示，对许多具体政策问题亲自主持研究，作出决策。其他许多中央领导同志对《实施方案》的制定及所涉及的一些重大问题或作出重要指导，或组织研究协调。今年2月份，国务院召开第102次常务会议，讨论并原则通过了《实施方案（送审稿）》。3月份，胡锦涛总书记先后主持召开中央政治局常委会、中央政治局会议，审议通过了《实施方案》。3月底，中央召开全国对口支援新疆工作会议，对新一轮对口援疆工作进行动员部署。这么多的中央领导同志直接进行指导，中央召开如此多且规格高的会议来研究某一专项工作，是比较少见的，足见中央对此项工作的高度重视。可以说，《实施方案》的研究、审议和部署，凝聚了党和国家领导人的心血，集中了各方面的智慧。

新一轮对口援疆工作方案是在充分吸取过去成功经验和有效做法的基础上研究制定的。新一轮对口援疆工作方案既继承了过去援疆工作的有益做法，又充分借鉴汶川地震灾后恢复重建对口援建成功经验，并从新疆实际出发做了适当改变。一是进一步加大干部援疆力度。1996年，中央决定由内地14个省市、中央国家机关和中央企业开展干部援疆以来，先后分六

批选派了 3749 名援疆干部，累计为新疆无偿援助资金物资 39 亿元，建设了一批基础设施项目，完成了一批民生工程，实施了一批产业合作项目，培训了一批实用技术人才，有效改善了各族群众的生产生活条件，大大增强了新疆自我发展能力，取得了明显成效。新一轮对口援疆继续坚持把干部援疆放在突出位置，强化干部在援疆工作中的引领作用。二是建立稳定援疆资金投入机制。过去对口援疆对援助资金没有明确要求，援助资金缺乏保障性和协调性，使得援助项目的实施效果无法得到保证。新一轮对口援疆明确了支援省市每年的援助资金量，对统筹规划援疆工作和有序推进项目实施创造了有利条件。三是适当调整企业援疆要求.考虑到过去参与援疆的中央大型国有企业，基本上都进行了股份制改造，不少已经公开发行股票上市，基于制度上的考虑，不宜对企业援疆提出量化援助资金要求；但同时考虑，企业作为社会的有机组成部分，是需要承担社会责任的，这一点在西方资本主义国家都是如此，在我们社会主义制度下的国有企业更应如此。因此，新一轮对口援疆虽然没有对企业援疆提出硬性的具体要求，但是也明确提出，鼓励企业参与对口援疆工作，在疆中央企业尤其要加大项目建设力度，带动当地发展经济和劳动力就业，造福各族群众。这些基于新时期新形势、结合新疆实际做出的延续和改变，进一步完善了现有对口援疆机制。

新一轮对口援疆工作方案是在广泛听取各方面意见前提下研究制定的。援疆工作方案的制定，不仅牵涉到中央有关部门，更与支援省市和受援地区的利益直接相关。在制定方案过程中，我们充分听取了支援省市和有关部门的意见，并统筹考虑了受援地区实际情况。一方面，认真听取了支援省市和有关部门的意见。在实地调研基础上，经反复研究测算，发展改革委会同中组部、财政部、中央新疆工作协调小组办公室等部门于 1 月下旬，提出了《实施方案》初稿，随即发送中央国家机关有关部门征求意见。其间，财政部两次就对口支援资金筹措相关政策问题，听取支援省市财政厅（局）长的意见。2 月初，国家发展改革委、财政部主要负责同志进一步就这个问题分别听取了 19 个支援方省市政府主要负责同志的意见。根据反馈意见，又对《实施方案》作了修改完善。比如，在支援资金筹措上，下调了支援省市援助资金比例，适当减轻了支援省市的负担；在支援重点任务上，不面面俱到，把重点放在改善民生上，并明确禁止搞"楼堂馆所"和形象工程；在支援操作方式上，提出先行试点，积极探索经验，避免援建操作过程中的风险。等等。在此基础上，再次征求了有关部门和地方意见，形成了《实施方案（送审稿）》。3月份，全国对口支援新疆工作会后，针对有关地方和部门在会上提出的意见，又对《实施方案》作了进一步修改完善。另一方面，充分考虑了受援地区实际情况和需要。在确定受援地区范围、测算受援地区资金需求、调整结对关系、明确援疆工作重点等方面，我们都进行了实地调研，充分听取新疆方面的意见，尽可能反映新疆的实际需求。在召开全国对口援疆工作会议前夕，中央领导同志几次专程到新疆考察，专门听取新疆维吾尔自治区和兵团特别是受援地区干部群众对新一轮对口援疆工作的意见。调研和征求意见的过程，可以说是我们不断深化认识、统一思想、完善思路、细化措施的过程，也是将需要和可能合理对接、科学平衡的过程，这是确保《实施方案》具有可操作性和有效性的关键一环。

**二、领会精髓，准确把握新一轮对口援疆工作的主要特点和基本要求**

新一轮对口援疆工作是新时期、新形势下举全国之力支持新疆发展的重大举措。新一轮对口援疆工作既继承了以往对口支援工作好的经验和成功做法，又根据当前形势和发展需要作出了创新性安排，设定了新目标、建立了新机制、明确了新任务、提出了新要求，有许多亮点和特点。做好对口援疆工作，首先要领会和把握好《实施方案》中的这些精髓。

（一）新一轮对口援疆紧扣实现新疆跨越式发展和长治久安的总体目标

实现新疆跨越式发展和长治久安是中央基于现实基础和未来需要提出的总体目标。《实施方案》提出的理念、内容、任务都紧紧扣住了这一目标要求，特别是据此分两个阶段提出了未来 10 年对口援疆工作的基本目标。

第一阶段（2011—2015），围绕中央提出的"到 2015 年新疆人均地区生产总值达到全国平均水平，城乡居民收入和人均基本公共服务能力达到西部地区平均水平，基础设施条件明显改善，自我发展能力明显提高，民族团结明显加强，社会稳定明显巩固"的总体要求，对口援疆工作相应提出"力争 5 年内，使新疆特别是南疆地区经济发展明显加快、各族群众生活明显改善、城乡面貌明显改观、公共服务水平明显提高、基层组织建设明显加强"。这两个目标之间，后者是前者的重要支撑，也是实现前者的必要条件，应该说前 5 年所提出的目标是比较高的，这既是新疆发展稳定形势的迫切要求，也是基于全国全面实现建设高水平小康社会战略目标的需要考虑的。一方面，这 5 年的任务本身就十分繁重，有许多难关要攻克，也有一些"硬骨头"要啃，是破解难题的关键阶段；另一方面，这 5 年也是打基础、强根本的时期，这五年的工作做得扎实一点，就能够为后一阶段的加速发展打通要害、铺好路子、创造条件，决定着未来发展的潜力和后劲。目标的设定也充分考虑到了现实可能性。只要利用好现有条件，通过对口支援和其他工作，是可以实现这个目标的。2009 年，新疆人均地区生产总值为 19926 元，为全国平均水平的 79.1%，列全国第 21 位，城镇居民收入为 12258 元，为西部地区平均水平的 86.2%，列西部地区第 11 位，这两项指标均与中央提出的目标有一定差距，也就是说未来 5 年新疆经济发展速度必须高出全国平均水平、城镇居民收入增长必须高出西部地区平均水平，才能够实现中央提出的目标。从这一点上看，中央提出加大对口援疆工作力度是十分必要的。

第二阶段（2016—2020），中央对新疆工作提出了"到 2020 年促进新疆区域协调发展、人民富裕、生态良好、民族团结、社会稳定、边疆巩固、文明进步，确保实现全面建设小康社会的奋斗目标"的总体要求，与之相对应，对口援疆工作提出"经过 10 年的不懈努力，使新疆显著提高自我发展能力，最大程度地缩小与内地差距，确保 2020 年实现全面建设小康社会目标"，这一目标确定是服从和服务于中央关于推进新疆跨越式发展和长治久安的总体要求的。后 5 年目标的确定，充分考虑了前 5 年的工作基础和成效，这里面最核心的是确保实现全面建设小康社会。根据国家统计局全面建设小康社会指标体系测算，2008年新疆实现小康程度是58.6%。按照2000—2008年期间新疆实现全面建设小康社会的程度年均提高1.66个百分点的速度计算，到2020年新疆的全面建设小康社会实现程度只能达到78.6%。因此，要实现到2020年新疆与全国同步实现全面建设小康目标，任务仍然很艰巨。因此，在第二个阶段，也必须以"只争朝夕"的精神和艰苦卓绝的努力，大力推进各项工作。

（二）新一轮对口援疆确立了稳定有效的工作机制

新一轮对口援疆适当调整了原结对关系，首次明确了援助实物工作量，这是新一轮对口援疆工作不同于以往的突出特点。这样做，将使得援疆机制更加完善、援疆工作更加有效。

首先，建立新的结对关系。科学合理地安排好结对关系，有利于更好地落实支援任务和责任，有利于更好地调动支援和受援双方的积极性和能动性。中央从战略高度出发，基于全局利益出发，对原有对口援疆结对关系作了适当调整。我想说明的是，保持原有结对关系的确有不少好处，既便于降低支援省市与受援地区衔接工作难度，也可以减少制定《实施方案》中许多工作量。但是新一轮对口援疆工作不同于以往，一方面支援省市数量增加、受援地区范围扩大；另一方面支援领域更加宽广、投入力度大幅增加、工作要求明显提高。这些新形势、新情况很难使我们原封保留已有的结对关系，必须对之作出适当调整。新的结对关系主要做了三个方面的调整。一是扩大对口支援范围。原来由省市支援的受援方从10个地州56个县市，扩大到新疆12个地州的82个县市和新疆生产建设兵团12个师，几乎覆盖了新疆所有县市。这一安排既考虑了援助资金总量的增加，又考虑了受援地区的实际困难。从支援方看，支援省市的数量也从原有14个增加到19个，新增加了安徽、山西、黑龙江、吉林4个省；同时，考虑到深圳市在以往对口支援新疆、西藏、三峡库区和汶川地震灾后恢复重建中发挥的积极作用，以及深圳市的财力状况，这次将深圳市单列作为一个支援方。还有部分省市主动提出参加对口援疆工作，中央综合考虑各方面因素，没有将其纳入支援省市范围。从受援方看，考虑到新疆内部不同少数民族地区之间的平衡问题，原来由企业对口援疆的县市，这次都安排省市对口支援，因此，这次受援地区范围从过去以南疆地区为主，扩大到基本覆盖全疆。二是适当调整结对关系。这次调整结对关系是在原有对口支援关系的基础上，根据支援方财力状况和受援方困难程度，本着集中连片、适当调整的原则，兼顾资金匹配、地域相连、原有结对关系基础、特点相近或者优势互补等多个因素进行的。支援方援助财力安排是根据各个地方的经济实力特别是财政实力确定的，这一点我在后面还会讲到。受援方困难程度主要是由受援县市的人均GDP、人均财政收入、居民人均收入以及县市总人口这几个主要因素综合平衡核定的。新的结对关系充分考虑了各方面的要求，但是由于要权衡的因素太多，很难逐一满足。一些省市调整了结对关系，个别省市还要对口支援两个地州，这客观上给支援省市增加了工作难度，需要我们在援疆工作中克服困难、付出更多努力。比如，考虑受援方困难程度和支援方发达水平相匹配，北京、上海、广东、江苏等条件最好的地区，对口援助贫困程度最深的南疆三地州；又如，尽量保持原有对口支援关系，湖南、湖北、福建等一些省市，基本上维持了原来结对关系；同一省份支援地区的地域相对集中，除江苏省外基本上做到了一个省市对口支援一个地州，对口支援同一地州的县市尽量做到了地域相连；再如，充分考虑受援方与支援方的自然特点、产业特点相似性，东北三省对口支援气候条件相似的北疆塔城、阿勒泰地区，产煤大省山西对口支援同样拥有丰富煤炭资源的阜康市和兵团农六师，产棉大区阿克苏地区由纺织业较发达的浙江省对口支援。三是注重兵地统筹。过去的对口援疆安排中，兵团没有省市对口支援，只有一些大型国有企业负责对口支援，力度相对较弱，也造成了兵团与地方之间的不平衡。兵团是新疆维吾尔自治区的重要组成部分，担负着屯垦戍边的重要历史使命，是巩固边疆、维护国家统一的坚固壁垒和发展经济、团结各族人民的坚强柱石。兵团的发展壮大关系到新疆发展稳定全局。当前，兵团发展面临着许多困难和问题。主要是，产业结构层次较低，第一产业比重高达35%；公共保障能力不足，兵团团场连队运转经费缺口高达30亿元，主要由团场职工负担，目前全兵团承包职工负担总额仍有20亿元；职工住房条件差，兵团职工住房多为土木或砖木结构的平房，建设标准低，抗震能力弱；团场干部职工队伍不稳，汉族人口流失现象明显，职工子女不愿意在团场就业，2002—2008年，新疆生产建设兵团团场子女考上大学的5.7万人中，毕业回兵团的仅2721人。正是基于兵团的特殊地位和特殊困难，在推进新疆实现跨越式发展的新阶段，兵团实力只能加强不能削弱，因此，新一轮对口援疆把兵团比较困难的12个师纳入了支援范围，并在支援资金数量分配上对兵团给予了适当倾斜。

其次，明确援助实物工作量。过去10多年的援疆工作，主要以干部援疆为主，中央对各支援省市的援助资金没有炭出明确要求，援疆资金安排主要是根据支援方与受援方商定，缺乏稳定的投入机制。新一轮对口援疆工作，借鉴汶川地震灾后恢复重建对口援建经验，明确支援省市要拿出地方财政一般预算收入的一定比例作为援助资金。中央在制订对口援疆资金筹措方案时，充分听取有关部委和支援省市意见，作了详细周密的研究，尽量减轻支援方负担，做到公平、合理。一是在确定资金比例时，根据支援省市的财力状况，对支援省市进行分档，对口支援资金量参照地方财政一般预算收入的0.3%–0.6%测算。对于财政实力相对较强的北京、上海、深圳3市，这一比例稍高一些，为0.6%；天津、江苏、浙江3省市次之，为0.5%；辽宁、山东、广东（不含深圳）3省再次之，为0.4%；福建、河北、山西、吉林、黑龙江、安徽、江西、河南、湖北、湖南10省最低，为0.3%。这里面东部沿海省份投入比例大部分高于中部、东北地区，但是，考虑到福建省虽为东部沿海省份，但财力相对困难，给予了适当照顾；东北地区辽宁省条件稍好，比例稍高一些。二是在确定实施时间时，考虑到汶川地震灾害援建尚未结束，为不过于加重支援地区的财政负担，明确从汶川地震灾害援建结束后，即2011年开始全面实施，并先只确定前5年的支援资金筹措比例，后5年届时另行研究。三是在计算援助基数时，考虑到教育费附加、排污费、水资源费等专项收入，公安、法院等行政事业性收费收入和城市维护建设税等部分法律法规规定有专门用途的收入项目，地方不能够统筹安排，从作为计算基数的一般预算收入中做了扣除。四是在确定援助资金增长幅度时，2012—2015年，对上年地方财政一般预算收入增长率高于8%的，当年对口支援资金量按8%递增；低于8%的，按实际增长率递增；负增长的，除发生特大自然灾害以外，按上年对口支援资金量安排，这样既确保援助规模的稳定增长，也有利于支援地区和受援地区提前做出统筹安排，促进援助规划的衔接和实施。按照上述计算方法，2011年支援资金总量为110亿元左右，"十二五"期间援疆资金将达600多亿元资金。这些资金要与中央支持资金统筹结合起来使用，重大基础设施建设原则上应以国家和新疆投资为主，同时吸引社会投资，不宜使用对口援助资金。这样做，能够确保对口援助资金更多地投向教育、卫生、就业等民生领域，使之发挥更大作用和更好效果。

第三，实施全方位援疆。这次对口援疆不仅加大了援助力度，还拓展了援助领域。新一轮对口援疆是经济援疆、干部援疆、人才援疆、教育援疆、科技援疆协同推进的全面援疆。针对新疆教育发展落后特别是双语教师短缺问题，把教育援疆摆在突出重要位置，支援方要将解决新疆双语教育师资短缺问题作为重点，加快选派一批高素质、有责任心的符合双语教学要求的老师到新疆去。为有效缓解新疆科技创新能力低的制约，在《实施方案》研究制定的最后阶段专门提出实施科技援疆，目的是要利用支援省市在科技水平、创新能力、科研人才方面的优势，将更多的实用技术与受援地的比较优势结合起来，推动产业结构优化升级，并逐步帮助当地增强科技创新能力。前不久，北京市主要领导带队赴新疆和田地区开展对口援疆实地考察，发现利用北京一家科技企业的专利技术可以将当地的沙子制造为建筑用砖，从而通过科技变废为宝。这一实例说明，科技援疆并非可有可无，它对于提升当地产品层次和产业水平、增强自我发展能力、建立"造血"机制是很重要的。在干部和人才援疆方面，经过10多年的实践，支援省市已积累了丰富经验。从当前的形势和新疆的实际需要看，要注意把握好援疆干部和援疆专业技术人才的比例，多派一些当地紧缺的农业、畜牧业、特色养殖业、煤电煤化工产业、教育、医疗等方面的紧缺专业技术人才。要通过编制对口援疆专项规划，把经济、干部、人才、教育、科技这五个方面的援疆工作有机结合起来，并使援助资金和项目与之相匹配。总之，各支援省市要结合受援地的实际，多想办法，多做探索，以资金援疆为切入点，带动更多的干部、人才、技术到新疆去，把自身资金、技术、人才等方面的优势与新疆资源优势结合起来，逐步建立起有效的全方位对口支援机制。

（三）新一轮对口援疆重点突出、着眼点明确

新一轮对口援疆工作《实施方案》还有一个重要特点，就是在支援重点领域、重点地区和支援着眼点上都有明确指向。

首先，把保障和改善民生作为援疆工作的重点领域。新疆的民生问题十分突出，特别是少数民族群众仅有微薄的农业收入，致富无门、就业无路、生活极端贫困，已成为影响和制约经济发展、社会稳定的重要方面。主要体现在：一是收入水平低下。2008年新疆城镇居民人均可支配收入和农民人均纯收入分别为11432元和3502元，相当于全国平均水平的72.4%和73.5%。二是贫困问题突出。全区贫困人口还有207万人，占全区农牧民人口的16.1%。三是社会保障体系不完善。城镇社会保险覆盖面较窄，企业离退休人员基本养老金水平低；社会救助水平偏低，城市最低生活保障标准列全国倒数第二。同时，住房、教育、卫生、就业等方面问题也十分突出。

民生连着民心，民心关系发展和稳定。改善民生是发展的目的，也是稳定的基础。因此，这次中央支持新疆发展的政策项目中，将着力解决民生领域的突出问题放在首位，在城乡住房、双语教育和职业教育、医疗卫生、扩大就业、完善社保体系等方面提出了许多有针对性的举措。新一轮对口援疆工作作为中央新疆工作总体部署的重要组成部分，毫无疑问也要把工作重点放在改善生产条件、提高生活水平上。在对口援疆工作中，要正确处理好上项目与惠民生的关系，宁愿少上几个大项目，也要集中力量先办几件亟待解决的民生大事、实事。需要特别指出的是，支援省市在帮

助当地解决民生问题时，要与中央支持新疆的政策、项目和资金安排结合起来，统筹规划、相互配合、发挥合力。《实施方案》结合援疆工作的特点，提出了以下几项重点任务。一是下大力气帮助解决困难家庭住房问题。安居才能乐业，安居才能安定。新疆还有许多农民住房条件很差，目前全疆农村危房有200多万户，有的地方还是"干打垒"，喀什、克州等处于地震带上，震后重建房屋标准很低，生活设施十分简陋；同时，还有20多万户城市棚户区危旧住房。对口援疆工作要把解决新疆困难地区的农村住房和城市棚户区改造作为重点任务，力争5年内群众居住条件得到较大改善。二是努力帮助解决教育卫生问题。新疆教育医疗水平相对落后。2008年，新疆学前三年毛入园率、高中阶段和高等教育毛入学率分别低于全国平均水平5、13和2个百分点，全区还有156万名少数民族学生没有接受双语教育；群众"看病难、看不起病"的问题十分突出。为此，新一轮对口援疆要把教育援疆放在重要位置，着力帮助受援地解决双语教学师资短缺问题，进一步扩大内地新疆高中班规模，举办内地中职班；同时，重点帮助当地加强县乡村三级医疗卫生机构基础设施建设和基本设备配置，并搞好医务工作者的培训和支援。三是千方百计帮助解决就业问题。新疆就业再就业矛盾尖锐，今后几年，自治区城镇每年新成长劳动力55万人，目前每年只能吸纳35万人，每年约有20万人不能就业。在援疆工作中，一定要注意在实施援建项目建设中更多地吸纳当地群众就业，帮助地方多引进一些就业容量大的劳动密集型企业，并积极组织城镇待业人员和农村富余劳动力开展职业培训，促进向内地就业。

其次，把南疆等困难地区作为援疆工作的重点地域。新疆困难地区较多，贫困面广、贫困人口比重高、贫困程度较深。全区共有27个国家级扶贫开发工作重点县和42个国家级贫困团场，还有32个边境县和58个边境团场；全区贫困人口占了全区农牧民总人口的16%左右。在这些困难地区中，南疆地区特别是喀什、克州、和田三地州的问题又十分突出，这一地区不仅是全国最典型的集中连片贫困地区之一，而且历来是反分裂斗争的前沿阵地。举一组数据，大家就会对南疆三地州经济社会发展现状有个初步认识。2008年，三地州少数民族人口占总人口90%以上，人均GDP仅为全区平均水平的28.6%，财政自给率不足20%；有6个乡镇、654个行政村不通公路，有4个乡、104个村、40万人没有通电；共有19个国家扶贫开发重点县市，占全区贫困县的70.4%；人均受教育年限仅为6年，初中毕业生升学率仅为28.5%，高中毛入学率仅为33.1%；还有20万城市人口、100万农村富余劳动力需要就业或转移就业。

从一定意义上说，新疆问题在很大程度上是南疆问题，南疆不发展，新疆就难以实现跨越式发展，南疆不稳定，新疆就不能实现长治久安。新一轮对口援疆工作方案将南疆等困难地区作为重点，在结对子上安排了北京、上海、广东、江苏等出资比例较高、实力相对较强的省市对口支援南疆三地州县市，在支援资金安排上给予了重点倾斜。在此，我还想强调一点，南疆三地州作为支援重点，不仅贫困程度深，需要投入资金多；而且社情相对复杂，工作中需要考虑更周全。因此，对口支援南疆三地州的省市，要对支援工作的艰巨性和复杂性有充分认识，在选派干部、输送教师医生、实施项目建设的过程中，要多与当地政府特别是相关利益的群众加强沟通，多了解壮情、多听取意见，做足思想、组织准备，要有应对危机和处置突发事端的能力。

第三，把培育新疆自我发展能力作为援疆工作的着力点。对口支援新疆既不同于对口支援西藏，西藏人少、缺氧，援助西藏重在改善民生，更多的是从政治意义考虑；也不同于对口支援汶川地震灾后恢复重建，对口支援汶川地震灾后恢复重建，更多的是出于人道主义考虑。新疆土地光热、能源矿产等资源十分丰富，现有农用地9.46亿亩，占全国的1/10，耕地面积6000多万亩，人均占有耕地2.95亩，是全国人均耕地数的2.1倍；年均日照时数居全国第二位；已发现的矿产有138种，其中有41种矿产探明资源储量居全国前10位，油气、煤炭等7种居首位。经过多年努力，新疆的优势资源开发已初具规模，新疆完全有条件依托优势资源的开发转化形成"造血"机制，不断增强自我发展能力，为新疆实现跨越式发展奠定坚实基础。

各支援省市要结合中央支持政策，在帮助当地搞好资源开发转化、培育壮大特色优势产业上出主意、想办法、做文章，将无偿经济援助与区域间经济合作交流有机结合起来，处理好政府引导和充分发挥市场作用的关系，积极探索市场经济条件下富有成效和互惠互利的援助路径与方式，特别是要在如下一些方面下功夫。要帮助打造产业聚集发展平台。产业聚集园区是二、三产业发展的重要载体，是重要的经济增长点。促进新疆产业聚集园区建设和发展，是加快推进新疆新型工业化进程的有效途径。支援省市要积极利用中央支持新疆产业聚集园区建设的政策措施，鼓励支援省市各类国家级园区利用资金、技术、管理、人才等优势对口支援新疆的产业聚集园区发展和建设，引导和支持支援地企业更多到新疆投资兴业，带动受援地经济发展和就业增加。要帮助培育特色优势产业。利用当地比较优势，培育一批有特色、有市场、有潜力的优势产业是促进经济发展的根基。支援省市要与受援地区一道，充分利用中央在土地、财税、投资、金融、进出口、产业等方面都制定的一系列有利政策条件，结合当地资源优势，大力发展一批有特色、有潜力的优势产业，推动新疆产业结构升级、提升自我发展能力。其中，关于土地和所得税方面的政策是非常优惠和独特的，具有很强的政策高地效应，要特别注意加以利用。要帮助培养造就专业人才队伍。造就一批专业人才是支撑经济社会持续发展的强劲动力，也是自我发展能力提升的重要标志。"授人以鱼，不如授人以渔"，支援省市要通过实施对口支援项目、骨干专业人才"传帮带"、进行专门培训等方式，努力把做项目、干事情和育人才、带队伍相结合，使得工程出精品的同时，实现队伍出人才，为新疆长远发展积蓄力量。

### 三、精心组织，切实有序推进对口支援新疆工作各项任务

全国对口援疆工作会议后，按照中央的部署要求，支援省市、受援地区和中央部门各就其位、各尽其职，开展了一系列卓有成效的工作。一是支援省市高度重视、行动迅速，前期调研和组织工作井然有序。根据全国援疆工作会的要求，支援省市迅速启动相关工作，如期完成了进疆调研、提出援疆初步思路、组建援疆机构等一系列"规定动作"。从4月初至5月

初，19个支援省市组成高规格的党政代表团，超过千人的调研队伍，在短短1个月的时间内，全部完成了进疆实地调研工作，形成了援疆初步思路和初步规划；所有支援省市都选定了援疆干部和专门人才、建立了援疆领导协调机制、组建了前方指挥部。不仅如此，不少省市还创造性地开展工作，先期启动了一批条件成熟、受援县市急需、百姓迫切需要的对口援疆项目，拉开了新一轮对口援疆工作的序幕。二是新疆受援地区全力动员、密切配合，对接和联络工作有条不紊。新疆维吾尔自治区和兵团分别成立了对口援疆领导机制，明确了一位省级领导负责联系一片地区的制度，并成立专门工作机构。各受援县市高度重视，主动做好对接，积极配合支援省市做好规划编制、项目筛选、干部衔接等前期准备工作。受援地区各族干部群众深受鼓舞、激情涌动，纷纷为对口支援工作建言献计、出谋划策。三是中央各有关部门积极部署、主动工作，各项协调服务工作稳步推进。国家发展改革委牵头研究建立对口支援新疆工作部际协调机制，近期拟召开对口援疆工作机制协调会议，正在研究拟定对口援疆专项规划管理办法和规划大纲；中组部进一步完善了干部人才对口支援新疆工作机制，并组织了援疆干部培训班；财政部指导地方落实援助资金来源及做好预算安排；教育部正在筹备建立教育援疆协调机制，提出了教育援疆的初步思路；科技部、林业局①等加强了原有的支援新疆工作机制，还有不少部门拟成立调研组赴新疆开展专题调研，并制定相应的工作方案。

好的开始是成功的一半。做好新一轮对口援疆工作的关键是抓好前5年，抓前5年的关键又在抓好当前工作。虽然，新一轮对口援疆各项准备工作进展顺利、开局良好，但是"一分部署、九分落实"，深入推进对口援疆工作还将面临不少的困难和问题，实施比谋划更具挑战性。对口援疆工作看似小、实际大，涉及政治、文化、民族、宗教等因素；看似窄，实际宽，包括经济、干部、人才、教育、科技等内容，必须以高度的责任心、强烈的使命感，采取切实可行的方式，调动一切积极因素，建立高效推进

---

① 林业局现为国家林业和草原局。

机制，绝力进行推动。

(一)要把统筹规划作为做好对口援疆工作的行动指南

规划是方向、是先导，也是约束条件。对口支援新疆工作成效如何，在很大程度上取决于能否科学规划。制定对口援疆规划是做好新一轮援疆工作的第一场战役，一定要打好。援疆必先知疆，目前各支援省市进疆初次调研任务已经完成，对受援地区情况有了初步认识，大多数支援省市已提出了对口支援规划初步思路或者完成了规划初稿。在此基础上，下一步要对规划目标、重点任务、项目选择作进一步深入论证，确保编制好一个科学合理的对口援疆规划。规划编制要既立足当前、符合实际，能够有效执行，又着眼长远，具有一定前瞻性。要把对口支援规划与国家和地方经济社会发展规划相衔接，结合受援县市、师团场实际情况，做好城镇和村落居民住房、城乡基础设施、工贸园区、农业示范园区、干部人才交流、支教支医支农等方面的专项规划。城镇和村落居民住房、城乡基础设施规划，起点要高，既要先进又要实用，既有民族特色又具备现代文明生活条件。产业聚集园区、农业示范园区规划并非县县都要搞，要根据受援地区实际情况，统筹考虑、科学决策。在编制规划过程中，要特别注重听取受援方特别是当地群众的意见，做好对接工作，使得规划建设的项目更具针对性和可操作性。还要根据援疆规划制定好年度实施方案，包括先做什么、后做什么、做到什么程度、什么时间完成等，按照"顺排工序、倒排时间"原则，全力推进实施。目前，各地已陆续开展了规划编制的基础性工作。按照中央要求，我委正在拟定对口援疆规划管理办法和规划编制大纲，待批准后下发实施。各有关方面应据此编制援疆规划并做好相关衔接工作，力争使援疆规划科学编制、有效实施。

(二)要把先行试点作为对口援疆工作的重要环节

先行试点是积累经验、探索路子的有效办法，是做好对口援疆工作的关键一环。新一轮对口援疆在目标要求、工作重点、组织形式等方面都有一些新变化，加之新疆远离内地、地域辽阔，许多地方冬季时间长、施工期短等特点，为了确保明年各项工作全面展开，相关准备工作要尽可能往前赶，做到早谋划、早部署、早实施。近一段时间以来，支援省市陆续赴疆，与受援地区研究协商确定了一批试点项目和工程，试点工作正在积极展开。如，在住房、教育、卫生等领域，

辽宁省已提前拨付 2 亿多元资金，实施了雪灾及雪融性洪水灾害重建任务、裕民县人民医院援建、裕民县第一中学改建、农九师 163 团 1 连屯垦戍边新型连队建设四大试点项目；北京市赠送 1.5 亿元启动资金，实施和田市棚户区改造项目一期工程、和田县抗震安居工程暨新农村建设、洛浦县人民医院病房楼建设等试点项目；河南省安排援助资金 1.27 亿元，用于抗震安居房建设、游牧民搬迁定居等 12 个试点项目；广东省拟在教育、卫生、新农村抗震安居房、棚户区危房改造等方面开展先行试点项目；深圳市投资 9250 万元，建设喀什市第十八小学、城乡社会福利供养中心和塔县人民医院 3 个试点项目；河北省确定了和静县农牧民生态移民搬迁定居、库尔勒市第三人民医院和农二师 29 团培训中心 3 个试点项目。在交通、能源等基础设施方面，吉林省安排了防洪应急、牧道桥建设、具备通电条件的无电村通电和江西省确定的连接阿克陶县城与新火车站的道路试点项目。在特色产业发展方面，山东、福建、安徽、山西等省结合受援地实际，确定了英吉沙县设施农业示范基地、闽奇（福建省与奇台县）现代农业园、皮山设施农业大棚、农六师 102 团大棚及冷棚等试点项目。在促进就业方面，江西省提出重点抓好培训 6000 人、劳务输出 2000 人的劳动力转移就业及培训工程。在这里要强调的是，试点工作要努力把握好以下几项原则，一是把兼顾类型和突出重点有机结合起来。鉴于对口支援涉及方方面面，并且紧扣实现新疆跨越式发展和长治久安这一战略目标，为探索经验，应当考虑试点领域的全面性，尽可能在涉及的领域都安排一些试点项目，但同时要切实突出民生这个重点，在民生领域多安排一些试点项目。二是把整体布局与因地制宜有机结合起来。试点项目的选择要紧扣对口援疆规划，注重整体布局要求，为地区协调发展和优化空间布局探索路径，同时，要

从地方实际出发，注重民族地域特色，体现可操作性。比如，建设城乡居民住房，既要考虑到城乡统筹和新农村建设的要求，又要充分考虑地域民族习俗，可以拿出若干种设计方案，多建几套不同风格、不同造价的样板房，供各族群众比较、选择。三是把体现示范和注重实用有机结合起来。试点是为了探索路子、积累经验，项目选择要注重典型性和可推广性，项目建设要体现规范性和前瞻性，同时，要立足于解决当务之急，有利于推进民生加快改善，经济社会加快发展，让普通老百姓看到对口援疆带来的实惠和好处。比如，搞富余劳动力职业培训的试点项目，就是能够既让老百姓直接得到实惠的事情，又是体现对口援疆一般工作要求的事项。

（三）要把加强领导作为做好对口援疆工作的基本保障

政治路线一旦确定，干部就是决定因素。组织领导是否得力是确保对口援疆能否顺利推进的关键所在。因此，《实施方案》要求，要高度重视、精心组织，建立强有力的对口援疆工作领导推动机制。首先，要高度重视。中央要求，各支援省市要切实将对口援疆工作纳入党委和政府工作的重要议事日程，把它作为自身工作的重要组成部分，与研究审议省市其他重要工作一样来谋划、安排和推进。其次，要健全机构。各支援省市要建立高层次领导机构及具体工作班子，组织指挥或协调推动对口援疆工作；同时派出得力干部参加受援地区党政领导班子，建立对口援疆前方指挥部，对口县市较多的省市还要根据工作需要成立分指挥部．国家层面也明确由国家发展改革委牵头，中央组织部、中央新疆工作协调小组办公室、教育部、财政部、人力资源社会保障部等有关部门参加，建立对口援疆协调机制，负责对口援疆的组织协调工作，国家发展改革委有关司局还将建立相关机构，承担具体协调服务工作。第三，要落实责任。各有关方面要将对口援疆的各项工作任务分解细化，逐项落实到各有关单位和个人，并相应建立责任追究制度。全国对口支援工作会议和中央新疆工作座谈会后，19个支援省市和新疆维吾尔自治区、新疆生产建设兵团及其受援县市（师团）都相继建立了对口援疆领导机构和专门工作班子，这为扎实推进援疆工作奠定了坚实基础。

## （四）要把促进互利作为对口援疆工作的重要原则

促进互利是促进对口援疆持续推进、调动双方积极性和创造性的的重要动力。《实施方案》提出把加强协作、促进互利作为对口支援的基本原则，支援方和受援方要加强协作沟通，把受援与合作结合起来，不断创新合作方式、拓宽合作渠道。我们认为，不能把对口支援狭义理解为和事实上搞成支援方对受援方的无偿援助，对口支援可以成为促进双方合作交流的途径，也可以成为实现互利共赢的平台，比如支援方可以通过产业转移，在着力培育受援方产业基础、提高自主发展能力的同时，优化提升自身的产业结构，转变发展方式，进一步拓展发展空间。事实上，中央在研究制定《实施方案》时，不仅提出了加强协作、促进互利的基本原则，而且在具体措施上还做了互利互惠的周到安排。如，结对关系的选择与调整时就充分考虑了支援方与受援方产业方面的匹配性与互补性。从目前情况看，支援方和受援方已经在这方面进行了有效对接，开展了卓有成效的工作。一些省市利用市场渠道、品牌影响等方面优势，帮助受援地区产品扩大市场和提升整体影响力。山西省积极发挥煤炭产业发展强省优势，积极帮助同样是煤炭富集区的阜康市和五家渠市推介煤炭、煤电煤化工等重大项目；福建省提出主动配合和参与昌吉州招商引资工作，发挥闽昌农业技术交流中心的合作平台作用，推动农业科技合作和农产品外销；湖南提出要发挥文化旅游等方面优势，帮助进一步宣传与推介受援的吐鲁番，促进吐鲁番旅游文化产业的发展。一些省市运用资金、技术等方面优势，帮助受援地区开发资源，打造优势产业。浙江省提出充分发挥阿克苏石油、天然气、煤炭等资源丰富和浙江省的技术、资本、市场优势，合作开发能源项目，充分发挥阿克苏棉花产量大和浙江纺织业生产经营实力雄厚的特点，实现两地的优势互补；河北省对口支援的巴州和农二师将采取非农土地和矿产资源划拨方式吸引河北省企业到新疆投资兴业；黑龙江省提出发挥农业产业化、地质勘探等方面优势积极与受援地区寻求合作渠道，促进共同发展。我们以为，这些思路和做法都很好，可以结合国家产业政策方向和双方的实际需要，进一步将其细化和实化。

## （五）要把跟踪检查作为做好对口援疆工作的有力手段

加强跟踪检查是做好对口援疆工作、把各项工作任务落到实处的不可或缺的制度保障。《实施方案》对对口支援的总体工作提出了要求，指出对口支援事关重大，各项工作都要坚持高标准、严要求。同时对一些重要方面提出了明确具体的要求，如强调要切实加强援助资金管理，精打细算、厉行节约，努力提高资金使用效率，对口援助资金安排和使用情况要向社会公开，主动接受社会监督，确保资金投向符合政策规定；强调严禁用援助资金搞党政办公楼建设，搞脱离实际的形象工程；强调各项援疆工程都要坚持质量第一，经得起时间和群众的检验，严格执行项目法人责任制和招投标、工程监理、合同管理、竣工验收等制度。为确保资金安全、干部安全、工程安全，实现阳光援建、廉洁援建，《实施方案》不仅做了有关制度性的规定，而且强调要及时加强跟踪检查和进行责任追究。一方面，加强体制内的检查监督。各有关部门和地方要定期组织检查考核对口支援工作任务完成情况和实施效果，适时对资金使用情况进行稽查审计；组织人事部门要将对口支援工作任务完成情况考核结果作为干部奖惩与任用的重要参考；国家发展改革委作为对口援疆工作组织协调的牵头单位，要会同有关部门及时了解工作进展情况，向党中央、国务院报告重大情况。另一方面，强化社会的公开监督。对口援助资金安排等要向社会公开，主动接受社会各界监督；同时加强对对口支援工作中先进人物和先进事迹的报道。

关于《实施方案》及其相关工作情况，我就解读和介绍到这里。对口援疆工作，责任重大、使命光荣。在座的各位都是具体从事新一轮对口援疆工作的骨干人员，是决定援疆工作成败的关键力量，各个方面对大家寄予了厚望。我们相信，在中央的正确领导下，在各个方面的有力支持和推动下，依靠支援、受援双方的共同努力和处于一线的同志们的辛勤工作，新一轮对口援疆工作一定能取得圆满成功和全面胜利，从而为实现新疆跨越式发展和长治久安做出重要贡献，在新疆发展的历史画卷中写下浓重的一笔，在国家现代化建设征程中立下令人景仰的丰碑。

# 全力做好新时期对口支援新疆工作[*]

新疆工作在党和国家工作全局中具有特殊重要的战略地位。做好新疆工作不仅是新疆的事情，也是全党全国的事情。历届中央领导集体都十分重视新疆工作，相继作出了一系列重大决策部署。对口援疆作为中央新时期新疆工作总体部署的重要组成部分，对促进新疆发展、维护新疆稳定具有十分重要的意义。同志们已经是第8批援疆干部了，大家完成培训后马上就要奔赴援疆工作一线，我很荣幸有这样一个机会和大家做深入交流。下面，我围绕贯彻落实中央支持新疆经济社会发展和对口援疆战略部署、进一步做好对口援疆工作做一个发言，供同志们参考。

## 一、对口援疆是推进跨越式发展和长治久安的重大举措

新疆肩负着不同一般的重要使命，而对口援疆在实现这种使命中发挥着不可替代的重要作用。

（一）新疆面临跨越式发展和长治久安两大战略任务

新疆的特殊区情和面临的严峻形势，使其肩负着跨越式发展和长治久安的双重战略任务。

1.从整体上看，新疆经济社会发展还处在比较落后的状态，迫切需要

---

[*] 按中央要求，国家发展改革委为对口支援新疆工作的组织协调牵头单位，具体职责由地区经济司承担。2013年8月下旬，由中央组织部、国家发展改革委主办的第8批援疆干部培训班在新疆维吾尔自治区乌鲁木齐市举行，本文系作者8月23日为培训班所做的讲话。

跨越式发展。

由于多种原因，目前新疆经济社会发展还处于相对落后状态。主要体现在以下几个方面。

第一，基础设施相对滞后，难以支撑发展需要。尤其在交通和水利两个方面比较突出。交通基础设施方面，疆内交通运输骨架网络不完善，进出疆运输通道少。铁路路网密度低、覆盖面不够，干线公路技术等级和网络化水平低，民航对外航班数量和密度不足。边境口岸设施建设落后，过货能力不足。新疆产品至内地市场交通运输不够通畅，物流成本高，明显削弱了产品的市场竞争力。水利基础设施方面，多数河流缺少控制性工程，水资源调蓄能力明显不足。农业灌溉工程老化失修、配套不完善。农村饮水安全、病险水库除险加固尚未全部完成，重要流域防洪设施比较薄弱。

第二，产业结构有待优化提升，自我发展能力不足。2012年，新疆一产比重17.5%，比全国平均水平高7.4个百分点。二产比重47.3%，比全国高2个百分点。三产比重35.2%，比全国低9.4个百分点。具体讲，其结构问题主要表现在以下方面：一是农牧业发展基础薄弱。农牧业基础设施、技术支撑与保障体系薄弱，技术装备水平不高。农民收入来源单一，家庭经营收入中来自第一产业的比重占80%以上。二是工业结构畸轻畸重。2012年，新疆规模以上轻、重工业增加值之比为8:92，重工业比重畸高，比全国平均水平高30多个百分点；石油工业增加值占工业增加值的比重约为49%；国有及控股经济比重约为70%，非公有制经济比重仅为30%左右。三是服务业发展缓慢。服务业占地区生产总值的35.2%，且以传统服务业为主，生产型服务业比重低，现代服务业发展滞后。此外，从对外开放看，新疆经济外向度低，加工贸易占货物出口额的比重不到1%。改革开放以来，新疆累计实际使用外资30亿美元，仅占全国总量的2.3%。

第三，民生问题突出，社会保障水平低。主要体现在5个方面：一是城乡居民收入水平较低。2012年，新疆城镇居民人均可支配收入17921元，是全国平均水平的73%。农民人均纯收入6394元，是全国平均水平的80.8%。二是贫困问题突出。全区有扶贫工作重点县35个（其中国家扶贫重点县 27 个），需要实施整村推进的贫困村有 3869 个，农村贫困人口 329 万人，贫困发生率达 25.4%。特别是南疆三地州（喀什、和田和克州）是我国 14 个集中连片特殊困难地区之一，也是未来一个时期新疆扶贫攻坚的主战场。三是就业再就业矛盾尖锐。"十二五"期间，城镇新增就业人数 200 万人，其中大中专毕业生和"两后"生约 15 万人。目前，每年需要就业人数 60 万人，而疆内只能提供就业岗位 40 万个，还有近 20 万个缺口。现有农业人口 1251 万人，约有 220 万富余劳动力需要转移就业。同时，在已实现就业的人员中，灵活就业人员占 60%，就业稳定性差。四是社会保障体系不完善。企业离退休人员基本养老金水平低。兵团社会保险负担重，基金征缴困难，参保能力不足。社会救助水平偏低。五是社会事业发展滞后。教育发展水平低，2012 年，高中阶段毛入学率 70.5%，高等教育毛入学率 25.7%，比全国平均水平低 9.5 和 1.2 个百分点。文化事业发展不足，少数民族语言广播影视节目和出版物数量质量不能满足需求，已建成公共文化设施由于缺少运行经费、人才和设备而难以有效使用。

第四，地区发展差距大，南疆三地州尤为困难。从南北疆发展看，2012 年，北疆人均地区生产总值是南疆的 5.6 倍，发展差距明显。最高的克拉玛依市与最低的和田地区相比，前者人均地区生产总值和人均地方财政收入分别是后者的 31 倍和 35 倍。从南疆内部看，一是自我发展能力较低。南疆三地州人均地区生产总值仅为全区平均水平的 30.2%，喀什、和田、克州的财政自给率分别仅为 16.1%、12.2% 和 7.4%。二是贫困人口量大面广程度深。南疆三地州有国家扶贫开发重点县 19 个、扶贫重点村 2779 个，分别占全区的 70% 和 77%。农村贫困人口占全区的 80% 以上，贫困发生率高达 55%。三是教育等社会事业发展缓慢。全国人均受教育年限为 8.5 年，南疆三地州仅为 6 年，初中毕业生升学率和高中毛入学率也远低于全国平均水平。

与全国其他省市相比，新疆还处在比较靠后的位置，发展差距较大且存在进一步拉开的趋势，与全国同步实现全面建设小康社会的任务繁重艰巨，必须在转型发展的同时实现跨越式发展。2000—2012 年，新疆地区生产总值从全国第 15 位退到第 24 位，人均地区生产总值从第 12 位退到第 18 位，全社会固定资产投资从第19位退到第23位，城镇居民人均可支配收入从第16位退到第25位；一度在西部地区领先的优势也在逐步丧失，人均地区生产总值从西部第1位退到第5位，城镇居民人均可支配收入从第6位退到第10位。根据国家统计局全面建设小康社会指标体系测算，按照2000—2008年的平均发展速度，到2020年新疆全面建设小康社会实现程度仅为78.6%，与全国同步实现全面建设小康社会的目标有着不小的差距。

2.新疆分裂与反分裂斗争形势异常严峻，必须努力维护社会稳定、实现长治久安。

稳定是新疆发展进步的前提，没有这个前提，什么事情都无从谈起，更不可能实现跨越式发展。受多种原因影响，新疆的分裂和反分裂斗争由来已久。自古以来，新疆就是我国多民族共同生活的家园，是我国西北地区的战略屏障。在漫长的历史长河中，新疆各族中华儿女相互依存、休戚与共，共同开发建设，共同维护边疆稳定和民族团结，共同推进中华民族的发展进步。但由于受外国势力策动和泛伊斯兰主义、泛突厥主义思潮传播影响，新疆也一直存在着形形色色的民族分裂势力。新中国成立以来，我们同这些分裂势力的斗争一直没有停止过。冷战结束后，国际形势发生重大变化，各种政治势力不断分化组合，国际民族和宗教问题日益突出，周边国家"三股势力"趋于活跃，新疆宗教极端势力分裂活动呈现升级态势。近年来，国际敌对势力从西化、分化战略出发，更加注重利用宗教极端势力对我国进行渗透破坏，妄图在边疆民族地区打开缺口。"东伊运"等分裂势力在境内外竭力策划暴力恐怖活动，妄图在新疆推翻中国共产党的领导，颠覆社会主义制度，肢解我们统一的多民族国家。乌鲁木齐"7·5"事件就是这场斗争的集中反映。大量事实表明，民族分裂势力及其活动是影响新疆社会稳定的主要危险，分裂与反分裂斗争将是长期的、复杂的、尖锐的，有时甚至是十分激烈的。新的时代背景下，新疆维稳形势依然严峻复杂。与此同时，随着改革的不断深入，新疆与全国其他地区一样，面临着发展成果分配不均、各种利益诉求相互交织等错综复杂的社会问题。这些在发展中积累起来的矛盾与"三股势力"相叠加，使新疆维护社会稳定的任务更为艰巨繁重。

在充分认识新疆工作困难和阻力的同时，我们也要看到，新疆具有能矿资源、土地光热、地缘区位及人文风光等比较优势，经过多年探索和努力，已经奠定了较好的发展基础，站在了新的历史起点上。中央新疆工作座谈会以来，新疆经济快速发展，地区生产总值年均增速达到11.5%；全社会固定资产投资年均增速31.2%，创历史最好水平；工业化进程不断加快，非石油工业增加值占比首次超过石油工业，工业结构趋于优化；民生改善成效明显，城乡居民收入连续3年保持两位数增长；基层基础能力建设明显加强，干部精神面貌焕然一新，反暴力、讲法治、讲秩序的理念深入人心。我们有理由相信，在中央的坚强领导下，新疆完全有条件通过艰苦奋斗实现两大战略任务。在此过程中，对口支援是一支极其重要的力量。

（二）对口援疆在实现两大战略任务中发挥着特殊作用

对口援疆以其特殊优势，在新疆各时期发展中都作出了重要贡献。新形势下，对口援疆还将为推动新疆实现跨越式发展发挥更为重要的作用。

1. 历史实践证明，对口援疆是行之有效、一举多得的重要举措。

新中国成立后，不同形式的援疆工作已成为促进新疆发展稳定的一支重要力量。新中国成立初期，以毛泽东同志为核心的党的第一代领导集体，作出驻疆人民解放军数十万官兵就地转业和组建新疆生产建设兵团的重大战略决策，成为新中国成立后内地第一批支援新疆发展的中坚力量。随后，一大批内地青年奔赴塔里木、准噶尔盆地，谱写出"八千湘女上天山"、齐鲁儿女进新疆等许多可歌可泣的动人篇章。1981年，以邓小平同志为核心的党的第二代领导集体，根据新疆发展稳定需要，决定恢复新疆生产建设兵团，使得这支以内地入疆人员为主的建设大军得以继续发展壮大。1996年，以江泽民同志为核心的党的第三代领导集体，决定实施以干部援疆为主的对口援疆工作。2005年，以胡锦涛同志为总书记的党中央，就加强对口支援南疆地区工作作出部署，并将援疆工作进一步拓展为"干部援疆与经济援疆"相结合。中央新疆工作座谈会之前的13年里，内地省市、中央国家机关和中央企业共派出 6 批 3749 名援疆干部，累计提供无偿援助资金物资 39 亿元，实施了一大批基础设施、民生工程和产业合作项目。援疆干部充分发挥桥梁纽带作用，与新疆各族群众一道艰苦奋斗、开拓进取，为新疆的发展稳定和民族团结做出了重要贡献。纵观新中国成立后新疆的发展历程，对口援疆已经成为一支不可或缺的重要力量。甚至可以说，没有对口援疆，新疆今天的发展成就将会大打折扣。

2. 新形势下，对口援疆工作还将承担起更为光荣和艰巨的历史使命。

以 2010 年召开的中央新疆工作座谈会为标志，对口援疆工作进入了一个新的历史时期。与以往相比，新时期援疆工作在主要内容、工作机制、支援形式、支持力度等方面都发生了重大变化，形成了经济、干部、人才、教育、科技等相结合的全方位援疆新格局，涉及领域更宽、介入程度更深、援助力度更大，具有更为重要的意义，任务也更为繁重艰巨。其一，对口援疆是促进区域协调发展的战略措施。早在 1956 年，毛泽东同志在《论十大关系》中强调沿海和内地协调发展问题时提出，要处理好沿海工业和内地工业的关系。20 世纪 80 年代末，邓小平同志多次讲到区域协调问题，并提出了两个大局的战略构想。经过 30 多年的改革开放，东部沿海地区抓住机遇，率先发展起来。继而随着中部崛起战略的实施，中部地区也获得了长足发展。在此过程中，西部地区从能源矿产资源和生态产品供给等方面，为支撑东中部地区的快速发展作出了积极贡献。与此同时，西部地区与东中地区发展速度、发展质量和效益的差距逐步拉大。按照促进区域经济协调发展和两个大局的战略构想，东中部地区有能力也有责任支持包括新疆在内的西部地区加快发展。以往的实践证明，对口援疆对推进新疆经济社会发展是行之有效的重大举措。新形势下，进一步加强和推进对口援疆工作，不仅是促进新疆经济社会发展、保障和改善民生、巩固民族团结大好局面和维护社会稳定的需要，是社会主义制度优势的具体体现，而且也是不断改善区域经济发展布局和结构、拓展全国经济发展空间的需要，是促进区域协调发展的必然要求。其二，对口援疆是增强新疆自我发展能力的有效途径。当前和未来一个时期，新疆的发展依然面临着资金、技术、人才、管理等生产要素方面的明显制约，短期内仅靠自身力量还难以解决。对口援疆则是破解上述发展难题，释放发展潜力的有效途径之一。援疆省市依托内地特别是沿海发达地区的综合优势，通过产业转移带动、人才培养交流、科技注入转化、市场培育拓展等方式，帮助新疆将比较优势和后发优势充分调动起来，将资源优势尽快转化为产业优势和经济优势，从而激发新疆发展的内生动力，增强"造血"机能。其三，对口援疆是促进社会和谐稳定的重要手段。新疆是我国多民族聚集地区，又是边疆地区和欠发达地区。兄弟省市平常时日相互帮助、关键时刻同舟共济，既是中华民族的优良传统，更是我国社会主义制度的内在要求。尤其在困难的时候雪中送炭、帮扶一把，更加珍贵。对口援疆就是这样的一种形式、一种手段，可以使新疆各族群众在人力、物力、财力的支援中，直接感受到祖国各地同胞间的兄弟情谊和祖国大家庭的温暖。同时，对口援疆在增进交流和共同发展的过程中，会使各族群众进一步深化对"三个离不开"的认识，进一步增强作为中华民族一员的自豪感和荣誉感，增强对祖国、对中华民族、对中华文化、对中国特色社会主义道路的认同，不断夯实和谐稳定的社会基础，推动新疆实现长治久安。

我们说，促进新疆跨越式发展和长治久安工作有很多方面可以入手，有很多路径可以选择，而对口援疆则是最为特殊的手段和最为直接路径。一方面，对口援疆实施了一大批住房、教育、医疗、卫生、就业等民生项目，直接将全国人民物质层面的支持送到各族群众身边，让他们通过发生在自己身上、邻居身上的积极变化，亲身感受到全国人民的关心关爱。这在凝聚民情、争取民心方面发挥的作用，是其他方式难以企及的。另一方面，对口援疆把支援省市与受援地区地州师、县团场直接挂上钩，把人才、技术、资金、管理，以及发展理念和发展经验等精神层面的支持直接移植到受援地基层，解决问题更具针对性，推进工作更具系统性，谋划发展更具长远性，这些都是仅仅依靠财政、投资、产业等单一政策难以达到的。总之，援疆工作做好了，我们就可以更加有把握打赢促进新疆跨越式发展这场攻坚战，就可以更加牢固地掌握住维护社会稳定的主动权。

## 二、新时期对口援疆的总体思路和基本要求

2010年，中央召开了新疆工作座谈会，对新时期新疆工作做出全面部署。会后随中央9号文件印发的《进一步加强和推进对口支援新疆工作的实施方案》，明确了对口援疆工作的分阶段目标和主要任务，对援疆工作提出了新的更高要求。2010—2012年，中央又连续三次召开全国对口支援新疆工作会议，以明确年度重点任务和推动落实工作。党的十八大以来，习近平总书记对包括援疆工作在内的新疆工作多次作出重要批示，强调新疆的发展和稳定关系全国改革发展稳定大局，要求增强忧患意识和责任意识，标本兼治，做长期打算。这些部署共同形成了新时期中央对口援疆工作的总体思路，指明了工作方向。做好对口援疆工作，必须全面把握、深刻领会中央的战略部署。

### （一）全面领会中央关于对口援疆工作的总体部署

中央关于对口援疆工作的总体部署，可以概括为目标、原则和任务三个方面。

工作目标上，紧扣跨越式发展和长治久安两大战略任务，中央对援疆工作提出了两阶段目标。第一个阶段可以概括为"五个明显"，即到2015年力争使新疆特别是南疆地区经济发展明显加快、各族群众生活明显改善、城乡面貌明显改观、公共服务水平明显提高、基层组织建设明显加强。第二个阶段可以概括为"一个确保"，即到2020年使新疆自我发展能力显著提高，最大程度地缩小与内地的发展差距，确保实现全面建设小康社会的奋斗目标。

操作原则上，紧扣充分调动支援省市和受援地区两个力量的积极性，强调了4个方面。一是统筹兼顾，突出重点。援疆工作既要通盘考虑，调整完善原有结对关系，扩大受援面；又要突出基层和南疆这两个重点，建立直接对口到县市（团场）的援助机制，对困难地区特别是南疆地区给予倾斜照顾。二是全面支持，民生优先。对口援疆虽然涉及经济、干部、人

才、教育、科技等新疆经济社会发展各个方面,但要始终坚持将保障和改善民生作为各项工作的出发点和落脚点,着力解决好各族群众生产生活中最直接、最现实、最急迫的问题。三是科学规划,有序推进。科学编制援疆规划,是全面总结以往援疆经验教训后提出的。与之相比,新时期援疆工作的支援资金量更多,目标任务更明确,支援重点也更突出,要不折不扣地推进落实中央援疆工作部署,就必须有一个高质量、高水平的规划做保障。在援疆规划编制过程中,不仅要完整体现中央的决策意图和工作要求,而且要做好当前与长远的统筹,做好与国家规划和地方规划的衔接,并通过精心组织、周密实施,确保援疆工作有序推进,不断取得实效。四是加强协作,促进互利。援疆工作不单纯是一项政治任务,同时也是一种建立在互利互惠基础上的市场经济行为。因此,援受双方都要充分发挥对口支援这一平台沟通南北、连接东西的特殊作用,按照平等协商、互利互惠的原则,不断拓宽合作渠道、创新合作方式、完善合作机制,加快承接东中部地区转移产业,提高产业竞争力,使新疆的经济发展逐步有机高效地融入全国经济发展的大循环中。

主要任务上,紧扣统筹发挥无偿支援和有偿支援两种优势,着力解决四个方面的问题。一是改善当地各族群众基本生活条件。按照现代化和民族特色相统一的要求,规划建设新农村和新城镇,做好学校、医院、水电气路、环境整治等公共服务和基础设施建设工作。二是支持产业发展。有条件的地方,要统筹规划、建设好工贸园区,组织引导内地企业向受援地区特别是产业聚集园区转移产业。帮助建设农业示范园区,发展生设施农业、特色林果业、特色畜牧业等现代农业,引入农产品加工龙头企业,带动当地农牧业产业化经营。帮助建立新疆特色产品内外销售渠道。三是促进当地就业。支持发展劳动密集型企业、中小微企业、民营企业及文化旅游等第三产业,尽可能多地吸纳当地劳动力就业。组织开展新疆特别是南疆地区劳动力职业培训,提高工作技能,增强就业能力。四是加强智力支援。通过双向挂职、两地培训和支教、支农、支医等办法,帮助当地培养专业技术干部人才和柔性人才引进。加快双语师资队伍建设,提高专业技术干部人才援疆比例。开展民族团结心连心、手拉手活动，促进两地干部群众特别是青少年联谊交往，加强民族交往交流交融。

（二）科学把握推进对口援疆工作的基本要求

新时期中央新疆工作部署对对口援疆工作做出了许多新安排，提出了许多新要求。我们理解，做好对口援疆工作，尤其需要把握好以下几个方面。

第一，要坚持把援疆工作与推动受援地方经济社会发展统筹推进。对口援疆是受援地区经济社会发展的重要组成部分，也是中央支持新疆一揽子政策措施的重要组成部分。做好对口援疆工作，不能把19省市的支持和中央对新疆的支持割裂开来，更不能脱离受援地区经济社会发展全局各搞一套，而是要立足于新疆发展全局加以统筹谋划和推进。一方面，援疆干部要接受当地党委政府的统一领导，与当地干部密切配合、相互帮衬。援疆规划要从受援地区实际出发，与当地国民经济社会发展规划、城市规划、土地利用规划、产业发展规划有机融合、相互衔接。援疆项目安排要坚持属地管理，避免与既有各渠道资金的安排相互冲突和重复建设，等等。另一方面，对口援疆也要保持相对自主性。这种自主性主要体现在，援疆干部要紧紧依托自身素质优势和综合平台优势，做到立足于新疆又要跳出新疆来研究新疆、支持新疆，在重点领域和关键环节工作中，要能够主动思考、积极作为、有所担当，从谋划全局着眼，从解决关键制约入手，力求不断提升受援地区整体发展质量和效益，与当地政府一道，构筑起区域可持续发展的坚实基础和长效机制。

第二，要坚持把增强受援地区自我发展能力作为核心要求。发展是解决新疆一切问题的基础，也是持续改善民生的根本保证。地区经济发展的长期实践告诉我们，一个欠发达地区要实现持续稳定发展尤其是跨越式发展，强大的外部助力必不可少，甚至在特定时期或特定阶段，这个外部助力还将起到主导作用。但从长远看，深层和根本的动力还是来源于受援地区自身。因此，对口援疆工作一定要坚持把培育内生动力与注入外部活力，也就是把改善民生与发展经济、把"输血"与"造血"更好地结合起来，逐步增强受援地区自我发展能力。产业是培养新疆自我发展能力的基础支撑，是未来衡量对口援疆工作成效的重要内容。在产业发展方面，要更加积极地引导本省市优势企业到受援地区投资兴业并帮助受援地区做好转移产业承接工作，结合产业布局规划和产业聚集园区发展，着力扶持一批纺织服装、农副产品加工等劳动密集型产业发展。在专业技术人才支持方面，可以采取双向交流、培养培训、短期派遣、远程指导等多种方式，为受援地区引进一批、培养一批、留下一批实用人才。在市场开拓方面，援受双方要进一步加强合作，通过在支援省市举办展销活动、开设贸易窗口、加大宣传推广力度等方式，建立健全受援地区特色优势产品到支援地区的畅通渠道。

第三，要坚持把保障和改善民作为出发点和落脚点。民生工作是促发展、保稳定的结合点。对口援疆工作涉及当地经济社会发展各个领域，但首要任务还是要把保障和改善民生作为一切工作的出发点和落脚点，把援疆资金项目向基层倾斜、向民生倾斜，实现好、维护好、发展好各族群众的根本利益。我们说，加强交通、能源、水利等重大基础设施建设是必要的，否则就会影响新疆的整体发展。但对新疆的老百姓而言，他们更关心的是吃饭、穿衣、住房、就业等现实生活问题。只有将这些基本民生问题切实解决好，才能为他们奠定致富奔小康的坚实基础，也才能真正做好争取民心工作，而这恰恰是对口援疆工作的特殊优势所在。当然，过去我们一直坚持将民生工作放在首要位置加以推进，各族群众的生活水平也因此有了显著提高，但与各族群众的热切期盼相比，还有较大差距。我们必须要以更大的强度、更高的效率，扎实推进就业、教育、住房、医疗、社保等民生项目，集中力量办成一些大事、急事、难事、要事，让老百姓见到实实在在的好处。

第四，要坚持把促进发展与维护稳定有机结合起来。发展与稳定是新疆工作全局的主旋律，两者相辅相成。发展是硬道理，是解决新疆问题的关键；稳定是硬任务，是推进新疆跨越式发展的前提，必须坚持两手抓、两手都要硬。新疆工作的特殊性决定，如果在发展与稳定两者相互脱节、相互割裂的背景下，就经济论经济、就发展抓发展，是不可能把对口援疆工作做好的，而是必须在推动经济发展的同时，时刻绷紧反分裂这根弦，配合地方政府，在争取人心、促进稳定方面多下功夫，积极做好以经济发展促社会稳定的工作。既要继续加大民生工程实施力度，不断改善各族群众生产生活条件，让各族群众共享改革发展成果；也要把提升维稳能力和加强基层组织建设纳入援疆工作统筹推进，力所能及地直接安排一些维稳类项目，配合中央资金做到拾遗补阙、形成合力。

### 三、对口援疆取得的显著成绩和下一步工作重点

新时期援疆工作三年来，既取得了显著成绩，为扎实做好今后的工作奠定了坚实基础，也要看到我们的工作才刚刚开始，未来的任务还十分繁重艰巨。

（一）新一轮对口援疆取得了新的进展

新一轮援疆工作取得的主要成就，我们可以用以下6个"新"加以概括：

第一，着力强化领导机制，管理服务体现新水平。按照中央部署，各有关方面不断强化组织领导，完善工作机制，充实人员力量，加强组织领导和工作机制建设。新疆工作座谈会前后，很多中央领导同志亲力亲为，多次赴疆考察调研，对援疆工作做出部署。中共中央、国务院有关部门和19个援疆省市主要负责同志率高规格代表团赴疆考察，商谈加大支持、推进合作事宜，甚至亲自参与援疆工作方案的拟定。在领导工作机制建设方面，中共中央、国务院各部门相继建立了对口援疆工作组织领导机构，对本部门本系统援疆工作作出周密部署，明确专门负责司局。国家发展改革委作为经济对口援疆的牵头部门，组建了中央新疆工作协调小组经济社会发展组和对口支援新疆工作部际联席会议及其办公室，同时在地区司增设专门处室，负责对口支援政策制定、经济社会发展重大问题研究和沟通协调服务等工作。19个支援省市建立了由主要领导同志任组长的领导机构，

并相应建立了前后方工作机构，不断强化组织保障。受援地区也成立了高规格的领导小组和办事机构，配备精兵强将，充实工作力量，建立健全协调、考核和督察机制。对口援疆依托强有力的领导和组织机制，不断完善和细化工作方案，切实做到了领导到位、管理到位、措施到位，保证了对口援疆工作的顺利开展。

第二，着力完善保障机制，支持力度实现新突破。在以往13年援疆工作基础上，新时期对口援疆在扩大支援范围、优化结对关系、提高资金规模等方面作了较大调整。一是扩大了援受范围，支援省市从原来的14个增加到19个，新增了安徽、山西、黑龙江、吉林4个省，并将深圳市单列。受援地方从原来的10个地（州）56个县（市）扩大到12个地（州）的82个县（市）和兵团12个师，覆盖了除乌鲁木齐和克拉玛依两市之外新疆的所有县市。二是优化了结对关系，根据支援方财力状况和受援方困难程度，兼顾资金匹配、地域相连、原有帮扶基础等多种因素，在对原结对关系进行调整优化基础上，建立了全新的结对关系。比如，由北京、上海、广东、江苏等条件最好省市结对支持贫困程度最深、困难最大的南疆三地州；再如，充分考虑自然条件和产业发展的相似性，由东北三省结对支持气候条件相似的塔城、阿勒泰地区，产煤大省山西结对支持同样拥有丰富煤炭资源的阜康市和兵团农六师等。三是建立了援助资金增长机制，按照建立资金稳定增长机制的要求，首次明确支援省市依据每年本省市地方财政一般预算收入增长情况，拿出一定比例的资金作为援疆资金。这样做，既有利于保障支援力度逐年增加，也有利于援受双方提前做出安排，确保援疆规划的有序实施。粗算下来，"十二五"期间援疆资金将达600多亿元，超过过去13年总和，支持力度实现历史性突破。

第三，着力推动项目建设，民生发展开创新局面。项目建设是对口援疆的物质载体，民生建设是援疆工作的首要任务。援疆规划全面实施以来，19个援疆省市共组织实施各类项目3700个（其中自治区3120个，生产建设兵团580个），投入资金388亿元（其中自治区337亿元，生产建设兵团50亿元）。其中涉及城乡居民保障性住房、教育、医疗卫生、就业培训等民生项目资金，约占援疆资金总额的80%，仅农村安居和游牧民定居两项工程新建和改建就超过100万户。在对口援疆的强力推动下，数百万农牧民住上了设计新颖合理、水电气路厕综合配套的砖瓦房；许多孩子第一次进入了宽敞明亮、设施一流的学校、幼儿园学习；一批县城拥有了环境优雅、设备先进的医院；不少群众还通过参与援疆项目建设，提高了就业技能，增加了收入。城镇居民可支配收入和农民人均纯收入分别增长15.5%和17.5%，近三年年均增速分别高于西部地区平均水平。新疆维吾尔自治区人社部门2011年抽样调查显示，仅伊犁、巴州、和田、吐鲁番、塔城等地（州）在建的400个援疆项目，就吸纳了7.3万名当地劳动力就业。

第四，着力推进产业援疆，能力建设跃上新台阶。产业援疆是构筑受援地区自我发展能力的重要支撑。支援省市采取多种方式帮助受援地区发展优势产业，使受援地区自我发展能力建设迈出坚实步伐。比如，支援省市着力加大受援地区产业聚集园区建设，通过建设标准厂房、完善园区基础设施、制定优惠政策、加大信贷支持，积极支持受援地产业园区建设。再比如，援受双方通力配合，通过举办产业合作对接会、经贸洽谈会和招商项目推介会等形式，积极引进企业，促进市场对接，千方百计把支援省市的人才、资金、技术、管理等优势与新疆的资源、区位等优势结合起来。截至2012年底，19个援疆省市企业与新疆开展经济合作项目3468个，到位资金3195亿元（兵团项目806个，到位资金615亿元）。此外，中央企业发挥示范带头作用，积极参与新疆开发建设，初步统计，"十二五"期间，中央企业在疆投资将超过1.5万亿元，是"十一五"时期的3倍多。在中央给予新疆税收、土地、产业、金融、进出口、开发区等特殊优惠政策的推动下，援受双方齐心协力、实干快干，新疆特色优势产业发展迅速，产业结构不断优化，科技水平不断提升，现代产业体系加快构建，新疆经济发展涌现出一批充满活力的增长点。

第五，着力强化智力援助，软实力建设迈出新步伐。三年来，支援省市把干部、人才、教育、科技等智力支援放在突出重要位置，动员本省市优质资源，不断改善受援地区发展的软环境，增强发展的内生动力。干部人才援疆方面，中组部、人力资源社会保障部从各支援省市和中央国家机关及企事业单位遴选了3261名干部人才赴受援地区工作。这些干部人才接近前六批的总和，涵盖了经济、管理、农业、教育、卫生、科技等领域。支援省市根据受援地区发展需求，还增加选派了2800多名规划设计、项目管理、支医支教支农等干部人才。此外，自治区通过柔性方式引进各类专业人才1万多名。教育援疆方面，国家和支援省市支持的2350所双语幼儿园全部建成并逐步投入使用，公开招聘1.3万名"双语特岗"和双语幼儿园教师，培训双语教师3.2万人次、骨干教师6万多人次，学前两年双语教育普及率达92%。科技援疆方面，科技部、发展改革委会同有关方面编制了《全国科技援疆规划（2011—2020年）》，明确提出了加强技术研发、服务体系和产业聚集园区建设等8个方面22项重点工作，制定了保障措施。培养培训方面，支援省市培养各类干部人才40多万人次。选派4万余名基层干部到对口支援省市轮训挂职。精心组织2.7万名2009年以来未就业高校毕业生赴支援省市培养，已有4800人完成培训后返疆，并全部就业。

第六，着力推进融合发展，民族团结呈现新气象。援受双方在着眼增强民族团结、推进融合发展方面付出了极大努力，也取得了明显成效。文化交流方面，支援省市采取举办大型演出、文化节、论坛等形式，组织内地文化工作者到新疆开展交流活动，把先进的文化、思想、理念带入受援地区，将新疆优秀少数民族文化资源引入内地，推动新疆特色民族地域文化与内地文化的交流交融，以加深了解、增进共识、凝聚力量。如上海市组织专家学者赴喀什讲课，组织6所学校100多名文化志愿者到喀什进行交流演出。人员交往方面，广泛开展民族团结"手拉手"等交往活动，组织受援地干部、青少年、宗教界人士到内地参观学习和培养培训，使新疆各族群众开阔了眼界，增长了见识。随着援疆工作的深入推进，新疆到内地务工经商、上学培训的各族群众越来越多，内地到新疆投资兴业、观光旅游的群众也越来越多，民族之间、区域之间的交流交往日益频繁、逐步深入，增进了了解和融合。

三年来，在对口援疆的有力推动下，天山南北春潮涌动，形成了大建设、大开放、大发展的热潮，发生了令人振奋的可喜变化。新疆经济发展全面提速，人民生活水平明显提高，自我发展能力显著增强，各族干部群众，精神面貌发生明显变化，"只有努力才能改变、只要努力就能改变"成为共识，对创造未来美好生活充满希望，对实现新疆跨越式发展和长治久安充满信心。

（二）下一阶段要开展的重点工作

当前，新疆经济社会发展正处在爬坡过坎的关键时期，正是需要加劲的时候，否则不进则退。根据今年5月全国政协的主要负责同志赴疆调研期间重要讲话和中央新疆工作协调小组第14次全体会议精神，我委日前召开了经济社会发展组全体会议，审议通过了《中央新疆工作协调小组经济社会发展组近期重点工作安排》，提出了15项重点工作。其中，许多工作需要对口援疆主动参与、积极推动。

第一，持之以恒地继续抓好民生工程。实施民生工程要紧扣就业和安居这些突出环节。就业既联系发展，又关乎社会稳定。新疆特别是南疆地区就业困难较多、压力较大。要积极支持新疆优势产业发展，鼓励企业更多吸纳当地劳动力就业。采取多种方式加强劳动力培训，提高就业技能。强化宣传和引导，使大家树立正确的择业就业观，鼓励当地群众灵活就业和自主创业。安居工程建设一直是近年的工作重点。要进一步做好援疆规划与国家规划的衔接，将各级财政住房建设补助资金、援疆省市补助资金，以及水、电、路等既有渠道专项资金捆绑起来，统筹使用，发挥合力，切实把好事办好。与此同时，要统筹推进教育、医疗、社保等民生项目，通过持之以恒的努力，不断提高各族群众生活水平。

第二，大力推进特色优势产业健康发展。推进新疆产业发展，不是自动化、资本化、重工业化程度越高越好，而是必须从新疆区情和发展阶段出发，以扩大就业为目标，大力发展一批劳动密集型产业。同时，要注重运用好国家赋予新疆的差别化产业政策，在符合环保要求的前提下，大力推进特色优势产业发展。一是抓好中央企业和支援省市企业已签约项目的落地，加快推进"三基地一通道"建设，着力支持新疆推进产业结构优化升级，尽快将资源优势转化为经济优势。二是支持新疆积极承接东中部地区转移产业，做大做强以纺织服装、农副产业加工等为代表的劳动密集型产业，大力促进当地群众就业。支援省市特别是纺织服装业有优势的省市，要组织引导本地区行业协会、优势企业到疆考察调研和投资发展。三是区别不同情况，化解过剩产能。新疆和全国一样，面临着部分行业产能过剩问题。新疆要有全国一盘棋的大局观，特别是对于多晶硅、电解铝等参与国际国内市场平衡的产能，要坚决按照国家规划和统一政策执行。考虑到新疆的特殊情况，对于钢铁、水泥、平板玻璃、红砖等主要满足新疆本地市场需要的产能，可以差别化对待，由新疆维吾尔自治区和兵团依据疆内市场需求和拓展周边国家市场需要，在兵地统筹衔接基础上，做好总量平衡。这里我想特别强调的是，支援省市在招商引资时，要对新疆的产业形势、市场特点、生态环境、国家和自治区有关产业政策，以及化解过剩产能的要求等，都要有一个清醒的认识，必须坚持从当地资源环境承载能力出发，兼顾当前与长远，加强前期论证，强化规划指导，坚持绿色发展，为子孙后代留下持续发展的战略空间。

第三，进一步加强基础设施建设。这是推进新疆跨越式发展的重要支撑。我委印发的支持新疆维吾尔自治区和兵团"十二五"规划建设项目方案已实施近2年，结合新形势新要求，近期已安排开展项目方案的中期评估工作。同时，按照转变政府职能的要求，进一步优化审批备案程序，加快推进规划涉及的重大基础设施项目。根据项目方案和有关政策，交通设施方面，国家将优先支持新疆铁路、公路、机场建设。特别是中吉乌、中巴两条向西开放重要铁路通道建设问题，还将成立专责小组协调推进。随着交通条件的持续改善，援疆工作也将迎来更广阔的空间。水利设施方面，国家将继续对新疆水利建设给予积极支持，重点是布尔津河西水东引一期工程等在建项目和卡拉贝利等拟建项目相关工作。通过加强水利枢纽工程建设，为新疆长远发展特别是把资源优势转化为经济优势，提供强有力的水资源支撑和保证条件。生态建设和环境保护方面，继续巩固退耕还林、退牧还草等生态工程成果，鼓励引导企业参与草原保护和建设。实施好《新疆天山北坡谷地森林植被保护与恢复工程规划》《新疆塔里木盆地周边地区防沙治沙规划》，逐步使新疆生态状况得到改善。

第四，千方百计推进智力援疆。人才、教育、科技等方面的欠缺是新疆发展相对滞后的重要因素。要在加强经济援疆的同时，着力加强智力援疆，不断改善新疆发展的软环境，增强发展的内生动力。干部人才方面，按照缺什么补什么的原则，选派更多懂技术、善管理、肯吃苦、能奉献的干部和专才到新疆来。积极增选一批短期技术人才，发挥好传帮带作用。加强干部人才培训，重点做好新疆基层干部轮训工作。教育方面，要全面落实教育援疆各项任务，积极配合拟实行的南疆高中阶段免费教育，以及职业教育和双语教育等工作，加大教师特别是双语双师派遣和培训力度，不断提升教育水平。科技方面，要落实好科技援疆规划，加强科技人才引进与培养，面向经济社会发展需求，加快技术创新步伐，促进科技成果转化和推广应用，使新疆发展逐步迈上创新驱动的轨道。

第五，推动落实好差别化支持政策。中央9号文件出台的政策，以及各有关部门出台的一系列实化细化政策措施，为新疆营造了比全国其他地区更为优越的政策环境。要继续贯彻落实好支持新疆发展的各项差别化政策，使之发挥出最大效益。比如，对新疆困难地区符合条件的企业，给予所得税"两免三减半"优惠，对喀什、霍尔果斯经济开发区实行"五免"优惠；又如，对新疆钢铁、电解铝、水泥、多晶硅、石油化工、煤炭、煤化工、火电、可再生能源、汽车、装备、轻工纺织等12个重点产业有序发展进行指导支持；再如，在对口支援受援地区城镇建设用地范围外使用戈壁荒滩建设产业聚集园区和引进产业项目的，免交土地出让金和土地有偿使用费。增加建设用地规模和新增建设用地占用未利用地指标，足额保障新疆发展用地需求；还有，在控制"两高一资"产品出口的原则下，对新疆具有出口优势的地产产品，有条件地适当放宽出口限制，等等。总之，这些政策只是中央赋予新疆各项优惠政策的一部分，其他就不再一一列举了。目前，绝大多数政策都能够在具体工作中得到贯彻落实，但也有一些政策措施落实得不够好，政策效应自然也就打了折扣。这一点，也请我们的援疆干部特别是新一届援疆干部要多加关注，在今后的工作中主动做好落实工作。

### 四、务实创新推进援疆工作再上新台阶

做好对口援疆工作，除了要有明确的工作思路，还要讲求方式方法。同志们是第 8 批省市援疆干部骨干，有的已经在援疆一线工作了一段时期，更多的是即将接过上任的接力棒，肩负起巩固援疆成果、开创新局面的使命。结合这几年的工作体会，就完善工作方法、加强统筹协调等方面再谈几点建议，供同志们参考。

#### （一）要吃透中央精神

只有吃透精神，才能举一反三、创造性地开展工作。中央每年召开一次高规格的对口援疆工作会议，这在其他专项工作中是很少见的。大家一定要深刻领会中央的战略意图，从政治和全局的高度上认识新疆工作，全面理解对口援疆的必然性和不可替代性，不断增强工作的主动性和自觉性。否则，我们的工作就很难真正做到位，就有可能是隔靴搔痒、流于形式。今天在座的多数同志之前从来没有接触过这项工作，来了以后，首先要静下心来系统学习中央 9 号文件、中央领导同志在三次援疆会上的重要讲话，以及国家出台的各项政策文件，最好能做到熟读于心，了然于胸。今年 9 月，中央还将召开第四次全国援疆会，现任和下任援疆前方指挥部总指挥将参加这次会议，希望大家紧密关注会议情况，及时传达学习会议精神，将各项部署实化细化到具体工作中。要善于学习，勤于思考，除了要加强自我学习和集体学习外，还要虚心向上批援疆干部和当地干部群众请教，并与这次群众路线教育实践活动紧密结合起来，力求通过系统学习，对中央的决策部署了解透"为什么"、搞清楚"是什么"、想明白"怎么办"。

## （二）要深入调查研究

调查研究历来是我党做好各项工作的重要法宝。工作做得好不好，关键在于我们的调查研究深入不深入、对当地的情况熟悉不熟悉。调研深入、情况熟悉，工作起来心里就有底，就有发言权，工作也就成功了一半。群众路线教育实践活动要求我们要"接地气"，讲的就是要深入基层、深入实际，加强调查研究。从某种意义上说，调查研究的深浅决定着我们工作的质量的高低，甚至决定着一项事业的成败。这就要求我们必须把调查研究作为做好援疆工作的基本立足点，作为一项日常性工作抓好抓实。要熟悉区情。这是做好决策的前提。要争取在较短的时间内系统了解受援地区有关自然、地理、历史、人口、民族、习俗，以及经济发展现状等区情民情，多走出去增加直观感受，力争使我们的工作更加贴近实际，制定的措施有的放矢。要厘清问题。这是将工作推向深入的关键。要加强经济形势研判，准确把握制约当地发展的症结所在，及时了解新形势下可能出现的典型性、苗头性问题。只有这样，才能做到对症下药、因病施医，使我们的工作更有针对性。

## （三）要坚持规划引导

凡事预则立，不预则废。我们这所讲的"预"，就是规划工作。它既是工作手段，更是工作保障。援疆规划是新时期援疆工作的突出亮点，也是保障援疆工作有序开展的行动指南。我们要有"咬定青山不放松"的精神，一茬接着一茬干，切实把规划勾勒出来的宏伟蓝图逐步变成美好现实。要落实好已有规划。今年是援疆规划中期评估和调整之年，又恰逢援疆干部压茬交接和批次轮换，在此过程中，大家要紧密围绕就业、教育、人才等重点工作，做好原有规划的实施和新老规划调整的衔接。今年3月，我们对这项工作已经作出安排。目前，各省市已陆续向我委反馈了评估报告。第四次全国援疆会后，我们将对规划调整提出具体要求，确保调整后的规划更加符合中央的新要求和援疆工作的新理念。此外，经国务院同意，我委印发了喀什和霍尔果斯开发区的总体规划。有关部门也制定了科技援疆、教育援疆等专项规划。要把这些规划提出的任务分解到年度计划、细化到具体项目、落实到责任主体上,确保规划实施到位。要研究制定新的规划。为全面贯彻落实中央对口援疆工作新部署新要求,进一步突出工作重点,还可以考虑研究制定促进就业、人才交流培训、承接产业转移等一批新的专项援疆规划,并相应提出具体保障措施。同时,要及早着手开展"十三五"援疆规划前期研究工作,包括基本思路、目标原则、主要任务、投资导向和主要支持项目等,为科学编制和实施"十三五"援疆规划打好基础。

（四）要突出工作重点

新时期对口援疆任务繁重,可以说是千头万绪。在具体工作中,不能眉毛胡子一把抓,一定要选好突破口、抓住工作重点,以点带面,提纲挈领,迅速打开新的工作局面。如何选择突破口？关键要把握好两点。一是中央部署的重点工作。三年来,根据新疆经济社会发展面临的突出薄弱环节,中央确定的援疆工作重点也有所不同。比如,新时期援疆工作启动伊始,中央要求援疆省市在做好各主要领域支援工作基础上,将农村安居工程建设作为重中之重加以推进。按照中央部署,今年及未来一个时期,援疆工作重点将进一步向促进就业、加强教育培训、大力发展劳动密集型产业等方面拓展。因此,大家要紧扣这条工作主线,主动思考、大胆尝试、着力推进,力求取得新的成效。二是工作中的重点环节。主要是指具体工作层面需要把握好的规则和标准等。比如,援疆资金项目管理就属于工作中的重点环节,它直接影响到援疆规划执行的效率和效果。鉴于援疆投资项目较之一般性政府投资项目在管理上存在一定特殊性,为了加强管理,明确责任边界,经报中央领导同意,我委和财政部联合印发了《对口支援新疆项目管理暂行办法》,将援疆资金项目纳入制度化管理轨道。再比如,一般项目建设有国家补助标准和行业技术规范,而援疆项目建设则多了个省级标准和规范,这就有可能造成同类建设项目存在不同标准不同规范的问题。为此，我们多次提出，各援疆省市在资金补助标准上，要尽量做到不同受援地区同类援建项目执行的标准和规范应该大体相同，即使有一定差距，也不应过大，避免引起不必要的攀比，好心办出"坏事"。总体上看，援疆工作的重点不外乎是民生和产业。我们要时刻有这样的意识，产业不发展，民生改善就难以持久；而民生得不到改善，发展产业也失去了根本意义。

（五）要依托有效平台

三年来，援疆工作已经搭建起一些有效的工作平台，充分借助这些平台，就能取得事半功倍的效果。其中，关键要把握好三个方面。一要利用好各类合作园区。新疆生态环境脆弱，地广人稀，产业发展不能走"村村点火、处处冒烟"的老路。园区是试验田、是示范点，也是先导区，具有牵一发而动全身的功效。援疆省市要从当地实际出发，结合优势资源、基础设施条件和发展潜力，集中建立一批产业合作园区，使之成为开展招商引资和经贸合作的空间载体，成为促进当地经济发展新的增长点。喀什和霍尔果斯两个开发区是重中之重，援受双方一定要协力做好建设和发展工作，力争为其他园区积累集聚发展、高效发展的经验。二要运用好协作机制功能。新时期援疆工作开展以来，中央和地方在不同层级相继建立了协调协作机制。比如，部门间有部际联席会议制度，地区间有沟通会商机制，支援省市有前后方互动机制等。援疆干部开展工作不能单打独斗，要充分利用好这些机制，加强沟通交流，形成工作合力，协调推进各项工作。三要发挥好岗位优势。援疆干部一肩挑两头，既在受援地方领导岗位上担任一定职务，又是派出省市的优秀干部代表。这种特殊身份使援疆干部自然成为促进两地交流交往的桥梁纽带。一方面，要积极主动与当地干部群众打成一片，在潜移默化中传递发展理念、拓宽发展视野、交流民族感情；另一方面，要主动创造机会，推动两地人员交流、文化交往，不断增进了解、增进互信。

## （六）要推动形成合力

援疆工作涉及多个主体，与任何其他工作一样，合则强，分则弱。要善于将各方力量拧成一股绳，建立起援疆统一战线，形成广泛持久的强大合力。一是要与受援地区加强沟通。支援省市前后方工作机构之间、支援方和受援方各级之间还要进一步加强沟通协商，经常换位思考，切实建立起良好的合作环境，尤其是面临重大问题时，做到思想上达成共识，行动上保持一致。二是要与国家支持相互配合。援疆资金毕竟是有限的，要产生更大效应，就必须与其他措施有机结合起来，巧妙借助其他力量壮大援疆工作势能。比如，可以考虑把农村危房改造、以工代赈、易地扶贫搬迁，甚至中央企业捐助等各渠道资金与对口援疆资金整合起来，形成合力，共同推进。三是要与社会力量有机合作。政府搭台、社会参与是新时期援疆工作的特点之一，在帮助受援地区承接转移产业、培育壮大当地优势产业等方面表现得尤为明显。各省市可以通过制定优惠政策、建立产业引导资金、注入资本金和贷款贴息等多种方式，搭建起市场化合作平台，以有限的政府性援疆资金为杠杆，撬动更大规模的社会资金参与新疆的发展。

## （七）要做好跟踪督促

有规划就要有评估，有部署就要有检查。对口援疆是一项集经济、社会、稳定工作于一身的特殊性工作，狠抓跟踪服务和督促检查显得尤为重要，绝不能存有部署完就万事大吉、规划完就高枕无忧的心理。按照中央9号文件要求，援受双方和国务院有关部门要分解细化工作责任，相应建立信息通报、项目管理、财务管理、考核奖惩，以及责任追究等工作制度，切实将工作责任落实到具体单位具体个人身上，不能大而化之。其次，要强化监督检查。纪检、监察、稽查、审计等部门要各司其职，切实加强监督检查。同时，要发挥社会舆论监督检查的作用，确保把资金用好、把项目建好，使群众满意。这既是对援疆工作负责，也是对我们的援疆干部负责。第三，要加强宣传引导。宣传引导也是督促检查的重要形式，尤其要大力宣传党的新疆工作方略、对口援疆政策等，大力宣传援疆工作的好经验好做法，大力宣传援疆工作中涌现出来先进人物和典型事迹，凝聚起想事业、谋事业、干事业的强大工作动力，营造出关心援疆、支持援疆的良好社会氛围。

（八）要强化自身建设

中国有个传统说法，叫做事先做人。还有一个说法，叫打铁必需自身硬。做人做不好，事情就很难做好；做人做得好，人与事往往相得益彰甚至事半功倍。援疆干部是援疆工作的践行者，也是物质力量和精神力量的承载者和体现者。加强自身建设，不仅关系到干部个人的成长，也关系到援疆干部的整体形象，甚至影响到全社会对援疆工作这一战略部署的整体判断。援疆干部1人出问题，对口援疆的整体形象就会受到影响，大家的积极性也会受到挫伤。尤其重要的是，哪怕仅仅是简单的经济问题，往往也会被别有用心的人特别是三股势力所利用，将其上升为民族问题、宗教问题，从而使我们在促进民族团结、维护社会稳定方面的努力倍加艰难，甚至使全局工作陷入被动。因此，大家一定要高度警觉，严于律己、宽以待人、勤勉工作、谦和做人、生活自律，不该讲的不讲，不该做的不做，树立起援疆干部的良好形象，赢得新疆各族干部群众的信赖和尊重。

最后，我再简要谈一下干部轮换中的工作衔接问题。援疆干部批次轮换是保证援疆工作持续推进的需要，也是培养锻炼干部的需要，必须高度重视，切实做好衔接工作。这次中央提出援疆骨干提前到位，实行压茬交接是加强工作衔接的重要举措。大家都是省市援疆干部骨干，要立足以往工作基础，与上批干部深入交流，将前三年的好经验好做法学到手。遇到问题，要勇于探索、勇于尝试、大胆实践，力争做到工作思路有创新、工作力度有加强、工作质量有提高。同时，要着重做好规划执行、在建项目、资料文档、工作制度等日常工作交接，确保工作的连续性和连贯性。

做好新疆工作，关系到全党全国工作大局。国家发展改革委作为对口支援新疆工作部际联席会议的牵头单位，将坚决按照中央要求，切实履行好职责，密切跟踪工作进展情况，加强监督检查，及时研究解决工作中出现的重大问题，努力为援受双方做好服务。希望同志们深刻领会中央的决策部署，切实增强责任意识、使命意识和大局意识，充分发挥聪明才智，与当地各族干部群众休戚与共、艰苦奋斗，形成强大工作合力，在新的工作岗位上作出应有贡献，为人生经历增添浓墨重彩的一笔。

# 齐心协力推动新疆实现跨越式发展<sup>*</sup>

中央新疆工作座谈会召开不久，国家开发银行就邀请中央部门和有关企业在新疆乌鲁木齐召开支持新疆跨越式发展工作会，恰逢其时，很有意义。借此机会，我简要谈点看法。

要充分认识做好新疆工作的重大意义。新疆地处我国西部边陲，周边与8个国家交界，地域辽阔、资源丰富，是我国西北的战略屏障和对外开放的重要门户，是我国实施西部大开发战略的重点地区和战略资源的重要基地。新疆发展和稳定，关系全国改革发展稳定大局，关系祖国统一、民族团结、国家安全，关系中华民族伟大复兴。新疆在党和国家事业发展全局中具有特殊重要的战略地位，发展和稳定面临特殊的困难，需要国家特殊的政策支持。做好新形势下新疆工作，是提高新疆各族群众生活水平、实现全面建设小康社会目标的必然要求，是深入实施西部大开发战略、培育新的经济增长点、拓展我国经济发展空间的战略选择，是我国实施互利共赢开放战略、发展全方位对外开放格局的重要部署，是加强民族团结、维护祖国统一、确保边疆长治久安得迫切要求，具有十分重大的经济意义和政治意义。

要齐心协力推动新疆实现跨越式发展。不久前，中央召开了新疆工作座谈会，全面总结新疆发展稳定工作取得的成绩和经验，明确新疆未来一个时期发展的战略目标和总体要求，提出一系列的特殊支持政策和重大项

---

\* 2010年6月8日，国家开发银行在新疆维吾尔自治区乌鲁木齐市召开"支持新疆跨越式发展工作会"，作者受指派代表国家发展改革委参加会议。本文系作者会上所作的发言。

目，对推进新疆经济社会发展和实现长治久安做出了全面部署和安排。要实现这些的战略任务，不仅需要新疆自身的艰苦努力，也需要全国的大力支持和帮助；不仅需要政府部门的积极推动，也需要积极发挥市场作用、大力调动企业的积极性。换句话说，就是要举全国之力、集全国之智，上下结合推动新疆实现跨越式发展和长治久安。在这一过程中，中央部门起着重要的推动和协调作用。

国家发展改革委作为统筹协调经济社会发展、指导推进经济体制改革、组织实施区域协调发展总体战略的部门，将按照中央的要求，进一步增强大局意识、协作意识和服务意识，积极主动与有关部门和地方加强沟通、密切合作，汇聚一切有效力量，全面推动新疆各项事业发展进步。近期，拟重点围绕以下三个方面开展工作。一是积极推进重大项目投资建设。结合"十二五"总体规划和相关专项规划编制，进一步加大对民生改善、基础设施建设与生态环境保护、特色优势产业发展、社会事业等重点领域、重大项目的投资支持力度，力争使新疆"十二五"全社会固定资产投资较"十一五"有较大幅度增长。与此同时，积极协调推动国家支持自治区与兵团的政策特别是支持贫困地区发展的一系列专项政策的落实。着力改善和保障民生。重点加大对新疆农牧民安居、农村饮水安全、无电地区电力建设、农村公路、农村沼气、扶贫开发、双语教育、医疗卫生、促进就业等方面的投入与工程实施力度，切实改善农牧民生产生活条件。切实加强基础设施建设和生态环境保护。加快卡拉贝利水库、库尔勒至格尔木铁路、奎屯至克拉玛依高速公路以及"疆电外送"等重大水利、交通、能源基础设施工程前期工作和建设进度。积极推进塔里木盆地周边和准噶尔盆地南缘防沙治沙、水土流失重点治理和塔里木河流域生态综合治理工程等一批生态环境保护工程建设。大力促进特色优势产业发展。建设国家粮食后备基地、国家优质商品棉基地、优质畜产品基地和特色林果业基地。加快优势能源矿产资源开发与转化，支持新疆建设油气生产加工基地、国家大型煤炭基地，发展煤制天然气等煤化工产业。通过安排中央预算内投资和国有资本经营预算等渠道，帮助兵团筹措产业发展资金，支持兵团产业发展。

加大相关政策倾斜力度。落实好对新疆困难地区的公益性建设项目取消地方政府投资配套、提高国家对兵团公益性基础设施建设的投资补助标准等政策。适当放宽对新疆一些具备资源优势、在本地区和周边地区有市场需求的部分行业的准入限制。二是扎实组织实施对口援疆工作。作为新一轮对口支援新疆工作的牵头部位，国家发展改革委将按照中央的要求扎实做好相关服务，主要是：抓紧制定对口援疆专项规划管理办法和对口援疆规划大纲，协调做好对口援疆规划编制；建立有效的国家层面对口援疆工作机制，研究解决对口援疆中遇到的重大问题；定期组织对援疆资金使用和重点项目建设情况进行检查、稽查和审计，及时向中央报告工作进展。三是大力支持产业聚集园区发展。根据中央的要求，国家发展改革委已会同有关方面研究提出了促进新疆产业聚集园区发展的初步思路，重点就在喀什和霍尔果斯各设立一个经济开发区并实行特殊政策，以及加大对各类国家级园区支持力度等问题提出了方案。明天起，国家部委联合调研组将赴两地做进一步调研，我们将尽快完善推进新疆各类产业聚集园区发展的思路，努力培育新的增长点，促进新疆产业结构不断优化，自我发展能力不断提升。

国家开发银行作为重要的金融机构，长期以来通过开展中长期信贷与投资等金融服务业务，为贯彻国家宏观经济政策、推动国民经济平稳较快发展和促进区域协调发展、实施重大发展战略做出了积极贡献，对国家发展改革委在规划编制、政策制定、项目实施等方面也给予了大力支持。国家开发银行专门召开这次支持新疆跨越式发展工作会，寻求通过开发性金融合作，推动新疆经济社会加快发展，这是贯彻落实中央新疆工作座谈会的重要举措，是扎扎实实服务新疆、为新疆发展办实事、出实力的具体体现。我们愿意与国家开发银行及其他各个方面一道，奋发努力、开拓创新，协助配合新疆维吾尔自治区和新疆生产建设兵团，做好各项工作，为推动新疆跨越式发展和长治久安作出应有的贡献。

# 切实强化对毕节试验区建设的支持与推动*

自1988年设立毕节实验区以来，在中央领导的直接关心、中央统战部的大力推动和各方面的积极支持下，经过毕节地区①广大干部群众艰苦奋斗、共同努力，毕节试验区经济社会发展取得了显著成效，正在走向人口、生态、资源、环境相协调的可持续发展之路。新形势下，进一步推动毕节试验区建设，统筹解决贫困、生态和人口问题，促使毕节地区②实现跨越式发展，对于促进区域协调发展，对于深入落实科学发展观，对于如期实现全面建设小康社会的奋斗目标，具有十分重要的意义。按照会议安排，我就国家发展改革委2010年支持毕节试验区建设所做的主要工作和下一步工作打算做一个简要汇报。

## 一、2010年所做的主要工作

2010年，按照党中央、国务院的工作部署和统一战线参与毕节试验区建设工作联席会议的有关要求，围绕推动毕节试验区经济社会加快发展，国家发展改革委主要做了如下几个方面的工作：

### （一）扎实开展规划编制工作

按照国务院要求，在联合有关部门深入实地调研的基础上，我委牵头

---

\* 2011年3月30日，中央统战部召开"统一战线参与毕节试验区建设工作联席会议第四次全体（扩大）会议"。本文系作者在会上的发言。

①② 毕节地区现为毕节市。

编制了《贵州省水利建设生态建设石漠化治理综合规划》，近日即可上报国务院审批。该规划在项目建设、投资安排和政策支持上，都把毕节作为一个重点地区给予充分照顾。同时，去年我委在牵头组织编制"十二五"规划纲要以及农村经济、社会事业、产业发展、生态环保等行业和专项建设规划中，也对毕节等贫困地区给予了重点支持。此外，我委还指导贵州省启动了《毕节试验区发展规划（2011—2020年）》编制工作，成立了指导小组，先期开展了相关重要问题的研究工作。

（二）积极研究重要扶持政策

去年中央召开了西部大开发工作会议，明确要求对乌蒙山区等集中连片特困地区开展扶贫攻坚，基本消除绝对贫困现象。据此，我委与有关部门正在共同划分集中连片特困地区，将划定地域范围，加大投入力度，开展扶贫攻坚。目前，已初步确定将毕节地区[①]及周边贫困市县纳入乌蒙山片区予以重点扶持。同时，根据中央领导同志批示，我委在认真研究的基础上，向国务院报送了《关于草海治理与保护有关问题的报告》（发改地区〔2010〕8号），就推进草海湿地生态环境综合治理和生态保护提出了治理思路和政策建议。

（三）协调推动重大项目建设

一年来，我委积极协调加大交通、水利、城镇等方面的重大项目建设，推动毕节试验区加快建立与经济社会跨越式发展相适应的基础设施保障体系。交通方面，大力推进毕节试验区国家高速公路、毕节机场项目前期工作，先后批复了清镇至织金、织金至纳雍2个高速公路项目可行性研究报告和民航设施建设项目。水利方面，建成了毕节市倒天河水库、织金县大新桥水库和金沙县胜天水库等中型水库工程，完成了纳雍县、织金县和倒天河水库库区和移民安置区的相关工程建设。城镇方面，重点支持了7个

---

① 毕节地区现为毕节市。

城镇供水项目、5个污水处理项目、毕节市医疗废弃物集中处理环保工程以及毕节市看守所、拘留所和戒毒所等基层政权项目建设。

（四）切实加大投资支持力度

我委联合有关部门在安排包括中央预算内投资在内的相关基建投资时，围绕改善农村生产生活条件、推进扶贫开发、发展农业生产、加强社会事业建设、保护生态环境等重点领域，积极加大对毕节试验区建设的投资力度。初步统计，在上述各领域工程项目建设上，去年我委联合有关部门累计安排毕节试验区中央补助投资12.1亿元。主要有：安排2820万元用于高产稳产田、动植物保护体系建设；安排5720万元用于农村公路建设；安排2.2亿元用于农村安全饮水工程建设，解决42万农村人口及9.2万农村学校师生的饮水安全问题；安排5.6亿元扶贫以工代赈、易地扶贫搬迁、农村危房改造试点投资，搬迁农村贫困人口5050人，改造危房8.2万户；安排2.4亿元支持教育、基层医疗卫生服务体系和社会福利设施建设；安排9630万元用于岩溶地区石漠化综合治理、天然林保护和退耕还林等生态工程建设。在上述工程项目建设中，我委督促协调有关方面认真落实对公益性建设项目取消地方政府配套投资等优惠政策。

## 二、下一步的工作打算

今年是"十二五"开局之年。国家发展改革委将按照中央有关要求，配合中央统战部等部门，认真落实十七届五中全会精神和"十二五"规划纲要，结合相关专项规划编制与实施，继续加强对毕节试验区建设的支持和推动。重点做好如下几项工作：

（一）指导编制毕节试验区发展规划

在去年工作的基础上，我委拟会同有关部门指导贵州省加快编制《毕节试验区发展规划（2011—2020年）》，深入分析毕节试验区建设面临的新形势、存在的特殊困难和问题，科学规划今后十年的发展目标、建设任务，明确提出促进发展的重大项目和支持政策。期间，我们将与中央有关部门积极沟通协调，按要求及时向联席会议报告工作进展情况。

（二）进一步加大对相关建设领域的支持力度

在交通建设方面，积极推进毕节试验区国家高速公路项目建设，并根据中央资金的可能，继续支持农村公路建设。在研究"十二五"支线机场中央预算内投资安排工作时，对"十一五"期间未列入重点支线机场规划的民航建设资金补助问题予以统筹考虑。在农业发展方面，会同有关部门继续对毕节试验区粮食生产、动植物保护体系、农产品质检站等项目给予积极支持，继续支持毕节试验区加强林业和生态建设。在扶贫开发方面，在参与谋划新十年的农村扶贫开发思路和政策体系，编制以工代赈、易地扶贫搬迁等扶贫专项规划，以及安排扶贫资金和项目时，进一步加大对毕节试验区的支持力度，不断增强毕节地区[①]的自我发展能力，加快贫困人口脱贫致富步伐。在社会事业方面，会同有关部门在编制"十二五"教育、医疗卫生、文化、广电、旅游、人口计划生育、民政、体育等专项建设规划中，充分考虑毕节试验区建设的实际需要，继续加大投资、项目和政策倾斜力度，着力保障和改善民生，不断增强城乡基本公共服务能力。

（三）积极推动试验区建设中的改革创新工作

从自身职能出发，紧扣开发扶贫、生态建设、人口控制"三大主题，着眼于转变发展方式，调整农村经济结构，实现农业现代化与工业化、城镇化协调发展，支持和推动试验区有步骤、有重点地开展相关改革试验，推进开放合作，努力构建有利于科学发展的体制机制，促进毕节试验区经济社会协调发展。

最后，借此机会，向联席会议提两点建议，供领导和同志们参考。一是将毕节试验区建设纳入国家经济社会发展层面统筹谋划。毕节作为一

---

[①] 毕节地区现为毕节市。

个生态较为脆弱、人口相当密集的欠发达地区,在全国具有代表性。推动其把开发扶贫、生态建设和人口控制有机结合起来,实现跨越式发展的试验具有示范效应和全局意义。应站在促进国家整体发展和区域协调发展的高度,通盘考量试验区的建设,并努力将其体现在国家规划与区域战略之中。二是加大对毕节试验区建设的指导力度。为保障毕节试验区建设的效率和效应,对于先行先试的重点领域和改善民生、产业提升、生态建设、人才培训、智力支持等关键环节,要细化工作任务,确定工作时程,明确责任主体,并加强督促指导,共同努力把试验区工作扎实向前推进。

# 企业应自觉增强促进共同富裕的能动性*

共同富裕是中国式现代化的重要特征和核心使命，需要全社会的共同努力才能最终实现。各类企业是促进国家经济社会发展的中坚力量，应该充分发挥自身能动性，以适宜的形式帮扶落后地区和困难群体，为扎实推动共同富裕做出贡献。下面就这一问题谈些认识。

先谈谈共同富裕。推动共同富裕是近年来的热门话题，但自古以来实现共同富裕就是中国人的共同期盼。古贤人早在先秦时期就提出了建立"大同世界"的设想。而所谓"大同"，就是整个世界亲如家人、和睦相处，且丰衣足食、安居乐业。只有在实行了社会主义制度的新中国成立后，追求共同富裕才成为社会的本质要求和国家的奋斗目标。共同富裕是建立在生产力发展的基础之上的，低水平发展状态下的平均主义不是共同富裕。通过70多年来的不懈努力，特别是近十年来的脱贫攻坚，我们在中华大地全面建成了小康社会，历史性地解决了绝对贫困问题，开启了全面建设社会主义现代化国家的征程，从而为促进共同富裕创造了良好条件。现在，已经到了扎实推动共同富裕的历史阶段。党的十九大提出，必须坚持以人民为中心的发展思想，不断促进人的全面发展、全体人民共同富裕。党的十九届五中全会强调要"扎实推动共同富裕"，提出要在2035年使"人的全面发展、全体人民共同富裕取得更加明显的实质性进展"。不久前，国家有关部门已宣布将制定促进共同富裕的行动纲要，许多政策举措也着手向推

---

\* 本文系作者于2021年12月7日在"2021凤凰网凤财讯超级财经周论坛"上的视频讲话。

动共同富裕的方向充实完善。

再谈谈企业性质。企业是什么？企业是市场体系的微观基础，是市场的行为主体或市场活动的主要推动者，因而是社会财富的主要创造者和社会生产力发展的主要贡献者。企业以追求利润最大化为目的，在这一过程中，创造性地开展生产经营活动，推进技术创新和管理体制不断创新；有效动员并整合生产资源要素，大力拓展投资机会与发展空间；灵敏衔接市场需求和供给，持续促进人民美好生活的需要的满足与提升。各类企业的创造性经营带来了丰富多彩的产品与服务、日益扩大的社会就业、源源增长的国家税收，也推动了基础设施的不断拓展、公共事业的稳步提升、生存环境的持续优化。归结起来就是促进了国家的发展、社会的进步和人民的幸福。毫无疑问，企业发展好了，经济就繁荣、国家就兴旺，而这些正是国家长治久安的基石和保障。

那么，怎样认识扎实推动共同富裕要求下企业的职责与作用？企业的特质表明，企业也是实现共同富裕的有力支撑和坚实保障。需要强调的是，企业应该把推动共同富裕的理念融合到自己追求利润的核心目标要求之中，有意识、有力度地围绕推动共同富裕做一些直接的贡献。换言之，在推动共同富裕方面，企业的思想认识要更理性一些、行动上要更自觉一些、措施上也要更直接或实在一些。

所谓在思想认识上要更理性一些，是指在一些关键问题上要树立辩证思维。主要有如下三个方面：

第一，辩证认识企业的根本隶属关系。直接地看，企业是所有者的；但从根本上看，企业更是属于社会的。企业只有融入社会、服务社会才能长盛不衰。而所谓融入、服务社会，核心就是为民着想、施善于民。占领市场的本质是赢得人心，而扩大市场的内涵则是服务于更多的人群。没有一个我行我素、极端自私的企业是可以长久生存的，因为这样的企业必然会做出损害市场、损害消费者利益的事情。施惠于更多的人民、给人民以更多的利益才能使企业之树永绿常青。

第二，辩证看待企业的发展前景。企业是否长治久安、繁荣兴旺不仅取决于企业内部的小环境，更决定于社会的大环境。贫富分化必然导致社会撕裂、政治极化，任其下去，必然会影响社会的和谐安定，自然也会影响到企业的正常运行。推进共同富裕，不仅是为了解决贫困人群加快发展问题，也是为了保障已经富裕起来的人群及其作为重要支撑的企业的稳定发展和平安康泰。必须清醒地认识到，共同富裕不能杀富济贫，但贫富分化必然导致杀富济贫。

第三，辩证认识企业主的作用。企业主作为企业的所有者，是企业的主心骨、领路人，其能力、智慧、眼光等，决定着企业的发展状况乃至前途命运，其功劳之显是企业普通职工难以比拟的。绝不可以轻视企业主的作用，否则就无法理解在同样恶劣的环境之下，为什么有的企业垮掉了，有的企业反而发达了。但又不可以无限夸大企业主的作用，企业主也不能把企业的发展成就全部归功于自身。企业是一个集合体，没有一批优秀的员工，就不会有企业创造性地发展；没有国家良好的政策支持引导，也不会有企业长久地发展，政策环境对企业的兴衰存亡是起着决定性作用的。不仅如此，国家给予的地位、荣誉等都是助推企业发展的良好条件，是企业拓展市场的金字招牌和无形利好，这样的企业所取得的实际优惠会比一般企业多得多，在市场运行中也会比一般企业顺利得多。企业和企业主们对此应有充分地认识，否则我们也无法理解，同一个人为何在不同的政策环境下带给企业截然不同的两种后果。

有了这样的认识高度，各类企业在推动共同富裕方面行动就会更自觉一些，不会犹犹豫豫，不会抠抠搜搜，也不会言长手短、华而不实。

所谓措施要更直接或实在一些，最基本的含义就是企业要合法诚信开展投资经营活动，脚踏实地做好自己的事情。共同富裕的根本源泉是社会生产力的快速提升，而企业发展的过程，既是为推动共同富裕构建物质基础的过程，也是直接推动落后地区与困难人群实现共同富裕的过程。但企业持续发展的前提是遵纪守法、诚实信用。要善待员工和客户，不搞坑蒙欺诈；要照章纳税，严格履行法定的社会责任。企业发展运营要恪守"七忌"：一忌违法取利，二忌践踏爱国主义，三忌长期搞家族制，四忌肆意扩张,五忌背离国家政策导向,六忌妄自尊大,七忌干政弄权。在这样的规制、基线和操守之下,企业越有作为越好,企业也会干得越来越好。

实事求是地说,在当前做到这些并不容易。我们讲企业的重要性,其实也是讲企业主或企业家的重要性,前面已谈到了这种重要性,可以说企业家智则企业雄、企业家能则企业旺。但由于市场经济发展过程不完善,以及在较长的一个时期片面追求物质利益、包括职业道德教育在内的社会道德教育比较薄弱等原因,现实生活中真正依靠现代法人治理结构运行的企业并不多,一些规模庞大,甚至业务活动已遍及全球的所谓"国际公司",其治理结构和管理模式仍然是小作坊式的;许多企业主并非具有市场经济公平公正、诚实守信意识和家国情怀的真正的企业家,其素质与土豪或暴发户没有太大的差别。在一般情况下,私性越强的企业发展能动性越强,但同时私欲也较重,社会责任感和国家情怀相对较弱。虽然也有例外,但基本的逻辑大抵如此。应该说,这种状况是不利于扎实推动共同富裕的,需要引起我们的高度重视。要通过法律强制、制度约束、教育引领、典型示范推动绝大部分企业按照现代市场经济的本质要求转型,也推动绝大部分企业主成为守法经营、具有社会责任感和国家情怀的企业家。

在守法经营、办好企业为国家多提供税收的基础上,各类企业应尽自己所能,多为社会做些慈善事务,多给困难地区和贫困人群提供实在的帮扶;多协助国家开展一些公益活动和公共服务,努力为推动共同富裕取得实质性进展做出自己的贡献。若如此,就会立德于民、名标青史。更重要的是,这样的企业市场发展空间会越拓越广,发展也会永续长久。这是辩证法,也是精明的营商之道。

# 附 录

# 1978—2020年全国农村贫困人口及贫困标准*

| 年份 | 农村贫困人口（万人） | 贫困发生率（农村贫困人口占农村人口比重,%） | 贫困标准（年纯收入低于=元） | 农村低收入人口（万人） | 低收入人口占农村人口比重（%） | 低收入标准（年纯收入在=元至=元之间） |
|---|---|---|---|---|---|---|
| 1978 | 25000 | 30.7 | 100 | —① | — | — |
| 1985 | 12500 | 14.8 | 206 | — | — | — |
| 1992 | 8000 | 8.8 | — | — | — | — |
| 1993 | 7500 | — | — | — | — | — |
| 1994 | 7000 | 7.7 | 450 | — | — | — |
| 1995 | 6500 | 7.1 | 530 | — | — | — |
| 1996 | 5800 | — | — | — | — | — |
| 1997 | 4962 | — | 640 | — | — | — |
| 1998 | 4210 | — | 635 | — | — | — |
| 1999 | 3412 | 3.7 | 625 | — | — | — |
| 2000 | 3209 | 3.5 | 625 | 6213.5 | 6.7 | 626–865 |
| 2001 | 2927 | 3.2 | 630 | 6126 | 6.6 | 631–872 |

\* 作者根据国家统计局有关脱贫攻坚统计监测资料整理。
① "—"表示数据不可得。

续表

| 年份 | 农村贫困人口（万人） | 贫困发生率（农村贫困人口占农村人口比重,%） | 贫困标准（年纯收入低于=元） | 农村低收入人口（万人） | 低收入人口占农村人口比重（%） | 低收入标准（年纯收入在=元至=元之间） |
|---|---|---|---|---|---|---|
| 2002 | 2820 | 3 | 627 | 5825.2 | 6.2 | 628-869 |
| 2003 | 2900 | 3.1 | 637 | 5617 | 6 | 638-882 |
| 2004 | 2610 | 2.8 | 668 | 4977 | 5.3 | 669-924 |
| 2005 | 2365 | 2.5 | 683 | 4067 | 4.3 | 684-944 |
| 2006 | 2148 | 2.3 | 693 | 3550 | 3.7 | 694-958 |
| 2007 | 1479 | 1.6 | 785 | 2841 | 3 | 786-1067 |
| 2008 | 4007 | 4.2 | 1196 | 注：实行了新的扶贫标准。新标准提高后，大体相当于把原有低收入人口纳入了贫困人口范围 | | |
| 2009 | 3597 | 3.8 | 1196 | | | |
| 2010 | 2688 | 2.8 | 1274 | | | |
| 2011 | 12238 | 12.7 | 2536 | 注1：2011年开始，实行了2300元（2010年不变价）的新扶贫标准。注2：脱贫攻坚以来，中国的贫困人口识别和退出以户为单位，主要衡量标准是"一收入""两不愁三保障"。"一收入"就是该户年人均收入稳定超过现行国家扶贫标准，"两不愁三保障"就是稳定实现不愁吃、不愁穿和义务教育、基本医疗、住房安全有保障。中国的贫困人口退出标准是综合性多维标准，不仅衡量收入水平，还考量贫困人口生存权发展权的实现程度，体现了中国经济社会发展实际和全面建成小康社会的基本要求。 | | |
| 2012 | 9899 | 10.2 | 2625 | | | |
| 2013 | 8249 | 8.5 | 2736 | | | |
| 2014 | 7017 | 7.2 | 2800 | | | |
| 2015 | 5575 | 5.7 | 2855 | | | |
| 2016 | 4335 | 4.5 | 2952 | | | |
| 2017 | 3046 | 3.1 | 2952 | | | |
| 2018 | 1660 | 1.7 | 2995 | | | |
| 2019 | 551 | 0.6 | 3218 | | | |
| 2020 | 0 | 0 | 3442 | | | |